경상대학교 사회과학연구소 사회과학연구총서 3

한국의 부패와 반부패 정책

•

경상대학교 사회과학연구소 엮음

한울
아카데미

서문

1990년대 들어서 부패 현상 및 이에 대한 관심과 연구가 전세계에 걸쳐 폭발적으로 증대했으며, 이러한 '부패 분출' 현상은 2000년 들어서도 계속되고 있다. 우리나라에서도 1997~98년 'IMF 위기' 이후 부패와 정경유착이 경제위기를 촉발한 요인이었다는 IMF와 세계은행의 진단이 '새로운 통념'으로 정착하면서, 부패 문제 연구와 반부패 시민운동은 전반적인 경제불황 속에서도 '호황 업종'으로 떠올랐다. 그럼에도 불구하고 얼마 전 '옷로비' 사건, 최근 한빛은행 대출 비리, 이른바 '정현준 게이트' 등에서 보듯이, 김대중 정부에서도 부패는 조금도 덜해지고 있지 않다. 실제로 국제투명성기구(TI)가 발표한 2000년 우리나라의 부패지수는 90개국 중 48위로서 수년 전에 비해 거의 개선되지 않았을 뿐만 아니라, 모로코, 튀니지 등 아프리카 후진국보다도 더 부패한 나라로 인지되고 있다.

경상대학교 사회과학연구소는 이처럼 심각한 우리나라 부패 문제를 연구하기 위해 작년 연구소 내에 부패연구센터를 설치하고, 부패 문제에 대한 공동연구에 착수했다. 이 책의 글들은 그 첫 성과이다. 이 책은 주로 행정학 분야에서 이루어진 기존의 부패 연구와는 달리 사회과학 여러 분야의 학제적 접근을 시도하고 있으며, 또 최근 부패 연구의 국제적 추세인 경제학적 접근에 비중을 두고 있다.

우리나라 부패와 반부패 정책을 주로 경제적 측면에서 탐구하는 이

책은 연구는 모두 8개의 주제로 구성되어 있는데, 첫 두 주제 「부패이론
과 부패방지대책」(신봉호)와 「부패의 정치경제학: 맑스주의적 접근」(정
성진)은 부패 문제에 대한 최근 경제학의 연구성과를 각각 신고전파 경
제학 및 맑스주의 경제학의 관점에서 비판적으로 분석·종합한다. 다음
다섯 주제, 「정경유착과 한국자본주의」(장상환), 「자금세탁방지활동의
이해: FATF의 연차보고서를 중심으로」(김홍범), 「세무부패 및 비능률에
대한 연구」(전태영), 「건축부문의 부패 유형과 방지정책 연구」(윤태범),
「환경분야 부패」(권해수)에서는 우리나라 부패의 실태를 정경유착, 자금
세탁, 세무행정, 건축행정, 환경행정 등 주로 경제적 측면에서 미시적으
로 분석하고 규제방안을 제시한다. 마지막으로 「부패방지법과 시민운동
」(이은영)은 법·제도적 차원에서 종합적인 반부패 정책을 제시하고 시민
운동의 역할을 검토한다. 이 책은 공동연구이지만 각 주제의 연구방법과
연구내용은 각 주제 담당자의 책임 하에서 독자적으로 구성되었다. 그러
나 모든 주제들은 기존의 우리나라 부패 연구에서는 제대로 다루어지지
않은 부패 현상의 경제학적 논의와 경제분야 부패의 본격적인 실태분석
및 규제방안 강구를 추구한다는 문제의식을 공유하고 있다.

　끝으로 이 책을 펴내는 데 도움을 주신 여러분들께 감사드리고자 한
다. 먼저 이 공동연구를 처음 제안한 경상대학교 사회과학연구소 부패연
구센터의 전태영 교수님과 장상환 교수님, 그리고 공동연구 기획안의 초
안을 잡아 주신 부경대 윤태범 교수님께 감사드린다. 또 이 공동연구 기
획에 흔쾌히 참여해 주신 한국외국어대 이은영 교수님, 서울시립대 신봉
호 교수님, 한성대 권해수 교수님, 경상대 김홍범 교수님께 감사드린다.
우리의 공동연구 기획은 한국학술진흥재단의 재정지원이 없었더라면 실
행되지 못했을 것이다. 우리의 연구계획을 1999년 한국학술진흥재단 협
동연구 특별정책과제로 선정해 준 여러분께 감사드린다. 이 책의 연구
결과가 원래 기획안의 '원대한' 구상과 거리가 있다면 그것은 오로지 연
구책임자인 본인의 무지와 무능 탓이다. 본 연구결과는 경상대학교 사회

과학연구소 주최 2000년 추계학술대회 <한국의 부패와 반부패 정책>에서 처음 발표되었는데, 이 학술대회에서 유익한 논평을 해 주신 강신욱 박사님, 서울시립대 박정수 교수님, 서울대 홍준형 교수님, 창신대 김창수 교수님께 감사드린다. 그리고 지난 1년 동안 공동연구를 보조해 준 경상대학교 사회과학연구소 조교 김종주 군과 경제학과 조교 김지영 군, 교정을 도와 준 대학원 박사과정 하상근 군, 편집을 담당한 도서출판 한울 장우봉 씨께 감사드린다.

경상대학교 사회과학연구소 부패연구센터는 이 책에 이어 '전자정부와 반부패 정책' 등 연속과제를 기획하고 있다. 이 책이 부패 현상의 경제적 본질의 구명과 보다 근본적인 반부패 전략 강구에 조금이라도 보탬이 되기를 바란다. 여러분의 지속적인 관심과 조언을 부탁드린다.

2000년 11월 24일
경상대학교 사회과학연구소장 정성진

세무부패 및 비능률에 대한 연구 ❖ 전태영

건축부문의 부패 유형과 방지정책 연구 ❖ 윤태범

부패방지법과 시민운동 ✛ 이은영

부패이론과 부패방지대책

신 봉 호
(서울시립대학교 교수, 경제학부)

1. 서론

90년대에 들어서면서 세계적으로 부패에 대한 관심이 높아지고 있다. WB(World Bank), OECD 등 국제기구에서도 부패방지대책을 위한 부패라운드가 진행되고 뇌물방지협약을 채택하고 있다. 특히 WB, 국제부흥개발은행(IBRD)에서는 부패방지대책을 강구하기 위한 연구자금까지 지원하고 있다.

이처럼 부패에 대한 관심이 고조되고 있는 것은 기본적으로 세계경제질서가 WTO체제하의 시장경제로 재편되면서 효율성이 각국의 경제정책의 최우선 목표가 되었고, 특히 미국이 자국 수출업자를 위하여 해외시장에서 공정한 경쟁 환경 조성에 관심을 두고 있는 데에 기인한다.

부패에 대한 관심 고조는 역설적으로 부패이론이 정립되어 있지 않는 데에 부분적으로 기인한다. 본고는 부패에 관한 기존의 경제이론과 정책적 함의를 조망하고 향후 부패대책의 방향을 설정해 보는데 목적을 두고 있다.

본고는 다음과 같이 구성되었다. 제2절에서 부패의 정의를 간략히 정리하였다. 제3절에서는 부패효과에 관한 경제이론을 조망하고, 제4절은 부패의 원인을 분석한다. 마지막으로 제5절에서는 부패대책을 논의한다.

2. 부패의 정의

부패의 개념은 학자에 따라 다양하게 정의되고 있다. 부패의 주체가 일반인까지 포함되느냐의 여부에 따라 협의의 부패와 광의의 부패로 나뉜다.

광의의 부패 개념은 공무원을 포함한 일반인들이 '자기 또는 제3자의 이익을 위하여 자기에게 주어진 권한이나 권위를 오용 및 남용하는 일체의 행위'를 말한다. 따라서 '공직자에 의해 행해지는 일체의 불법 부당 행위'는 광의의 부패에 속한다. 구체적으로 나이(Nye)는 '사익을 위해 공적 의무로부터 벗어나는 행위'라고 했으며, 나스(Nas)는 '사익을 위한 공권력의 비합법적 사용'이라고 했다. 킨드라(Kindra)와 탄지(Tanzi), WB(World Bank, 1997) 등은 부패를 '사익을 위한 공권력(직무)의 남용'이라고 정의한다. 공권력의 남용은 공금유용과 공금횡령(도덕적 해이), 공무를 신속하게 처리해 주는 급행료, 불법이나 탈세를 묵인해 주는 대가로 받는 사례비 등을 말한다.

협의의 부패는 '공직자의 직무의무 위반행위'로서 일반인의 부패는 협의의 부패에 포함되지 않는다. 협의의 부패는 공무원의 직무의무 위반행위만을 의미할 뿐 공무원의 권한 오남용이나 비공무원의 직무 위반행위를 뜻하지 않는다.

한편 최고 협의의 부패는 '공무원의 직무에 대한 범죄행위'를 말한다. 이것은 공무원의 불법행위만을 지칭하는 것으로서 '불법적 현물 혹은 현금거래' 등을 말한다.

그러나 뇌물거래를 수반하지 않는 부패(예컨대, 근무태만, 경제적 타당성이 낮은 정책을 우선적으로 시행하는 사례)도 많다는 점을 감안하면 최고 협의의 부패는 부패연구에 적절한 개념이 아니라고 볼 수 있다.

부패와 유사한 개념으로 '직접적으로 비생산적인 이윤추구행위(DUP: Directly Unproductive Profit-Seeking Activity)'와 지대추구행위가 있다.

DUP행위는 '정부 개입을 통해서 부를 재배분하려는 투자행위'를 말한다.[1] 여기에는 조세회피 등의 합법적인 행위와 절도 등의 불법적인 행위가 모두 포함된다. 한편, 지대추구행위(rent-seeking activity)는 '주어진 정부개입하에서의 부를 재배분하려는 투자행위'이다.[2]

부패는 전염병처럼 확산되는 성향이 있다. 부패는 공공재에 대한 수요자간 경쟁과 공급자인 공무원간 경쟁을 유발시키기 때문이다. 경쟁과정에서 부패를 하지 않는 수요자 혹은 공급자는 도태한다. 뇌물공여 등을 통해 허가증 등을 확보한 사람보다 정당하게 시장의 흐름에 따른 사람이 더 불리하게 된다. 따라서 왜곡된 시장에서 살아남기 위해서는 정당하게 경쟁하던 사람들도 부패를 하지 않을 수 없게 된다. 정부재의 공급자인 공무원들도 마찬가지다. 부패를 저지르지 않고 스스로 깨끗하기를 원하는 자들은 승진 등에서 탈락하고 낮은 봉급과 지위에서 허덕이게 된다. 상관에게 뇌물을 제공하여 승진에 성공한 공무원은 그 승진된 자리에서 더 많은 뇌물을 획득할 수 있게 된다. 결국 부패하지 않은 공무원은 구축될 수밖에 없다. 결국 살아남기 위해 부패하지 않을 수 없게 된다.

부패자체가 공급자와 수요자의 암묵적인 합의를 통해 이뤄지기 때문에 적발이 어렵고 대책을 강구하기가 쉽지 않다. 또한 부패의 피해는 불특정다수에게 분산되어 직접적인 피해자가 명확하지 않다는 특징도 가지고 있다.

3. 부패의 효과

부패의 효과를 거시경제학적 관점과 미시경제학적 관점으로 나누어 살펴보겠다.

---

1) Bhagwatti, J.(1980).
2) Kreuger(1978).

1) 거시적 관점

(1) 자본축적 및 경제성장(투자)에 미치는 영향

부패가 자본축적 및 경제성장에 미치는 효과에 대해 일치된 견해는 없다. 부패가 자원배분을 왜곡하여 경제성장을 저해한다는 성장저해론과 오히려 경제활동의 윤활유로서 자원의 흐름을 촉진하여 경제성장에 기여한다는 성장촉진론이 대립되고 있다.

성장저해론은 부패거래로 인한 실질적인 소유권의 침해, 이권추구와 이권창출의 폐해를 강조한다.[3] 이러한 폐해가 투자를 위축시키고 경제성장을 제한해 결국 사회발전을 저해시킨다고 한다. 부패가 자동차바퀴에 모래를 뿌리는 역할을 하여 자원배분을 왜곡시킨다는 것이다. 이는 공무원들이 과잉규제를 통해 소유권을 침해하고 독점적 지대를 창출 혹은 유지하기 위해 대규모 공공사업을 선호하고 민간투자의 진입을 저해하기 때문이다.

반면에 성장촉진론은 부패가 관료주의적 경직성과 제도의 비효율성을 완화시키는 윤활유로서의 역할을 한다고 주장한다.[4] 나이(Nye)는 급행료 등의 부패는 업무를 기준으로 부가가치가 큰 업무부터 처리되게 해주는 역할을 함으로써 경제성장에 도움이 된다고 주장한다. 나이는 동아시아 국가들이 부패가 심각함에도 불구하고 지속적으로 고도성장을 해왔다는 사실이 성장촉진론을 뒷받침하는 실증적 근거라고 제시한다.

부패가 경제성장을 촉진하는지 혹은 저해하는지를 판단해줄 수 있는 일반이론은 개발되지 않은 것으로 보인다. 부패가 경제성장에 미치는 효과는 제도의 효율성 여부 및 부패거래의 정도에 따라 달라진다. 비효율적 제도하에서 부패가 행해진다면 일정 수준까지의 부패는 효율성을 제고시킬 수 있을 것이다. 그러나 부패가 극심해질 경우 부패거래는 결국

---

3) Rashid(1981).
4) Nye(1978).

낭비적 투자가 될 것이고 경제성장을 저해시킬 것이다. 반면에 효율적 제도하에서의 부패는 항상 경제성장을 저해할 것이다.

부패가 성장을 촉진시키느냐 아니면 저해하느냐에 대한 실증분석은 부패가 투자와 성장에 미친 영향을 계측한다. 머로우(Mauro)는 67개국을 대상으로 한 실증분석에서 부패가 투자를 감소시키고 따라서 경제성장을 둔화시킨다는 것을 확인했다.[5] 머로는 부패가 성장 자체에 직접적으로 영향을 미치진 않지만 대(對) GDP 투자비율을 감소시키고 결국 성장률에 악영향을 미친다는 것을 보여주고 있다. 머로는 부패가 성장에 영향을 미치는 파급과정을 보여준다.

부패에 의한 과도한 공공투자는 사회간접자본의 질적 하락으로 나타난다.[6] 공무원들은 고속철도공사 등 뇌물수수의 여지가 많은 대규모 공사를 선호하고 대규모 공사는 대부분 설계 및 감리, 업체선정과 감독 등의 소홀로 부실해진다. 우리나라가 현재 추진중인 경부고속철도 건설사업이 대표적 예이다.

또한 부패가 심해짐에 따라 경영자가 공무원에게 투자하는 로비시간 즉, 지대추구행위가 심해져 부패의 폐해가 커진다는 연구결과도 있다.[7] 이러한 연구결과 역시 부패의 윤활유 역할을 정면으로 반박한다.

결국 부패와 대(對) GDP 투자비율 간의 상관관계는 일의적으로 결정된다고 볼 수 없다. 국민경제의 제도 및 경제발정 수준에 따라 달라질 것이다. 부패가 성장을 촉진하는 역할을 할 경우에는 두 변수간 상관관계는 음의 상관관계를 갖지만, 성장을 촉진하는 역할을 할 경우에는 두 변수는 음의 상관관계를 갖을 것이다.

부패거래 결과의 예측가능 여부도 투자율에 영향을 미친다. 부패거래 결과를 예측할 수 있는 경우 뇌물거래의 결과를 기업이 정확히 예측할 수 있기 때문에 뇌물거래가 증가할 것이고 이로 인해 투자가 증가한다.

---

5) Mauro, Paolo(1995).
6) Tanzi & Davoodi(1997).
7) Kaufmann(1997).

반면에 뇌물거래의 결과를 정확히 예측할 수 없을 경우에는 뇌물거래가 위축되고 따라서 투자도 위축될 것이다. 뇌물의 세계에서도 투명성은 생산성을 제고시킨다는 것을 알 수 있다. 39개 개발도상국을 대상으로 한 앙케이트 조사분석에서, 부패예측지수가 높을수록 투자율이 높은 것으로 확인되고 있다.8)

(2) 정부지출에 대한 효과

부패는 예산수립 및 집행에 관한 의사결정을 왜곡시켜 예산의 합리적 배분과 효율적 활용을 저해한다. 부패는 과다한 예산수립, 비효율적 예산의 운영 및 비효율적 공공투자 등을 초래함으로써 정부지출 수준은 물론 구성비에도 영향을 미친다.9) 부패는 정부지출내역 중 예컨대, 교육, 복지, 그리고 보건과 같이 뇌물거래 가능성이 낮은 항목의 예산을 감소시키고 리베이트(rebate)가 높은 건설이나 국방부문에 있어서 예산지출을 증가시킨다. 일반적으로 부패는 정부지출 수준을 증대시키고 규제가 많은 이권사업(white-elephant projects)을 양산(量産)하는 경향이 있다.

(3) 해외 직접투자에 미치는 영향

부패는 개별기업뿐만 아니라 정부 및 국민경제의 신뢰를 훼손함으로써 해외투자유치에 영향을 미친다. 특정국가의 부패수준이 높다고 인식되면 해당국가의 국가신인도가 하락하여 해외 투자자들이 기피하게 된다. 부패가 심한 나라에서는 불확실성과 불필요한 비용지출이 많아져 투자수익률이 떨어지기 때문이다.

최근 웨이(Wei)는 부패가 심할수록 외국인 직접투자가 감소한다는 결론을 얻었다.10)

한편, 미국의 해외투자 추세는 FCPA(The Foreign Corrupt Practices

---

8) World Development Report(1997).
9) Mauro(1995, 1997).
10) Wei(1997).

Act)가 제정된 1977년 이후 두 가지 대조적 현상을 보이고 있다. 상대적으로 부패가 적은 나라에 대한 해외투자는 증가하고 있지만 부패가 심한 나라의 해외투자액은 감소하고 있다.

(4) 국제무역에 미치는 영향

부패는 상품의 국제경쟁력에 영향을 미침으로써 국제무역에도 영향을 미친다. 부패한 외국에 있어서 수입상품의 경쟁력은 제품의 질이나 가격 등의 기술적 요인이나 시장요인이 아니라 수입상품을 수출하는 해외업자들의 뇌물제공성향에 의해 결정된다. 뇌물제공성향은 수출업자 소속국가가 해외에서의 뇌물제공을 불법(不法)으로 하고 있는지 여부에 따라 달라진다.

부패 수준과 국제경쟁력 간의 관계에 관한 실증분석 결과는 이를 잘 뒷받침해 주고 있다. 1977년 미국의 FCPA제정 이후 미국 수출경쟁력은 뚜렷이 떨어졌다.[11][12] 구체적으로 미국 항공산업의 경우 1977년 이후 부패지수가 높은 국가에 있어서 미국 항공기의 수입점유율이 감소하였다.[13]

부패가 교역에 미치는 영향을 분석한 결과 벨기에, 프랑스, 이태리, 네덜란드, 한국은 부패한 나라에서 비교우위를 갖는 반면 호주, 스웨덴, 말레이시아는 비교열위에 있었다. 뇌물거래가 용이한 국가에 있어서는 부패거래를 이용해 지대를 확보하여 비교우위를 얻고 그렇지 않은 국가에서는 상대적으로 비교열위에 있게 된다.

2) 미시적 관점

(1) 자원배분 효과

부패의 자원배분에 대해 상반된 두 가지 효과가 존재한다.[14]

---

11) Lamsdorff(1998).
12) Beck, Maher and Tschoegl(1991).
13) Hines(1995).

<그림1> 착복이 불가능한 경우

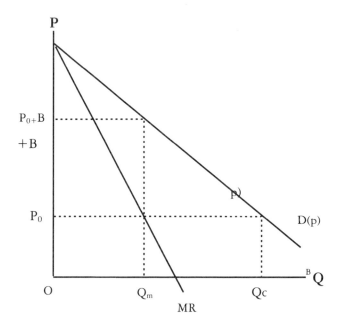

우선 부패는 공급물량을 제한함으로써 정부재 공급가격을 상승시켜 비효율적 자원배분을 실현시킬 수 있다. 반면에 부패거래 이전의 초기가격이 한계비용보다 높을 경우 부패는 왜곡된 정부재 가격을 한계비용으로 접근시켜 보다 효율적 자원배분을 실현하기도 한다.

슐라이퍼와 비시니(Schleifer & Vishiny)는 부패가 정부재 생산에 미치는 영향을 분석했다. 정부는 동질적인 정부재(예컨대 여권 혹은 수입허가권)만을 생산한다고 가정한다. 정부재 공급가격은 P_0이고 정부재에 대한 수요곡선은 D(p)이다. 공무원은 정부재의 공급을 독점하고 있으며 공급량을 임의로 조절할 재량권을 가지고 있다. 공무원의 재량권 오남용에 대해 징계위험은 존재하지 않는다. 정부재의 생산비는 정부가 부담한다. 공무원은 뇌물수입액을 극대화하려고 할 것이다. 정부재 판매수입을 공

---

14) Schleifer & Vishiny.

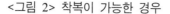

<그림 2> 착복이 가능한 경우

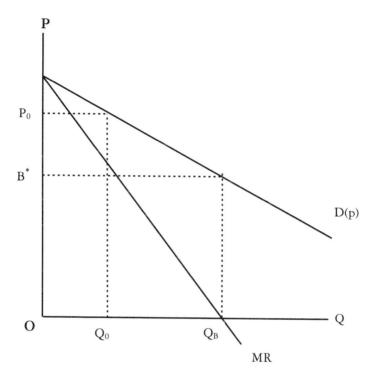

무원이 착복할 수 없는 경우와 있는 경우로 나누어 살펴보자.

첫째, 여권발급수수료와 같이 정부수입이 정확히 국고로 귀속되는 경우 즉, 공무원이 정부수입을 착복할 수 없는 경우 부패가 자원배분에 미치는 효과를 알아보자.

발급수수료를 착복하는 것이 불가능한 경우 판매수입은 국고에 귀속된다. 따라서 재화의 한계비용(MCB)은 재화의 수수료(P_0)와 같다(즉, MCB=P_0). 결국 정부가 정부재를 독점공급하므로 P=MCB와 MR이 만나는 지점에서 정부재 공급량과 가격이 결정된다. 거래량과 가격은 각각 그림의 Qm과 P_0+B가 된다. 결국 부패로 인해 거래량은 Qc에서 Qm으로 감소하고 가격은 P_0에서 P_0+B로 상승한다. <그림 1>에서 보듯이 수수료 착복이 불가능한 경우 부패는 정부재 가격을 상승시킨다.

둘째로, 공무원이 정부수입을 착복할 수 있는 경우(예컨대, 조세부과, 교통위반 범칙금부과)를 생각해 보자.

최적공급량은 <그림 2>의 MR과 MC(=0)이 일치하는 Q_B이다. 단위당 최적 뇌물액은 B*이다.

<그림 2>는 공무원의 정부수입 착복이 가능한 경우 정부재 구입가격(B*)이 공식가격(P_0)보다 낮을 수 있다는 것을 보이고 있다. 공급량은 뇌물거래시 Q_B로 뇌물거래가 없는 경우보다 오히려 증가한다. 이러한 상황하에서는 부패가 자원배분의 왜곡을 완화시켜 효율성을 제고시켜 주고 있다. 이때 공식가격(P_0)은 뇌물가격(B*)보다 높다. 합법적으로 정부재를 정식으로 구입한 사람은 뇌물을 주고 불법적으로 구입한 사람보다 비싼 가격으로 구입하게 된다. 그러나 정부수입 착복이 가능한 경우 법을 준수한 사람은 경쟁에서 도태하게 되고 법을 어긴 사람이 오히려 승자가 되는 아이러니가 발생한다. 부패한 기업인 '악화'가 정직한 기업인 '양화'를 구축한다.

(2) 시장구조에 미치는 영향: 불완전경쟁시장 구축

부패한 정부는 독점산업을 유지 혹은 창출하려는 경향이 있다. 부패한 공무원과 정치인의 주요 관심사는 독점지대이기 때문이다. 따라서 부패지수가 높을수록 시장의 경쟁도는 낮아지는 경향을 띤다. 독점지대를 추구하는 정부와 기업에 의해 불완전경쟁시장이 구축되면 이권추구를 통해 독점지대를 획득하고 유지하려는 유인이 많아지고 부패는 사라지지 않는다.

시장의 경쟁도는 통상 개방소국경제의 경우 시장 개방도로, 대국경제의 경우 집중지수로 측정한다. 국민경제의 대(對) GNP 수입비중이 높을수록 시장의 개방도는 높다. 시장의 경쟁도가 높을수록 독점지대는 감소하게 되고 이에 따라 부패의 유인자체가 적어지게 된다. 다른 한편 시장

지배지수(market dominance index)가 높아지면 부패는 증가하는 경향을 보인다. 그러나 대국경제의 경우 대내경쟁을 통해 경쟁도를 높일 수 있으므로 국가의 개방도와 경쟁도의 상관관계는 적어진다.

(3) 기술혁신(Innovation)에 미치는 효과

뇌물거래의 이익이 클 경우 기업은 기술혁신에 대한 유인을 상실한다. 기업은 진입장벽구축 등 제도적 진입장벽을 구축하기 위해 비생산적 지대추구행위에 우선적으로 투자한다. 지대추구행위는 상대적으로 제조업 등의 생산활동에 비해서 규모수익(increasing returns)이 더 크게 존재한다. 규모수익이 발생하는 것은 이권추구행위를 위해서는 고정요소가 필요하기 때문이다. 고정요소의 존재는 진입장벽의 존재를 의미하고 따라서 기술혁신을 지연시킨다. 신규진입기업은 통상 규모가 작고 자금력이 부족하여 진입장벽이 존재하는 지대추구경쟁에서 취약하다. 특히 절도, 해적, 민사소송 등의 민간부문의 지대추구행위보다는 탈세, 로비, 부패 등 공공부문의 지대추구(public rent-seeking)행위는 기술혁신을 저해한다.[15]

기술혁신에 필수적으로 필요한 영업 및 건축허가, 수입면허, 수입쿼터 (quota) 등을 따내는 과정에서 뇌물이 거래될 수 있다. 기술혁신자의 허가권에 대한 수요는 비탄력적이다. 신규진입자는 대체로 현금이 부족하고 로비에 비교우위가 없기 때문에 이권추구경쟁에서 실패하기 쉽다.

부패는 on-line 산업의 발전을 저해함으로써 기술발전을 저해하기도 한다. off-line 산업이 부패할 경우 on-line 산업이 발전하기 어렵다. 예컨대, off-line상의 화장품업계가 부패해 있을 경우 on-line상의 업체는 사실상 진입이 불가능해진다. 이 경우 경쟁의 압력이 약해지고 기술발전은 지체된다.

---

15) Murphy, Schleifer & Vishiny(1993).

(4) 뇌물의 비밀유지비용

뇌물거래는 불법이어서 당연히 뇌물거래를 은폐하기 위한 거래적 비용이 수반된다. 이러한 은폐를 위한 비용은 개인적 관점에서는 이윤을 증대시키는 행위일 수 있으나 사회적 관점에서는 많은 비용을 수반한다.

모잠비크 공화국의 병제조공장이 필요 이상의 최신시설을 갖추고 있는 것은 이러한 사례라고 할 수 있다.[16) 모잠비크공화국의 병제조공장은 최신시설을 갖추고 있으나 상표를 병에 부착하는 기계는 구형이어서 약 30%가 불량품이었다. 그런데 이러한 불량품은 1만 달러짜리 기계 한 대면 깨끗이 해결할 수 있으나 경영자는 10만 달러의 최첨단장비를 도입한 것이다. 1만 달러짜리 장비를 구입하게 되면 경쟁사에 의해 부정이 노출될 여지가 있기 때문이다. 독점공급자의 독점가격을 용인하는 대신 뇌물거래가 드러나지 않는 것을 선택한 것이다.

제3세계 국가들이 필요한 기술 이상으로 불필요하게 발전된 것을 선호하거나 많은 개도국들이 교육이나 건강보다는 인프라계획이나 국방에 예산을 더 사용하는 과정에서 부패의 비밀보장을 위한 사회적 비용이 심각할 정도로 발생할 것으로 추정할 수 있다.

뇌물거래에 관한 비밀유지를 위해 공무원들은 한편으로 변화와 혁신에 대해 저항하고 다른 한편, 뇌물수뢰자와 제공자 수를 제한함으로써 폐쇄체제를 유지하려 한다. 따라서 비밀을 유지하려는 과정에서 기술혁신은 지연된다.

4. 부패의 원인

부패는 기본적으로 부패의 이익이 부패의 손실보다 클 때 발생한다. 부패의 이익은 정부구조 및 시장조직의 형태에 따라 달라진다. 돈부시(R.

---

16) Schleifer & Vishiny.

Dornbush)는 관료 수가 줄어들어야 부패가 줄어든다고 주장한다.[17] 그러나 복지국가로 유명한 덴마크, 핀란드 등은 청렴지수도 세계 최상이다. 이는 국가규모나 공무원의 숫자보다 정부조직 및 산업구조, 시장질서 및 행태가 더 중요하다는 것을 반증하고 있다.

(1) 정부조직의 형태: 분권화의 정도[18]

부패는 정부조직의 형태에 밀접하게 연관되어 있다.

정부조직의 형태에 따라 부패조직이 달라지고 따라서 공무원의 행태가 다르게 나타난다. 정부조직의 형태는 정부권력의 분권화 여부에 따라 중앙집권형 정부와 분권형 정부로 나뉜다. 예컨대, 서유럽 제국과 미국 등 민주국가의 경우 정부재를 획득하기 위해 뇌물제공을 할 필요가 없다. 반면, 아프리카나 아시아의 독재국가에서는 뇌물을 공공연히 요구하고 있다. 필리핀이나 구소련의 경우엔 중앙집권적 정부형태를 가지고 있다. 행정부 수반은 마피아 정부처럼 공무원들을 수직적으로 통제하고 있다. 이러한 정부조직하에서는 최고통치자에게만 뇌물을 지급하면 부하들에게 뇌물을 줄 필요가 없다. 이 경우 뇌물수뢰자나 요구하는 뇌물액수는 잘 알려져 있다. 공무원들은 상부로부터 뇌물의 일부를 하사 받는다. 중앙통제가 강할수록 공무원들은 개별적으로 뇌물을 요구하지 않는다. 공무원이 개별적으로 뇌물을 요구할 경우 쉽게 노출되어 처벌을 받게 된다. 이러한 정부형태하에서는 일단 뇌물이 제공되면 정부재는 신속하고 확실하게 공급된다.

정부조직 및 정치적 과정이 부패에 미치는 영향을 분석하기 위해 소비자가 두 종류의 허가증(정부재)을 필요로 하고 두 부처가 특정의 허가증 발급을 독점하고 있다고 하자.

실제 현실에서는 사업을 위해 보완적인 몇 개의 정부재가 필요하다.

---

17) 돈 부시(1998).
18) Schleifer & Vishny.

예컨대, 수업업자가 수입을 하기 위해서는 선적, 하역, 안전 등에 대해 여러 부처로부터 허가권을 따내야 한다. 건축업자가 건축을 하기 위해서도 소방서, 수도사업소, 경찰서 등으로부터 허가를 얻어야 한다. 소관 부처는 자신의 이익을 극대화하기 위해 담합하에 행동하기도 하고 혹은 독립적으로 행동하기도 한다.

지방정부, 중앙행정부 등에서의 보완적 정부재를 판매하는 통합독점 기관의 행동을 분석해보자. 통상 독재정권하의 정부 부처들은 담합하에서 통합독점기관처럼 행동한다. 독점기관은 보완적 정부재의 뇌물가격 p_1과 p_2를 동시에 결정한다. 이 때의 판매량을 각각 x_1와 x_2라 하자. 뇌물을 포함한 공식가격(p)은 해당부처의 MC와 일치하게 되므로 각 단위당 뇌물은 $p_1 - MC_1$, $p_2 - MC_2$이다. 통합독점기관의 이윤극대화 조건은 $MR_1 + MR_2(dx_2/dx_1) = MC_1$이다. 그런데 두 재화는 보완재이므로 $dx_2/dx_1 > 0$이다. 따라서 최적생산량에서 $MR_1 < MC_1$의 조건이 성립한다. 그러므로 $MR_1 = MC_1$인 점보다 최적생산량 수준은 더 높고 MR수준은 더 낮아야 한다. 이는 제1재(財) 판매에서 얻는 뇌물수입을 줄여 거래량을 더 늘려야 한다는 것을 의미한다.

이러한 상황하에서 보완재 제1재 가격을 낮추면 제1재의 판매량이 늘어나고 다른 보완재 제2재의 판매량도 같이 증가한다. 이에 따라 통합독점기관의 한계수입은 늘어난다. 가격하락에도 불구하고 다량부처가 공급하는 정부재의 판매량이 늘어나 총이윤은 늘어나게 된다.

이제 분권형 정부형태에서 각 부처가 독립적으로 행동할 경우의 부패거래를 분석해보자.

보완재에 대한 발급 재량권을 가진 부처가 자신의 공급량을 결정할 때 꾸르노 가정하에서 행동한다고 하자. 즉, 상대방의 공급은 주어진 것으로 가정하고 행동한다. 꾸르노 가정에 의해 $dx_2/dx_1 = 0$이 된다. 따라서 경쟁적 행동하의 균형조건은 $MR_1 = MC_1$ MC_1이다. 최적생산량은 통합독점기관의 수준보다 적다. 이는 소비자가격 혹은 단위당 뇌물은 통합독점기관의 최적생산량보다 높아진다는 것을 의미한다. 각 부처가 자기 부처의 이익만을 고려하면서 독립적으로 행동하므로 단위당 뇌물수준은 증가하고 공급량은 감소한다.

그러므로 새로운 정부조직의 설립은 뇌물집단으로 새로운 대리인의 진입을 허용하는 것이며 이러한 경향이 가속화되면 자유로운 진입이 이뤄져 부패는 더욱 확대되게 된다. 정부조직의 확대는 불가피하게 법과 규제를 발생시키게 되기 때문에 뇌물산업에 새로운 기업의 진입을 의미한다. 법과 규제가 추가되면 기업은 추가적으로 인허가 및 자격증을 취득해야 한다. 결국 새로운 정부조직의 출현으로 기업이 지급해야 할 단위당 뇌물수준은 증가한다.

콩고민주공화국에서 수송이 용이한 육로보다 수송이 불편한 수로가 더 많이 활용되었다는 것은 이러한 이론적 결론을 간접적으로 뒷받침한다. 콩고에서는 이집트로부터 콩고까지의 선박운임보다도 내륙을 이용한 육상운임이 더 든다. 이것은 각 지방행정구역마다 통행허가증을 요구했고 이를 발급받기 위해 뇌물을 주어야 하기 때문이다.

세번째로 보완정부재를 두 개 이상의 부처가 경쟁적으로 공급하는 경우를 생각해 보자. 예컨대 우리나라의 주민등록등본이나 여권발급의 경우이다. 이러한 상황하에서는 어떤 공무원이 높은 뇌물액을 요구하면 다른 공무원에게 정부재 발급을 요구할 수 있다. 결국 균형뇌물액은 영(零)이 된다. 일반적으로 진입과 응징이 용이한 민주정부하에서는 경쟁의 위협만으로도 부패를 제거할 수 있다.

(2) 시장조직의 형태[19]
부패는 비경쟁적 시장구조에서 흔히 발생한다. 그러나 경쟁적 시장하에서도 부패는 발생할 수 있다. 부패수준은 근본적으로 재량권의 폭에 따라 달라진다.

---

19) Ackerman(1975).

　경쟁시장하에서 정부의 평가기준이 명확한 경우에는 공무원의 재량권이 크지 않다. 특히, 민간시장이 존재하고 상품이 동질적인 완전경쟁시장하에서는 많은 공급자가 존재한다. 따라서 대량생산의 이익이 존재하지 않는다면 기업은 계약을 위해 뇌물을 제공할 유인을 상실하게 된다.

　반면 민간시장은 존재하지 않지만, 제품이 동질적인 생산물의 공급자가 많이 존재할 경우 대량생산의 이익이 존재하면 부패가 일어날 수 있다. 대량생산의 이익만큼은 뇌물로 제공할 여지가 있기 때문이다.

　만일 품질차별이 있는 생산물을 공급할 경우, 정부의 선호체계, 즉 선택기준이 명확하다면 정부에 물자조달을 희망하는 생산자들은 정부의 선택기준에 적합한 상품 가격과 품질의 조합을 제시할 것이다. 상품가격과 품질의 조합을 선택하는 데에 관리의 재량이 개입될 수 있다. 입찰경쟁이 치열하다면 생산자는 초과이윤 범위 내에서 뇌물을 제공하려 할 것이다. 이 경우 초과이윤이 가장 높은 기업이 계약을 따낼 가능성이 높다. 다만 경쟁이 치열하지 않을 경우에는 담합의 유인이 커지게 된다.

　경쟁시장하에서라도 정부의 선택(평가)기준이 명확하지 않은 경우 공무원의 재량폭은 커진다. 이 경우 입찰희망자는 많고 정부의 선택기준이 불명확하여 결국 관리들의 재량권행사가 용이해진다. 관리는 뇌물수입을 극대화시킬 수 있는 생산자와 계약을 체결하고자 할 것이다. 정부의 선택기준이 확실하지 않다는 점을 이용하여 생산자는 관리에게 뇌물을 제공한 후 이를 비용으로 처리하여 상품가격에 mark-up 할 수 있다. 따라서 일단 관리에게 뇌물을 제공하여 정부와 계약을 체결한 후 높게 책정된 상품가격을 통해 초과이윤을 누리려 할 것이다. 이러한 상황에서는 비효율적 기업도 계약을 따낼 수 있게 된다.

(3) 부패의 이익과 벌금제도

　부패는 부패의 이익이 부패거래의 결과 감수해야 하는 기대벌금을 초과할 때 발생한다. 뇌물로 얻는 이익과 적발되었을 때 받게 되는 기대처벌비용이 같아질 때까지 관리는 뇌물을 받으려고 할 것이다. 정부가 물자를 조달할 때의 부패발생 조건을 살펴보자.[20]

관리의 효용함수를 G, 기업의 이윤함수를 Π, 관리가 받는 뇌물액수를 X, 뇌물수수에 부과되는 벌금과 발각될 확률, 유죄판결 확률을 모두 곱한 비용을 D, 양심의 가책 등에서 오는 관리의 고통을 화폐로 평가한 비효용(disutility)을 J라고 할 때, G와 Π는 다음과 같이 쓸 수 있다.

$$G(X) = X - J$$
$$\Pi(X) = Pq - TC - X - D(X) - N(X)$$

기업의 총매출액(Pq)에서 총비용(TC)을 공제한 영업이익이 0이라면 $\Pi(X) = -X - D(X) - N(X)$로서 이윤은 0보다 작다. 관리가 자신의 선호체계를 정확히 모를 경우 가격(P)을 올려서 매출액을 증가시킬 수 있다. 따라서 정부의 선호체계가 불명확한 상황에서는 이윤이 음(陰)인 상황에서도 뇌물을 제공할 수 있다.

기업이 초과이윤을 누리고 있는 경우[$\Pi(X) \geq 0$], 최대뇌물지급가능액 곡선[$X0i(Pi) = Pq - TC - D(X) - N(X)$]은 Pi에 대해 볼록이다. 기업들이 지급할 용의가 있는 최대 뇌물액 X0i는 기업마다 다를 것이다. 관료는 각 기업의 X0i를 파악하여 자신의 효용(Gi)을 극대화해주는 X0i(Pi)를 찾을 것이다. 관료의 계약행태는 벌금함수(penalty function)에 따라 달라진다. 이 곡선은 기업의 이윤이 0인 0이윤곡선으로 해석할 수 있다.

기업에게 부과되는 벌금이 엄하지 않는 경우(Dp $\geq$ 0, Dpp < 0), 뇌물지급액이 많아질수록 기대벌금의 증가율은 감소할 경우 공무원이 제공받을 수 있는 뇌물지급가능액이 무한대로 증가하므로 관료의 순이익도 무한히 증가하여 극대값이 존재하지 않게 된다. 이러한 상황에서 순이윤

---

20) Ackerman(1975).

(매출액 - 뇌물제공액)도 무한히 증가하므로 최적계약기업을 결정할 수 없다. 따라서 이러한 벌금정책하에서는 뇌물수수를 방지할 수 없다.

기업에 부과되는 벌금이 엄한 경우(Dp ≥ 0, Dpp > 0)에는 공무원의 순이익이 무한히 증가하지 않으므로 관리가 제공받을 뇌물액 상한선이 존재한다. 따라서 계약을 할 기업을 결정할 수 있다. 이 경우엔 공무원의 순이익이 무한히 증가하지 않으므로 벌금정책에 의해 뇌물수수를 방지할 수 있다.

기업과 정부가 쌍방독점인 경우 일정한 초과이윤을 기업과 정부관리가 협상을 통하여 분배하려 할 것이다. 이때 생산자는 뇌물을 제공하여 관리를 매수한 후 협상을 한 경우와 뇌물을 제공하지 않고 협상을 한 결과를 비교하여 뇌물제공 여부를 결정하게 된다.

이 경우 공무원과 기업의 상대적 시간할인율과 협상능력에 의해 계약기업과 뇌물액은 결정될 것이다. 생산자가 관리보다 현재가치를 더 중요시할수록 기업의 뇌물제공유인은 더 커지게 된다.

(3) 직업공무원 채용지수 및 공무원 봉급

에반스와 라우치(Evans and Rauch)는 직업공무원 제도가 부패에 미치는 효과를 횡단 분석한 결과, 직업공무원채용(merit based recruitment)지수가 높을수록 부패지수가 낮아진다는 결론을 얻었다.[21]

한편 공무원 봉급이 낮을수록 부패수준이 높아진다는 주장도 제기되고 있다.[22] 봉급이 적으면 적은 봉급을 보충하고자 하는 소위 생계형 부패를 조장하고 봉급수준이 높을 경우 직업상실의 기회비용이 커서 부패가 감소하는 경향을 보인다. 28개 개도국의 자료로부터 생산직 근로자 임금에 대한 공무원임금이 낮을수록 부패수준은 높아지는 것으로 나타났다.

그러나 이러한 주장에 문제가 없는 것은 아니다. 부패의 근본적 원인은

---

21) Evans and Rauch.
22) Van Rijckeghem and Weder.

낮은 봉급수준이 아니고 재량권의 존재이기 때문이다. 봉급수준을 높인다고 부패를 줄일 수 있는 것은 아니다. 예컨대, 봉급이 적은 도시미화원의 경우 부패가 적은 것은 부패할 기회가 없기 때문일 수 있다. 그러므로 부패와 봉급의 수준을 항상 유의한 관계로 설정하는 것은 무리이다.

5. 부패대책

부패는 증후군일 뿐 질병이 아니다. 증후군을 제거하는 일반 요법은 없다. 따라서 부패대책은 부패유형과 그 원인에 따라 수립되어야 한다. 그럼에도 불구하고 일반적인 부패대책은, 첫째 감독·처벌이 아닌 예방대책추진, 둘째 경쟁압력의 제고, 셋째 제도적·법적 접근을 기본방향으로 삼아야 한다. 이러한 정책의 기본방향을 추진할 수 있는 몇 가지 전략을 제시해 보겠다.

첫째, 부패를 척결하기 위해서는 그 성과를 측정할 수 있어야 한다. 부패척결의 성과를 측정하기 위해서는 부패지수를 측정해야 한다. 그러나 부패정도를 계량화하는 것은 쉬운 일이 아니다. 최근 들어 각종 부패지수가 발표되고 있지만 기본적으로 국민들의 인지도를 반영한 부패체감지수일 뿐이다. 올바른 부패지수는 보이지 않는 뇌물거래를 반영한 척도여야 한다.

부패지수는 독점도에 따라 달라지고 행정규제의 명확성과 구체성 정도에 따라 달라진다. 또한 행정 및 회계의 투명성, 사법제도의 발달 정도에 따라 달라진다.

부패척도를 C, 국민경제의 독점도를 M, 관리가 행사하는 재량권의 정도를 D, 행정 및 회계투명도를 A라고 할 때, 부패지수(C)는 다음과 같이 나타낼 수 있다.[23]

---

23) World Bank(1997).

$$C = M + D - A$$

부패를 제거하기 위해서는 부패척도의 결정인자 중에서 M과 D를 낮추고 A를 증가시켜야 한다.

둘째, 독점도 M을 낮추어 경쟁적 시장을 구축해야 한다. 이를 위해서는 규제철폐 등 진입장벽의 완화를 통하여 독점의 존립기반을 제거하고 담합 등의 반경쟁적 행위를 근절해야 한다. 경쟁적 시장구조를 구축하여 부패가 발생할 수 있는 조직을 근본적으로 변화시켜야 한다. 사후적 감독의 강화는 부패감소에 큰 도움이 되지 못한다. 복지부동의 폐해가 발생할 뿐이다.

셋째, 행정 및 회계시스템을 투명화하여야 한다. 이를 위해서는 행정세칙 제정을 위한 행정개혁, 정보공개법 전자정부화 및 지방자치단체 및 중앙정부에 복식부기의 도입 등을 통해 투명성을 제고하여야 한다. 예컨대, EDI시스템을 도입하여 정부 조달물품의 선정기준과 조건을 명확히 함으로써 행정투명성을 높이고 공무원의 재량권을 축소시킬 수 있을 것이다.

또 온라인 행정정보공개제도[24]나 감사원 및 감사관의 감독제도, 결합재무제표와 연결재무제표 등의 도입도 투명성 제고에 기여할 것이다.

그리고 규제를 완화하고 절차를 단순화하는 것도 행정시스템의 투명화를 위해 필요하다. 규제완화와 행정절차의 단순화를 위해서는 최근 철폐된 규제의 하위규정(시행령 등)도 철폐하고 전자정부를 구현함으로써 정보를 공유하고 불필요한 행정절차를 제거하여야 한다.

넷째, 과감하고도 총체적 개혁이 필요하다. 부패는 많은 경우 체계적 부패(systematic corruption)이고 전염성이 강하기 때문에 과감한 개혁만이 효과를 거둘 수 있다. 이권추구 균형(rent-seeking equilibrium)은 일종

---

24) 행정정보를 신청여부와 무관하게 정기적으로 시민들에게 공개하는 제도로서 최근 서울시가 채택한 바 있다.

의 꾸르노 균형(Cournot Equilibrium)이다. 꾸르노 균형은 안정적 균형으로서 새로운 균형으로 이동하기는 용이하지 않다. 따라서 이를 극복하기 위해서는 부패방지법 등의 도입을 통한 과감하고도 동시적 총체적 개혁이 필요하다. 현실적으로 드러난 환부만을 건드려서는 근본적인 해결에 근접할 수 없다. 따라서 전반적인 부패에 대한 총체적인 개혁이 수행되어야 한다.

다섯째, 시장원리를 정부부문에 적극 도입해야 한다. 정부재의 공급구조를 보다 경쟁적으로 할 필요가 있다. 예컨대, 외무부가 독점적으로 발급하던 여권을 지방자치단체까지 확대한다든지 주거지의 동사무소에서만 발급받던 주민등록등본 등을 전국 어느 동사무소에서든지 발급받게 한 것은 좋은 예이다.

정책 및 행정실명화를 통해 책임행정제도 및 인센티브제도를 적극 도입하는 것도 경쟁적 시장원리를 도입하는 좋은 대책이다. 정부부문에 경매제도를 과감히 도입할 필요가 있다.25)

여섯째, 시민단체가 주도하는 부패퇴치 시민캠페인(social marketing strategy)을 전개할 필요가 있다(Kindra, 1998). 기존의 부패대책은 공무원 주도의 행정개혁 위주였다. 따라서 부패대책 시행은 오래 지속되지 못하고 중립적이지도 못했다. 부패는 중립적인 세력에 의한 대책 추진이 필요하다.

부패퇴치 캠페인은 시민의 부패에 대한 인식을 제고하고 사람들의 행동변화를 유발하는데 적합하다. 국가기관 내에서 부패척결을 주요 목표로 정하고 부패의 요인이 무엇인지를 시민들에게 인식시킴으로써 부패대처를 위한 사회적 분위기를 조성해 나갈 수 있다.

부패퇴치 운동은 부패의 기회를 줄이고 검거확률을 높이고 부패로 인한 기대처벌비용이 증가하도록 수행되어야 한다. 이를 위해서는 시민단체에 공무원 활동을 조사·감독할 수 있는 시민감사관제도의 도입을 적

---

25) Tullock(1989).

극 검토해 볼 필요가 있다.

일곱째, 뇌물제공자와 수뢰자 간의 담합구조를 타파해야 한다. 예컨대, 인센티브를 활용한 예산부정방지제도 혹은 부패정보를 신고하는 공익정보 제공자에게 정부환수금의 일부를 지급하는 '공익정보보상제도'를 적극 도입하고 회계제도를 개선할 필요가 있다.

군납 등 정부조달, 의료, 국고관리 등 비리가 조직적으로 행해지는 분야의 부정방지에는 공익정보제도가 절대적으로 필요하다. 미국의 경우 "부패신고법"(False Claims Amendments Act)에서 공익정보 제공자에 대한 보상을 명문화하고 있다. 미국의 경우 정부의 용역계약 기업이 부정을 했을 경우 신고자는 국고환수금의 일부를 보상금으로 지급받는다.26)

공익정보보상제도는 일회성 부패에만 효과가 있을 뿐 반복게임에서는 효과가 없다는 주장이 있다.27) 그러나 공익정보보상제도의 성공여부는 보상체계에 따라 결정되는 것이지 일회성 게임인지 반복게임인지와 무관하다. 반복게임일 경우 예컨대, 향후 예상되는 국고환수금을 기준으로 보상금을 책정한다면 뇌물거래에 있어서 담합구조를 타파할 수 있을 것이다.

공공서비스 조달과 같이 계획, 사업자선정 그리고 집행 등 3자간 분리가 가능할 경우 서로 담당기관을 분리시켜 견제토록 해야 한다.

공익정보는 정부수입의 착복이 불가능한 회계제도하에서 제공될 가능성이 크다. 뇌물이 가격을 상승시켜 뇌물제공자와 수뢰자가 갈등관계에 서게 되어 뇌물을 주기보다는 고발할 유인이 커지기 때문이다. 특히 일회성 거래일 경우 적발 가능성이 더 커진다.

마지막으로 공무원의 보수를 인상하여 부패의 기회비용을 높여야 한다. 이를 위해서는 공무원의 보수인상, 연금제도의 활성화 및 형벌구조의 개선 등이 필요하다.

---

26) 박홍식(1993).
27) 박재완(1997).

【참고문헌】

● 국내문헌

박재완. 1997, 「부패와 반부패 정책의 경제적 함의」, ≪공공경제≫ 제2권, 49-75쪽

박정수. 2000, 「기업부패지수 측정모형 개발에 관한 연구」, 서울시립대 반부패행정시스템연구소, 공청회 자료

박흥식. 1993, 「내부고발자의 법적 보호: 미국의 경우」, ≪한국행정학보≫ 제27권, 1,185-1,201쪽

돈 부시(Dornbush, R). 1998, 「금융위기의 원인과 한국경제의 전망」, 정책 및 경영참고 자료, 한국표준협회.

● 국외문헌

Ackerman Rose Susan. 1975, "The Economics of Corruption," *Journal of Public Economics*, pp.187-203.

_____. 1978, *Corruption: A Study In Political Economy*, New York: Academic Press.

Beck, P. J., M. W. Maher and A. E. Tschoegl. 1991, "The Impact of the Foreign Corrupt Practices Act On US Exports," Managerial and Decisions Economics, 12, pp.295-303.

Bhagwatti, J. 1982, "Directly Unproductive Profit-Seeking Acivities," Journal of Political Economy.

Evans, P. B. and J. E. Rauch. 1996, "Bureaucratic Structures and Economic Performances in Less Developed Countries," Working Paper, University of Sandiego.

Hines, James. 1995, "Forbidden Payment: Foreign Bribery & American Business," NBER Working Papers 5266, Cambridge MA, National Bureau of Economic Research.

Kaufmann, Daniel. 1988, "Challenges in the Next Stage of Anti-Corruption," *New Perspectives on Combating Corruption*.

Kindra, G. S. & Stapenhurst Rick. 1998, "Social Marketing Strategies to Fight Corruption," EDI working Papers, IBRD.

Lambsdorff, J. Graf. 1998, "An Empirical Investigation of Bribery in International Trade," European Journal of Development Research, 11(1), pp.40-59.

Mauro, Paola. 1995, "Corruption & Growth," Q.J.E. 109, pp.681-712.

_____. 1997, "The Effects of Corruption on Growth, Investment and Government Expenditure: A Cross-Country Analysis," in Kimberly Ann Elliot(ed.), Corruption & the Global Economy, Washington D.C.: Institute for International Economics, pp.83-107.

Murphy K. M., Schleifer A. & Vishny R. W. 1993, "Why Is Rent-Seeking So Costly to Growth?" A.E.R. May, pp.409-414.

Nas, T., Price, A. and Weber, C. 1986, "A Policy Oriented Theory of Corruption," American Political Science Review 80, pp.107-119.

Nye, J. S. 1978, "Corruption and Political Development: A Cost-Benefit Anaiysis," In Heidenheimer, Arnold J.(ed), Political Corruption, New Brunswick: Transaction.

Rashid, S. 1981, "Public Utilities in Egalitatian LDC's: The Role of Bribery in Achieving Pareto Efficiency," KYKLOS 34, pp.448-460.

Schleifer A. & Vishny Robert W. 1993. "Corruption," Q.J.E. Autumn.

Tullock, Gorden. 1989, "The Economics of Special Priviledge & Rent-Seeking," Kluer Academic Publishers.

Van Rijckeghem, C. and Beatrice Weber. 1997, "Corruption and the Role of Temptation: Do Low Wages in Civil Service Cause Corruption?" IMF Working Paper, WP/97/73.

Wedeman, A. 1996, "Looters, Rent-Scrapers and Dividend-collectors: The Political Economy of Corruption in Zaire, South Korea and the Philipines."

Wei, S. J. 1997, "How Taxing is Corruption on International Investors," NBER Working Papers 6030, Washington D.C.

World Bank. 1997, "Helping Countries Curb Corruption," September.

Tanzi, Vito. 1994, "Corruption, Government Activities & Markets," IMF Working Paper, August.

_____. & Hamid Davoodi. 1997, "Corruption, Public Investment and Growth," IMF Working Paper.

부패의 정치경제학: 맑스주의적 접근

정 성 진

(경상대학교 교수, 경제학과)

1. 서론

1990년대 이후 부패 문제에 대한 관심과 연구는 이른바 "부패 분출"(corruption eruption)이라고 표현될 정도로 급증하고 있다(Glynn et al., 1997: 7).[1] 이러한 현상은 1990년대에 새롭게 나타난 것이며, 이는 2000년 들어서도 계속되고 있다. 우리나라에서도 부패 문제에 대한 관심과 연구는 1997~98년 'IMF 위기'가 고질적인 정경유착과 부패에서 비롯되었다는 인식이 일종의 통념으로 되면서 폭발적으로 증대하고 있다. 부패 연구는 기존의 행정학, 정치학, 사회학 분야에서 경제학 분야로 확산되면서 이제 사회과학의 한 분과를 형성할 정도가 되었다.

이와 같은 1990년대 이후 전세계적 "부패 분출" 현상은 세계화, 민주화 등 이 시기의 주요한 세계 정치경제의 변동을 반영하는 것이지만,[2] 나는 1990년대 이후 세계적으로 득세하고 있는 이른바 '워싱턴 컨센서

---

1) 넥시스(Nexis) 검색에 따르면, *Economist*지와 *Financial Times*지에서 '부패'라는 단어를 언급한 기사의 수는 1982~87년 평균 229개에서 1988~92년 평균 502개로 늘어나고, 1993년 1,076개, 1994년 1,099개, 1995년 1,246개로 폭증했다(Glynn et al., 1997: 21).

2) 푸자와 로데스(Pujas and Rhodes, 1999)에 따르면 1980~90년대에 부패 문제가 세계적 이슈가 된 것은 다음과 같은 요인들 때문이다. 첫째, 정당의 재정 문제, 둘째, 세계화, 셋째, 민영화 및 규제완화를 통한 국가와 공공부문의 변혁.

스', 즉 신자유주의적 컨센서스도 그 한 요인이라고 생각한다.3) 주지하듯이, 신자유주의는 1997~98년 동아시아 경제위기의 근본원인을 동아시아의 정실자본주의에서 찾고 시장개혁과 반부패를 경제위기에 대한 처방으로 제시한다.4)

여태까지 부패 문제 연구는 기존의 부르주아 사회과학과 신고전파 신자유주의 경제학의 전유물이었으며, 맑스주의에 입각한 부패 문제 연구는 거의 이루어지지 않았다. 이는 맑스주의 입장에서 볼 때 자본주의에서 부패가 너무나 당연하고 직접 감성적으로 인지되는 현상이어서 과학적 연구의 필요성을 느끼지 못했기 때문이기도 하겠지만, 부패 문제가 분출됐던 1990년대에 맑스주의 패러다임 자체가 위기에 처한 때문이기도 하다. 부패 문제가 핵심적인 사회적 문제로 논의되고 있음에도 불구하고, 이에 대한 맑스주의적 대응과 개입이 부재한 상황에서 부패한 자본주의와 투명한 자본주의의 이분법, 중장기적 개혁과제로서의 투명한 자본주의의 설정 등을 골자로 하는 기존의 신자유주의적 부패의 문제설정이 부지불식중에 신자유주의에 반대하는 일부 진보진영에서도 수용되고 있다. 실제로 오늘날 일부 비판적 사회과학자들은 자본주의 체제에서 부패를 퇴치하는 것이 가능하다고 믿는다든지, 부패한 자본주의를 깨끗한 자본주의, 맑고 투명한 시민사회로 개혁 대체하는 것이 가능하다고 믿고 있으며, 혹은 부패 연구 그 자체가 개혁적 진보적인 의의를 갖는다

---

3) 사실 'IMF 위기' 이후 우리나라에서 부패 연구가 '호황 산업'으로 된 배경에는 IMF와 세계은행의 재정지원도 한몫 했다. 우리나라의 부패 연구의 상당 부분은 '워싱턴 컨센서스'의 일환으로 이루어지고 있다.

4) "신자유주의 경제학과 자유민주주의 정치가 확산되면서 부패의 원인과 처방에 대한 특정한 기본 가정과 전제가 부각되고 있다. 경제적 측면에서 부패는 과도한 국가개입과 그로부터 결과된 관료적 지대의 결과와 동일시된다. 정치적 측면에서 부패는 다양한 유형의 권위주의 혹은 전체주의 체제의 책임지지 않는 독점적 권력의 결과로 간주되었다. 이러한 분석은 민영화와 규제완화를 통하여 국가를 후퇴시키고 자유민주주의 체제로의 이행을 통해서 경쟁과 투명성, 및 책임성을 정치과정에 도입함으로써 부패가 감소될 수 있다는 정책적 함축을 갖는다"(Harris-White and White, 1996: 2).

고 상상하고 있다.

그러나 '신자유주의의 10년'이라고 할 지난 1990년대가 가고 새로운 천년에 접어든 오늘도 부패 문제는 여전히 전세계적으로 심각한 문제로 되어 있다. 이는 부패 문제에 대한 기존의 신자유주의적 분석과 처방의 타당성에 대한 의문을 제기하게 한다.5) 이 글은 신자유주의적 부패의 문제설정에 대한 비판적 분석과 맑스주의적 대안을 검토하는 것을 목적으로 한다. 무엇보다 기존의 부패의 문제설정에 특유한 부패한 자본주의와 투명한 자본주의의 이분법, 그리고 이것이 함축하는 '자본주의 이외 대안부재론'을 넘어설 필요가 있다. 나는 이를 위해서는 부패를 자본주의에 내재한 속성으로 간주했던 맑스의 통찰을 되살릴 필요가 있다고 생각한다.

이 글에서 필자는 먼저 기존의 부패의 문제설정이 공유하는 부패 개념을 비판적으로 고찰한다. 그 다음, 부패와 경제성장, 부패와 시장경제 등의 주제에 대한 신자유주의적 부패의 경제학의 최근 연구성과를 비판적으로 검토한다. 아울러 세계화, 경제위기 및 정보화와 부패의 관련도 분석한다. 끝으로 부패가 자본주의에 필연적이라는 맑스주의 명제를 자본의 본원적 축적과 현대자본주의에서 국가와 자본의 유착 논리 분석을 통해 논증한다. 이를 통해 신자유주의 경제학의 부패의 문제설정에서 주장되는 시장개혁이 반부패 전략이 될 수 없으며, 부패의 퇴치는 자본주의 체제의 근본적 지양 없이는 불가능하다는 맑스주의 명제의 타당성을 재확인할 것이다.

---

5) "우리는 경제적 지도주의와 정치적 권위주의의 '구식 부패'의 좋지 않았던 시절에서 경제적 경쟁과 정치적 책임성의 새로운 여명으로 이행하고 있는 것이 아니라, 경제적 정치적 자유화의 논리에 근거한 '새로운 부패'의 등장을 발견하고 있는데, 이는 냉전 시대의 국내적 국제적 제약에 더 이상 의존하지 않고 범죄적 마피아들의 영향을 점점 많이 받고 있는 탐욕스런 지역 엘리트의 활동을 반영하는 것이다"(Harris-White and White, 1996: 4).

2. 부패의 개념정의

부패의 경제학에서 부패는 공공영역과 민간영역의 접점에서 발생하는 문제로 정의된다. 세계은행은 부패를 "사적 이득을 위한 공권력 남용"(abuse of public power for private gain)으로 정의하고,[6] "부패문제는 공공부문과 민간부문의 접점에 존재한다"고 주장한다(World Bank, 1997: 102). 기존의 부패의 경제학에서 민간영역에서의 부정과 사기 등은 부패의 범주에서 제외된다. 예컨대 엘리엇은 다음과 같이 주장한다. "이와 같은 부패의 정의에서 분명하게 배제되는 것은 전적으로 민간 부문 내부에서 발생하는 동일한 행위들이다. 내부자거래, 민간계약을 확보하기 위한 뇌물 그밖에 부패한 것으로 간주될 수 있는 행위들은 이러한 분석에서는 무시된다"(Elliott, 1997: 178).[7]

엘리엇에 따르면 주류경제학의 부패의 정의 및 유형은 <그림 1>과 같이 도시될 수 있다. 엘리엇에 따르면 부패의 정치경제학에서 부패의 원인은 다음과 같이 파악된다(Elliott, 1997: 181).

$$\boxed{부패 = 독점 + 재량 - 책임}$$

부패의 원인을 보이는 위 식은 부패에 대한 대책도 함축하고 있다. 즉

---

6) 존스턴도 부패를 "사적 편익을 위한 공적 역할 혹은 공공 자원의 남용"이라고 정의한다(Johnston, 1998: 89). 슐라이퍼와 비스니도 부패를 "공무원이 사적 이득을 위해 정부 재산을 판매하는 것"이라고 정의한다(Shleifer and Vishny, 1998: 91). 다양한 부패의 정의에 대한 비판적 논의로는 존스턴(Johnston, 1996) 참조
7) 웨이도 부패를 다음과 같이 정의한다. "여기에서 부패는 정부관료가 사적 이득을 위해 민간부문으로부터 뇌물을 추출/접수하기 위해 그들의 권력을 남용하는 것으로 정의된다. 이는 정치적 부패(예컨대, 선거에서 매표, 부유층 기타 특수 이해집단이 법률과 규제에 영향을 미치기 위해 합법적 및 불법적으로 정치자금을 제공하는 것 등)이나 민간부문 당사자들 간의 뇌물 수수와는 구별되어야 한다"(Wei, 1999: 4).

<그림 1> 부패의 유형

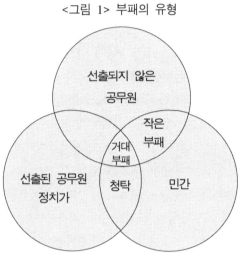

자료: Elliot(1997: 179).

위 식에 따르면, 부패는 시장경제에서 자유경쟁을 저해하는 대내외적 독점이 존재하고 정부관료의 재량이 많고, 또 정부에 대해 책임을 추궁하기 힘들수록 증가한다. 여기에서 반부패 전략의 방향은 자동적으로 도출된다. 즉 자유시장과 경쟁체제의 확립을 통한 독점의 약화, 정부의 각종 규제완화를 통한 재량의 축소, 민주화와 시민사회의 강화를 통한 책임행정의 수립이 그것이다.

그러나 이처럼 공공부문과 민간부문의 접점에서 발생하는 현상으로 부패를 제한하는 기존의 부패의 경제학의 부패 개념은 오늘 부패 현상을 설명하기에는 협소하다고 할 수 있다. 오늘 세계화, 자유화, 민주화에 따라 부패는 공공영역에서 민간영역 내부에서 일어나는 현상으로 그 비중이 이동하고 있기 때문이다. 그렇다면 "부패의 식별 작업의 초점은 이전처럼 국가가 아니라 국가와 시민사회를 모두 고려하는 방식으로 확대되어야 한다. 왜냐하면 자유화에 따라 부패의 주요 동인이 국가에서 시장영역으로 이동하고 있기 때문이다"(Harris-White and White, 1996: 4). 이 점에서 나는 부패를 자본주의 시장경제, '시민사회' 그 자체에 내재한 경향으로 간주했던 맑스의 통찰은 대단히 현재적이라고 생각한다. 맑스는 부패를 국가보다는 오히려 민간영역, 즉 자본주의 시장경제 자체의 고유한 문제로 이해했다. 맑스는 『철학의 빈곤』(1847)에서 자본주의 시장경제의 출현, 화폐경제의 출현과 함께 사회의 전반적인 부패가 시작된다고 보았다

"이제 사람들이 여태까지 양도할 수 없는 것이라고 여겼던 모든 것들이 교환의 대상, 매매의 대상으로 등장하는 시대가 도래했다. 이 시대는 이전 시대까지만 해도 소통되기만 하고 결코 교환되지는 않았던, 주어지기만 하고 결코 판매된 적은 없으며, 획득되기만 하고 결코 구매된 적이 없던 모든 것들― 즉, 미덕, 사랑, 신념, 지식, 양심 등등― 이 최종적으로 상업의 대상이 되어버린 시대이다. 이 시대는 **전반적인 부패**(corruption generale)와 보편적인 매수(venalite universalle)의 시대이다. 이 시대는 또 정치경제학의 표현방식을 쓰자면, 도덕적인 것이든, 물질적인 것이든, 모든 대상이 그 정당한 가치를 평가받기 위해서는 시장에서 팔릴 수 있는 가치로 되어 시장에 나가야만 하는 시대이다"(Marx, 1847: 31. 강조는 필자. 번역문은 필자가 일부 수정).

3. 경제성장과 부패

1) 경제성장과 부패의 상관관계

1990년대 새롭게 등장한 부패의 경제학은 주로 국제투명성기구(Transparency International. 이하 TI로 줄임) 등에서 발표하는 부패지수[8]와 경제성장의 상관관계를 회귀분석하는 것을 주요 내용으로 한다.

---

8) 여기에서 부패지수는 엄밀히 말하면 부패행위의 객관적 측정치가 아니라 해당 국가의 부패의 정도에 대한 기업가들이나 전문가들의 주관적 평가에 기초한 것이므로, 부패인지지수(corruption perception index)이다. 대표적인 부패지수로는 TI 지수 외에 국제기업(Business Internal) 지수, 글로벌경쟁력보고서(Global Competitiveness Report) 지수 등이 있다. 웨이와 젝하우저에 따르면, "부패지수는 부패 행위에 대한 객관적 측정치가 아니라 부패에 대한 주관적 인

이 연구들은 대체로 이와 같은 회귀분석 결과 부패가 경제성장의 장애
요인이라는 가설이 입증되었다고 주장한다. 예컨대, 마우로(Mauro,
1995)는 부패가 GDP에 대한 투자 비율을 감소시킴으로써 경제성장을
둔화시킨다고 주장한다. 마우로는 만약 방글라데시가 우루과이 수준으로
만 부패를 개선해서도 GDP에 대한 투자 비율은 5% 포인트나 증대될
것이라고 주장한다. 웨이와 젝하우저(Wei and Zeckhauser, 2000)는 싱가
포르에서 멕시코 수준으로의 부패의 증대는 25% 포인트 정도 세율을
높이는 효과와 동일하며, 직접투자 유입을 68% 감소시킨다고 주장한다.
또 램스도르프(Lambsdorff, 1999)도 콜롬비아에서 영국 수준으로의 부패
의 감소는 GDP의 3%만큼 연간 순자본유입을 증대시킨다고 주장한다.
이로부터 마우로는 부패에서 경제적 저발전으로의 인과관계를 설정한다.
웨이도 방글라데시가 싱가포르 수준으로 부패를 개선하면, 1960~85년
연평균 1인당 GDP 성장률이 1.8% 포인트 높아졌을 것이라고 주장했다
(Wei, 1999: 10).

　　그러나 부패가 경제성장을 저지한다는 이들의 주장은 일부 매우 부패
한 아시아 나라들에서 고도의 경제성장이 이루어졌다는 사실과 배치된
다. <표 1>에서 보듯이 국제투명성기구(TI)는 1996년 중국, 베트남, 인
도네시아, 태국을 가장 부패한 나라로 분류했지만, 이들 나라는 1980년
대 이후 비약적인 경제성장을 기록했으며 엄청난 민간자본 투자가 이루
어졌다. 또 경제발전 정도가 비슷한 나라들, 예컨대 이탈리아와 영국, 일
본과 독일, 한국과 싱가포르에서 부패의 정도는 크게 차이가 난다. 즉 이
탈리아, 일본, 한국은 각각 영국, 독일, 싱가포르보다 훨씬 부패한 나라
들로 인지되고 있다. 이와 같은 사실들은 부패가 경제성장을 저지한다는
통념을 논박한다.

지를 반영한 것임에도 불구하고 부패의 전반적 효과를 분석하는 데는 유용하
다. 왜냐하면 부패가 외국인투자에 어떤 영향을 미치는가 하는 문제에서 실제
로 중요한 것은 부패에 대한 인지 정도이기 때문이다"(Wei and Zeckhauser,
1999: 447).

<표 1> 부패와 경제성장

	1996년 부패지수(TI)	1980~1995년 연평균 GDP성장률(%)	1981~1993년 민간투자/GDP(%)
중국	2.43	11.05	n.a.
베트남	n.a.	8.30	n.a.
태국	3.33	7.86	24.85
인도네시아	2.65	6.60	16.35
인도	2.63	5.41	11.11
이집트	2.84	3.78	8.03
케냐	2.21	3.27	11.01
브라질	2.96	2.70	15.74
멕시코	3.30	1.07	13.68
뉴질랜드	9.43	2.40	n.a.

자료: Campos et al.(1999: 1060).

또 트라이스만에 따르면 "인과관계는 부패로부터 경제발전의 둔화의 방향으로도 성립하지만, 경제발전에서 부패 감소의 방향으로도 성립한다"(Treisman, 2000: 401). 그는 1990년의 경우 1인당 GDP를 10배 증가시키면- 이는 엘살바도르 수준에서 캐나다 수준으로의 소득의 증가이다- 부패 지수는 4.16~4.76 정도 감소- 이는 엘살바도르 수준에서 홍콩 혹은 아일랜드 수준으로의 부패의 감소이다- 함을 인정하면서도 인과관계의 방향은 문제시될 수 있다고 지적한다. 왜냐하면 인과관계가 경제발전에서 부패의 감소의 방향으로도 설정될 수 있기 때문이다. 경제발전은 공공부문 및 민간부문의 합리화를 촉진하고 교육을 확산시켜 권력남용을 은폐하기 어렵게 함으로써 부패를 감소시키는 효과가 있다는 것이다. 이처럼 부패(의 감소)와 경제적 저발전(발전) 간에 쌍방향으로 인과관계가 성립한다는 사실은 부패를 경제적 저발전의 원인이라고 일방적으로 규정하고 반부패를 경제발전 전략으로 특권화하는 것이 실증적으로 정당화될 수 없음을 보여 준다. 트라이스만이 지적했듯이 다른 요인들이 경제발전에 우호적으로 작용할 경우 부패가 경제성장을 저지할 어떠한 필연성도 없다. 실제로 1980년대 가장 부패한 세 나라- 자이레,

태국, 인도네시아 - 는 1980년대 연평균 5.1%로 성장했는데 이는 세계 평균 3.1%보다 훨씬 높은 성장률이었다(Treisman, 2000: 440). 또 시장 경제로 이행하는 중국의 경우, "부패는 단기적으로는 계약강제의 법적 형태의 대리물로 기능했다. …성장에 핵심적인 것은 약속을 지키고 소유권을 보호할 수 있는 정부의 능력이지, 그 정부가 얼마나 부패한가가 아니다"(Elliott, 1997: 195). 그리고 1997~98년 아시아 금융위기 이전 부패한 아시아 지역으로 유입된 엄청난 외국자본은 이와 같은 주장이 근거가 없음을 보여 준다. "부패했다고 해서 선진국으로부터 은행대부를 받는 데는 지장이 없다"(Wei, 2000: 13).[9]

램스도르프(Lambsdorff, 1998b)는 벨기에와 프랑스, 이탈리아, 네덜란드 및 한국은 부패 덕택에 수출에서 비교우위를 갖게 된 반면, 호주, 스웨덴, 및 말레이지아는 부패로 인해 수출에서 비교열위를 보고 있으며 미국 역시 해외부패방지법 (Foreign Corrupt Practices Act. 이하 FCPA로 줄임)[10]으로 인해 세계시장 점유율이 감소했다고 주장했다. 만약 이들의 계량분석이 타당하다면 부패는 수출경쟁력 강화 따라서 경제발전에 기여하는 셈이다.

웨드만(Wedeman, 1997)은 부패가 심하지 않은 나라들 경우에는 부패와 GDP에 대한 투자 비율 사이에 상관관계가 존재할 수 있지만, 부패가 심한 나라들 경우에는 이러한 상관관계는 성립하지 않는다고 주장했다.

---

9) 웨이는 부패가 금방 돈을 빼기 쉬운 은행대부나 포트폴리오 투자를 유치하는 데는 불리한 환경으로 작용하지만, 한번 투자하면 돈을 빼기가 쉽지 않은 직접투자를 유치하는 데는 불리하게 작용한다고 주장한다. 웨이에 따르면 1990년대 부패한 아시아 나라들에 유입된 자본은 직접투자가 아니라 주로 은행대부나 포트폴리오 투자였기 때문에 일거에 돈이 빠져나가는 자기실현형 금융패닉에 취약했다. "정실자본주의는 그 나라의 자본유입의 구성에 대한 영향을 통해 자기실현형 기대 유형의 통화위기에 더욱 취약해진다"(Wei, 2000: 16). 이러한 웨이의 주장은 정교화된 정실자본주의론이라고 할 수 있다.

10) FCPA는 미국 기업이 외국 정부 공무원에 뇌물을 제공하는 것을 불법화한 법이며, 1977년 카터 대통령이 공포했다. FCPA는 1975년 일본 다나카 수상이 록히드사로부터 2,500만 달러의 뇌물을 수뢰한 사건에서 발단되었다.

웨드만은 경제성장을 가로막는 것은 부패 자체가 아니라 특정한 종류의 부패라고 지적했다. 웨드만은 부패의 구조를, ①수탈형(looters), ②지대축적형(rent-scrapers), 및 ③배당징수형(dividend- collectors)으로 구분하고 각 유형의 전형으로 자이레와 필리핀, 한국을 예거한 다음, ③배당징수형에서는 부패는 경제성장과 공존할 수 있다고 주장한다. 이와 관련하여 모란은 한국에서는 "부패가 경제발전과 공존"했으며, "특혜가 정치적 연줄만이 아니라 경제성과에 기초하여 주어졌기 때문에 부패는 '생산적'이었다"고 주장한다(Moran, 1999: 570).[11] 칸도 다음과 같이 주장한다. "부패의 **유형**은 국가와 자본 및 중간계급 사이의 권력분배와 밀접한 관련이 있다. 경제적 문제는 부패 그 **자체**가 아니라 성장을 저지하는 부패를 낳는 정치구조이다. 이러한 분석은 발전에 대한 부패의 가능한 효과와 관련된 반부패 전략은 배후에 있는 정치적 문제를 명시적으로 식별해내야 함을 시사한다"(Khan, 1998: 38. 강조는 원저자).

세계은행 역시 부패의 종류를 구별하는 것이 중요하다고 주장한다. "두 가지 종류의 부패가 있다. 첫째, 당신이 정상 가격을 지불하고 당신이 원하는 것을 얻는 종류의 부패이다. 두번째, 당신이 지불하기로 동의한 것을 지불하고 집에 가서도 매일 밤 당신이 바라는 것을 얻을 수 있을 지 혹은 누군가 당신을 협박하지 않을지 전전긍긍해야 하는 종류의 부패이다"(World Bank, 1997: 34). 세계은행은 이로부터 "어떤 주어진 수준의 부패에서는 그 부패가 예측가능한 나라의 투자율이 더 높다"고 주장한다. 캄포스 등은 예측가능성이 낮은 부패가 심할수록 GDP에 대한 투자의 비율이 낮다는 사실을 발견했다. 캄포스 등에 따르면 "부패가

---

11) "박정희 정권에서 부패는 중요한 의미에서 국유화되었다고 말할 수 있다. 국가는 부패가 발생할 수 있는 범위를 설정했으며, 그 결과 부패는 발전과정의 역동적 부분으로 기능했다"(Moran, 1999: 571). '성과에 기초한 지원'을 특징으로 하는 1960~80년대 한국의 국가-자본 관계는 한국경제의 30년 장기호황을 지탱한 사회적 축적구조의 한 요소였다(Jeong, 1997). 그러나 아데스와 텔라는 국가의 산업정책은 고도의 부패를 수반하며, 또 부패는 산업정책이 투자에 미치는 긍정적 효과를 크게 감소시킨다고 주장한다.(Ades and Tella, 1997)

예측가능한(뇌물을 주고 추구하는 특혜, 서비스, 혹은 생산물이 주어질 개연성이 높다는 의미에서) 체제는 그것이 덜 예측가능한 체제보다 투자에 대한 부정적 충격이 약하다." 또 부패의 예측가능성과 부패 규모의 관점에서 다음과 같은 세 가지 유형을 구분할 수 있다. "①부패 수준이 높고 부패의 예측가능성이 낮은 체제는 민간투자 유치 측면에서 최악이다. ②부패 수준은 높지만 부패의 예측가능성이 높은 체제는 민간투자 유치 측면에서 ①보다 우수하다. ③부패의 수준이 낮고 부패의 예측가능성이 높은 체제는 민간투자 유치 측면에서 최상이다. 동아시아 '기적 경제'는 ②그룹에 속한다."(Campos et al., 1999: 1061) 그리고 "부패의 수준뿐만 아니라 부패의 성격도 투자에 영향을 미친다. 보다 예측가능한 −정부로부터 특혜를 추구하는 사람은 그 특혜를 얻을 수 있다는 의미에서− 부패 체제는 덜 예측 가능한 체제보다 투자에 미치는 영향이 덜 부정적이다. 많은 동아시아 기적 경제에서 부패는 매우 잘 조직되어 있어서 예측가능성의 정도가 상대적으로 높다. 그래서 이들 기적 경제는 높은 부패 수준에도 불구하고 다른 발전도상국들보다 훨씬 높은 수준의 투자를 유치할 수 있었다"(Campos et al., 1999: 1065).[12]

부패는 경제적 저발전의 원인이라기보다 경제적 저발전의 결과 혹은 양상으로 간주하는 것이 타당하다.[13] "부패는 저개발의 원인이 아니라 징후"이기 때문에 "부패 문제, 그리고 그것이 하나의 양상인 일반적인 권력 남용은 포괄적인 개혁 프로그램, 즉 경제적 후진성과 불평등의 근본적 원인을 해결하려는 프로그램의 일부로서만 궁극적으로 통제될 수 있다"(Theobald, 1999a: 157). 그리고 부패는 제3세계 저개발국에 고유한 문제가 아니다. 후술되듯이 선진국의 자유시장경제 역시 제3세계와

---

12) 그러나 캄포스 등은 부패의 예측가능성이 동일할 경우에는 부패의 수준은 투자와 '음'의 상관관계를 갖고 있음을 인정한다(Campos et al., 1999: 1065).

13) 모란도 다음과 같이 주장한다. "부패는 국가−사회 관계, 정치체제, 발전궤적 및 대외연관 유형의 특정한 집합의 표현이다. 이러한 맥락에서 부패는 병리적 현상이 아니라, 정치경제 발전의 특정한 경로에 깊숙이 통합되어 있는 것으로 간주되어야 한다"(Moran, 1999: 569).

마찬가지로 부패되어 있다. 지하경제, 조세회피, 공직자 부패, 미국 국방성의 군납관련 부패, 기업과 금융 부문의 부패, 내부자거래, 최근 독일, 프랑스, 이탈리아 등에서 고위공직자의 부패 스캔들 등에서 보듯이 선진국에서도 일상적이다.[14)

또 부패의 문제설정은 부패의 원인을 이기심, 탐욕, 준법정신의 부재 등 초역사적인 인간 본성에서 찾는다. 부패의 문제설정은 오늘 제3세계의 빈곤과 저개발의 주된 원인이 제3세계 인민의 부패한 문화, 열악한 인간성에 있다고 은밀하게 시사한다. 여기에서 제3세계의 빈곤과 저개발의 사회적 역사적 형성의 문제, 식민지 경험의 효과, 위계적 자본주의 세계체제에서 제3세계의 주변부적 위치의 효과 등과 같은 문제의식은 모두 소거되고 만다. 저개발국의 경제발전을 위해서 이들의 부패는 척결되어야 할 대상으로 간주된다. 이 점에서 부패의 문제설정은 제3세계 저개발의 설명에 있어 자본주의 세계체제로의 제3세계의 편입이 제3세계에 미친 부정적 효과를 무시하는 일국적 문제설정이며, 제국주의에 의한 제3세계의 지배와 수탈 및 배제를 정당화하는 문제설정이다. 부패의 문제설정은 본질적으로 새로운 형태의 아시아 사회정체론으로서 결국 제국주의 지배의 변호론으로 봉사한다. 우리나라에서도 부패의 문제설정은 1970~80년대 이루어진 수많은 제3세계 연구, 예컨대 종속이론, 세계체제론의 문제의식을 비판적 사회과학연구자의 기억에서 지우는 데 기여하고 있다.

---

14) 서발드는 다음과 같이 주장한다. 선진국에서 "거래는 공식적인 기구의 구조를 통해 이루어지고 있음에도 불구하고 전통적인 주인-고객 관계로 간주되는 양상들보다 조금도 덜 개인적이거나 은밀하지 않다. …서방 세계의 고유한 역사적 경험에 연원한 국가에 대한 특정한 개념에 우리가 의존하고 있기 때문에 저개발의 문제점을 제대로 인식하고 대책을 세우기 어렵게 된다"(Theobald, 1999b: 499).

2) 제국주의와 부패

1990년대 이후 부패 문제가 세계적 문제로 부각된 배경에는 패권국가인 미국자본의 이해관계가 작용하고 있다. 1996년 전미국 상무성장관 캔터(M. Kantor)는 뇌물은 "국제무역체제의 건강을 위협하는 바이러스"(Elliott, 1997: 198에서 재인용)라고 주장하며 OECD 제국에 미국의 FCPA와 같은 수준의 부패방지법을 도입할 것을 촉구한 바 있다. 미국이 국제거래에서 뇌물의 영향에 대해 각별한 관심을 갖고 있는 까닭은, "미국의 FCPA가 미국의 기업이 외국에서 계약을 수주하기 위해 뇌물을 사용하는 행위를 범죄로 처벌하지 않고 오히려 조장하는 나라들의 다국적 기업과 경쟁하는 데 상당한 경쟁열위 요인으로 되고 있다는 인식 때문이다"(Elliott, 1997: 198).[15] 사실 미국 기업들은 FCPA 제정 이후 FCPA가 미국기업에 일방적으로 경쟁열위를 초래하고 있으며, 미국만이 "고독한 보이스카웃" 역할을 하고 있다고 불평해왔다. 1990년대 이후 미국은 FCPA의 일방성에 기인한 미국 기업의 경쟁열위를 만회하기 위해, FCPA와 유사한 법규를 다른 나라들도 제정할 것을 촉구하기 시작했다. 미국 상무성은 FCPA 때문에 미국 기업이 뇌물을 공여하지 못한 결과 미국 기업은 1994~96년 기간 중 110억 달러에 달하는 외국 발주 계약을 따지 못했다고 추산했다(Elliott, 1997: 202).[16]

1990년대 이후 미국 클린턴 정부는 '공정한 경쟁의 장'을 만든다는 명분하에 FCPA를 OECD 제국에 확산시킴으로써 미국기업에 대한 경쟁

---

15) "많은 선진국들은 자국 기업들이 외국 정부의 관리들에게 뇌물을 공여하는 것을 합법적인 것으로 인정했을 뿐만 아니라, 뇌물을 정당한 기업의 지출로 간주하여 과세 대상에서 제외했다. 이는 선진국에서 보편적이고 유해한 부패의 사례일 뿐만 아니라, 선진국이 결과적으로 발전도상국의 부패를 조장하고 증대시킨 요인이다"(Glynn et al., 1997: 16).

16) 그러나 FCPA는 부패한 외국정부가 미국 기업을 뜯는 것을 보호한 측면도 있다. 또 FCPA는 뇌물을 제공하지 않는 조건에서 외국 발주 계약을 따기 위해 기업 경영을 더욱 효율화하도록 자극한 측면도 있다(Elliott, 1997: 205).

열위 요인을 제거하기 위해 노력했다. 특히 아시아 신흥시장에 대한 미국기업의 공략을 용이하게 하기 위한 공세를 적극적으로 펼쳤다. 아시아 신흥시장 중 가장 부패한 나라로 알려져 있는 중국, 인도, 인도네시아, 필리핀 등의 시장침투 경쟁에서 미국기업의 부패행위를 불법화한 미국의 FCPA는 다른 선진국 기업들에 비해 경쟁열위 요인으로 인식되었기 때문이다. FCPA의 세계적 확산 노력의 계기는 "도덕성이 아니라, 유럽과 아시아의 경쟁기업들도 뇌물을 사용할 경우 미국기업과 동일한 규제에 직면하게 하기 위한 미국기업의 전략과 회피한 세금을 뇌물공여로 다시 뜯기지 않으려는 기업들의 비용절감 의도였다"(Naylor, 1998: 47).

클린턴 정부는 다른 OECD 나라들도 미국과 마찬가지로 국제적 뇌물공여 행위를 규제할 것을 촉구했다. 1996년 미국 상무성장관 캔터는 국제적 뇌물 공여행위는 불공정거래로 정의되기 때문에 미국 무역법 301조에 따른 보복조치가 적용될 수 있다고 협박하기도 했다. 이에 대해 유럽 제국이 저항한 것은 물론이다. "유럽 제국은 뇌물 관리에 대한 일차적 책임은 일상적으로 뇌물을 받는 발전도상국의 관리들에게 있지, 그들에게 뇌물을 주는 서방 기업들에게 있지 않다고 주장했다. 그들은 FCPA를 미국법을 미국 영토를 넘어서까지 적용하려는 부당한 영토 외부 적용이라고 묘사했다. 그들은 미국이 다른 OECD 회원국의 주권을 위배하면서 OECD 나라 전체에 단일한 국제 형법을 강제하려 한다고 비판했나"(Glynn et al., 1997: 20)

하지만 세계화 추세가 가속화되면서 부패 문제가 세계적 정치문제로 대두되는 상황에서, 미국정부의 이와 같은 노력은 결실을 보아 1994년 OECD는 가맹국들에 대해 "국제적 기업거래와 관련된 외국 관리들에 대한 뇌물 공여를 퇴치하기 위한 효과적 조치를 취할 것"을 호소하는 공식 권고를 채택했고, 1997년 12월 OECD는 부패방지협약(Convention on Combating Bribery of Foreign Public Officials in International Business Transactions)을 채택했다(장근호, 1999). OECD의 부패방지협약 이후 부패는 글로벌한 문제로 본격적으로 제기되고 있는데, 그 배후에는 이처럼 미국 자본의 논리가 작용하고 있는 것이다.

또 세계화와 함께 부패 문제는 기존의 '경제발전'의 문제에서 다시 '국제무역과 투자'의 문제, 세계시장 지분의 문제로 강조점이 이동하고 있다. "부패는 '경제발전' 문제에서 '국제무역과 투자' 문제로 변질되고 있다. 우리 선진국 사람들이 발전도상국의 부패에 대해 염려하는 것은 우리가 '그들의' 부패가 우리에게 손해를 입히고 있다고 생각하기 때문이다. …이러한 새로운 요구를 추동하는 것은 세계적 후생에 대한 진정한 걱정이 아니라 시장지분 싸움이다. …부패를 국제무역과 투자의 시각에서 보는 것은 위험하게도 … 논쟁을 선진국과 발전도상국 간의 갈등으로, '우리 대 그들'의 갈등으로 전환시키고 있다"(Rodrik, 1997: 110-2). 그리하여 부패 문제는 초국적금융자본이 신흥시장을 공략할 때 상습적으로 제기하는 이슈의 하나로 되고 있다.

그러나 맑스주의적 관점에서 볼 때, 저개발국의 부패는 저개발국에 특유한 문화적 병폐가 아니라 이들의 자본주의 세계체제로의 편입, 서구제국주의의 침략과 식민지지배의 산물이다. 저개발국의 부패는 이들이 정치적으로 독립한 2차 세계대전 이후 냉전체제하에서 서방의 원조를 배경으로 더 심화되었다. 미국의 원조는 저개발국에 뇌물문화를 조장했다. 냉전 시기 미제국주의의 제3세계 원조야말로 제3세계 독재정권과 부패의 온상이었다. 사실 자본주의 세계체제의 시장논리가 비자본주의 지역으로 침투해 들어가면서 비자본주의 지역의 전통적인 '선물문화'가 자본주의적 뇌물문화로 변질된 측면이 크다. 또 미국의 원조 자체가 미제국주의의 이해관계에 충실하게 복무하는 정권을 유지하기 위한 일종의 국제적 뇌물이었다.[17] 자이레에서 루뭄바 정권을 전복하도록 사주하고, .

---

17) "부패는 미국이 지지하는 발전도상국 독재체제에서 가장 심하다. 이들 나라에서 사업을 하는 미국 기업들은 상당한 뇌물을 제공하는 데 익숙해 있다. 하지만 이들은 고가 계약 체결, 현지 노동자의 초과착취, 및 헐값으로 농산물 광산물 구매 등을 통해 뇌물액의 몇 배를 뽑아 낸다. …뇌물과 부패는 반혁명 혹은 직

'강도정권'(kleptocracy)의 대명사 모부투의 정권장악을 지원한 것은 미국 CIA였다. 그러나 제국주의는 1990년대 이후 냉전체제가 종식되면서 제3세계를 경제적으로 지원할 필요를 느끼지 않게 되었다. 제국주의는 자신들이 뿌려놓은 씨에서 자라난 부패한 체제와 거래할 필요성이 없어지게 되자 엉뚱하게도 원조 중단의 명분을 부패라고 주장하고 있다. 요컨대 부패의 문제설정은 미국을 비롯한 제국주의국이 1990년대 냉전체제 종식 이후 제3세계에 대한 지원의 중단을 정당화하기 위한 논리로 강구된 측면이 크다.

4. 시장, 국가와 부패

1) 큰 정부와 부패

신자유주의적 부패의 문제설정은 큰 정부와 부패 간에 밀접한 상관관계, 나아가 인과관계가 있다고 주장한다. 예컨대 라팔롬바라는 GDP에 대한 정부지출은 부패가 심할수록 커지는 경향이 있다고 주장한다(LaPalombara, 1994: 338). 라포르타 등도 정부이전지출과 보조금의 규모가 부패의 정도와 양의 상관관계에 있다고 주장한다(La Porta et al., 1999: 242).

그러나 큰 정부가 부패의 원인이라는 신자유주의 부패의 문제설정의 실증적 근거는 박약하다. 예컨대 엘리엇은 부패가 심해짐에 따라서 GDP에 대한 정부지출의 비율이 감소한다는 사실을 83개국의 사례에서 발견

접적 군사개입을 통해 반동적 독재정권을 심어 놓은 나라에서 가장 심하다. … 미국 정부는 자본주의 체제―미국의 영향력 혹은 지배에 예속된―를 심거나 견고히 하기 위해 그리고 미국 기업을 위해 시장과 투자기회를 개방하기 위해 거액의 정치적 경제적 뇌물을 제공했다. …20세기 후반기 미국 정부의 국제적 뇌물과 반혁명세력 무장은 발전도상국에 집중되었다"(Perlo, 1988: 186-8).

했다. 그에 따르면 가장 부패한 16개국에서 GDP에 대한 정부지출의 비율은 21%이었는데, 이는 표본 전체(83개국)의 평균치인 32%를 크게 하회하는 것이다(Elliott, 1997: 182-3). 또 라포르타 등에 따르면 정부소비, 이전지출 및 정부고용 비중이 높은 나라일수록 덜 부패하고, 관료적 지체가 덜 하고 공공재를 더 잘 공급하지만, 세율은 더 높다. "세금을 많이 걷는 큰 정부는 정부성과의 모든 측면에서 우수했다. 큰 정부가 더 질이 좋은 정부인 경우가 많다는 결과는 우리의 주요한 발견이다. ···성과가 좋은 정부는 크며 세금을 많이 걷는다. 반면 성과가 좋지 않은 정부는 작고 세금도 적게 걷는다. ···이는 큰 정부를 나쁜 정부와 동일시하는 것이 아주 잘못되었음을 보여 준다"(La Porta et al., 2000: 239).[18]

프리드만 등은 기업가들은 세금 회피 목적보다는 관료와 부패의 부담을 감소시키기 위해서 지하경제로 들어가며, 이처럼 '뜯는 손'(grabbing hand)을 회피한 결과 GDP에 대한 조세수입이 감소된다는 사실을 발견했다. 그들에 따르면 높은 세율이 지하경제와 관련된다는 어떤 증거도 없다. 부패한 정부는 작은 정부가 될 수밖에 없으며, 상대적으로 덜 부패한 정부만이 높은 세율을 감당할 수 있다는 것이다. 높은 세율은 오히려 작은 지하경제와 관련되어있다. 세율을 1% 올리면 비공식경제 비중은 9.1% 만큼 감소한다(Friedman et al., 2000: 475). 또 프리드만 등에 따르면 부패지수의 1포인트 상승(즉 부패의 감소)은 비공식경제 비중을 9.7% 감소시킨다(Friedman et al., 2000: 477). 존슨 등도 부패한 나라일수록 비공식경제의 비중이 높다는 사실을 발견했다.(Johnson et al., 1998) 요컨대 부패는 지하경제, 비공식경제를 팽창시켜 조세수입을 감소시키기 때문에 작은 정부를 결과시킬 수밖에 없다.

<표 2>에서 보듯이, 프라이와 슐라이퍼는 폴란드와 러시아를 각각 "보이지 않는 손" 모델, "뜯는 손" 모델로 분류했다(Frye and Shleifer,

---

18) 마우로(Mauro, 1997)도 부패는 부패의 기회가 큰 공공투자, 예컨대, 무기구매 등에 대한 투자를 증대시키지만, 공공투자 중 부패의 기회가 적은 교육투자, 보건투자 등은 감소시킨다는 사실을 인정한다.

<표 2> 이행과 국가의 경제적 역할

모델	법적 환경	규제 환경
보이지 않는 손	정부는 법 위에 있지 않고 최소한의 공공재를 공급하기 위해 권력을 사용한다. 법정이 계약을 강제한다.	정부는 규칙을 따르고, 규제는 최소한이다. 부패는 거의 없다.
돕는 손	정부는 법 위에 있지만 기업을 돕기 위해 권력을 사용한다. 국가공무원이 계약을 강제한다.	정부는 특정 기업을 육성하기 위해 공격적으로 규제한다. 조직화된 부패.
뜯는 손	정부는 법 위에 있고 지대를 추출하기 위해 권력을 사용한다. 법률 체계가 작동하지 않으며, 국가를 대신하여 마피아가 계약을 강제한다.	약탈적인 규제. 무분별한 부패.

자료: Frye and Shleifer(1997: 355).

1997: 357). 그런데 이들의 분류에 따르면 "보이지 않는 손" 모델에서 부패가 거의 없는 것으로 되어 있기 때문에, 이들의 접근은 신자유주의적 자유시장 미화론, 즉 "보이지 않는 손" 미화론이라고 할 수 있다.

OECD 나라들의 세율은 '전환' 경제나 라틴아메리카 나라들보다 높다. 미국의 세율은 러시아의 세율보다 높다. 부유한 나라에서 세율은 높고 비공식경제 비중은 낮다. 선진국에서는 높은 세율을 회피하기 위해 지하경제로 들어가려는 유인은 세율이 높아도 공식경제에 남아 있는 것이 가져다주는 편익에 의해 상쇄되고도 남는다. 이는 이들 부유한 나라들에서는 높은 세율이 생산성을 향상시키는 공공재와 강력한 법적 환경을 제공하는 수입을 낳기 때문이다. "세계에서 가장 덜 부패한 나라들인 캐나다, 덴마크, 핀란드, 네덜란드, 스웨덴의 경우 GDP에 대한 조세수입 혹은 공공지출의 비중으로 측정되는 공공부문의 비중이 가장 높은 나라들에 속한다. 따라서 부패 문제에 대한 해결책은 단지 세금이나 공공지출을 축소하는 것처럼 단순하지 않다. …반면 부패가 가장 심한 나라들(나이지리아, 파키스탄, 방글라데시, 중국, 베네수엘라)의 조세 부담은 가장 낮다"(Tanzi, 1998: 566, 589). 트라이스만에 따르면 1996년 회귀분석에서는 국가의 경제개입 증대가 부패의 증대와 상관관계가 있는 것으

로 나타났지만, 1997년, 1998년 자료에서는 어떤 의미있는 상관관계도
존재하지 않는 것으로 나타났다.

또 리케겜과 웨더(Rijckeghem and Weder, 1997)는 공직자의 낮은 봉
급은 그들로 하여금 부패로 이를 보충하려는 유인을 갖게 하는 반면 높
은 봉급은 부패로 인한 실직비용을 증대시키기 때문에 부패를 감소시킨
다고 주장한다. 즉 공직자 봉급을 두 배 인상할 경우 부패지수가 2포인
트나 높아지는 것으로 나타났다. 여기에서 공직자의 봉급 인상은 정부예
산의 증대 즉 큰 정부를 의미하므로 이 경우 큰 정부는 부패를 감소시키
는 결과를 가져온다. 북구의 복지국가의 사례가 이를 입증한다. 라포르
타 등에 따르면 부패는 공직자의 상대임금과 '음'의 상관관계를 갖고 있
는 것으로 나타났다(La Porta et al., 1999: 239).

정책선택과 부패의 수준에 동시에 영향을 미치는 미리 결정된 요인들
을 통제하지 않고 단순회귀 분석할 경우 정책변경의 효과는 과대 측정될
수 있다. 국가의 경제개입 정도와 부패지수는 높은 상관관계를 갖고 있
는데, 이를 통제하지 않고 단순회귀분석하면, 예컨대 러시아가 국가개입
수준을 한국 수준으로만 낮추어도 부패지수가 1.9포인트나 감소하여 한
국과 비슷해질 것이라는 결론이 나올 수 있다. 그러나 이를 통제한 트라
이스만의 회귀분석은 이 경우 러시아의 부패지수는 기껏해야 0.4포인트
정도밖에 낮아지지 않음을 보여 준다(Treisman, 2000: 441).

2) 경쟁과 부패

신자유주의 부패의 경제학은 독점이 지대를 낳고 이것이 부패의 원천
으로 된다고 주장하고, 경쟁체제가 확립되면 지대가 최소화되므로 이에
따라 부패가 감소한다고 주장한다. 그러나 맑스주의적 관점에서 볼 때,
이와 같은 부패의 경제학의 경쟁 개념은 사본수의 경제의 실제의 경쟁과
는 전혀 동떨어진 추상적 개념이다. 자본주의 경쟁의 실제는 우승열패,

적자생존, 약육강식의 논리가 작용하는 죽느냐 아니면 사느냐의 경쟁적
투쟁 과정이며 이 과정에서 자본가는 경쟁에서 살아 남기 위해 합법, 비
합법을 가리지 않는다. 경쟁 과정 자체가 불법과 부패의 온상이다. 그리
고 경쟁체제가 성립하면 부패의 원천이 감소한다는 주장도 옳지 않다.
자본가들의 경쟁적 투쟁 과정에서 특별잉여가치가 끊임없이 생성 소멸
되므로, 자본가들은 특별잉여가치의 양을 최대화하고 그 취득 기간을 장
기화하기 위해 수단 방법을 가리지 않는다. 이 과정에서 불법과 부패는
일상적인 것으로 된다.

그럼에도 불구하고 신자유주의 부패의 경제학은 경쟁체제가 확립되면
부패가 감소할 것이라고 주장한다. 신자유주의적 반부패 처방을 슐라이
퍼와 비스니는 다음과 같이 요약하고 있다. "우리는 경제적 정치적 경쟁
이 부패의 수준과 그것의 부정적 효과를 감소시킬 수 있다고 주장한다.
만약 상이한 대리인들이 동일한 서비스의 제공에서 서로 경쟁한다면 그
대리인들이 도둑질을 할 수 없는 한 부패는 저하될 것이다. 마찬가지로
정치적 경쟁은 권력의 탈중심화가 대리인들의 봉토주의와 무정부성을
결과시키지 않는 한, 정부를 개방하고, 비밀을 감소시키고, 부패를 줄일
수 있다"(Shleifer and Vishny, 1998: 108). 세계은행도 다음과 같이 주장
한다. "일반적으로 경제의 경쟁 정도를 증대시키는 모든 개혁은 부패 행
위의 유인을 감소시킬 것이다. 외국무역에 대한 통제를 낮추고, 민간산
업에 대한 진입장벽을 제거하고, 경쟁을 보장하는 방식으로 국영기업을
민영화하는 정책들은 모두 이와 같은 반부패 투쟁을 지지할 것이
다"(World Bank, 1997: 105). 즉 세계은행에 따르면 부패는 공직자들이
독점적 지위에 있고, 그래서 경제적 지대 혹은 비공식적 추가소득을 추
출할 수 있고, 그들의 행동에서 많은 재량을 갖고 있고, 책임을 추궁하기
힘든 경우에 주로 발생한다. 이로부터 세계은행의 반부패 전략은 "(경제
적 자유화와 규제완화에 의해) 지대의 감소를 장려하고 (공공부문 개혁
과 제도 강화를 통해) 재량 범위를 줄이고, (정부에 책임 추궁 단위와 같

은 제도를 구축하고 보다 역동적으로 문제를 제기하는 시민사회의 성장을 장려함으로써)책임성을 증대시키는 것"으로 제출된다(Riley, 1998: 137-8). 로즈-애커만도 다음과 같이 주장한다. "자유무역 정책은 대부분의 조건에서 효율을 향상시키며 부패한 공무원에게 돌아 갈 경제적 지대를 감소시킨다"(Rose-Ackerman, 1997: 37).

경쟁과 부패지수의 상관관계를 회귀분석한 아데스와 텔라는 시장개방 정도를 경쟁의 지표로 간주하여 GDP에 대한 수입의 비중으로 정의한 시장개방 정도가 부패의 정도와 '음'의 상관관계를 갖고 있다고 주장했다. 즉 이들은 한 나라의 시장개방 정도로 측정되는 경제적 경쟁은 부패를 감소시킨다고 주장한다. "부패는 국내 기업이 무역에 대한 자연적 장벽 혹은 정책적 장벽에 의해 외국 경쟁으로부터 보호되어 소수의 기업에 의해 경제가 지배되어 있는 나라, 혹은 반독점 규제가 반경쟁적 관행을 방지하는 데 효과적이지 못한 나라에서 심하다. 이탈리아와 오스트리아 간의 부패 격차의 거의 1/3이 이탈리아가 외국 경쟁에 대해 상대적으로 낮게 노출되어 있다는 사실로 설명될 수 있다. 이러한 결과는 시장을 보다 경쟁적으로 만드는 정책들이 부패를 통제하는 데 있어서 일정한 역할을 할 것임을 시사한다"(Ades and Tella, 1999: 992). 즉 시장환경이 덜 경쟁적일수록 공직자들에게 독점지대의 일부를 뇌물을 통해 추출하려는 유인을 제공함으로써 부패가 증대한다는 것이다.

그러나 블리스와 텔라의 또 다른 계량분석 결과는 경쟁의 증대가 낮은 부패 수준으로 일의적으로 연결될 수 없음을 보여 준다. 즉 그들의 계량분석 "결과는 아주 단순한 모형에서도 모든 것은 부패한 관료가 직면하는 비용의 불확실성 구조에 의존함을 보여 준다"(Bliss and Tella, 1997: 1005). 그리고 트라이스만에 따르면, 시장개방과 부패의 감소간에 유의미한 상관관계가 존재하지만 그 정도는 작다. 게다가 내생성의 문제도 존재한다. 즉 시장개방이 부패를 감소시킬 수도 있겠지만, 부패한 관리들이 지대를 추구하기 위해 무역장벽을 쌓을 수도 있다(Treisman,

2000: 435).[19] 즉 부패는 공직자들로 하여금 독점을 지지하는 유인을 제공할 수 있다. 이 경우 부패가 경쟁의 결여를 결과시키는 것이지, 경쟁의 결여가 부패를 결과시키는 것은 아니다. 또 트라이스만에 따르면 GNP에서 수입의 비중이 0%에서 10%로 증가해도 부패지수는 고작 0.1~0.2 포인트 정도밖에 감소하지 않는 것으로 나타났다(Treisman, 2000: 435).

3) 시장개혁, 민영화와 부패

1990년대 재앙으로 끝난 소련 동유럽의 시장개혁은 자본주의 시장경제가 결코 인류의 대안이 아님을 입증했으며, 또 시장경제로의 이행이 부패를 도리어 심화시켰음을 보여주었다. 실제로 러시아, 중국 등 이행경제에서 시장개혁과정에서 부패는 최악의 지경에 이르렀다.

구소련에서 경제전체에서 비공식경제의 비중은 1989~94년 사이 12%에서 33%로 증가했다. 전환기 동안 전체 생산은 급격하게 축소되었음에도 불구하고 비공식경제는 크게 증가했다(Kaufman and Siegelbaum, 1996: 420). 물론 시장경제로의 본격적 전환 이전에도 구소련 동유럽 체제에 부패가 없었던 것은 아니다. 그러나 그 수준과 성질은 시장경제 전환 이후의 그것과는 비교될 수 없다. 이전에는 "중간지위 관료는 교외의 휴양소, 좋은 학교, 해외 유학 등 희소한 소비재에 대한 접근에서의 특혜를 얻는 것으로 만족해야 했다. …연줄대기가 심하긴 했지만, 노골적인 부패는 공산당의 규율, 엄격한 반부패 관련 법률 및 체제의 전반적인 경

---

19) 램스도르프도 독점이 부패를 낳는 것이 아니라 거꾸로 부패가 독점을 조장하는 경향이 있음을 인정한다. "여기에서도 인과관계의 방향의 문제가 강조되어야 한다. 즉 부패는 시장의 힘을 제약할 수 있다. 왜냐하면 부패한 관료와 정치가들은 독점지대를 높이는 데 이해관계를 갖고 있기 때문이다"(Lambsdorff, 1998: 85). 탄지도 다음과 같이 주장한다. "부패는 시장을 왜곡한다. 어떤 나라들에서 부패는 특정인들에게 특정 사업에 대한 배타적 권리를 부여함으로써 독점을 창출한다. 필리핀 마르코스 체제의 '정실자본주의'는 그와 같은 독점들을 결과시켰다"(Tanzi, 1998: 113).

직성에 그 자체에 의해 제한되었다. …권력 남용 및 재화와 특별 부수입에 대한 접근으로부터 사적인 용도로의 제약받지 않는 부의 전유로의 이행은 자본주의와 자유시장이 뿌리에서부터 무법적이고 부패하다는 과거 체제의 철학적 주장 때문에 더 용이하게 되었다. 자유시장에 방종한 자본가로 된 많은 관료와 시민들은 족쇄 풀린 부의 추구를 억누를 어떠한 문화적 필요도 느끼지 못했다"(Kaufmann and Siegelbaum, 1996: 423-4).

홈스트롬과 스미드에 따르면, "본원적 축적의 현대판인 러시아, 동유럽, 중국에서의 시장개혁은 역사적으로 인클로저 운동에 해당된다. 이는 실제로 그 범위에서 역사적 인클로저 운동을 훨씬 능가하는 전대륙적 규모에서 국가적-집단적 소유를 민영화하는 시도이다. 그리고 과거와 마찬가지로 이 과정은 신흥 부유 자본가계급의 출현과 함께 수백만의 실업자와 굶주리는 자들의 출현을 온실적으로 촉진하고 있다. 이러한 투쟁의 최종결과가 자본주의의 사회적 소유관계의 창출로 될 것인지는 누구도 예측할수 없다. 그러나 확실한 것은 경제불황, 사회적 양극화, 부패와 계급투쟁이 증대될 것이라는 점이다. 어제와 마찬가지로 오늘 본원적 축적 과정도 결코 아름다운 과정이 아니다"(Holmstrom and Smith, 2000: 4). "러시아의 신흥 부르주아지들은 국부인 자연자원을 약탈하고 국가 소유의 금과 다이아몬드, 석유, 천연가스, 시베리아의 원시림, 심지어는 플루토늄까지 서방에 팔아 넘겨 자신들의 사적 재산을 축적하고 있다. 최근 러시아의 자금세탁 스캔들에서 보듯이, 그들은 수십 억 달러의 서방 원조 자금도 착복했다. 그들은 그들이 훔친 부를 생산성 향상 투자를 위해 쓰는 대신 서방의 비밀은행 구좌에 은닉하거나 프랑스 리비에라 해안의 요트와 빌라에서 탕진하고 있다. 1990년대 중반 러시아의 적색 부르주아지는 해외은행 구좌와 부동산 등에 1,500억 달러 이상을 빼돌렸다. 그들은 훔친 재물을 지키기 위해 무장한 사병을 고용하고 있다"(Holmstrom and Smith, 2000: 7).[20]

---

20) 부패의 경제학 연구를 세계적으로 선도하고 있는 하버드대학의 경제학 교수

카갈리츠키에 따르면, 1990년대 구소련 동유럽의 재사유화 과정은 부패로 가득 찬 과정이었다. "모든 곳에서 재산 분배는 부패의 원천이 되었다. …노멘끌라뚜라가 극히 추잡한 방법을 써서 재산을 강탈한 사례는 수없이 많았다. 치부는 상상할 수 있는 모든 협잡을 통해 이루어졌다. … 검찰청 자료는 구동독에서조차 1991~92년 민간투자의 1/3 정도가 조직범죄의 돈세탁으로 이루어졌음을 보여준다. 범죄적 부르주아지가 사유화를 추진하는 실세가 되었다면, 그에 못지 않은 또다른 유력한 세력은 당-국가의 구 노멘끌라뚜라였다. …이미 오래 전부터 여러 마피아와 관계를 맺은 노멘끌라뚜라는 새로운 소유계급을 창출하는 데 필수적인 지식과 수단, 연줄 등을 소유한 유일한 사회집단이었다. …이런 과정의 필연적 동반자이자 핵심요소인 **부패는 체제의 그림자에서 그 토대로 탈바꿈했다**"(Kagarlitsky, 1995: 250-252. 강조는 필자).

<표 3>에서 보듯이, 중국에서 부패지수는 1980~90년대 일관되게 저하했는데, 이는 1980~90년대 시장개혁과 함께 중국의 부패가 더 심화되었음을 보여 주는 분명한 증거이다. "1980년대 초 개혁이 시작된 이래 중국7공산당의 강도귀족들은 부패와 횡령, 뇌물, 리베이트, 부정이득, 밀수, 통화조작, 청탁, 국가재산을 훔쳐 개인재산 축적하기, 국가화폐와 국영기업의 민영화 등등 문자 그대로 축제의 도가니에 빠져들었다. 이러한 공직자들의 부패야말로 1989년 천안문 광장 시위의 주요 원인이었다"(Holmstrom and Smith, 2000: 10). 공에 따르면 중국의 경우 "시장경제의 급속한 발전 속에서 그리고 시장거래에 대한 효과적인 조절의 부재

슐라이퍼(A. Shleifer)가 최근 부패 혐의로 미국연방 법무성에 의해 기소된 사건은 부패 연구자도 부패에서 예외일 수 없음을 보여줄 뿐만 아니라, 1990년대 이후 득세한 부패의 경제학 연구 자체의 부패적 본질을 잘 드러내고 있다. 미국 연방검사는 슐라이퍼와 그의 부인 등은 1990년대 미국정부가 재정적으로 지원한 러시아의 시장경제 개혁계획을 입안 추진한 기구인 하버드대학 국제개발연구소(Havard Institute for International Development)의 기구와 정보를 이용하여 러시아에 수십만 달러의 투자를 하고 부동산회사를 세우는 등 법적으로 금지된 개인적인 금융이득을 추구했다고 주장하고 이들에게 1억 2,000만 달러의 손해배상을 청구했다(New York Times, 2000년 9월 27일).

때문에 주식시장과 부동산 부문은 주요한 부패 영역으로 되고 있다. …
당간부 기업가(cadre entrepreneurs)의 출현은 공공부문의 부패가 경제적
시장화가 진전됨에 따라 쉽게 소멸되는 것이 아님을 입증한다. 당간부
기업가들은 공공부문의 연줄을 이용하여 사업을 벌이면서 자본축적 기
회에 더 직접적이고 효과적으로 접근하고 있다. 이는 시장화가 부패를
감소시킬 것이라는 통념과는 반대로 부패의 원천은 다양하고 복합적이
며 자유시장은 이에 대한 만병통치약이 아님을 보여 준다. 중국 경제에
서 비시장요소의 점진적 축소에도 불구하고 부패는 여전히 많은 문제를
야기하고 있다. 1990년대 초반과 중반의 시장개혁은 부패를 감소시키지
못했으며 단지 그 특징만을 변화시켰다. 과거에는 많은 정부 관리가 계
획과 시장의 간극을 이용하여 (말하자면 주로 행정적 수단으로) 부패에
가담했다면, 오늘 부패는 흔히 부패한 정부 관리의 직접적 경제활동으로
부터 결과되고 있다. …중국에서 경제적 시장화가 진전되어도 부패는 사
라지지 않고 있다"(Gong, 1997: 286-8).

"시장개혁은 경제를 풀어 줌으로써 부패 추구의 기회와 동기를 극적
으로 증대시켰다"(Sun 1999: 2). "시장 실패 혹은 시장이 완전하지 않은
상황에서 민영화(혹은 규제완화)는 사회적 후생의 순증대를 가져오지 못
할 수도 있다. …민영화 과정 그 자체가 부패할 때에는 국영기업이나 다
른 공공 자원은 가장 경쟁적인 입찰자가 아니라 혜택받은 내부자가 차지
한다"(Elliott, 1997: 208). "국가의 배타적 통제하에 있던 경제활동의 전
적으로 새로운 영역에 대한 규제를 갑자기 제거하는 것은 부적절한 행위
의 여지를 크게 증대시키고, 자본주의가 창출한 기회를 이용하려는 기업
들의 사기와 각종 비리를 조장하는 것이다"(Glynn et al., 1997: 11).

4) 신자유주의, 세계화와 부패

1980년대 이후 부패의 전세계적 확산은 신자유주의적 자유시장 지상

주의 논리의 득세와 관계가 있다. "부패의 확산은 '신자유주의적' 경제
정책의 공세와 시장가치의 침투 하에서 '공적 가치의 연약화'에 기인한
다. …부분적으로는 신자유주의적 공격의 결과로서 공적 가치의 약화가
부패에 대한 방벽을 붕괴시켰다"(Girling, 1997: 5, 9). 신자유주의적 국
가규제의 완화야말로 1980년대 이후 세계적으로 부패가 심화된 주요 원
인이다. "경제적 자유화는 부패를 감소시키기보다 국가 행위자들에 의해
주도되고 통제되는 것에서 시민사회 행위자들에 의해 주도되고 통제되
는 것으로 부패관계의 성격을 다시 정의함으로써 부패를 전위했다. …경
제적 자유화이든, 정치적 민주화이든, 사회적 근대화이든, 전반적 체제
전환의 자동적 결과로서 부패가 장기적으로 소멸할 것 같지는 않
다"(Harris-White and White, 1996: 2, 4). "국가개입주의, 복지국가, 및
관료에 대한 악의에 찬 공격은 집단적 이익과 개인적 이익 및 공적 영역
과 사적 영역간의 구분을 애매하게 만들었다. 시장과 이윤 및 생산성과
경쟁력 같은 가치의 중요성의 강조(및 평등성의 가치의 무시)는 추상적
개념으로서 국가를 약화시켰을 뿐만 아니라, 국가의 개입과 국가의 행위
자들의 지위의 적절성과 타당성에 의문을 제기하게 했다. 공적 윤리가
일련의 관행이나 내부화된 규칙(단체의식, 일반적 이익의 방어, 사적인
것에 대한 공적인 것의 우위)에 의해 지지되는 곳에서, 이러한 가치들의
평가절하는 말하자면 부패의 '도덕적 비용'의 감소를 결과시켰다"(Meny,
1996: 315).

그리고 1980~90년대 신자유주의로의 전세계적 전환은 과도기적 현
상으로서 부패의 여지를 크게 증대시켰다. "이전의 모델이 존립을 위협
받고, 사고방식과 행동양식에서의 철저한 변화가 시작된 것은 과거의 관
행이 더 이상 타당하지 않게 되고 새로운 게임의 규칙이 아직 정립되거
나 환영받지 못하는 혹은 마지못해 채택되는 과도기에 상당한 부패의 기
회를 창출했다. 신자유주의 정책은 부패에 대한 만병통치약이 아니며 부
패의 종언을 의미하지 않는다"(Meny, 1996: 315-6).

1980년대 이후 신자유주의의 득세하에서 가속화된 세계화 과정에서 금융시장의 규제완화와 '국가의 후퇴'가 이루어졌는데, 이는 부패와 사기가 횡행하는 배경을 제공했다. 세계화는 전세계적으로 역외금융센터와 조세회피지역(tax haven)의 활동을 왕성하게 했고, 이는 부패의 검은 시장의 국제화, 조세회피지역의 수많은 예금구좌를 통한 돈세탁을 가능하게 했다. 국제적 자금세탁은 세계화에서 일상적 현상으로 되고 있다. 자금세탁은 통상 마약자금 세탁과 관련되어 있는 것으로 이해되고 있지만 그 부분은 40% 이하이며, 최근 조세회피지역에서 급증하고 있는 자금세탁은 사적 사기나 금융범죄로부터의 수입을 은폐하고, 합법적 기업이 국가의 조세규칙을 회피하는 것을 조장하고, 부패한 정치가나 관료에 의한 공금 횡령을 대단히 쉽게 하고 있다는 점에서 심각한 문제점을 갖고 있다(Strange, 1999: 255).

요컨대 시장 논리의 부족이 아니라 시장 논리의 과잉이 부패를 전세계적으로 만연시킨 원인이다. 유럽에서도 "국가의 규모 축소가 부패를 줄일 것이라는 통념과는 반대로 민영화나 민간부문 경영방식이 공공부문으로 확장되면서 민간영역과 공공영역 및 정치와 시장을 분명하게 구분할 수 없게 되었으며, 그들 간의 경계가 무너지고 재량적 권력의 여지가 증대되었다"(Pujas and Phodes, 1999: 699). 우리나라에서도 "경제적 정치적 자유화는 부패를 감소시키기보다 정부에 대한 기업 부문의 교섭력을 강화시켜 부패의 제도적 기반을 지속시키는 상황을 조성했다"(Robinson, 1998: 7).

5. 1997~98년 동아시아 경제위기와 부패: 정실자본주의론 비판

1997~98년 동아시아 경제위기 이후 경제위기의 원인은 아시아에 고질적인 정경유착과 부패, 국가의 개입 때문이며 위기의 극복은 시장주의 개혁과 개방의 가속화를 통해서만 가능하다는 신자유주의 경제학의 정

실자본주의론21), 즉 부패의 문제설정이 득세하고 있다. 그런데 1997~98
년 아시아 경제위기 이전에는 동아시아 경제의 고도성장은 부패 자체가
경제성장에 대한 장애물은 아니라는 가설, 심지어는 부패가 경제성장을
촉진하는 '윤활유' 역할을 할 수 있다는 가설22)에 대한 유력한 논거였음
을 상기할 필요가 있다. 그러나 1997~98년 아시아 경제위기 이후 이와
는 정반대의 논리, 즉 부패와 정실자본주의가 아시아 경제위기의 원인이
라는 주장이 득세하기 시작했다.23) 이는 아시아 경제발전에 대한 해석에
서 가히 "게슈탈트 전환"(Gestalt shift)이라고 할 만하다(Wade, 1999).

그러나 부패를 경제위기의 원인으로 간주하는 '워싱턴 컨센서스'의 정
실자본주의론에 대해 릴리는 다음과 같이 비판했다. "부패 문제는 세계은
행이 자신의 진정한 목적- 세계은행의 구조조정 계획이 정치적 압력에
의해 좌절된 나라들에서 구조조정 계획을 밀고 나가려는 것- 을 달성하
기 위한 다른 하나의 수단에 불과하다"(Riley, 1998: 138). IMF와 세계은
행은 실제로 구조조정 대부를 하면서 흔히 반부패를 포함한 정부개혁을
이행조건으로 강제했다(Elliott, 1997: 215). 그런데 IMF의 신자유주의적
구조조정 계획이 도리어 부패를 심화시키기도 했다. 예컨대 공무원 봉급
을 동결 혹은 삭감하는 긴축정책은 부패 유인을 증대시키고 이는 정부수
입을 감소시켜 다시 긴축정책을 불가피하게 하는 악순환을 빚기도 했다.

21) 이 글에서는 '정실자본주의'(crony capitalism)와 부패는 서로 호환될 수 있는
개념으로 사용한다. 물론 "엄밀하게 말하면 '정실자본주의'는 정부관리들의 친
지들을 권력의 요직에 앉히고 정부의 자원배분 결정이 이 친지들에게 혜택을 주
도록 왜곡되는 경제상황을 가리킨다. 실제로는 '정실자본주의'는 거의 항상 부
패의 만연을 결과시킨다. 왜냐하면 그와 같은 경제상황에서는 민간기업과 시민
들이 무엇이든 해내기 위해서는 정부관리들에게 뇌물을 제공할 필요가 있다고
생각하기 때문이다"(Wei, 2000: 1).
22) 헌팅턴(Huntington, 1968) 등은 부패가 투자를 저해하는 성장에 우호적인 경
제적 결정에 간섭하는 정부가 부과한 경직성을 제거하기 때문에 효율촉진적이
라는 이른바 '윤활유'(grease the wheel) 이론을 주장한 바 있다.
23) 예컨대, 다음과 같은 주장을 보라. "최근 한국을 포함한 동아시아 국가들의
외환위기 사태에서 우리는 부패가 일국의 경제에 치명적인 손실을 가져온다는
점을 다시 한번 확인시켜 준 셈이라 할 수 있다"(이종원·김영세, 2000: 135).

극심한 정실주의가 경제위기를 격화시킬 수 있을지라도 정실주의 그 자체가 경제위기의 원인은 아니다. 정실주의가 심화된 것은 신자유주의 적 규제완화 때문이다. "한국의 경우에는 산업정책의 포기는 중복투자에 대한 규제를 제거하고 정실주의의 여지를 넓힘으로써 위기에 결정적으 로 기여했다. …정실주의는 위기를 경험한 아시아 나라들의 고도성장 전 체 기간 동안의 특징이었기 때문에 왜 그것이 이전에는 유사한 위기를 야기하지 않았는지를 설명할 수 없다"(Chang, 2000: 779-80). 만약 1990 년대 아시아 나라들에서 부패와 정실주의가 심화되었다면 이는 세계화 때문이다. "예컨대 한국의 경우 1980년대 말 이후 발전주의의 약화(그리 고 산업정책과 금융규제 및 5개년계획의 폐기)는 자원배분에서 국가의 영향력 범위를 상당히 감소시켰다. 그러나 그것은 동시에 국가에 아직 남아있던 영향력을 뇌물과 친인척 등용 등으로 남용하기 쉽게 만들었다. 그 결과 정치적 부패가 전통적으로 부패한 영역인(도시계획과 국방계약) 으로부터 이전에는 상당 정도 부패로부터 절연되어 있던 주요 제조업 분 야까지 확산되었다"(Chang, 2000: 780).

정실자본주의론은 1980~90년대 비판적 사회과학에서 '새로운 통념' 혹은 대안모델로 자리잡기 시작했던 '라인형 자본주의', 혹은 '발전주의 국가'[24]가 자본주의 입장에서도 바람직하지 않은, 더럽고 부패한 체제임 을 폭로하는 데 일정한 공헌을 했다. 그러나 지난 1997~98년 아시아 경 제위기가 정실주의, 부패 때문이라는 정실자본주의론의 핵심명제는 실증 적으로 뒷받침되지 않는다. 정실자본주의론은 아시아 경제위기 이전에 위기를 경험한 나라들에서 부패가 심화되었다는 증거가 발견되지 않는 다는 사실, 그리고 아시아 나라들에서 가장 부패한 나라로 간주되는 중

---

24) '발전주의 국가론'의 교과서라고 할 수 있는 웨이드(Wade, 1990)나 암스덴 (Amsden, 1989)에서 부패 문제는 거의 언급되지도 않는다. 다름 아닌 인도 관 개사업에서의 부패 연구로 명성을 얻은 웨이드 (Wade, 1982)가 너무나 명백한 한국에서 부패와 정경유착의 현실을 완전히 외면하고 있는 데서 그의 이른바 '발전주의 국가론'의 체제미화론적 본질이 분명히 드러난다.

국과 인도가 1997~98년 경제위기를 당하지 않았다는 사실에 의해 쉽사리 논박될 수 있다. 또 전세계적으로 가장 덜 부패한 자본주의 나라들은 자유시장 원리를 중시하는 앵글로-아메리카 자본주의 나라들이 아니라 '노르딕' 나라들, 즉 북유럽의 복지국가 나라들이다. 이는 부패가 국가자본주의적인 '라인형 자본주의'에 고유한 문제이며, 앵글로-아메리카 자본주의는 부패에서 상대적으로 자유롭다고 주장하는 신자유주의적 부패의 문제설정에 의문을 제기한다.

　<표 3>에서 보듯이 TI가 공표한 부패지수에 따르면 위기를 경험한 모든 나라들에서 부패의 정도는 위기 직전 감소한 것으로 나타났다. 한국의 부패지수는 1980~85년 3.93에서 1988~92년 3.50으로 감소했지만, 1996년 5.02로 크게 상승했다. 태국의 부패지수는 1980~85년 2.42에서 1988~92년 1.85로 감소했지만, 1996년 3.33으로 크게 상승했다. 말레이시아의 부패지수 역시 1980~85년 6.29에서 1988~92년 5.10으로 감소했지만, 1996년 5.32로 상승했다. 인도네시아의 부패지수는 1980~85년 0.20에서 1988~92년 0.57, 1996년 2.65로 지속적으로 상승했다. 즉 **1997~98년 아시아 금융위기 발발 직전 위기가 발생한 아시아 모든 나라들에서 부패는 크게 개선되었다.**[25] 이에 따라 그리고 <표 2>에서 보듯이 아시아에서 가장 부패하며 1980~90년대 들어 부패의 정도가 더 심해진 인도, 중국, 방글라데시, 파키스탄은 1997~98년 아시아 금융위기에서 면제되었다. 그리고 위기가 발생한 아시아 모든 나라들의 신용평가등급은 위기 직전 상향조정되었다. 이는 정경유착, 부패가 아시아 위기의 촉발요인이라는 주장이 실증적으로 근거가 없음을 보여준다.[26]

---

25) TI 자신 다음과 같이 결론짓고 있다. "기업가들이 인지하는 부패의 정도는 지난 15년 동안 인도네시아, 볼리비아, 방글라데시, 멕시코, 헝가리, 폴란드, 이집트, **태국과 한국**에서 개선된 것으로 나타났다"(TI, 2000. 강조는 필자).

26) 크루그만도 다음과 같이 정실자본주의론을 비판한다. "만약 1997~98년 아시아 위기가 아시아 경제의 원죄(정실자본주의 – 필자)에 대한 벌이라면 발전수준이 완전히 다른 경제들이 동시에 궁지에 몰린 것은 어찌 된 영문일까? …필자

<표 3> 아시아 금융위기와 부패지수

국가	1980~1985년 평균	1988~1992년 평균	1996년
싱가포르	8.41	9.16	8.80
일본	7.75	7.25	7.05
홍콩	7.35	6.87	7.01
말레이시아	6.29	5.10	5.32
한국	3.93	3.50	5.02
대만	5.95	5.14	4.98
태국	2.42	1.85	3.33
필리핀	1.04	1.96	2.69
인도네시아	0.20	0.57	2.65
인도	3.67	2.89	2.63
중국	5.13	4.73	2.43
방글라데시	0.78	0.00	2.29
파키스탄	1.52	1.90	1.00

주: 부패지수는 0(가장 부패한 경우)에서 10(가장 청렴한 경우) 사이의 값
을 갖는다.
자료: TI(2000).

'IMF 위기' 이후 경제의 불투명성이 경제위기의 원인이고 투명성의
제고를 통해 향후 위기를 방지할 수 있다는 주장이 유포되고 있다. 예컨
대 아이켄그린에 따르면 "정부, 은행, 회사의 경제적 및 금융적 사정에
대한 더 나은 정보는 (금융안정성을 유지하는 데 필요한 조치들을 취하
지 않은 차입자들에 대해 대부자들이 신용 할당을 제한할 수 있게 함으
로써) 시장규율을 강화하고 정책입안자가 시정 조치의 필요를 쉽게 인식
할 수 있게 할 것이다"(Eichengreen, 1999: 10). 메레즈와 카우프만도 다

가 보기에 이치에 맞는 유일한 대답은 그 위기가 원죄에 대한 벌은 아니었다는
것이다. 그 경제들에 현실적인 약점들은 있었으나 주된 요인은 바로 '자기충족
형' 패닉에 대한 취약성이었다. …아시아 경제가 과거, 예를 들어 5년이나 10
년 전보다 금융 패닉에 더 취약했을까? 그것은 확실했다. 그러나 **정실자본주
의 때문은 아니었다.** 엉터리 정부정책 때문도 아니었다. 부분적으로는 금융시
장을 개방했기 때문에 더 취약해졌다. 즉 **자유시장경제를 잘 하지 않았기 때
문이 아니라 더 나은 자유시장경제로 나아갔기 때문에 더 취약해졌
다**"(Krugman, 1999: 157-8. 강조는 필자).

음과 같이 주장한다. "투명성이 낮은 나라들에서 위기의 가능성의 증대 정도가 더 높았다"(Mehrez and Kaufmann, 1999: 21). 그러나 매우 투명하고 부패하지 않은 경제로 알려진 스칸디나비아 나라들이나 영국도 금융위기를 경험했다는 사실을 상기하면 이러한 주장의 타당성은 금방 의문시된다. 그리고 IMF를 비롯한 대개의 투명성 논의가 주로 제3세계 나라들의 불투명성만을 문제 삼고, 헤지펀드와 같은 선진국 초국적금융자본의 불투명성은 외면하고 있다는 점에서 투명성 요구 자체의 불공정성 및 그 의도의 불순성이 지적될 수 있다. 예컨대 플로리니가 지적하듯이, "투명성에 대한 이러한 요구들은 모두 투자자들의 삶만을 윤택하게 할 뿐이다. 그러나 헤지펀드 같은 엄청난 재난을 야기한 투자자들은 가장 덜 투명한 행위자들이다. 그들의 의사결정이 국민경제를 만들 수도, 부술 수도 있지만 그들에게 책임을 물을 방도가 없다. 금융시장 작동에 관한 표준적 가정은 이들 투자자들의 불투명성을 단점이 아니라 미덕이라고 주장한다. 금융기업은 경쟁열위를 초래할 어떤 공개에 대해서도 반대할 강력할 동기를 갖고 있다. 예컨대 헤지펀드는 그들이 시장에 어떻게 투자하고 있는지 다른 사람들에게 공개하기를 원하지 않는다. 왜냐하면 그 경우 다른 투자자들이 그 정보를 이용할 것이기 때문이다. 투자자들의 익명성은 금융시장의 유동성 확보를 위해 중요한 조건이다. 그러나 국제금융시장에서 투자자들은 빼고 다른 이들에게 고도의 투명성 기준을 기대하는 것은 과연 합리적인가?"(Florini, 1999: 16-7).

6. 정보화, 투명성과 부패

1) 시장실패와 정보화

부패 문제에 관한 최근의 연구들은 부패와 정보화의 관계를 분석하면서 정보화가 한편에서는 시장기구의 작동을 완전하게 하고 투명성을 증대시킴으로써, 다른 한편에서는 전자민주주의 혹은 전자정부의 실현을 통한 정보 공개의 증진을 통해 부패 감소에 기여한다고 주장한다. 그러나 나는 정보화가 부패의 감소로 연결될 어떤 필연성도 없다고 생각한다. 왜냐하면 정보화가 시장기구의 완성을 의미하기보다는 시장 실패 따라서 시장의 지양의 필요성을 지시하기 때문이다. 또 시장경제의 완성은 투명성의 증대와 어떤 관련도 없기 때문이다. 그리고 자본주의에서 정보화, 혹은 전자정부는 전자민주주의의 실현이 아니라 정보 격차 및 정보독점의 심화를 결과시키기 때문이다.

정보화는 이전까지는 상품이 아니었던, 즉 사용가치일 뿐이었던 정보가 상품으로 전화되는 과정, 즉 정보의 상품화 과정, 시장 논리가 정보까지 지배하는 과정이다(홍성태, 1999). 정보화는 자본주의의 정보적 확장, 즉 자본주의의 운동법칙, 자본의 운동논리가 사이버 공간, 정보 공간까지 침투하여 이를 지배하는 현상이다. 정보화란 다름 아닌 정보의 상품화 과정, 다시 말하여 이전까지는 공유되던 정보나 사회적 정보 혹은 개인에게서 유출되어 정보의 집합을 이루던 정보가 다시 가공되거나 다른 정보와 결합되면서 새로운 정보가치를 획득하게 되고, 이것을 지원하는 유통형태나 접근 서비스의 강화, 검색 및 접근 용이성을 제공하면서 사용가치만을 갖던 정보가 교환가치로 전환하는 과정이다. 디지털 경제에서 정보는 토지나 화폐, 노동력과 마찬가지로 '의제적 상품'(fictitious commodity)으로서의 속성을 갖는다.[27] 정보는 원래 공공재적 성격을 갖기 때문에 지적소유권의 강제 등과 같은 법률적 이데올로기적 장치가 없이는 쉽사리 상품이 될 수 없는 성질을 갖고 있다. 따라서 마치 원래 상품이 될 수 없는 노동력을 상품화하기 위해 시장의 논리가 아니라 맑스가 "피와 불의 문자로써 인류의 연대기에 기록되어"있는 과정이라고 말

---

27) 토지, 화폐, 노동력과 같은 '의제적 상품'의 시장경제로의 편입의 난점과 모순에 대해서는 폴라니(Polanyi, 1944) 참조.

했던 자본의 본원적 축적 과정이 필요했던 것처럼 정보를 자본주의적 상품으로 만들기 위해서는 그에 상응하는 정치적 과정이 필요하다. 즉 정보화는 국가개입에 의한 지적소유권 체계의 적극적 정비 없이는 이루어질 수 없다. 이 점에서 이른바 정보화 사회는 자유시장경제의 완성이 아니라 자유시장경제의 지양의 필요성을 지시한다고 할 수 있다.

주류경제학자들은 정보화가 정보의 불완전성 혹은 비대칭성을 감소시키는 완전정보(perfect information)에 가까운 상황을 도래하게 함으로써, 아담 스미스의 '보이지 않는' 손이 제대로 작동하는 효율적 경쟁시장에 가까워질 것이라고 주장한다. 그러나 정보화는 정보의 상품화를 통한 자본주의의 정보적 확장이기 때문에, 오늘 이루어지고 있는 디지털 혁명에 따른 정보화가 완전정보에 가까운 상태를 가져와 시장 실패의 주요 요인의 하나인 정보의 불완전성과 비대칭성을 해소할 것이라는 신고전파경제학의 믿음은 환상일 뿐이다. 정보화는 사회구성원을 완전정보 상태에 수렴시키기는커녕 도리어 이전의 가진 자와 못 가진 자 사이에 다시 '정보격차'(digital divide)를 중첩시키고 있다.

2) 정보화와 투명성

정보화는 정보의 완전성을 제고함으로써 시장경제의 효율성을 증대시키는 것이 아니라, 시장경제의 효율적 작동을 위해 반드시 필요한 전제인 투명성을 붕괴시키는 경향이 있다. 정보화는 자본주의 경제에서 시장 실패 문제를 치유하기는커녕 도리어 심화시킨다. 예컨대 정보재의 경우 소프트웨어에서 보듯이 일정 기간 이상 사용해 보기 전에는 제품의 특성에 관해서 알 수 없는, 이른바 상품의 경험재적 특성이 강화된다. 즉 정보화에 따라 시장의 '불투명성'(non-transparency)이 증대된다. 정보화는 자본주의적 시장경제의 지양이 아니라 그것의 사이버 공간으로의 확장이기 때문에 자본주의 시장경제에 고유한 전도와 신비화(mystification)와 물상화(fetishism)는 오히려 더 심화되고 있다.

사실 자본주의 시장경제 자체가 투명성이 아니라 불투명성을 그 본질로 한다. 오히려 이전에 투명했던 인간과 인간의 사회적 관계를 전도시키고 불투명한 것으로 만드는 것이 시장관계이다. "화폐와 시장 거래는 사물들 사이 사회적 관계를 '위장'시키며 은폐시킨다. 이러한 상황을 맑스는 '상품 물신성'이라고 부른다. …어떤 물건(상품)을 다른 물건(화폐)와 교환할 때, 상품생산의 배후에 존재하는 노동과 삶의 조건, 환희, 분노 또는 박탈감, 그리고 생산자의 심리상태는 전혀 드러나지 않는다"(Harvey, 1990: 134).28) 올만에 따르면, 사회주의 계획경제와 구별되는 자본주의 시장경제의, "차이는 투명성의 결여이다. 중앙계획사회는, 비민주적이거나 잘 작동되지 않는 종류조차도, 잘못된 것에 대해 누가 책임 있는지─그것은 계획을 입안하는 사람들이다─쉽게 알아 볼 수 있게 하는 장점을 갖는다. 그러나 시장경제는 그렇지 않다. 시장경제의 주요한 기능은 시장경제에 살고 있는 사람들의 이해를 미혹시키는 것이다. 이것은 사람들이 시장경제의 필연적 산물인 사회경제적 불평등, 실업, 놀고 있는 기계와 공장, 생태계의 파괴, 만연한 부패와 탐욕에 대해 느끼는 좌절과 분노를 엉뚱한 방향으로 표출시키게 하기 위해서는 필수적인 것이다"(Ollman, 1998: 81).29) 시장경제의 진전이 투명성의 진전을 담보하지 못한다는 사실을 감안한다면, 시장주의 개혁이 투명성 제고의 필수

---

28) 자본주의 시장경제에서 "생산자들에게 그들의 사적 노동들의 사회적 관계는 개인들이 자기들의 작업에서 맺는 직접적인 사회적 관계로서가 아니라 물건을 통한 개인들 사이의 관계로 그리고 물건들 사이의 사회적 관계로 나타나는 것이다"(Marx, 1867: 92-3).

29) "공동소유의 생산수단으로써 일하며 또 자기들의 각종의 개인적 노동력을 하나의 사회적 노동력으로서 의식적으로 지출하는 자유인들의 결합체(에서) …사람들이 그들의 노동이나 노동생산물과 관련하여 맺게 되는 사회적 관계는 생산이나 분배에서 **명료하고 단순하다**. …인간과 인간 사이 그리고 인간과 자연 사이의 일상생활의 현실적 관계가 **투명하고 이해할 수 있는 형태로 사람들에게 나타**(난다)…. 사회적 생활과정 즉 물질적 생산과정은 그것이 자유롭게 결합된 인간들에 의한 생산으로 되고 그들의 의식적 계획적 통제 밑에 놓여지게 될 때 비로소 그 신비의 베일을 **벗어버린다**"(Marx, 1867: 100. 강조는 필자).

조건이라는 신자유주의적 부패의 문제설정은 성립할 수 없다.

시장경제의 불투명성, 물신성은 정보화에 따라 개선되는 것이 아니라 더 심화된다. 정보화에 따라 모든 사람들, 심지어 사물까지도 네트워크로 연결됨으로써 인간 대 인간의 관계가 사물과 사물 사이의 관계로 치환되는 물신성이 심화된다. 사이버 공간에서 '온-라인'상에서 이루어지는 사회적 관계는 '오프-라인'에서의 사회적 관계를 대체하거나 투명화하기 보다는 '익명성'과 '다중 정체성' 현상을 심화시킴으로써 이미 자본과 시장의 논리에 의해 지배된 '오프-라인'에서의 사회적 관계의 전도와 신비성 및 물신성을 가중시켜 사회적 관계는 더욱 불투명해진다.

정보화는 경제의 불투명성을 시정하는 데 기여하지 못하고 오히려 경제에서 발생하는 지대의 양 자체를 증대시킬 뿐만 아니라 경제행위자들의 지대추구 행위를 조장함으로써 경제의 부패성을 더 심화시키는 경향이 있다. 디지털 경제에서 네트워크의 사용가치는 접속자의 수가 늘어남에 따라 증가하고, 증가한 사용가치는 그 네트워크의 소유자로 하여금 초과이윤을 획득할 수 있게 해 준다. 이 초과이윤이 바로 지대에 해당한다. 이른바 '네트워크 효과'는 접속자의 수가 늘어남에 따라 사용가치가 증가하는 효과이다. 아오키(Aoki, 1990)에 따르면, 정보구조로 정의되는 기업 내부에서 정보가 중앙집중적인 방식이 아니라 작업장 수준에서 수평적 참여적으로 소통되는 경우, '정보지대'(information rent)가 발생하며, 이는 의사소통의 효율화에 따른 비용절감에 기인한다. 정보기술의 발전은 기업 내외의 효율적 네트워크를 구축함으로써 정보지대의 크기를 증대시키는 경향이 있다. 그리하여 오늘 정보상품의 가격의 대부분은 지적소유권의 보호장치나 기업 내외부를 연결하는 정보네트워크의 효율성으로부터 발생하는 정보지대로 구성되어 있다(류동민, 2000). 요컨대 정보화에 따라 불투명성이 증대될 뿐만 아니라 지대가 증가하기 때문에 부패의 여지는 오히려 더 많아진다고 할 수 있다.

물론 정보화가 시민권력의 강화, 예컨대 시민의 '알 권리', '정보 접근권'(Access to Information)의 강화를 동반할 경우 투명성이 증대될 수 있다. 하지만 오늘 정보화는 쌍방향에서의 정보공유의 증진이 아니라 정보독점과 정보격차의 심화로 귀결되고 있다. 이른바 '투명성의 문화'(culture of transparency)의 정착은 컴퓨터와 인터넷의 보급에 의해 달성될 수 없다. 전자민주주의론자들이나 전자정부론자들이 주장하듯이 정보화가 새로운 공동체적 삶의 형식, 예컨대 '전자공동체'의 전망을 자동적으로 열어 주는 것은 아니다.

3) 디지털 경제와 부패

정보화에 따른 디지털 경제의 발전은 신종 부패와 디지털 경제범죄를 조장하는 요인이 되고 있다. 정보화는 세계화와 맞물리면서 정보통신기술을 이용한 신종 부패의 세계적 확산을 초래하고 있다. 예컨대 정보화에 따른 전자화폐의 등장 등 화폐의 비물질화(dematerialization of money)는 "당국이 알지 못하는 영역을 현저하게 확대시키고 있다. 한 나라의 통화공급량이 부정확한 개념이 될 뿐만 아니라 외환거래도 더 추적하기 어렵게 될 것이다"(Strange, 1999: 58). 전자적으로 네트워크화된 국제금융체제의 출현은 부패의 기회와 부패 통제의 곤란 및 부패의 파괴력을 현저하게 증대시킨다. "국제금융의 글로벌화와 디지털화는 부패한 돈을 은닉하는 것이 이전보다 기술적으로 훨씬 용이해졌음을 의미한다"(Glynn et al., 1997: 14). 정보통신기술혁명 이전에는 불법 자본의 이동은 복잡한 경로를 거쳐야 했다. 대량의 현금이 물리적으로 이동되어야 했다. 그러나 정보통신기술혁명은 돈이 은행에서 금융기관으로 전세계에 걸쳐 수초 만에 이동될 수 있게 했다. "UNDCP는 매일 10억 달러의 불법 자본이 세계금융체제를 돌아다니고 있다고 추정했다. …불법 자본 이동의 문제는 정보통신기술이 통제가 제한되어 있고 그 효과적 집행 가능성이 거의 없는 새로운 금융센터로의 급속한 자금 이전을 가능하게 했기 때문에 더 심각하다. 정부의 규제밖에 있는 역외은행 구좌에 거액을 예치할 수 있게 되었기 때문에 불법 자본은 별 위험 없이 세금도 내지 않고 성장할 수 있다. …규제가 없다는 것은 돈세탁을 위해 특히 매력적이다. …IMF는 수십개의 주요한 역외금 융센터를 적발했는데, 그 대부분은 카리브해, 동남아시아, 유럽에 있었다. 예컨대 케이만 군도는 인구가 30,000명인데, 은행은 550개나 되었다. 그런 데 그 은행 중 실제로 그 곳에 있는 것은 17개밖에 안되었다. …분명히 정 보통신기술은 규제영역 밖의 금융센터의 창궐을 허용함으로써 자유금융활 동지대를 창출했다. 정보통신기술은 자본의 유동성을 높임으로써 합법적 및 불법적 자본의 전세계적 시장의 형성에 기여했다"(Shelley, 1998: 609-12). 또한 사이버 공간에서는 합법적 경제활동과 불법적 경제활동의 경계가 모호해짐에 따라 금융사기, 자금세탁은 더 쉬워진다.[30]

투명성과 부패는 살아있는 인간들 사이의 사회적 관계의 문제, 권력의 문제, 제도의 문제이기 때문에 정보화와 같은 기술적 과정에 의해 자동 적으로 해결될 수 있는 것이 아니다. 경제의 투명성의 제고와 부패의 통 제는 시장기구라는 '보이지 않는 손'의 자동적 작용의 결과가 아니듯이, 디지털 혁명과 정보화라는 기술적 과정의 자동적 산물도 아니다.

7. 민주화, 시민사회와 부패

1) 민주주의와 부패

부패 연구의 최근 동향은 반부패 전략으로 거의 공통적으로 민주화와

---

30) "이전에는 경제활동의 합법적 측면과 불법적 측면을 분리하기가 상대적으로 쉬웠다. 왜냐하면 그들은 상이한 사회경제적 공간에서 존재했기 때문이다. 오 늘은 그렇지 않다. 지하 상업활동 — 명백히 범죄적인 것이든 단순히 '비공식적' 인 것이든 — 은 많은 수준에서 합법적 상업활동과 상호작용하고 있다. …이처 럼 전통적 경계가 흐려지면서 자금세탁규제에서 새로운 문제가 발생하고 있 다"(Hampton and Levi, 1999: 647).

시민사회의 육성, NGO의 육성을 제시한다. 그러나 민주화가 부패의 감소를 가져 올 것이라는 통념은 재고되어야 한다. 트라이스만에 따르면 민주주의와 부패의 감소 간에 유의미한 상관관계가 존재하지만 그 계수의 추정치는 아주 작은 것으로 나타났다. 민주주의는 그것이 오랫동안 지속될 경우에만 부패 감소를 그것도 아주 작은 감소를 가져왔다. 즉 45년간 지속적으로 민주주의 진전이 이루어져도 부패지수는 고작 1.5포인트밖에 감소하지 않은 것으로 나타났다(Treisman, 2000: 433).[31] 또 트라이스만에 따르면 민주주의와 부패의 감소 간의 상관관계는 민주주의의 진전에 따른 부패의 감소를 반영하기보다, 부패한 관리들이 민주주의를 억압하는 사실의 반영일 수도 있으며, 정치권력이 분권화될수록 부패가 증대하는 것으로 나타났다. 그리고 로즈-애커만에 따르면 "분권화가 일련의 작은 지방 독점의 형성을 수반할 경우에는 부패가 증가하거나 개인적 특혜로 모양이 바뀔 수 있다. 체제의 분권화는 부패를 발견하고 처벌하는 것을 어렵게 한다. '거대' 부패는 감소할지 모르나, 뇌물의 전체 규모와 그것이 자원배분에 미치는 악영향은 증가할 수 있다"(Rose-Ackerman, 1996: 373).

존스턴(Johnsoton, 1998)도 민주적 권리와 과정은 그 자체로서는 부패의 의미 있는 감소를 결과시키지 못한다고 본다. 해리스-화이트와 화이트에 따르면, "민주화는 중단기적으로 사태를 개선하기는커녕 부패의 원천과 규모를 현실적으로 증대시켰으며, 그것을 상쇄할 수 있는 정치적 제도적 능력은 강화되지 못했다. …과거 권위주의 체제하에서 아주 부패했던 나라들에서도 민주화는 부패를 감소시키기보다, 구체제의 중심 엘리트로부터 지방의 보스들로 부패를 '탈중심화'(decentering)하는 결과를

---

31) 그러나 램스도르프(1999)에 따르면 자유언론은 부패를 효과적으로 감소시키는 것으로 나타났다. 즉 자유언론 지수는 부패의 수준과 음의 상관관계를 갖는 것으로 나타났다. "권력으로부터의 거리"(power distance)가 부패의 수준과 양의 상관관계를 갖는 것으로 나타났으며, 노동력과 의회에서 여성의 비중으로 측정되는 여성의 역할 증대도 부패의 수준과 음의 상관관계를 갖는 것으로 나타났다.

초래했다"(Harris-White and White, 1996: 3). 실제로 1990년대 이후 제 3세계의 민주화는 부패의 감소 척결이 아니라 '부패의 민주화'로 귀결된 경우가 많다. 독재체제가 종식되고 선거에 의해 정부가 구성되는 민주체제로의 이행이 부패의 감소가 아니라 증가를 수반할 수 있다. "선거 그 자체가 비용이 많이 들며, 후보들은 선거자금을 축적하거나 유권자들에게 사적인 편익을 제공할 필요가 있다. 이러한 재정적 압박이 정치가들이 뇌물을 받을 유인을 낳게 한다. 대부분의 선진국 정치가들은 이러한 압박을 받고 있다. 그런데 선거자금에 대한 제한이 없고 유권자들이 많은 특혜와 도움을 기대하는 나라에서는 문제가 심각하다. …선거운동 비용이 정치가들로 하여금 기업과 부유한 개인들로부터 경제적 지대를 추출하려는 새로운 이유를 제공할 수 있다. …선거제도는 부패를 불충분하게밖에는 저지하지 못한다"(Rose-Ackerman, 1996: 376-7).[32] 사실 자본주의 체제에서 민주주의는 부르주아 민주주의일 수밖에 없고, 따라서 금권정치의 논리를 벗어날 수 없기 때문에 자본주의 체제를 전제로 하는 민주주의가 부패에 대한 근본적 처방이 될 수 없음은 자명하다. 그래서인지 부패의 경제학 연구를 선도하고 있는 연구자 중 한 사람인 탄지 자신도 다음과 같이 말하고 있다. "정부가 작동하는 방식을 수정함이 없이는 부패를 의미있게 감소시킬 수 없다. 부패에 대한 투쟁은 국가의 변혁과 밀접하게 연관되어 있다"(Tanzi, 1998: 590).

2) 시민사회와 부패

부패 문제가 사회적 문제로 제기된 것은 시민사회 성장의 산물이다. "부패 문제의 출현은 발전된 공공 생활 영역의 창출, 화폐화된 경제, 정

---

32) 그러나 로즈-애커만은 민주주의 체제에서는 독재체제에서보다 부패의 거래비용(transaction cost)이 증가할 것이기 때문에 뇌물제공자가 받는 편익은 독재체제보다 낮아질 것이며, 이 때문에 부패가 감소할 것이라고 추론한다(Rose-Ackerman, 1996: 378).

력적인 시민사회 그리고 상대적으로 높은 사회문화적 동질성과 관련되어 있다"(Riley, 1998: 149). 사실 부패의 문제설정은 시민사회론의 문제설정이며 시민운동의 문제설정이다. 존스턴(Johnston, 1998)은 헤겔적인 '국가-시민사회'의 대당을 원용하면서 체계적 부패에 대한 대책으로 제도개혁의 사회적 기초의 구축, 즉 '사회적 권력 부여'(social empowerment)를 통한 시민사회의 육성을 주장한다. "시민사회의 기초적 견고성과 시민사회와 국가 간의 전반적 균형은 모든 개혁 전략에서 결정적으로 중요한 양상이다. …시민사회가 취약한 곳에서는 시민과 민간의 이해관계는 정치적 혹은 관료적 독점의 착취에 취약하며 자신들의 형식적 권리를 지킬 수 있는 정치적 수단과 조직적 힘을 결여하고 있기 때문에 부패에 대해 회피적이거나 불법적인 방식으로 대응한다. …나는 사회적 권력 부여-보통 시민들에게 개방되는 정치적 경제적 자원의 범위를 확장하고 보호하는 것-가 체제화된 부패에 대한 공격에서 필수적 부분이라고 주장한다"(Johnston, 1998: 92, 87).

기존의 부패의 문제설정이 공유하고 있는 부패의 정의, 즉 "사적 이익을 위한 공직 남용"이라는 부패의 정의는 공직의 사적 이해로부터의 절연, 즉 국가의 중립성을 전제 혹은 이상으로 설정하고 있다. 따라서 부패의 문제설정을 수용한다는 것은 국가가 중립적이라는 명제를 수용하는 것이다. 계급이해를 초월한 중립적인 불편부당한 국가의 구현이 부패의 문제설정의 정치적 함축이라고 할 수 있다.

그러나 맑스주의 관점에서 국가의 중립성이란 상상할 수 없다. 맑스주의에서 국가는 총자본의 이해관계를 집약적으로 대행하는 기구이다. 맑스주의 관점에서 볼 때 국가의 계급적 중립성을 전제하는 부패의 문제설정, 즉 시민운동의 문제설정은 몰계급적이고 비혁명적인 개량주의 이데올로기이다. 부패의 문제설정은 투명한 자본주의 사회, 깨끗한 시민사회의 육성을 정치적으로 함축하지만, 맑스주의적 관점에서 이는 공상일 뿐이다. 사실 시민사회라는 용어법 자체가, 즉 '국가-시민사회'라는 대당

자체가 시민사회 다시 말하여 자본주의적 생산양식의 계급적 착취적 성격을 부정하는 것이다. 원래 맑스는 시민사회(burgerliche Gesellschaft)를 부르주아계급이 지배하는 '부르주아 사회'로 이해했다. 그러나 시민사회론은 이와 같은 시민사회의 부르주아적 성격, 즉 노자간의 착취관계와 적대관계를 은폐한다. 맑스는 시민사회를 그 현상적 내용에서는 자본주의 사회구성체에서 상품교환과 유통관계의 총체이며, 그 이데올로기적 형식에서는 자유롭고 평등하며 이기적이고 권리를 갖는 재산을 소유하는 개인들의 집합으로 간주했다(Hunt, 1987).[33]

나아가 오늘 우리 사회에서 NGO를 중심으로 한 시민사회론, 시민운동론은 거칠게 보면 신자유주의적 문제설정, '워싱턴 컨센서스'의 일환이다. 시민사회의 문제설정은 국가 자체를 부패의 근원으로 보고 이를 시민사회 영역의 확대를 통해 무력화하려 한다는 점에서 신자유주의적 '국가 퇴장'의 논리와 일맥상통한다. "신자유주의적 세계관의 반국가 수사학에서 아마도 불가피하게 강조점은 시민사회로 궁극적으로 이동할수밖에 없다. 신자유주의 시나리오에서 국가는 압력이나 필요 때문에 자신이 더 이상 관장할 수 없는 영역을 자발적으로 포기한다. 그때 시민사회 조직이 국가가 비운 정치 경제 공간을 채운다"(Theobald, 1999a: 152-3). 또 페트라스가 지적했듯이, NGO의 상당 부분은 "아래로부터의 신자유주의," 혹은 신자유주의의 "지역적 얼굴"인 경우가 많다. "신자유주의 모델에 도전하는 사회운동의 성장과 NGO를 통한 사회활동의 대

---

33) "자본주의 사회의 '시민사회'란 사회구성원들을 형식적으로 자유롭고 평등한 시민적 권리를 지닌 법적 '주체'로서 '호명'함으로써 피지배대중에 대한 부르주아지의 실질적 지배를 강화시키는, 부르주아 국가에 의해 보호되고 규제받는 자본주의 사회의 이데올로기적 상부구조 영역이자 광의의 의미에서는 부르주아 국가의 한 구성부분이라고 규정할 수 있다. …자본가든 노동자든 모두 형식적으로 자유롭고 평등한 상품 화폐 소유자로 출현시키는 유통과정이 자본주의적 생산과정의 착취적 성격을 은폐하는 자본주의 사회의 경제적 외피라면, 사회구성원들을 형식적으로 자유롭고 평등한 '시민'으로 출현시키는 '시민사회'는 부르주아 지배의 계급적 본질을 은폐시키는 자본주의사회의 정치적 이데올로기적 외피이다"(김세균, 1997: 397-9).

안적 형태를 만들어 그것을 전복시키려는 시도 사이에는 직접적 관계가 존재한다. NGO와 세계은행은 '국가주의'에 반대한다는 점에서는 공통적이다. …반국가주의는 계급정치에서 '지역개발'로 또 맑스주의에서 NGO로 갈아타기 위한 이데올로기적 환승 티켓이다"(Petras, 1997: 11-2). 맑스주의 관점에서는 시민사회의 발전과 시민운동의 발전이 반부패 대책이 될 수 없다. 부패는 시민사회 그 자체에 고유한 속성이기 때문이다. 맑스주의 관점에서는 시민사회 즉 부르주아 사회의 근본적 폐지 없이는 부패의 근절은 생각될 수 없다.

8. 자본주의와 부패

1) 자본주의와 부패의 역사특수성

맑스주의 이론 전통에서 부패 분석이 전혀 없었던 것은 아니다. 자본의 본원적 축적에 관한 맑스의 논의, 자본주의의 기생성과 부패성에 대한 레닌의 논의, 스탈린주의로 왜곡되긴 했지만 국가독점자본주의론에서 국가와 독점자본의 유착 융합관계에 대한 분석은 맑스주의적 부패 분석을 위한 요소들을 제공한다.

맑스주의 관점에서는 부패가 인류의 역사와 함께 오래되었다는 부패의 문제설정의 기본전제 자체가 의문시된다. 사실 "사적 이득을 위한 공권력의 남용"으로 정의되는 기존의 부패 개념 자체가 부패가 초역사적인 인간 본성에 연유한 현상이 아니라, 역사적으로 특수한 사회경제체제인 자본주의에 고유한 현상임을 보여준다. 기존의 부패 정의는 이른바 '공'과 '사'의 구별, 즉 '공공영역'과 '민간영역'의 구별, 혹은 공권력과 사적 부문의 구별, 혹은 국가와 시민사회의 구별을 전제하고 있는데,[34]

---

32) 허치크로프트는 다음과 같이 주장한다. "부패의 개념 자체가 국가기관의 성

이와 같은 '공'과 '사'의 구별, 국가와 시민사회의 분리는 근대 자본주의
의 발생과 함께 달성되었기 때문이다. 따라서 이와 같은 구별이 존재하
지 않은 자본주의 이전 사회에서는 기존의 부패 정의가 지시하는 부패
현상 자체가 존재할 수 없다.[35] 부패는 자본주의에 고유한 현상이다.
'공'과 '사'의 경계가 확정된 발전한 자본주의 사회의 관점에서 볼 때,
'공'과 '사'의 구별이 처음 생겨나는 국면, 따라서 '공'과 '사'의 구별이
아직 확연하지 않은 단계의 사회, 즉 전(비)자본주의에서 자본주의로의
이행기의 사회 혹은 초기자본주의 사회가 매우 부패한 사회로 보이는 것
은 이 때문이다.

부패는 '공'과 '사'의 구별이 생긴 후에 정의되고 문제로 제기되는 현
상이지만, '공'과 '사'의 이분법은 개념적으로만 가능한 것이며 자본주의
현실에서는 '공'과 '사'는 충돌, 중복, 융합될 수밖에 없다. 공적 영역과
사적 영역의 이와 같은 충돌, 중복, 융합 등 상호작용으로부터 자본주의
에서 부패는 필연적일 수밖에 없다. 자본주의에서 부패는 경제 영역과
정치 영역의 모순으로부터 필연적으로 발생한다. 자본주의의 경제영역은
이윤극대화와 '보이지 않는 손'의 논리가 작용하는 영역인 반면, 자본주
의의 정치영역은 계급투쟁과 민주주의, 국가라는 '보이는 손'이 지배하
기 때문이다.

걸링은 근대 자본주의 사회에서 부패 발생의 논리를 다음과 같이 설명
한다. "한편에서는 경제적 자유(시장교환)와 정치적 자유(자유민주주의)
가, 다른 한편에서는 (회사권력에 의해 인가된)사적 전유와 사회적 목표

격, 특히 어떤 주어진 체제가 공적 영역과 사적 영역 간의 명확한 구별을 반영
하는 정도에 관심을 집중하고 있다"(Hutchroft, 1997: 644).

35) "절대주의 전제군주는 그의 권력에 어떤 제한이 부과되지 않는 한 근대적 의
미에서 부패할 수 없다. 근대적인 부패 개념은 상당한 정치적 자원을 갖고 지
배자들과 대결할 수 있는 상쇄집단 혹은 '중간 집단'의 존재를 조건으로 한다.
…정치적 자원의 역사적 확산과 상당량의 갈등은 공적 부문과 사적 부문의 구
별이 등장하기 위한 전제조건이다. …근대적인 부패 개념은 제한된 권력을 부
여받고 비인격적 의무가 부과된 명시적으로 공적인 역할 개념에 기초하고 있
다"(Johnston 1996: 327).

('국민의 의지') 간의 대조가 존재한다. 이 두 측면을 화해시키기 위해 '정상적인' 정치행위는 체제 작동을 위해 자본주의와 민주주의 간의 '담합'을 요청한다. 이로부터 부패가 발생하게 된다. …부패는 법률 제도에 의해 식별되는 일탈한 사회적 행위가 아니다. 부패는 오히려 경제적 체제와 정치적 체제의 중요한 측면에서의 양립불가능성으로부터 생겨난다. 즉 부패는 '범죄' 문제 이상의 문제로서, 사회적 문제, 경제적, 정치적, 문화적 힘들의 산물이다. …자본주의-민주주의-사회 연계가 부패의 구조적 조건이다. 먼저 경제적 체제와 정치적 체제의 양립불가능성, 이 '구조적' 양립불가능성은 '근대'에 특징적인 공적 영역과 사적 영역간의 결정적인 정치적 구분으로 반영된다. 체제가 작동하도록 이러한 양립불가능성을 극복하기 위해서 정치가들과 기업가들 사이의 담합('화해')의 필요성이 생겨난다. 이 경우 사적 이해관계가 압도적일 때 부패가 발생한다. …자본주의와 민주주의 '중복'－'공'과 '사'의 재혼동－이 부패 경향을 낳는다. …부패는 특정한 개인의 부정행위가 아니라 정치체제(민주주의)와 경제체제(자본주의) 간의 기본적인 '부정합'에 연원한다. …담합 즉 정치와 경제 간의 '정상적인' 화해가 부패의 전제조건이다. …그런데 화해의 정치의 논리는 자본주의의 이익을 위해 봉사한다"(Girling, 1997: viii-x, 8-9).36)

맑스주의적 관점에서 부패는 특수자본주의적 현상이며, 자본주의를 지양하지 않는 한 소멸될 수 없다. 자본주의에서 기업활동은 끝없는 이윤추구 동기, 요컨대 탐욕에 의해 지배되고 있다. 자본주의에서 사람들은 모든 거래에서 이윤을 증대시키는 방안을 찾기 위해 노력한다. 이와 같은 이윤추구 논리가 자본주의에서 부패를 낳는 근원이다.37) 끝없는 이

---

36) 이와 유사한 맥락에서 메니는 부패를 "두 개의 시장－정치 및(또는) 행정 시장과 경제적 및 사회적 시장－간의 비밀교환"으로 정의한다(Meny, 1996: 313).

37) "모든 장애를 뛰어 넘고, 조금도 양심의 거리낌없이 먹이를 잡아 먹는, 돈에 대한 자본가들의 야수적 충동이 인간 본성은 아니다. 그것은 극단적으로 부패한 체제의 본성이다"(Perlo, 1988: 165).

윤추구의 논리, 우승열패, 적자생존, 약육강식의 자본주의적 경쟁의 강제력은 뇌물제공을 통한 경쟁자의 제압, 자유로운 착취에 대한 각종 규제의 회피, 탈세, 등 부패를 불가피하게 결과시킨다.

부패는 또 자본주의 경기순환 과정에서 주기적으로 격화되는 현상이기도 하다. 킨들버거에 따르면, 자본주의 금융적 팽창 시기, 즉 거품 시기에 부패 행위는 민간부문과 공공부문에서 모두 증대되는 경향이 있다 (Kindleberger, 1996).

물론 자본주의를 지양한 사회주의 계획경제에서도 초역사적 의미의 부패는 존재할 수 있다. 그러나 그것은 전형적으로 주인-대리인 관계에서 발생하는 '작은 부패'(petty corruption)일 것이며, 이는 동서고금 존재한 초역사적 종류의 부패이다. 하지만 이윤추구의 논리에 입각한 자본과 국가의 유착에 따른 '거대 부패'(grand corruption)는 자본주의에 고유한 현상이다. 사실 '전환'경제에서 부패는 계획경제에 시장경제가 도입되는 과정에서 본격적으로 심화되었다.

부패의 문제설정은 착취의 문제설정을 대체, 전위한다. 부패의 문제설정은 자본주의 사회의 기본모순을 잉여가치 생산과정에서 발생하는 노자대립에서 공적 영역과 사적 영역의 접점에서 발생하는 부패로 전위한다. 게다가 부패의 센세이셔널한 스캔들적 성격은 정경유착과 부패의 근원인 자본주의 체제에 대한 대중의 분노를 특정한 개인을 희생양으로 삼아 전위함으로써 자본주의 체제의 유지에 기여한다.

부패는 자본주의에 필연적인 것이지만, 기본적으로 잉여가치의 생산 메커니즘이 아니라 이미 생산된 잉여가치를 재분배하는 메커니즘이므로, 잉여가치의 생산에 기여하지 못한다. 또 부패에 기초하여 재분배된 잉여가치는 대부분 재생산과정 외부로 유출되어 확대재생산에 장애를 초래할 수 있다. 따라서 부패는 일정한 한도를 넘어설 경우 자본주의의 존재 자체를 위협할 수 있다. 지배계급의 부패에 대한 노동자계급의 분노가 폭발할 경우 이러한 위협은 현실적인 것으로 된다. 이는 마치 초과착취가 자본주의에서 필연적인 것이지만 그것이 특정 한도를 넘어설 경우 노동력의 재생산 따라서 자본의 재생산을 위협하는 것과 마찬가지 이유이다. 이로부터 개별자본 및 국가의 특정 부분의 과도한 부패를 규제하는 반부패 정책은 자본주의 체제의 전체의 이해관계의 관점에서 총자본의 차원에서 제시되게 된다. 즉 반부패 정책은 기본적으로 총자본의 수준에서 제기되는 정책이다. 부패로 인한 잉여가치의 과도한 비생산적 유출을 제한함으로써 확대재생산을 보장하는 것, 형식상으로라도 수평적인 경쟁조건을 유지하여 착취에 있어 공정한 게임의 규칙을 준수한다는 외관을 띠는 것은 총자본의 이해관계와 일치한다.

2) 자본의 본원적 축적과 부패

자본주의의 발생사, 즉 자본의 본원적 축적의 역사는 맑스에 따르면 잔혹하고 부패한 과정으로 점철되어 있다. 자본주의적 생산관계의 출생의 역사는 "농민으로부터의 토지수탈이 전체과정의 토대"를 이루는 "수탈의 역사"이며 "피와 불의 문자로써 인류의 연대기에 기록되어" 있으며, "공유지에 대한 폭력적 약탈," "무자비한 폭력 아래에서 수행된 교회재산의 약탈, 국유지의 사기적 양도, 공유지의 횡령, 봉건적 및 씨족적 재산의 약탈과 그것의 근대적 사유재산으로의 전환," "아메리카에서 금은산지의 발견, 원주민의 섬멸과 노예화 및 광산에의 생매장, 동인도의 정복과 약탈의 개시, 아프리카의 상업적 흑인수렵장으로의 전환"과 같은 폭력과 부패로 얼룩진 과정으로서, "자본은 머리에서부터 발끝까지 모든 털구멍에서 피와 오물을 흘리면서 이 세상에 나온" 것이다(Marx, 1867: 900, 911, 922, 944, 956).

그리고 자본의 본원적 축적과정은 이미 끝난 역사, 과거지사가 아니라, 로자 룩셈부르크(Rosa Luxemburg)가 지적했듯이, 자본주의 성립 후에도 또 현대자본주의에서도 계속되고 있다. 예컨대 1990년대 이후 러시아와 중국과 같은 '전환' 경제에서 격화되고 있는 부패는 자본의 본원적 축적과 정의 부패의 재현으로 해석될 수 있다. "사회적 관계로서의 자본주의는 어느 한 시점에서 사회적 소유에 대한 전면적 수탈을 요청한다. …자본가 계급이 존재하지 않던 구 소비에트 블록에서 자본주의적 축적의 '정상적' 기초를 마련하기 위해서는 먼저 '본원적 축적'이 수행되어야만 했다. 즉 자본가들을 만들어 내야했다. …그런데 누구도 정부로부터 국유재산을 구매할 돈을 갖고 있지 못한 상황에서 사유화가 합법적으로 정당하게 혹은 도덕적으로 수행될 수는 없었다. …자본주의의 형성은 자본가계급과 무산 노동자계급의 형성을 요청한다. 그런데 이들 계급은 자연적으로, 그리고 자발적으로 존재하게 된 것이 아니다. 봉건제에서 자본주의로의 이행에서 입증되었던 것처럼, 그리고 지난 20년 동안 구 소비에트 블록 나라들의 시장경제로의 급격한 이행과정에서 목격한 것처럼, 특정 계층의 부유화와 대다수의 궁핍화는 불가피하게 유혈적이며 부패한 과정이다. 의아한 것은 자본주의가 도입된 것이 이러한 재난에 책임이 있다는 점이 아니라, 이러한 전환을 기획한 서방의 유명한 경제전문가들이 재난 아닌 다른 어떤 결과를 기대했다는 점이다"(Holmstrom and Smith, 2000: 8, 9, 15).

역사적 증거들은 오늘 선진국도 발전의 초기 단계에서는 부패가 광범위하게 존재했음을 보여준다. 경제발전에 성공한 나라들에서 부패의 점진적 감소는 성공적 발전의 전제조건이라기보다 그 결과이다. "부패라는 보이는 얼굴은 그 자체 하등 조금도 덜 추악하지 않은 축적과 사회적 타협 과정의 고유한 부분이다"(Khan, 1998: 37).

3) 현대자본주의와 부패

맑스는 부패를 저개발의 병리학이 아니라 자본주의 발전의 정상적 양상으로 간주했다. 맑스는 부패를 결코 저개발 제3세계에 고유한 문제가 아니라 자본주의 자체에 내재한 경향으로 간주했다.

레닌도 자본주의가 성숙하여 독점자본이 지배하는 제국주의 단계로 접어들면 "불가피하게 정체되고 부패한 경향"이 나타난다고 보았다. 레닌에 따르면 제국주의 시대 들어서 자본주의는 부패한 기생적 자본주의로 변질된다. 19세기 말까지 자본주의가 일반적으로 상승곡선을 그리면서 발전했다면, 19세기 말, 20세기 초 들어 자본주의는 부패한 자본주의로 변모했다. 자본주의적 생산관계는 사회발전을 추진시켰던 형식에서 사회진보에 대한 강력한 장애물로 변모했다. 제국주의 단계에서 사적 소유관계로서의 자본주의적 생산관계는 현대적 생산력이라는 "내용에 더 이상 적합하지 않은 껍질, 따라서 인위적으로 그 제거를 늦춘다면 불가피하게 부패해 버릴 수밖에 없는 껍질이 되어 버린다"(Lenin, 1917: 303).

레닌은 제국주의 단계가 부패한 자본주의 단계인 까닭을 기술 진보의 경향과 동시에 기술진보를 방해하는 경향이 발생한다는 사실에서 찾았다. 독점자본은 기술진보를 상당 정도 멈추게 할 수 있는 경제적 가능성을 갖고 있다는 것이다. 또 레닌은 자본주의의 부패성은 그것의 엄청난 기생성에서도 나타난다고 보았다. 자본가는 직접적인 생산에서 완전히 분리된다. 생산에서 완전히 분리된 채 유가증권에서 나오는 수익으로 생활하는 금리생활자계층이 생긴다. 또 제국주의의 과잉자본의 수출은 개개의 자본가뿐만 아니라 제국주의 국가 전체를 금리생활자로 만든다. 나아가 노동자계급의 상층을 매수하여 노동귀족으로 전화시킨다.

레닌 이후 국가독점자본주의론은 현대자본주의의 중요한 특징은 국가와 독점자본의 유착, 융합이라고 주장해 왔다. 국가와 독점자본, 다시 말하여 공공영역과 민간영역은 어떤 은밀한 거래를 하는 것이 아니라 아예 노골적인 유착, 융합관계를 맺는 것이 자본주의 발전의 최고단계, 최후단계로 주장되는 국가독점자본주의의 특징으로 간주되었다. 국가독점자본주의론은 그 스탈린주의적 편향, 파국론적 편향 때문에 맑스주의 진영 내부에서도 이미 오래 전부터 그 타당성이 문제시되어 왔으며, 그 이론의 종주국인 소련, 동유럽의 붕괴 이후 패러다임 자체가 붕괴한 것으로 되어 있다. 하지만 국가독점자본주의론의 패러다임은 받아들이지 않으면서도 그 일부 명제들 예컨대 국가와 독점자본의 유착, 융합 명제는 정경유착과 부패 분석에서 유용한 분석도구로 비판적으로 활용할 수 있을 것이다.

국가와 독점자본의 유착, 융합이란 측면에서 볼 때, 선진자본주의는 제3세계 못지 않게 부패한 사회이다. 최근 수년간 벨기에, 이탈리아, 일본, 독일에서 부패 스캔들은 이 나라들의 정치체제를 흔들었다. 미국 클린턴 정부에서도 이른바 '화이트워터' 스캔들, 선거자금 조달 스캔들 등 각종 부패 스캔들이 끊이지 않았다. "풍토병같은 고위 정치부패는 더 이상 비민주의 나라들의 문제로 제시될 수 없게 되었다. 부패 스캔들은 지속적인 규칙성을 갖고 몇몇 유럽 나라들에서 나타나기 시작했다. 특히 이탈리아, 스페인, 그리스, 프랑스, 독일, 오스트리아, 벨기에 등에서"(Heywood, 1997: 418), "1980년대 군수산업뿐만 아니라 같은 시대의 월스트리트의 주식거래자들, 저축대부조합과 레이건-부시 정부에서 대외정책 입안자들은 똑같이 부패한 자들이다. 각종 계약에서의 부패와 사기는 지배적인 경제이데올로기와 기업의 성과가 일반적으로 장기적인 안정적 수익보다는 단기적인 투기적 이득에 의해 평가되는 현실을 반영한 것이다"(Naylor, 1998: 53).

1980년대 미국 저축대부조합(Savings & Loan)의 파산과 구제 과정은 미국 시장경제의 극단적인 투기적 부패적 본질을 웅변하는 사건이다. 헨우드에 따르면, "저축대부조합에 관한 법률과 규제들은 사실상 저축대부조합 업계의 로비스트들이 만든 것이었고, 감독 당국자들은 저축대부조합의 손아귀에 들어 있었다. …이 재난에는 사실상 저축대부조합 주변의 상류 전문 직업인들 모두가 개입돼 있었다. 회계사와 감사들은 허구의 재무제표를 거듭 인증해 줬고, 변호사들은 신용 사기꾼과 무능력자들을 변호해 줬다. 또 투자은행들은 순진한 저축대부조합 관리자들을 속여먹었고, 자문 역할을 해야 할 사람들은 법정에서 피고인의 성품을 증언하는 '성격증인'들처럼 악한들을 변호해 주는 증언을 해줬다. …대략

2,000억 달러에 이르는 거액의 공적 자금이 제대로 된 토의나 분석도 없이 지출됐고 저축대부조합 사건 자체도 이제는 거의 잊혀진 옛일이 됐다"(Henwood, 1997: 149-53).[38]

전후 미국자본주의의 지배체제는 이른바 '군산복합체'(military-industrial complex)로 요약되는데 이 '군산복합체'라는 용어 자체가 정경유착, 부패를 함축하고 있다. 그리고 소련, 동유럽 체제 붕괴 이후 미국자본주의의 지배체제는 군산복합체에서 '워싱턴 콘센서스'를 주도하는 '월스트리트-재무성-IMF 복합체'(Wall Street-Treasury-IMF Complex)로 이행하고 있는데, 이 '월스트리트-재무성-IMF 복합체'라는 용어 자체가 오늘 세계화·정보화 시대에서 최강의 패권국가 핵심부에서 정경유착과 부패의 새로운 형태를 지시하고 있다.[39]

---

38) 톰슨에 따르면, 미국 저축대부조합 구제금융 사건은 이른바 '매개된 부패'(mediated corruption)의 경우에 해당된다. 그는 '매개된 부패'가 '매개적인' 까닭은 "부패 행위가 정치과정에 의해 매개되었기 때문이다. 공무원들의 부패는 합법적이고 심지어는 공무원들의 의무라고 여겨지는 다양한 조치들을 통해 여과된다. 그 결과 공무원과 시민들은 공무원들이 무엇을 잘못했다든지 혹은 어떤 심각한 해악이 초래되었다는 사실을 인정하려 하지 않는다"고 하고, 저축대부조합 사건의 경우 부패가 존재했다고 말할 수 있는 이유는 당사자들이 민주적 과정을 회피했기 때문이라고 본다(Thompson, 1993: 369).

39) 펄로는 오늘 미국자본주의의 부패의 형태를 다음과 같이 요약했다. "①미국 산업과 금융에서 지배적 소유주와 이사들의 엄청난 고액의 봉급, 보너스 및 연금, 비용으로 처리되는 사치생활, 스톡 옵션 등, ②세법의 허점을 이용한 탈세와 노동자에게 세금전가, ③정부계약과 특혜를 따내고 안전규정, 위생규정 등을 준수하지 않고도 별 탈 없기 위해 국내외 정부관리에게 뇌물 제공, ④정부, 특히 군부와 우주항공부문에 판매되는 재화와 서비스에 엄청난 고가 책정, ⑤대중적 중독을 포함한 모든 종류의 도박의 만연. …금융 도박, ⑥고위 정부관리의 부패와 노골적 범죄, ⑦불법입국 노동자의 고용 및 이들의 반노예적 노동조건에서의 초과착취 등"(Perlo, 1988: 165-6).

9. 결론

부패 연구의 의의와 반부패 운동의 중요성을 부정하는 것이 이 글의 목적은 아니다. 이 글에서 나는 단지 자본주의 시장경제의 논리가 전면화하면 부패가 감소될 것이라는 신자유주의적 반부패 처방의 허구성을 비판하고, 자본주의 체제를 전제한 반부패 운동의 한계를 지적하고자 했을 뿐이다. 그러나 반부패 정책, 부패 규제가 총자본의 수준에서 자본주의 체제 자체의 유지를 위해 제기되었다고 해서 자본주의의 근본적 변혁을 지향하는 노동자운동이 반부패 슬로건을 제기할 필요가 없음을 뜻하지는 않는다. 그 까닭은 예컨대 표준노동일의 제정이 자본주의 체제 자체의 존립을 위협하는 것이 아님에도 불구하고, 그 쟁취를 위한 투쟁에 혁명적 노동자운동이 적극적으로 참가했던 것을 상기하면 분명하다. 노동자계급은 부패의 비용과 피해가 노동자의 초과착취와 빈부격차의 심화로 빈곤층과 노동자계급에게 불균형적으로 집중되기 때문에 지배계급의 부패에 촉각을 곤두세울 수밖에 없다.40) 노동자계급의 반부패 투쟁은 트로츠키의 '이행기강령'의 관점에서, 즉 반자본주의 전망 하에 수행될 수 있다. 1989년 천안문 사태와 1997~98년 인도네시아의 반수하르토 민중봉기는 부패 문제가 자본주의 체제의 약한 고리로 전화할 수 있음을 보여 준다. 그러나 반자본주의 전망을 결여한 반부패 운동은 자본주의 체제의 유지에 봉사하며, 의도와는 반대로 부패의 유지, 심화에 기여하게 된다.

1990년대 부패의 문제설정의 대두는 소련 동유럽 체제 붕괴 이후 득세한 신자유주의의 '자본주의 이외 대안부재론'의 일환으로 해석될 수 있다. 즉 자본주의를 근본적으로 초월할 전망이 사라졌으므로 자본주의 체제 내에서 좀 덜 나쁜 덜 부패한 자본주의, 좀더 민주적이고 투명한

---

40) 웨이에 따르면 부패는 소득분배의 불평등과 빈곤을 증대시키는 것으로 추정되었다(Wei, 1999).

자본주의를 구현하는 것이 인류의 과제가 될 수밖에 없다는 체념의 효과
이다. 그러나 1997~98년 동아시아 경제위기 이후 단일한 자본주의세계
의 불안정성과 불평등성이 적나라하게 드러나면서 '자본주의 이외 대안
부재론'의 호소력이 급속히 떨어지고 있다. 이는 시애틀-워싱턴-프라하
로 이어지는 반세계화 투쟁이 '자본통제'의 차원을 넘어 반자본주의
(Anti-Capitalism)의 기치를 선명히 내걸고 있는 데서 알 수 있다.[41] 이제
부패 문제의 분석과 처방도 이론적으로도 실증적으로도 근거가 없는 부
패한 자본주의와 투명한 자본주의의 이분법적 신자유주의적 문제설정을
버리고, 반자본주의 전망하에 수행될 필요가 있다.

【참고문헌】

● 국내문헌

김세균. 1997, 『한국민주주의와 노동자·민중정치』, 현장에서 미래를.

류동민. 2000, 「디지털 네트워크 경제의 특성에 대한 정치경제학적 분석」,
    SIES Working Paper Series, No.118.

이종원·김영세. 2000, 『부패의 경제』, 해냄.

장근호. 1999, 『OECD 부패방지협약과 후속이행조치에 관한 논의와 평가』,
    대외경제정책연구원.

홍성태. 1999, 「정보화 경쟁의 이데올로기에 관한 연구-정보주의와 정보
    공유론을 중심으로-」, 서울대학교 대학원 문학박사학위논문.

● 국외문헌

Ades, A. and R. Tella. 1999, "Rents, Competition and Corruption,"
    American Economic Review, Vol.89, No.4.

---

41) 1997~98년 세계경제위기 이후 전세계적으로 고조되고 있는 반세계화 및 반
    자본주의 투쟁에 대해서는 하먼(Harman, 2000) 참조.

_____. 1997, "National Champions and Corruption: Some Unpleasant Interventionist Arithmetic," *The Economic Journal*, Vol.107.

Amsden, A. 1989, *Asia's Next Giant*, Oxford University Press.

Aoki, M. 1990, "The Participatory Generation of Information Rents and the Theory of the Firm," in Aoki et al. eds.

_____ et al. eds. 1990, The Firm as a Nexus of Treaties, SAGE Publications.

Bliss, C. and R. Tella. 1997, "Does Competition Kill Corruption?" *Journal of Political Economy*, Vol.105, No.5.

Campos, J., Lien, D., and S. Pradhan. 1999, "The Impact of Corruption on Investment: Predictability Matters," *World Development*, Vol.27, No.6.

Chang, H. 2000, "The Hazard of Moral Hazard: Untangling the Asian Crisis," *World Development*, Vol.28, No.4.

Eichengreen, B. 1999, *Toward a New International Financial Architecture*, Institute for International Economics.

Elliot, K. 1997, "Corruption as an International Policy Problem: Overview and Recommendations," in Elliott ed.

_____ ed. 1997, *Corruption and the Global Economy*, Institute for International Economics.

Florini, A. 1999, "Does the Invisible Hand Need a Transparent Glove? The Politics of Transparency," Paper for the Annual World Bank Conference on Development Economics.

Friedman, E., S. Johnson, D. Kaufmann and P. Zoido-Lobaton. 2000, "Dodging the Grabbing Hand: the Determinants of Unofficial Activity in 69 Countries," *Journal of Public Economics*, Vol.76.

Frye, T. and A. Shleifer. 1997, "The Invisible Hand and the Grabbing Hand," *American Economic Review*, Vol.87, No.2.

Girling, J. 1997, *Corruption, Capitalism and Democracy*, Routledge.

Glynn, P., S. Kobran and M. Naim. 1997, "The Globalization of Corruption," in Elliott ed.

Gong, T. 1997, "Forms and Characteristics of China's Corruption in the 1990s: Change With Continuity," *Communist and Post-Communist Studies*, Vol.30, No.3.

Hampton, M. and M. Levi. 1999, "Fast Spinning into Oblivion? Recent Developments in Money-Laundering Policies and Offshore Finance Centres," *Third World Quarterly*, Vol.20, No.3.

Harman, C. 2000, "Anti-Capitalism: Theory and Practice," *International Socialism*, No.88.

Harris-White, B. and G. Whites. 1996, "Liberalization and New Corruption," *IDS Bulletin*, Vol.27, No.2.

Harvey, D. 1990, *The Condition of Postmodernity*, Blackwell(국역: 『포스트모더니티의 조건』, 구동회·박영민 옮김, 한울, 1994).

Henwood, D. 1997, *Wall Street*, Verso(국역: 『월스트리트』, 이주명 옮김, 사계절, 1999).

Heywood, P. 1997, "Political Corruption: Problems and Perspectives," *Political Studies*, Vol.45, No.3.

Holmstrom, N. and R. Smith. 2000, "The Necessity of Gangster Capitalism: Primitive Accumulation in Russia and China," *Monthly Review*, Vol.51, No.9, Feb.

Hunt, G. 1987, "The Development of the Concept of Civil Society in Marx," *History of Political Thought*, Vol.8, No.2.

Huntington, S. 1968, *Political Order in Changing Societies*, Yale University Press.

Hutchcroft, P. 1997, "The Politics of Privilege: Assessing the Impact of Rents, Corruption, and Clientelism on Third World Development," *Political Studies*, Vol.XLV.

Jain, A. ed. 1998, *Economics of Corruption*, Kluwer Academic Publishers.

Jeong, S. 1997, "The Social Structure of Accumulation: Upgrading or Crumbling?", *Review of Radical Political Economics*, Vol.29, No.4.

Johnson, S., D. Kaufman and P. Zoido-Lobaton. 1998, "Regulator

Discretion and the Unofficail Economy," *American Economic Review*, Vol.88, No.2, May.

Johnston, M. 1998, "Fighting Systemic Corruption: Social Foundations for Institutional Reform," in Robinson ed.

_____. 1997, "Public Officials, Private Interests, and Sustainable Democracy: When Politics and Corruption Meet," in Elliott ed.

_____. 1996, "The Search for Definitions: The Vitality of Politics and the Issue of Corruption", *International Social Science Journal*, No.149.

_____. 1986, "The Political Consequences of Corruption: A Reassessment," *Comparative Politics*, Vol.18, July.

Kagarlitsky, B. 1995, *The Mirage of Modernization*, Monthly Review Press(국역: 『근대화의 신기루』, 유희석·전신화 옮김, 창작과 비평사, 2000).

Kaufmann, D. and P. Siegelbaum. 1996, "Privatization and Corruption in Transition Economies," *Journal of International Affairs*, Vol.50, No.2.

Khan, M. 1998, "Patron-Client Networks and the Economic Effects of Corruption in Asia," in Robinson ed.

Kindleberger, C. 1996, *Maniacs, Panics, and Crashes*, Macmillan.

Krugman, P. 1999, *The Return of Depression Economics*, W. W. Norton(국역: 『불황경제학』, 주명건 옮김, 세종서적, 2000).

Lambsdorff, J. 1999, "Corruption in Empirical Research: A Review," TI Working Paper. http://www.transparency.de/documents/work-papers/lambsdorff_eresearch.html.

_____. 1998a, "Corruption in Comparative Perception," in Jain ed.

_____. 1998b, "An Empirical Investigation of Bribery in International Trade," in Robinson ed.

LaPalombara, J. 1994, "Structural and Institutional Aspects of Corruption," *Social Research*, Vol.61, No.2.

La Porta, R., F. Lopez-De-Silanes, A. Shleifer and R. Vishny. 1999, "The Quality of Government," *Journal of Law, Economics and Organization*, Vol.15, No.1.

Lenin. 1917, *Imperialism: The Highest Stage of Capitalism*, Collected Works, Vol.22.

Marx, K. 1867, *Das Kapital*(국역: 『자본론』 I, 김수행 옮김, 비봉출판사, 1992).

_____. 1847, *Misere de la Philosophie*(국역: 『철학의 빈곤』, 강민철 옮김, 아침, 1988).

Mauro, P. 1997, "The Effects of Corruption on Growth: Investment, and Government Expenditure: A Cross Country Analysis," in Elliott ed.

_____. 1995, "Corruption and Growth," *Quarterly Journal of Economics*, Vol.110, No.3.

Mehrez, G. and D. Kaufmann. 1999, "Transparency, Liberalization and Financial Crises," The World Bank, *Policy Research Working Paper*.

Meny, Y. 1996, "'Fin de Siecle'Corruption: Change, Crisis and Shifting Values," *International Social Science Journal*, No.149.

Moran, J. 1999, "Patterns of Corruption and Development in East Asia," *Third World Quarterly*, Vol.20, No.3.

Naylor, R. 1998, "Corruption in the Modern Arms Business: Lessons from the Pentagon Scandals," in Jain ed.

Ollman, B. 1998, "Market Mystification in Capitalist and Market Socialist Societies," in Ollman ed.

_____ ed. 1998, *Market Socialism: The Debate Among Socialists*, Routledge.

Perlo, V. 1988, *Super Profits and Crises: Modern U.S. Capitalism*, International Publishers.

Petras, J. 1997, "Imperialism and NGOs in Latin America," *Monthly Review*, December.

Polanyi, K. 1944, *The Great Transformation*, Beacon Press.

Pujas, V. and M. Rhodes. 1999, "A Clash of Cultures? Corruption and the Ethics of Administration in Western Europe," *Parliamentary Affairs*, Vol.52, No.4.

Quah, J. 1999, "Corruption in Asian Countries: Can It Be Minimized?"

Public Adminstration Review, Vol.59, No.6.

Rijckeghem, C. and B. Weder. 1997, "Corruption and the Rate of Temptation: Do Low Wages in the Civil Service Cause Corruption?" *International Monetary Fund Working Paper*, No.97/73.

Riley, S. 1998, "The Political Economy of Anti-Corruption Strategies in Africa," in Robinson ed.

Robinson, M. 1998, "Corruption and Development: An Introduction", in Robinson ed.

_____ ed. 1998, *Corruption and Development*, Frank Cass Publishers.

Rodrik, D. 1997, "Comments on Mauro(1997)", in Elliott ed.

Rose-Ackerman, S. 1997, "The Political Economy of Corruption," in Elliott ed.

_____. 1996, "Democracy and 'Grand' Corruption," *International Social Science Journal*, No.149.

Shelley, L. 1998, "Crime and Corruption in the Digital Age," *Journal of International Affairs*, Vol.51, No.2.

Shleifer, A. and R. Vishny. 1998, *The Grabbing Hand*, Havard University Press.

Strange, Susan. 1999, *Mad Money*, Manchester University Press(국역: 『매드 머니』, 신근수 옮김, 푸른길, 2000).

Sun, Y. 1999, "Reform, State and Corruption: Is Corruption Less Destructive in China Than in Russia?" *Comparative Politics*, Vol.32, No.1.

Tanzi, V. 1998, "Corruption around the World," *IMF Staff Papers*, Vol.45, No.4.

Theobald, R, 1999a, "Conclusion: Prospects for Reform in a Globalised Economy," *Commonwealth and Comparative Politics*, Vol.37, No.3.

_____. 1999b, "So What Really Is the Problem About Corruption?" *Third World Quarterly*, Vol.20, No.3.

Thompson, D. 1993, "Mediated Corruption: The Case of the Keating

Five," *American Political Science Review*, Vol.87.

Transparency International. 2000, "Historical Comparisons," http://www. gwdg.de/~uwvw/histor.htm

Treisman, D. 2000, "The Causes of Corruption: a Cross-National Study," *Journal of Public Economics*, Vol.76.

Wade, R. 1999, "Gestalt Shift: From 'Miracle' to 'Cronyism' in the Asian Crisis," *IDS Bulletin*, Vol.30, No.1.

_____. 1990, *Governing the Market*, Princeton University Press.

_____. 1982, "The System of Administrative and Political Corruption: Canal Irrigation in South India," *Journal of Development Studies*, Vol.18.

Wedeman, A. 1997, "Looters, Rent-Scrapers, and Dividend-Collectors: Corruption and Growth in Zaire, South Korea, and the Philippines," *The Journal of Developing Areas*, Vol.31, Summer.

Wei, S. 2000, "Corruption, Composition of Capital Flows, and Currency Crises," The World Bank, *Policy Research Working Paper*, No.2429.

_____. 1999, "Corruption in Economic Development: Beneficial Grease, Minor Annoyance, or Major Obstacle?" The World Bank, *Policy Research Working Paper*, No.2048.

_____ and R. Zeckhauser. 2000, "How Taxing is Corruption on International Investors," *The Review of Economics and Statistics*, Vol.82, No.1.

_____. 1999, "Dark Deals and Dampened Destinies: Corruption and Economic Performance," *Japan and the World Economy*, Vol.11, No.3.

World Bank. 1997, *World Development Report: The State in a Changing World*, Oxford University Press.

정경유착과 한국자본주의

장 상 환
(경상대학교 교수, 경제학과)

1. 서론

　1997년 외환위기의 원인으로 정경유착 문제가 집중적으로 제기되었다. 그러나 정경유착은 해방 후 한국자본주의의 전개에서 꾸준히 지속되어온 기본적 특징 가운데 하나이기도 했다. 정경유착이란 정치권력과 경제권력간의 유착을 말한다. 한국에서는 구체적으로 정치인과 고위관료 및 재벌간의 유착을 의미한다. 정경유착은 경제력 소유자와의 결탁에 의해 정치권력에 의해 저질러지는 권력형 부패이다. 생계형 부패와는 구별된다. 일반적으로 권력형 부패는 근원적이고 핵심적이고 구조적인 부패로써 생계형 부패가 존립할 수 있는 사회적 조건을 창출한다.

　정치권력은 은행대출의 지시나 알선, 외국차관 배분, 사업자 선정, 정부관련 공사수주 및 구매입찰과 관련하여 재벌 대기업에 대해 각종 특혜를 제공하고, 재벌 대기업으로부터 금전적 대가를 취해 이를 정치자금 및 개인적 축재에 사용한다. 대표적인 정경유착은 재벌이 선거비용 등 정치자금을 제공하고 그 대가로 정부의 각종 특혜를 받는 것이다. 전두환·노태우 비자금 조성사건, 한보재벌 부정대출사건은 정경유착의 대표적인 사례이다. 정치권력은 고위 관료들의 승진을 좌우하기 때문에 관료기구는 비민주적 정치권력의 핵심적인 정치적 기반이 되었다. 관료기구는 정치권력에게 경제적 이권이나 특혜제공의 구체적 수단과 그를 위한 논리를 만들어내었다. 관료 부패는 정치권력에 의해 통제되기는커녕 양 부문이 상호간에 부패를 감싸왔다고 할 수 있다.

정경유착은 일정기간 동안 한국자본주의의 고도성장에 기여했다. 그러나 비민주적 정치권력을 강화시키고 재벌체제라는 비정상적인 기업지배구조를 형성하여 부정부패를 만연시켰다. 그리고 사회적 민주화와 대외경제개방하에서 경제적 모순을 누적시켜 1997년 외환위기로 폭발하도록 하는 요인이 되었다.

이 글의 목적은 정경유착이 한국 자본주의의 전개에서 가지는 의의를 분석하고 정경유착의 해소방안을 모색하는 데 있다. 이를 위해 1950년 대 이승만 정권 시기, 1960, 70년대 박정희 대통령 시기, 80년대 전두환·노태우 대통령 시기, 문민정부 시기 등으로 구분하여 사업 인·허가, 자금조달, 외자 도입, 납품 또는 공사발주, 재벌대책 도입 등 기업경영의 여러 국면에서 발생하는 정경유착 실태를 분석한다.

2. 기존연구와 연구시각

1) 국내외 연구동향

재벌체제 자체에 대한 연구나 정치적 비민주체제는 논의되었으나 양자간의 유착 등 상호관계에 대해서는 연구가 부족했다. 사공일·존스 (1981) 등이 국가권력과 기업의 상호관계에 대해서 연구하였고, 홍덕률 (1987)이 재벌의 주변환경 통제행태로서 정경유착을 다룬 정도이다. 사공일·존스(1981)는 재벌의 성장에서 재벌일족의 경영자 능력도 일부 작용했지만 정부의 재량적 경제개입, 특히 금융의 배분이 결정적이었다고 말하고 있다. "재량적 금융배분은 부분적 상호관계를 지탱하고 있는 기

등이라 할 수 있다. 기업에게 여신은 가장 중요한 것인데 여신배분을 정부가 통제할 수 있다는 사실은 정부의 어떠한 명령에도 민간기업이 순응하도록 하는 강력한 도구가 된다고 볼 수 있다." "1950년대의 재벌성장의 주요 원천은 정부가 지배하는 시장에의 특혜적 접근이었고, 여기서 생긴 이득은 사회전체에 유익하지 않은 것이었다. 따라서 당시의 기업활동은 대체적으로 영합활동(零合活動, zero-sum activities)이었다고 볼 수 있다." "1960년대에 들어와서도 이러한 영합거래가 남아 있으나 대체적으로 생산적 정합활동(正合活動, productive positive-sum ventures)에 부수되어 일어나는 것으로 볼 수 있다. 금융의 대부분은 싼 가격으로 비교적 적은 수의 재벌에게 공여되었다. 재벌의 성장률을 통제하기 위한 정부의 중대한 정책적 기도가 없었던 반면에 재벌의 자원 사용에 대해서는 주요한 두 가지 제약이 있었다. 첫째, 기타 후진국과 비교해 볼 때 한국 재벌의 경우에는 자산사용이 정치적 영향력을 획득하는 수단으로 사용하는 정도가 낮으며, 둘째, 일정형태의 자산 취득에 대한 제약(중요한 것으로 은행소유의 금지)이 있었다."

Young-Iob Chung(1986)은 1954~84년간에 재벌성장을 위해서 정부는 약 80억 달러의 무상지원을 한 것으로 추정된다는 연구결과를 내놓았다. 1953년부터 1984년까지 32년간 우리나라 재벌이 정부로부터 실질적으로 무상으로 이전받은 소득 및 부의 총액은 귀속재산 염가불하로 3억 달러, 국영기업 염가 불하로 2억 달러, 외환보조금 형태로 23억 달러, 은행 융자에 대한 이자보조로 70억 달러 등 약 100억 달러에 달한다는 것이다. 이러한 특혜를 획득하는 데 들어가는 비용(예컨대 원조물자가격의 과다책정, 뇌물 기타비용 등)을 여기에서 제외한다 해도 재벌의 자본축적에 대한 순 기여분은 도합 80억 달러에 달할 것이고, 이것은 1984년 당시 재벌기업 자기자본의 4분의 3에 달하는 규모라고 추정했다.

정구현(1987)은 60년대 이후 정부의 기업육성정책으로서 자원배분에의 정부개입(투자결정, 금리결정), 생산수단의 직접소유(국영기업의 비중,

국유화), 기업활동영역의 규제(인허가, 통폐합, 폐업규제), 기업경영상의 규제(가격, 임금결정 규제), 기업에 대한 지원(자금, 조세, 정보지원) 등은 강력했던 반면, 기업결합활동 규제(독과점 규제)는 미약했고, 조세정책, 소득재분배(기업에 대한 세율, 준조세적 부담금) 역시 기업에 유리했다고 평가한다.

암스덴(1990)은 한국의 성공적인 공업화를 뒷받침한 요인으로서 개발주도적인 국가체제, 대규모의 다각화된 재벌기업, 유능한 고용(전문) 관리직의 풍부한 공급, 낮은 임금에 높은 교육수준을 갖춘 풍부한 노동력 등을 들면서 박정희의 개발독재체제와 재벌기업을 아주 긍정적으로 평가하고 있다. 한국에서는 국가가 보조금을 지급하여 경제활동에 개입했는데 단순히 보조금 지급에 그치지 않고 보조금의 반대급부로 개인기업에 대해 실적기준을 부과함으로써 보조금의 효과적인 이용을 촉진했다는 것이다. "박대통령은 세계에서 유일하게 혁명을 성공적으로 이끈 메이지천황으로부터 외국의 사고를 국내화하고 정치조직을 권위주의화하고, 민족자본 육성을 위해 백만장자들의 탄생을 허용하는 것이 중요하다는 것을 배웠다. 박대통령은 규모의 경제를 실현할 대규모공장 건설을 위해 재벌의 창출을 계획했다. 그는 정부의 기능을 이들 재벌의 권력남용에 대해 감시하는 것이라고 생각했다." "정부의 실적 위주 유인책에 호응하여 수출 연구개발, 새상품 개발 등 눈부신 실적을 쌓은 대기업은 기업을 확장토록 하는 허가를 정부로부터 받았다. 대기업이 위험부담이 큰 사업을 시작하는 대가로 정부는 보다 많은 이윤이 있는 산업분야에 대한 진출을 허가함으로써 대기업의 업종은 더욱 다각화되었다." 하지만 "한국의 강력한 경제정책이 정치적 민주체제 아래서도 가능했겠는가는 불분명하다. 분명한 것은 후진국의 경우 경제발전의 충분조건은 아니지만 필요조건인 것은 강력한 중앙권력이며, 이것 없이는 공업화를 거의 기대할 수 없다는 것이다"(암스덴, 1990; 27). 그리고 재벌기업은 규모가 크고 산하업종이 다양한 이점을 이용해 후발공업화의 난관을 극복하면서 해외 저가시장에 침투할 수 있었고, 개발을 목표로 지정된 특정산업에 외국의 다국적 기업을 대신하여 투자했다는 것이다.

융(Jung, 1994)는 한국의 정부와 기업 간의 관계가 밀접하고 수직적인 것이었다고 파악한다. 즉 정부가 금융자본의 배분과 신사업에 대한 진입허가 등을 통하여 민간기업부문을 확고히 통제하는 관계라는 것이다. 혈연, 학연, 관존민비의 유교적 전통 등 문화적 특징도 이러한 관계를 강화하는데 작용했다. 그러나 경제가 성숙하고 세계경제에 노출됨에 따라 관료에 의한 강력한 경제통제는 비효율적임이 드러났고, 경제의 효율성을 저하시켰다. 정치적 민주화도 권력엘리트들인 관료와 업계 간의 전통적인 수지저 관계를 변화시켰다. 지금 정부는 보다 다원화되고 분권화된 사회에서 상호 관계해야 할 많은 이해관계자 중의 하나가 되었다는 것이다.

연성진(1999)은 권력형 부정부패의 원인으로써 고비용의 정치구조, 정부의 규제와 배분의 역할 증대, 과도한 중앙집권, 시민사회의 역할 미흡 등을 들고, 권력형 부정부패의 유형도 초기의 거래형 부정부패에서 5공화국 이후 직무유기형, 사기형 부패가 등장하였다고 진단하였다. 그리고 권력형 부정부패의 통제방안으로서 엄격한 처벌을 위한 사정기관의 정치적 중립성, 정부규제 축소, 정치자금법과 공직자윤리법의 개정, 선거공영제 확대 등을 제시한다.

2) 연구시각

권력형 부패에는 세 가지 요건이 필요하다. 첫째, 특정인이 경제적 과정에 대한 독점적 권력을 보유하고 있을 것, 둘째, 이 개인이 권력을 남용할 의사와 능력이 있을 것, 셋째, 권력의 남용에 대한 경제적 유인이 있을 것 등이다. 권력이 남용되고 있는 것으로 볼 수 있느냐의 여부는 과정을 둘러싼 여건과 의뢰인과 대리인 간의 관계에 따라 결정된다. 아래의 세 조건이 충족되면 이 과정은 부패가 없는 것으로 간주될 수 있다.

<그림 1> 경제활동에서 주인-대리인 관계

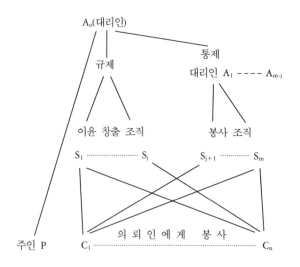

①모든 참가자에게 알려진 규칙 아래 경쟁적 게임이 진행된다. ②비밀이나 대리인에게 제공되는 부대지불이 없다. ③상대방의 수입으로부터 아무런 이득을 취할 수 없다는 의미에서 의뢰인과 대리인은 상호 독립적이다. 그러나 이 중 하나만이라도 깨진다면 이 과정은 부패의 특성을 갖게 된다.

가장 많이 이용되는 부패모형은 주인-대리인(Principal-Agent) 이론에 의거한다. 재인(Jain, 1998)에 따르면 국민과 정부지도자 간의 주인-대리인관계에서의 문제는 대리인이 가진 입법권력(legislative power)의 오남용(misuse)에서 발생한다. 입법부패는 정부의 입법권력 오남용에서 발생하는 부패로 정의된다. 이에 반해 행정부패는 지도자와 관료들 간에, 즉 대리인 A_0과 대리인 A_1---A_{m-j} 간의 관계에서 발생하는 부패이다.

대리인 A_0는 이윤창출조직인 S_1---S_j가 활동하는 환경을 규제하는 권한뿐만 아니라, 대리인 A_1---A_{m-j}를 임명할 권한도 갖는다. 대리인 A_0은 한국에서는 선출직 고위 공직자, 즉 대통령과 국회의원이고 이윤창출조직인 S_1---S_i은 재벌대기업이다. 입법부패는 대리인 A_0가 이러한 권한을 오남용하는 데서 발생하는 부패이다. 이러한 형태의 부패에 대한 연구는 대리인 A_0의 부패동기에 따라 다시 나눠진다. 많은 연구들은 의원들이 재선되기를 바란다는 데 초점을 맞춘다. 다른 연구들은 대리인이 그 직위를 통한 이익을 추구할 수 있고, 이익을 증진시킬 정책을 고안한다는 것을 중시한다. 소수 학자들은 대리인이 주인의 모든 통제를 무력화시키고 자신의 이익을 극대화할 수 있는 극단적인 입법부패에 초점을 맞추기도 한다.

대통령 및 의원들의 부패동기를 보면 우선 그들은 뇌물과 부수입에 영향을 받는다. 그러나 동시에 그들은 재선에 대한 욕구를 갖는다. 재선을 원하는 이유는 물론 부패로 획득한 수입을 능가하는 정치적 수입을 얻기 위해서이다. 이 모델에서의 균형은 투표자의 이익에 반해서 입법과정에 영향을 미치기를 원하는 이익집단의 이익과 비용을 대리인이 어떻게 평가하는가에 달려있다.

입법 부패를 설명해주는 모형의 일부는 독재자 부패모형이나 전체주의적 사회주의라고 불려질 수 있다. 이 모형은 정책결정자를 주인의 이익을 거의 완전하게 무시할 수 있는 대리인으로 본다. 그러한 접근방법은 '정부행동은 이익집단들로부터 받는 사회정치적인 압력에 대한 정책결정자들의 반응'이라는 기존의 경제학 정설에 도전한다. 독재자모형은 정부형태가 약탈적일 수 있음을 가정한다. 입법부패에 대한 독재자모형은 두 가지 가정에 기초하고 있다. 첫째, 다른 대리인모형처럼 대리인들은 자신의 이익을 극대화하는 것으로 간주된다. 둘째, 대리인들은 그들의 행동을 제약할 수 있는 주인의 행동에 의한 위협 또는 영향을 제거하거나 현저히 감소시킬 수 있는 능력이 있는 것으로 간주된다. 이에 따라 결정권자는 자기이익 추구로 부패행동에 빠져들 수 있다. 입법부패의 경우 대리인 A_0는 의뢰인들이 제안하는 프로젝트중 주인(국민)에게 유리한 것보다는 자신에게 가장 많은 대가가 돌아올 수 있는 프로젝트를 선택한다.

　한국에서 자본과 정치권력 간의 관계는 자본의 성장과 성숙에 따라 변화해갔다. 재벌이 정치권력의 예속물로 존재하였다가 이후 지배와 예속관계를 떠나 상호 의존하는 관계로 변화되었으며, 궁극적으로 재벌이 정치자금을 통해 정치권력을 지배하는 관계로 발전하게 된다. 이렇게 변화해간 것은 한국이 후진 자본주의 국가로서 초기 자본축적 과정에서부터 국가의 역할이 결정적이었고, 또 자본주의 경제가 정착됨에 따라 자본의 지배력이 강화되기 때문이다.

　이 글에서는 정경유착의 시기별 변화를 추적하고 정경유착이 한국 자본주의 발전에 어떠한 의미를 가지는지를 분석해 보고자 한다. 본고에서 취하는 가설은 다음과 같다. 1950년대 자본의 원시적 축적기에는 정경유착이 자본의 원시적 축적을 촉진하였다. 1960, 70년대의 신식민지적 산업혁명기에는 외자도입과 수출주도 공업화를 촉진하였다. 기업가 자원이 부족했을 때 재벌은 이를 제공하였으며, 경제위기가 발생할 경우에는 권력의 힘으로 재벌의 재생산은 보장되었다. 1972년 8·3조치와 1980년 중화학 투자조정은 그 전형적인 사례이다. 그러나 1987년 6월 민주항쟁 이후 민주화가 진전되고 대외경제개방이 확대되면서 정치권력과 재벌간의 관계는 크게 변화한다. 정부 경제운영 기조는 정부규제 완화와 시장기구 활성화가 되었는데, 이것은 그 동안 정부의 지원에 힘입어 시장지배력이 강해진 재벌 우위의 정경유착구조를 창출했고, 결국 재벌 지배체제를 심화시켰다. 김영삼 정권의 신경제의 핵심인 민간활력 강화, 민간주도경제는 재벌들이 주장해온 것으로 '재벌 주도경제'에 다름 아니다. IMF위기를 극복하기 위한 김대중 정권의 본격적인 종속적 신자유주의 정책은 외국자본의 개입 등으로 정경유착이 다소 약화되는 가운데 정치권력에 대한 자본의 우위를 더욱 강화시키고 있다.

3. 정경유착과 한국자본주의 발전

1) 1950년대 자본의 원시적 축적과 정경유착

1950년대는 한국자본주의에 있어서 귀속재산 특혜 불하, 외국 원조의 특혜 배정, 특혜적인 조세금융 지원 등으로 매판적 관료자본이 형성되는 시기였다. 정경유착에 의한 부정부패는 자본주의 발전 초기에 자본축적을 촉진하는 역할을 했다. 이는 토착자본의 원시적 축적기라고 할 수 있을 것이다. 특히 한국은 식민지 지배를 겪은 후발 자본주의 국가로서 식민지 시기에 미약했던 토착자본이 형성되고 성장하는 데에서 정경유착은 결정적인 의미를 가졌다. 1950년대에 이승만 정권이 친자유당계 기업에게 특혜를 주는 데는 크게 다섯 가지 방법이 있었다. 수입쿼터와 수입허가의 특혜적 배분, 귀속재산의 특혜적 불하, 원조자금과 물자의 특혜적 배분, 은행융자의 특혜, 그리고 정부와 미군의 전후 복구사업의 특혜적 수의계약 등이 그것이다.

(1) 귀속기업체의 특혜적 불하

해방 후 남한을 점령한 미국은 한국에서 자신과 협력할 자본가계급을 육성하기 위하여 미군정 기간 동안 구일본인 소유재산을 귀속재산으로 접수하고 민간에 불하하도록 하였다. 이승만 정부는 1949년 12월에 「귀속재산처리법」을 제정하여 귀속재산 매각에 박차를 가했다. 매각대상은 합법적이며 사상이 온건하고 운영능력이 있는 선량한 임차인 또는 위탁관리인 등 연고자, 종업원 또는 농지를 매수당한 자로 하고, 이것이 불가능하거나 부적당하다고 인정될 때에는 일반 또는 지정공매에 붙여서 최고입찰자로 하고, 매각가격은 당시의 시가를 넘지 못하며, 대금납부는 최고 15년의 기한으로 분할하여 납부할 수 있으며, 2년 이내에 매각대금의 5할 이상 또는 4년 이내에 7할 이상을 납부한 자에게는 소유권을 이전시킬 수 있도록 하였다. 이 법을 근거로 귀속사업체의 대부분은 시가

보다 훨씬 싼, 무상에 가까운 조건으로 권력과 유착된 관리인이나 매판
상인들에게 불하되거나 수의계약을 통해 권력이 비호하는 무연고자들이
차지하게 되었다.

정부수립 후 10년 사이에 263,774건(89.7%) 4,437백만 원이 처분되
고, 1958년 달러 현재 28,135건이 남게 되었다. 처분내역은 기업체
2,028건, 주택 60,627건, 부동산 22,523건, 점포 8,054동, 공대지(空垈
地) 164,660필지, 임야 3,769필지 등이었다. 금액으로는 귀속기업체가
2,245백만 원, 부동산이 2,176백만 원으로 절반씩을 차지했다. 이들 기
업체의 취득대가는 지가증권으로 충당할 수 있었다. 실제 지가증권에 의
해서 불하된 기업체는 54년 6월 달러 현재 1,643건에 달하였는데 이것
은 전체 귀속기업체의 70% 이상에 이른다.

여러 재벌의 밑거름이 된 해방 직후의 귀속재산 불하는 '현행 시장가
격', 즉 정부 사정가격의 50~60%의 가격으로, 대금은 최고 15년간 분
할상환 조건으로 이루어짐으로써 재벌에 큰 축재기회를 주었다. 인플레
가 심했던 시기였기 때문에 지불액은 더욱 경감되었다. 대부분의 거래는
10년 분할 상환조건으로 이루어졌으며 시장가격의 4분의 1을 넘지 않았
다고 할 수 있다. 만약 그 당시의 귀속재산 가치를 4억 달러로 추정한다
면 재벌들에게 무상으로 주어진 부는 3억 달러가 된다(Young-Iob
Chung, 1986). C방직공장의 경우를 보면 1947년 당시 30여억 환으로
평가되었던 이 공장은 7억 환으로 사정되었고, 3억 6천만 환에 불하되었
던 것인데 불하가격은 시가의 10분의 1에 지나지 않고 소위 사정가격에
대해서도 반액밖에 되지 않는다. 또 이것을 15년간의 분할상환으로 하면
이 거대한 공장은 공짜나 별 차이없는 값으로 넘겨주게 된 셈이 된다(김
성두, 1965: 23-24).

귀속재산의 연고인에 의한 관리와 특혜에 의한 처분은 자립경제 건설
을 위한 민족자본 형성의 길을 막는 것이었다. 우선 대규모 귀속재산을
국유화하여 국민경제를 국가자본주의방식으로 계획적으로 발전시키는

엔진 역할을 하지 못하게 되었다. 그리고 관료적 특혜를 받아 소수의 정
상배들이 횡재한 것은 그 후 한국의 기업풍토를 크게 오염시켜 기술혁신
을 통해 이윤을 획득하려는 것이 아니라 관료를 매수하여 특혜를 얻는
데 급급하도록 함으로써 한국자본주의를 기생적 부패적인 성격으로 만
들었던 것이다.

(2) 미국 원조자금과 물자의 특혜 배분

한국전쟁 후 재벌들은 미국 원조를 자본의 원시적 축적의 주요한 계
기로 활용하였다. '기존시설 중심의 피해 복구시설자재의 우선수배 원
칙'에 따라 원조물자가 정치권력과 결탁된 특정인에게 선택적으로 배분
됨으로써 매판적 관료독점적 재벌을 형성시켰다. 1953년부터 1960년 간
에 한국은 20억 달러의 원조물자를 받았는데 공정환율은 시장환율의 2
배나 되었으므로 공정환율로 외국 원조 물자를 구입하는 실수요자는
50%를 보조금으로 받는 것과 같다. 다만 미국 원조 물자의 가격이 국제
가격보다 평균 15%정도 비쌌으므로 이를 고려하면 외국 원조에 따른
외환보조액은 6억 달러가 된다. 그리고 이것을 유상수입에까지 확장하면
1953~60년간에 외환보조금은 13억 달러에 달한다. 이 가운데 재벌이
수입한 것을 3분의 2로 친다면 재벌에 대한 외환보조액은 약 9억 달러
로 추정된다(Young-Iob Chung, 1986).

1952년 봄부터 남선물산, 미진상사, 영동기업, 신한산업, 고려흥업, 보
금행 등 14개 상사가 중석불 470만 달러를 공정환율인 6천 환대로 불하
받은 뒤, 이를 3만 환에 다시 팔아 553억 환의 폭리를 취하고 그 일부를
자유당의 정치자금으로 제공하였다.

(3) 은행을 통한 특혜

본원적 자본축적의 또 다른 중요한 방식은 정부가 은행을 통해서 제
공하는 각종 대출에 대한 이자보조였다. 격심한 인플레이션으로 말미암

은 통화가치의 급저락은 은행금리의 실질적인 마이너스화를 초래함으로써 부정과 특혜의 소지를 형성하였다. 1956년 7월 기준으로 산업은행 지급보증 융자총액 중 50% 이상은 방직부문 대기업에 대출되었고, 1957년 하반기에 시중은행 총 대출의 33%는 총건수의 0.1%에 불과한 1억환 이상의 융자선에 대출된 것이었다. 1961년 4월 기준으로 백낙승, 함창희, 이정림, 김성곤, 정대호, 이병철, 최태섭이 산업은행으로부터 10억환 이상의 융자를 받았다. 1959년 1월 기준으로 중소기업에 대한 은행여신은 총여신의 1/15에 불과했다. 재벌들은 연체로도 이득을 봤다. 1960년 달러 기준으로 산업은행 총대출금의 약 22%가 연체되었다.

산업은행이 지급보증한 연계자금(連繫資金)은 자유당계 실업가의 손으로 넘어갔다. "되는 것은 자유당계 사업뿐이고 야당계 사업체로 되는 것은 신문뿐이다"는 말이 유행했다. 이승만의 야인시절에 생활비를 대주어서 밀착한 백낙승의 태창방직(현 방림방적)의 경우 고리채 정리자금 10억 환을 융자해주고 정부보유불 5백만 달러를 융자하여 일본의 방직 공장 플랜트를 도입하도록 해주었다. 1958년 5·2 국회의원 선거가 가까워오면서 연계자금은 더욱 과감하게 방출되어서 2, 3, 4월에 12개 업체에 39억 환을 융자하고 융자액의 2~3할을 커미션으로 떼어 정치자금으로 충당했다. 국회에서 따진 야당에 따르면 연계자금을 통해 자유당에 들어간 돈이 8~10억 환에 달했다. 자유당은 3백파동(三白波動)으로도 정치자금을 마련했다. 즉 설탕의 경우 원당에서 정당을 빼내는 수율이 90%인데도 정부는 68%로 지정해주고 여기서 누락된 매출액에 따라 절약되는 세금의 일부를 정치자금으로 흡수하였다. 원면에서 광목으로, 원맥에서 밀가루를 만드는 과정도 역시 이러한 종류의 가격조작과 부정이득을 만들어 부정이득의 절반가량을 정치자금으로 환수했다. 시멘트의 경우도 국내 생산 원가는 포대당 9백 환이었는데 수입품에는 30%의 관세를 매겨놓고 국내 시멘트업자에게는 1천2백 환에 팔게 했다(박병윤, 1982: 145-149).

자유당 정권은 은행법을 개정하여 은행 귀속주식을 공매하였다. 의도는 친여 재벌들로 하여금 은행을 주축으로 한 근대적 콘체른을 형성, 장기 집권의 세력기반으로 이용하려 한 것이다. 1956년 3월에 소수 독점주주가 지배할 수 있는 길을 열어놓는 등 입찰조건을 완화하여 제7차 입찰을 한 결과 삼성재벌이 흥업은행(현 한빛은행)을 인수하게 되었다. 삼성의 응찰가격은 3위였으나 당시 재무부당국은 "시중은행 주식을 대량 매각할 방침임에 따라 실력있는 기업인이 불하받아야 한다"는 입장을 제시하여 1, 2위를 제치고 3위였던 이병철이 인수하도록 했다. 결국 이병철(삼성그룹)이 흥업은행 지분의 85%를 인수하게 되었고, 조흥은행 지분의 55%, 상업은행 지분 24%도 취득, 4개 시중은행의 거의 절반을 차지하게 되었다. 정재호(삼호그룹)는 입찰가격 3위였는데도 저축은행(그후 제일은행)을 인수했다. 정재호는 자유당 정권의 제2인자 이기붕과 밀착되어 있었고 인수한 저축은행에 이기붕의 친척인 이기호를 상무로 발탁했다(박병윤, 1982: 141). 이한원(대한제분)이 상업은행 지분 29%를 인수했고, 이정림(대한양회)은 1959년에 발족한 서울은행을 창업하였다. 은행 귀속주식 불하과정에서 정경유착이 노골적으로 드러났다. 입찰가격 순위를 무시하고 특정 재벌에 넘어가도록 하고 흥업은행의 경우 낙찰자에게 잔여주식을 인수케 한다는 명목을 붙여 8년 연부상환의 특혜까지 주었다. 윤석준(조선제분)은 저축은행의 귀속주 불하과정에서 최고가에 입찰했지만 정치적인 압력 때문에 정재호에 넘겨주어야 했고, 소흥은행의 민씨계 주식을 인수하여 경영권을 장악하려 했으나 그마저도 허용되지 않았다. 윤석준의 동업자 전화순은 이렇게 술회했다. "은행불하를 생각하는 사람으로서 재력이야 있었지만 정치배경이 없었다. 황해도 출신 국회의원이 있었지만 모두 야당에 가담하고 있는 인사들이어서 승산이 없었다"(박병윤, 1982: 144).

은행이 재벌의 손에 들어감에 따라 금융의 편재현상이 나타났다. 은행 대출금의 절반 이상이 계열회사에 대부되는 등 은행은 재벌의 사금고로 전락했다. 저축은행은 소유주인 정재호의 소유업체인 삼호방직과 대전방직에 대한 융자가 두드러졌고, 흥업은행은 이병철의 소유 업체인 제일모직과 제일제당, 한국타이어에 대한 융자가 많았다. 그리고 금융에 대한 정치적 간섭이 극심해졌고, 집권세력이 여당계와 야당계를 구별하여 선별적으로 자금을 공급하기 시작했다.

(4) 군납 건설공사의 독점

정주영(현대건설)은 1950년 1월에 현대건설을 설립하였는데 한국전쟁 발발을 계기로 미군 통역으로 일하게 된 동생 정인영의 도움으로 미8군의 공사를 거의 독점함으로써 성장하였다. 임시숙소 건설 공사, 전방기지 사령부 막사 설치공사, 조병창 보충부대 막사 수리공사 등을 했고, 특히 1952년 12월 아이젠하워가 방한했을 때는 숙소 건설공사와 함께 유엔군 묘지 단장공사를 보리를 이식한다는 기발한 방식으로 잘 해낸 것을 계기로 독점적 지위를 더욱 굳혔다. 정주영은 휴전 후 미군 건설장비를 불하받고 1957년 한강 인도교 복구공사를 수주한 것을 계기로 재벌로 발돋움했다. 현대건설은 1959년 6월에는 건국 이래 최대의 공사인 인천 제1도크 복구공사를 수주했다. 조성철(중앙산업)은 경무대 수리공사를 계기로 1950년대에 공사실적 1위로 부상하였다. 대동공업과 현대건설은 당시 자유당 국회의원이던 이용범(대동공업)의 발의로 조성철(중앙산업), 이재준(대림산업), 김용산(극동건설)등과 함께 건설 5인조를 결성하였다.

건설업자들은 장기간에 걸쳐 자유당에 정치자금을 공급했다. 일부 건설업자들은 정부발주 공사의 수의계약이라든가 담합입찰로 크게 수지를 맞추었고, 심지어 공사가격 총액의 3할을 미리 공제하여 집권당 정치자금으로 납부하고 2할은 이익금으로 분배한 후 나머지 5할만 가지고 공사를 했다는 소문도 있었다.

(5) 1950년대의 정치권력과 재벌의 관계

이러한 여러 가지 기회들을 이용하여 1950년대에 재벌이라 불려지는 기업그룹이 수십 개 형성되었다. 1950년대 10대 재벌은 이병철, 정재호, 이정림, 설경동, 구인회, 이양구, 남궁련, 최태섭, 함창희, 박낙승의 순이었다. 공제욱(1992)의 분석에 의하면 1950년대 23대 자본가의 부친의 직업은 지주가 5명, 빈농 4명, 부농 및 중농 3명, 몰락한 지주양반 3명 대상인 2명 등이다. 부친의 경제적 지위가 계승된 경우는 7명에 불과하고 나머지는 자수성가형이다. 이들은 일제시대에 대부분 상업, 자영업, 무역업 등에 종사하였다. 23대 재벌이 대자본가로 성장한 계기를 보면 10명(설경동, 함창희, 백낙승, 이한원, 김성곤, 김지태, 김용주, 박두병, 서정익, 김종희)이 귀속기업체를 불하받고, 3명(정재호, 이양구, 전택보)이 다른 사람이 불하받은 귀속기업체를 인수하였다. 원조자금으로 건설한 국유기업체를 불하받은 것이 2명(이정림, 최태섭), 창설한 기업이 기반이 된 경우가 3명(이병철, 구인회, 김연수), 건설업에서 시작한 것이 3명(이용범, 조성철, 정주영)이었다.

1950년대에 재벌과 정치권력과의 관계는 재벌이 정치권력에 의존하는 것이었다. 재벌은 직접적, 가시적, 즉각적 반대급부를 노리고 정치헌금을 했다. 재벌은 정치자금 제공을 이권획득을 위한 교제비로 간주했고, 집권 자유당은 경제운용을 정치자금 염출을 위한 방편으로 활용했다. 3·15 부정선거 전후에 재벌들이 자유당에 제공한 정치자금은 63억환에 달했다. 재벌이 아직 형성과정에 있었기 때문이라고 할 수 있다.

부정부패로 특혜를 받은 재벌들은 그후 민주당정부와 박정희 군사정권 아래서 부정축재자로 처벌을 받았다. 4·19후 헌정 과도내각은 부정축재자 처리를 소급법으로 하지 않고 6월 1일부터 20일간 자수기간을 정해 1955년 1월 이후 5년간 탈세를 80% 이상 정직하게 자진신고하면 부정축재자 벌과금을 면제한다는 방침을 세웠다. 이에 따라 삼성재벌 21억4천만 환 등 9개 재벌 16개 기업에서 36억8천만 환을 신고해왔다. 장면 정권은 1960년 8월 집권 1주일 만에 24명 46개 업체에 대하여 1백96억 환의 탈세 자진납부 통고처분을 했으나 1주일의 기한 내에 납부한 자는 한 사람도 없었다. 1961년 2월 9일에 제정된 「부정축재처리법」 제2조에서는 부정축재의 정의를 넓게 설정했지만, 자본가들의 맹렬한 반대에 부딪쳐 좌절하고, 「3·15 부정선거에 3천만환 이상의 정치자금을 제공한 자」만을 대상으로 하기로 수정되었다.

5·16 후 군사정권은 부정축재자 대상을 과거의 민주당 민의원 통과안과 비슷하게 그 범위를 넓히고 부정축재의 기간 또한 1953년 서울수복후 1961년 5·15까지로 연장시켰다. 즉 이 기간 동안에 ①국공유 재산 및 귀속재산 불하로써 1억 환 이상의 이득을 취한 자, ②10만 달러 이상의 부정외환 매수 및 대부를 받은 자, ③융자를 받고 1억 환 이상의 정치자금을 제공한 자, ④부정공사 물품계약으로 2억 환 이상의 이득을 취한 자, ⑤부정 외자 배정으로 2억 환 이상 취득자, ⑥국세포탈 2억 환 이상 되는 자 등을 대상으로 하였다.

군사정부는 5월 28일 재벌총수들을 검거해 정재호, 이정림, 설경동, 남구연, 이용범, 조성철, 함창희, 최태섭, 박흥식 씨를 구속하고 당시 동경에 머물고 있던 이병철, 백남일, 이양구씨 등 3명의 구속을 명령했다. 재벌들은 전 재산을 국가에 헌납하겠다는 결의문을 제출했고 군사정부는 6월 30일 구속자를 모두 석방했다. 조사된 부정축재 규모는 7월 21일 중간발표 때는 7백26억 환에 달했고 8월 3일 30개 업체에 83억 1천만 환의 환수액을 통고했다. 이병철 24억 환, 정재호 10억 환, 이정림 5억 5천만 환, 설경동 3억 3천만 환 등이었다. 12월 30일 최종 통고된 부정축재 환수액은 42억 환으로 반감되었다. 석방된 재벌총수들은 그후 한국경제인협회를 통하여 부정축재 환수기일 연기와 공장 건설 후 현물(주식)로 납부하는 방안을 건의했고, 정부는 이를 수용하였다. 부정축재자들이 5개년계획에 참여하는 가운데 정부는 외자도입, 공업단지 조성, 내자 동원 등 모든 지원을 아끼지 않았고 재벌들은 더욱 비대해졌다.

2) 1960, 70년대 고도 경제성장과 정경유착

1961년 이후 80년대 후반까지 고도성장이 가능했던 것은 축적조건이
특별하게 유리했기 때문이다. 우선 세계체제적 조건으로서 60, 70년대 당
시의 대외적 조건이 후진국의 수출지향적 공업화정책 수행에 특별히 유
리했다. 그리고 농지개혁에 의한 자본가계급의 육성 촉진, 다수 농민의
자작농화와 한국전쟁에 따른 노동자 농민의 권리억압과 희생이 초과착취
적 고도성장에 유리한 조건을 조성했다. 특히 국가가 자본을 창출하는 역
할을 충실히 수행했다. 박정희 정권은 거시적 경제운영뿐만 아니라 미시
적 산업구조 개편까지 정부가 주도하여 관리하였다. 당시 경제수석 비서
관 오원철은 이것을 '경제건설의 공학적 접근'(Engineering Approach to
Economic Construction), '국가적 계획경제 체제' 또는 '한국경제 주식회
사체제'로 불렀다. 국가가 목표를 제시하고, 목표 달성을 위한 방법론을
선택하며, 시기별 계획을 세우며, 외국의 경험과 지식이 도입하여 더욱
세부계획을 세우고, 기업을 주체로 하여 경제계획의 실천을 강행토록 하
였다. 정부에서 계획한 일을 기업가에게 실천시키려면 기업가에게 이윤
이 보장되어야 했고, 이를 위해 박정권은 산업단지 제공, 외자도입에 대
한 지불보증, 저리 장기상환 조건의 특혜금융, 관세와 내국세의 감면, 독
점의 조장과 수입금지정책, 공업용 사회간접자본 건설, 기술자와 기능공
양성, 기업가와 근로자의 사기 진작 등 재벌을 육성하기 위한 지원조치들
을 강구했다(오원철, 1995-97, 제3권 12장).
　이러한 조건에서는 정치권력과 가까운 것이 기업성장의 결정적 요소
였다. 기업들은 직접적 이익을 기대하여 정치권력에 자금을 제공하고 반
대급부로 특혜를 받는 경우가 일반적이었다. 이러한 관행은 재벌간의 우
열구조와 순위에 큰 변화를 줄 수 있었으며, 권력과 긴밀한 관계를 유지
할 수 있었던 재벌은 계속 성장했으나 그렇지 못한 재벌은 뒤떨어졌다.
1965~85년 중의 10대 재벌의 변화를 보면 1965~75년에는 10개 중

<표 1> 10대 재벌의 변천

	1965 (매출액 기준)	1975 (부가가치 기준)	1985 (무역업제외 매출액기준)
1위	삼성	삼성	럭키
2위	락회(럭키금성)	럭키	현대
3위	금성(쌍용)	현대	삼성
4위	판본	한진	선경
5위	삼호	효성	대우
6위	삼양사	쌍용	쌍용
7위	동양	대우	한진
8위	대한	두산	한국화약
9위	개풍	동아건설	대림산업
10위	풍한(화신)	신동아	효성

3개만이 10대에 남아 있는 반면 1975~85년의 기간 중에는 10대 중 8
개가 10대에 남아 있다. 1960, 70년대는 재벌의 성장기로서 재벌성장은
박정희 정부의 재벌육성정책의 산물이었고, 특히 1975년 이후는 성숙기
였다고 할 수 있다. 1965년부터 1985년까지 약 20년간에 상위 10대 재
벌의 지위에 머문 것은 삼성과 럭키뿐이고, 현대도 1975년이 되어서야
이름이 나온다. 한편 이미 도산 또는 해산된 판본(서갑호), 삼호(정재호),
화신(박흥식)등과 같은 재벌조차 있다. 왜 삼성과 럭키는 살아남았고 특
히 1965년경에 융성했던 재벌이 약화되거나 해체된 것일까. 정부 및 정
치가와의 관계가 기업의 성장에 크게 영향을 미쳤다. 대우재벌(김우중),
현대재벌(정주영)이 성장한 데는 박대통령과의 밀착이 강하게 작용했다.
럭키금성, 쌍용, 대림산업 등은 창업자 혹은 그 근친이 유력한 정치가였
다. 1960, 70년대의 박정희 정권 시대는 정부가 자원배분을 주도하던 시
기였으므로 정치권, 행정부, 재벌간의 위계질서가 분명하여 단연코 1위
는 정치권력, 2위 행정부, 3위 재벌순이었다.

　박정희 정권은 외자도입, 특혜금융, 8·3조치, 중화학공업 육성, 해외
건설 수출 등을 통하여 재벌을 육성했고, 재벌육성의 대가로 대규모 정

부사업 발주에서 일정비율을 정치자금으로 받았으며, 외국차관 도입에서도 정치자금을 받았다. 처음에는 차관이 들어오기도 전에 정치자금을 떼는 것이 관행이었다가, 후에는 차관을 도입하여 이익을 내면 정치자금을 바치는 식으로 바뀌었다. 당시 정부는 부정축재 처리로 시중은행을 국유화하여 완전한 통제권을 소유하고 있었고, 차관도입과 관련한 정부의 보증, 기술도입에 있어서 정부의 인허가 등으로 자원배분권 및 기술도입허가권을 장악, 기업에 대한 절대적 우위를 점하고 있었다.

 (1) 외자도입
 1960년대 경제개발 초기에는 기업이 차관을 배정받는 것이 가장 큰 이권이었다. 박정희 정권은 장기투자 자금을 조달하고 국제수지의 위기에서 벗어나기 위해 외채를 도입하였다. 외자도입은 극히 유리한 조건으로서 재벌들이 성장하는 주요 계기가 되었다. 1964년 7월 미국으로부터 5,200만 달러의 차관을 제공받았으며, 1965년에는 베트남 파병의 대가로 5천만 달러의 공여가 이루어졌다. 또 1965년에는 일본과의 국교 정상화 등 외자도입을 위한 여건을 조성했고, 「외자도입법」이 제정되었다. 정부는 차관에 대해 지급보증을 하여 외자 도입을 촉진했다.
 1960년대에는 투자재원 조달의 40% 이상을 외채에 의존하였고, 1962년부터 1971년까지 도입된 공공차관과 상업차관의 합계는 24억 5천만 달러에 달했다. 차관도입이 가장 많았던 1971년에는 차관액이 국내 총고정자본 형성의 35.8%, GNP의 7.8%에 달하였다. GNP 대비 외채비율은 1965년 7%에서 67년 14%, 71년에는 30%로 높아졌다. 1972~79년에는 125억 5천만 달러의 차관이 도입되었다. 기간중 차관도입액은 GNP의 5%를 상회했다.
 외자도입은 국내이자율보다 싼 금리와 환율의 차이에서 오는 이익뿐만 아니라 정부의 지급보증도 받는 이중적 특혜였다. 1960년대의 일반 은행 대출금리는 17.5%~26.0% 수준이었지만 외자금리는 5.6%~7.1%

<표 2> 외채와 투자 1959~83(단위: 백만 달러)

기 간	공공차관	상업차관	외국인직접투자	총 계
1959~61	4.4	-	-	4.4
1962~66	115.6	175.6	16.7	307.9
1967~71	810.8	1,354.7	96.4	2,261.8
1972~76	2,388.9	3,043.9	556.0	5,988.8
1977~79	2,529.5	4,793.7	328.8	7,652.0
1980~83	6,246.5	4,434.1	404.1	11,084.7

자료: 경제기획원, 『한국경제주요지표』, 각년도

에 불과했다. 1969년 달러 기준으로 차관을 가장 많이 받았던 쌍용(1.5
억 달러), 럭키(1.23억 달러)는 1960년대 초에는 10대재벌에 들어가지
못했으나 1970년대 초에는 새로운 10대 재벌로 성장했다. 럭키는 박대
통령의 대구사범 동창으로서 당대 재계의 숨은 실력자였던 서정귀(홍국
상사 그룹) 씨의 지원을 받아 1966년에 제2정유공장 사업권을 획득했다.
서정귀는 이 공으로 호남정유 주식의 25%(국내 지분의 절반)를 가지고
1970년 호남정유 사장으로 취업했다. 럭키는 호남정유의 사업번창으로
1970년 초반 매출액 1위를 달리게 되었다(이성태, 1990: 102).

　1966년에 벌어진 삼성 한국비료 밀수사건은 전형적인 정경유착사건
이었다. 이병철의 장남 이맹희는 한국비료 밀수사건이 박정권과 이병철
의 공모 아래서 정부기관들이 적극적으로 비호하는 가운데 광범위하게
이루어진 대규모의 조직적인 밀수였다고 주장했다. 당시 삼성이 한국비
료 건설을 위해 일본에서 빌리기로 한 4천2백만 달러의 차관은 현금이
아니라 미쓰이측이 기계와 설비를 한비측에 파는 것에 대한 대금이었다.
이에 따라 미쓰이는 관례대로 삼성측에 1백만 달러의 리베이트를 제공
하게 되었다. 이병철은 이 1백만 달러를 이용하여 정치자금 문제, 한국
비료 건설자금의 부족분 보충, 그리고 울산공단 건설용 기계류를 들여오
는 문제를 동시에 해결하는 방법으로 밀수를 생각했다는 것이다. 1백만
달러어치 물건을 밀수해와서 팔면 대강 4배 정도를 벌 수 있다는 계산이

나왔다. 요컨대 이맹희는 삼성이 정권과의 합의하에 리베이트 1백만 달러어치의 물건을 밀수하여 암시장에 내다팔고, 그 중 일부를 정치자금으로, 나머지는 한국비료 건설에 내자로 쓰기로 했다는 주장이다. 한국비료가 울산에서 밀수한 품목은 '정부와 협의한 부분'과 '몰래 들여온 부분'으로 나누어지고 양변기, 냉장고, 에어컨, 전화기, 스테인레스판 등은 정부와 협의한 밀수품이었다고 한다. 실제로 당시 수사를 담당했던 이택규검사는 1972년 초대 관세청장으로 근무할 때 한국비료의 앞마당에서 발견된 콘크리트 지하실에 전화기, 양변기 등 외제 물품이 산더미처럼 쌓여 있었던 것을 확인하고 관세를 매기고 통관을 해주었다. 이렇게 볼 때 이병철은 한국비료 건설에 필요한 정부의 지원을 끌어내고 공사비를 높게 책정한 뒤 일본으로부터 물자차관 형식으로 여러 가지 물품을 많이 도입하여 이것들을 시중에 내다팔아 불법적으로 내자를 조달하려 했다고 볼 수 있다.[1]

(2) 특혜금융

박정희 정부는 1960년대에 수출 경공업 육성을 내세워서 일부 부문에 자금을 집중하였다. 1964년 중 특혜금융 편타(便他)대출 문제가 제기되었다. 1964년 8월 달러 현재 거액대출 현황을 보면 판본방적 55억 5천만 원을 비롯하여 삼호방직 37억 2천만 원, 화신산업 31억 5천만 원, 금성방직 26억 원, 삼성물산계 8억 2천만 원 등 9개 그룹에 176억 4천만 원이 대출되었다. 이것은 당시 화폐발행고 214억 원의 82%, 일반금융기관 대출잔액 462억 원의 약 40%를 점하는 규모였다. 당시 물가가 35%나 상승하였고, 사채금리는 월 3~4%인데 은행대출 금리는 연 16%에 불과했으므로 은행대출은 큰 특혜였다. 여기에다가 1960, 70년의 수출금융의 이자율은 6~8%에 불과했다. 이러한 특혜금융으로 재벌들은 막대한 이득을 얻었다. 정영업(1986)에 의하면 1953~84년간 총대출의 1/4

---

1) 조갑제, 「내 무덤에 침을 뱉어라」, ≪월간조선≫, 2000.

이 이자 보조를 받는 대출이고, 이자율 보조수준이 1953~71년간은 20%, 1972~84년까지는 10%로 가정하면, 재벌들은 32년간에 걸쳐서 70억 달러의 이자보조금을 받은 셈이 된다.

1972년 8·3조치는 기업을 사채의 중압에서 해방시키고 특별지원금융을 제공할 기업의 취약한 재무구조를 개선시켜주었다. 사채조정의 내용을 보면 8월 2일 현재의 기업채무를 관할 세무서와 금융기관에 신고토록 하고 신고된 사채는 3년간의 거치기간을 거쳐 그후 5년간 6개월마다 균등액을 변제하도록 했고, 그간 월 1.35%(연 16.2%)의 이자를 적용하도록 했다. 당시 사채평균이자는 월 3.5%였다. 신고접수를 마감한 결과 채권자의 신고가 21만 906건, 3571억 원, 채무기업의 신고가 4만 677건 3456억 원에 이르렀는데 신고금액은 당시 통화의 거의 90%에 이르는 거액이었다. 이와 동시에 한국은행이 제공한 저리(연 5.5%)의 특별금융자금(2천억 원)으로 기업의 단기대출금잔액의 30% 해당액을 연 8%의 이자, 3년거치 5년분할 상환의 장기대출로 전환해주는 특별금융조치가 취해졌다. 합리화 대상산업에 대하여 산업은행이 장기저리의 산업합리화 자금을 공급했다(이성형, 1985).

(3) 중화학공업정책

박정희 대통령은 1973년 1월 「중화학공업 선언」으로 방위산업에 속하는 철강, 기계, 조선, 정유, 전자, 비철금속 등 주요 6개 산업을 정책적으로 육성하고자 하였다. 이 과정에서 정책금융과 여신관리 등의 수단을 통하여 정경유착에 의한 재벌육성이 이루어졌다.

재벌들은 정부가 제시한 육성계획 중 자기 그룹에 적합한 부문을 선택하여 기업화함으로써 중화학분야에 진출하였다. 중화학공업은 대규모이기 때문에 재벌그룹으로서는 지속적인 성장과 발전을 위해서는 반드시 진출해야 할 분야이었다. 정부로부터 보조금, 융자 지원, 조세 감면, 단지조성 등과 같은 막대한 지원까지 받을 수 있는 상황이었으므로 재벌그룹으로서는 절호의 기회였다. 삼성그룹은 삼성석유화학, 삼성중공업, 삼성조선, 삼성코닝 등을 설립하고 한국반도체, 한국전자통신, 대성중공업 등을 인수하였다. 현대재벌은 중공업 진출에 가장 적극적이어서 현대건설에서 현대중공업이 분리독립하고, 현대미포조선, 대한알루미늄, 현대강관, 현대엔진공업, 현대정공, 현대중전기 등을 설립하였다. 럭키금성그룹은 금성사를 주축으로 전자산업분야에 적극 참여하게 되는데 금성자판기, 금성정밀, 금성통신, 금성계전, 서통전기, 삼우특수금속, 대한반도체 등을 설립하거나 인수했다. 대우그룹은 신아조선공업, 새한자동차에 경영참가하고 제철화학, 대우전자, 대우ITT, 대우기계, 대우마르코 풍국정유, 한국기계 등을 설립하거나 인수했다. 선경그룹의 경우는 1980년 대한석유공사를 인수함으로써 사세가 급성장했다. 8대 재벌의 매출액은 1973년 4790억 원에서 1980년에는 16조 8550억 원으로 7년간 30배, 연평균 67.9%로 크게 증가하였다. 재벌위주로 투자가 이루어졌기 때문에 과잉중복투자의 문제가 발생하게 되었다.

(4) 수출과 해외건설 진출

1960년대의 수출주도경제에서 재벌들의 성장에 획기적 전기를 마련해주었던 것이 월남전쟁과 그에 따른 월남 특수였다. 월남파병의 대가로 한국은 군사 원조 이외에 월남 건설사업에 대한 한국 건설업체 응찰자격 획득, 주한미군용 일부 물자의 한국에서의 조달, 주월 한국군 소요물자와 주월미군 및 월남군 소요물자 중 일정품목의 한국에서 공급 등으로 육상운송 용역, 건설업 등에서 성장할 기회를 얻게 되었다. 한진그룹은 월남에서 운송업으로 번 자금으로 동양화재를 인수하고 대한항공을 불하받았으며, 한일개발을 설립하고 대진해운, 인하대학까지 인수하였다.

정부는 수출을 촉진하기 위해 재벌들이 종합수출상사를 설립하도록 유도했다. 1975년 삼성물산, 쌍용, 대우실업, 국제상사, 한일합섬이 설립되었고, 1976년에 반도상사, 선경, 삼화, 금호실업이 설립되었으며, 1978년에 현대종합상사가 설립되었다. 대우그룹은 수출에 의해 급성장하였다.

1970년대에 해외건설은 재벌의 유력한 축적기회였다. 저렴한 노무비에다 정부는 모든 공사에 대하여 공사지급 보증을 해주었기 때문이다. 대부분의 재벌들은 기존 건설업체를 인수하여 해외건설에 뛰어들었다. 처음에 20개 업체가 선정되었고, 그후 1978년에 57개 업체가 추가로 선정되었는데 과당경쟁으로 덤핑 등의 문제가 야기되었다. 중동건설 계약액은 1975년 7억5천만 달러에서 1977년에 34억 달러, 1978년 80억 달러로 급증하였고, 79년에는 60억 달러로 감소하였지만 1980년에는 78억 달러, 81년에 126억 달러를 돌파하였다가 1982년 113억 달러, 83년 90억 달러, 84년 59억 달러로 감소하였다. 현대그룹, 동아그룹, 동부그룹 등 당시 건설주력 재벌들의 경우 중동건설에서 벌어들인 오일 달러로 본격적인 그룹확장에 나섰다. 현대건설은 1977년에 압구정동에 호화아파트를 지어 고위관료, 국회의원, 신문사 간부들에게 상납하기도 했다.

(5) 박정희의 정치자금

18년간의 독재정권을 유지하는 데 박대통령은 막대한 정치자금이 소요되었다. 우선 대통령선거와 국회의원 총선때마다 막대한 자금이 필요하였다. 강권통치가 강해질수록 국민들의 지지가 약해지니까 더욱 많은 선거비용이 필요하였다. 정치인들을 지배하기 위하여 공천권을 행사하고 선거자금을 제공해야만 했다. 그리고 군부의 쿠데타 가능성을 약화시키기 위해 전현직 군부 인사들을 매수해야 했고, 여야 정치인들을 평소에 통제하기 위하여서도 정치자금이 소요되었다. 독재권력과 막대한 정치자금의 독점은 상호작용하였다. 박대통령 자신은 정치자금을 조성하였지만 다른 여당 실력자가 정치자금을 따로 조성하는 것은 일체 허용하지 않았다. 잠재적 경쟁자가 될 수 있는 김종필, 정일권에 대해서도 끊임없이 견제하였다. 유신체제 직전 1971년 10월 2일 국회에서의 오치성내무장관 불신임건의안을 둘러싸고 항명파동사건이 일어났다. 박대통령은 백남억,

김성곤, 길재호 등 당 중진들을 권좌에서 축출했고, 이를 계기로 친정직
할체제를 구축하였다.

미국중앙정보부(CIA)는 1966년 3월 「한일관계의 장래」라는 심층보고
서에서 박정권의 정치자금에 대하여 다음과 같이 분석하고 있다. "민주
공화당이 일본으로부터 정치자금을 받고 있다는 비판은 상당한 근거를
갖고 있는 것 같다. 보도에 의하면 일본회사들은 1961~65년 사이 공화
당 예산의 3분의 2를 제공했다고 한다. 6개 회사가 6천6백만 달러를 제
공했는데 각각 1백만 달러에서 2천만 달러를 주었다는 것이다. 김종필
당의장에 따르면 공화당은 1967년 대통령선거를 위해 2천6백만 달러가
필요하다는 것이다. 많은 일본회사들이 김종필에게 한일회담을 추진하는
데 따른 감사의 표시로 돈을 준 것 외에도 한국에서의 독점적 지위 유지
를 위해서 돈을 냈고 공화당은 이와는 별도로 일본에서 장사를 하고 있
는 한국회사들로부터도 돈을 받았다. 서로 연합한 8개 한국회사들은 최
근 정부가 방출한 6만톤의 쌀을 일본에 수출하면서 공화당에 11만 5천
달러를 냈다고 한다."[2]

1975년에 당시 걸프석유의 한국사업 책임자 굿맨은 미의회 조사에서
1960년대 후반의 정치자금 모금과 관련하여 이런 증언을 했다. "1966년
에 나는 이후락 비서실장으로부터 1백만 달러를 현금으로 스위스 은행
에 넣어달라는 요청을 받았다. 미국무성은 당시 한국정부에 대해 선거를
미국식에 따라 사적인 정치기부금을 모아서 치르도록 할 것을 권고했고,
주한 미국회사등을 포함한 여러 기업체로부터 기부금을 거둘 것도 제의
했다. 이에 따라 걸프도 기부한 것이다." 밥 도시 걸프회장은 같은 시기
미국 상원 외교위원회 다국적소위원회 청문회에서 이렇게 증언했다. "내
가 제공한 첫번째 헌금은 1966년에 1백만 달러였고, 두번째 헌금은
1970년에 3백만 달러였다. …다당제 정치제도에 직면하여 한국인들은
상당한 정치자금을 마련해야 할 필요성을 느꼈고 그것을 실행했다. 한국

---

2) 조갑제, 「내 무덤에 침을 뱉어라」, ≪월간 조선≫, 2000년 2월호.

의 여당 지도자들은 이를 위해 한국에서 활동하고 있는 외국기업들에 대해 정치자금을 바치라고 거센 압력을 가했던 것이다. 나는 (1969년) 서울에 가서 김성곤(당시 공화당 재정위원장으로서 정치자금 모집창구)을 만났다. 그는 1천만 달러를 요구했으나 결국 3백만 달러로 낙착되었다. 그 돈은 걸프 본사로부터 지출되었지만 일단 바하마에 있는 바하마 탐사 주식회사에의 선지급금으로 돌려져 한국으로 건네졌다."[3]

이러한 증언들로부터 확인할 수 있는 것은 1960, 1970년대에 박정권은 막대한 선거자금을 필요로 하였고, 일본 및 외국회사들로부터 모금하는 것이 관행이었으며, 스위스 비밀은행을 이용했으며, 국제적인 돈세탁도 불사했다는 점이다. 정치자금을 모은 사람은 이후락 비서실장, 장기영 부총리, 김성곤 공화당 재정위원장, 김형욱 정보부장 등이었다. 미국 하원의 「한미관계보고서」(1978)는 김성곤은 주로 수표, 김형욱은 현금, 이후락은 스위스은행의 비밀계좌를 관리했다고 주장했다. 한미관계보고서는 이렇게 적고 있다. "1970년에 청와대의 한 고위관리는 이후락, 김성곤, 김형욱이 각기 1억 달러쯤의 개인재산을 모았다고 주장했다. 미하원 소위원회의 증언에서 김형욱은 김성곤이 끌어 모은 정치자금 가운데 75만 달러를 자신이 개인용도로 가져다 썼다고 했다. 이후락은 이 자금을 모아가지고 스위스은행 계좌에 대통령용이라는 명목으로 입금했을 가능성이 있다. 이후락의 아들인 이동훈은 박대통령이 그러한 비밀자금을 필요로 했던 이유에 대해 지지자들에게 돈을 주고 정적을 매수하기 위한 것이었다고 말했다. 미국정부의 어느 보고에는 거의 모든 야당 국회의원들이 돈을 받았다고 한 한국 기업인의 말이 실려있다. 이 실업인은 대통령이 군부의 배신을 두려워한 나머지 1970년대에 들어와서는 더 많은 육군의 핵심 지휘관들에게 주고 있다고 한다."[4]

정치자금을 내는 대가로 이들 외국회사들은 큰 이권을 얻었다. 걸프는

---

3) 『한국 현대사 비자료 125건』, 조선일보사, 1996, 276-281쪽.
4) 조갑제, 앞의 글.

유공이 울산 정유공장을 지을 때 25%의 주식투자를 했다. 걸프는 진해화학에는 1천50만 달러를 투자하여 50%의 주식과 함께 경영권을 인수했다. 걸프는 투자액의 150%를 뽑아 미국으로 송금할 때까지 경영권을 행사하기로 한 데다가 이익률을 최저 연 20% 정도로 보장하는 조항을 한국측(충주비료)과의 계약서에 집어넣었다. 진해화학에 대한 나프타 인광석, 유황, 염화칼리 등 원료공급권도 걸프가 가지게 되었다.

1960년대에 공화당내 박정희 직계세력 4인방이나 정치자금 모집창구 4인방이 정치자금과 이권을 교환하는 바람에 경제가 정치의 영향을 받았고 중복투자 등 자원의 낭비도 많았다.

3) 1980년대 전환기의 정경유착

(1) 전두환 정권과 정경유착

전두환 정권 아래서 정경유착은 기본적으로 박정권하의 그것과 동일한 행태를 보였다. 5공화국 초기 전두환 정권은 재벌기업의 계열 기업 정리를 강제하는 한편, 산업 합리화 등의 명목으로 66개 해운사를 20개 사로 통폐합하고 78개 업체를 정리했으며, 현대 등 5대 재벌 기업을 특별 여신관리 대상으로 지정하는 등 파격적인 기업정책을 시행하였으며 그 과정에서 당시 재계 순위 10위의 국제그룹을 전격 해체한 바도 있다. 위와 같은 혁명적인 정치상황 아래서 기업들은 살아남기 위해 대통령과 우호적인 관계를 유지할 수 있는 방안을 모색하지 않을 수 없었고 그 결과 추석이나 연말에 인사한다는 명목으로, 또는 사건·사고에 대한 사죄를 명목으로, 또는 특별한 명목도 없이 금품을 건네지 않을 수 없었다.

① 중화학투자조정과 부실기업 정리

1980년대 초에 전두환 정권이 시행한 중화학투자조정은 80년대 정경유착의 표본이었다. 발전설비 분야를 한국중공업에 일원화하였고, 자동차분야는 80년 8월 20일의 1차 조치에서는 승용차가 일원화되었다가 GM의 반대로 통합이 백지화되었다. 중전기기 분야는 효성중공업과 현대중전기로 이원화되었다. 디젤엔진 분야는 현대엔진과 쌍용중공업, 대우중공업 이외에 신규참여를 금지하고 엔진의 용량별로 생산영역을 분할하였다. 전자교환기는 네 개 업체에서 삼성반도체통신과 금성반도체로 이원화되었다. 중화학투자조정은 재벌계열 소수 대기업에 시장독점권을 보장해주어 불황에서 벗어날 수 있도록 해주었다.

1986~88년에 5차에 걸친 부실기업 정리에는 재벌과 권력의 유착관계가 더욱 심하게 작용했다. 기업을 인수하면 웃돈을 얹어주는 것이 원칙인데도 부실기업 정리때는 오히려 거꾸로 관리은행(사실상 정부)이 종자돈을 지원해주고 이자 및 부채를 탕감해주고 장기 분할상환을 허용하는 등 각종 특혜를 제공했다. 5공화국시절에 정리된 부실기업은 모두 78개 업체로 이 가운데 70개 기업에 금융 및 세금 특혜가 제공되었고, 정부는 이를 위해 조세감면규제법까지 대폭 개정했다. 개별 정리된 57개 기업에 대해 4조 1947억 원의 이자가 유예 또는 탕감되었으며, 9,863억 원의원금이 면제되고 4,608억 원이 종자돈으로 지원되었다. 6개 해운합리화 대상업체는 7942억 원의 은행대출이 상환유예되었고, 7개 해외건설 합리화업체에는 4,611억 원의 이자 및 원금 상환유예등의 특혜가 제공되었다. 부실기업과 인수기업이 받은 조세감면 혜택은 총 2,411억 원에 달했고, 부실기업채권을 보유했던 은행에는 1조 7,220억 원의 특별융자가 한국은행으로부터 지원되었다.

정리된 57개 기업 가운데 51개 기업은 제3자에게 인수되었는데 26개가 30대 재벌에 의해 인수되었으니 전형적인 '자본의 집중'이라고 할 수 있다. 한일합섬에 의한 국제그룹 인수와 한국화약에 의한 명성그룹 인수는 정경유착에 의한 자본 집중 사례를 극명하게 보여주었다. 한일합섬은 1983년 27번째 순위였으나 1987년에는 18번째 재벌로 부상하였다. 한일합섬은 그 대가로 1986년에 전년보다 53% 증가한 46억 원의 기부금을 냈고, 진해화학 인수 후 1987년에는 72억 원을 내 기부금 납부실적 1위를 기록했다. 한국화약은 한양유통을 인수하면서 원금 150억 원은 5년거치 5년 분할상환에 이자 11.5%로, 530억 원은 20년거치 후 무이자로 일시상환, 300억 원은 10년거치 후 연 10%로 분할상환하는 혜택을 받았고, 명성그룹을 인수하면서는 1,970억 원을 8년 거치 12년간 무이자 분할상환하는 혜택을 받았다.

전두환 정권하에서 급성장한 재벌들 가운데서 정경유착에 의한 것으로 동국제강, 동부, 대림, 롯데 등을 들 수 있다. 동국제강은 1986년 부실기업정리 때 연합철강을 인수함으로써 굴지의 재벌로 뛰어올랐다. 당초 동국제강은 연합철강의 인수자로 거론되지 않았는데 전두환 전대통령이 결재과정에서 동국제강을 새로운 인수자로 지명했다. 동국제강은 1983년 10억 원, 1984년 30억 원, 1985년 5천만 원, 1986년 15억 원 등 총 67억 5천만 원을 새마을성금, 새세대심장재단·일해재단 성금 등으로 내서 보답하였다. 동부도 1980년대에 급성장한 재벌 가운데 하나로 1984년 일신제강을 전대통령의 처남 이창석 씨의 개입으로 인수하였고, 그 대가로 새마을성금으로 중견재벌로서는 거금인 50억 원을 청와대에 납부했다. 대림은 1980년대에 들어와 정부 및 지방공공단체에서 발주하는 대공사를 대부분 독차지해 '수주(受注)의 명수'라는 별명까지 얻었다. 대림의 뒷배경은 이준용 부회장의 삼촌인 이재형 전(前)국회의장이었다. 대림은 정부의 비호 대가로 1982년에 10억 원을 청와대에 기부했으며, 청남대를 22억 원에 지어 정부에 기증했다. 1984년에 3억 원의 일해성금을 냈고, 1985년과 86년에 성금액수를 5억 원씩으로 늘렸다. 부동산 재벌 롯데의 특혜시비는 롯데월드와 영등포 역사가 대표적이다. 롯데월드는 잠실의 체비지 매입과 석촌호 사용을 둘러싸고 의혹이 끊이지 않았다. 롯데가 특혜를 입은 것은 5공화국에서 20대 재벌의 5대 성금·찬조금·정치자금 납부내역을 보면 알 수 있다. 현대 185억 원, 삼성 152억 원, 럭키금성 108억 원, 대우 107억 원, 선경 106억 원으로 5대 재벌은 매출액과 헌금액의 순위가 대체로 일치지만 매출액 순위 13위인 롯데는 69억9천만 원으로 헌금액 8위를 기록했다.

② 전두환 비자금 사건

전두환 전대통령은 대통령 재직시 직무와 관련하여 모두 43인의 기업주로부터 합계 2,259억5천만 원의 뇌물을 받은 혐의로 유죄판결을 받았다. 1999년 1월 12일 검찰수사결과 발표에 의하면 전두환 전 대통령의 비자금 가운데 2천1백59억여 원은 전씨가 대통령의 권한이나 영향력을 이용해 각 기업체에 특혜를 준 대가로 받은 뇌물성 자금인 것으로 드러났다. 전두환 전대통령은 각 기업체로부터 국책공사 발주 특혜, 각종 인·허가 특혜, 사건·사고에 따른 불이익 방지, 세무조사 등에서 선처 등 명목으로 돈을 받은 것으로 밝혀졌다.

전씨 재임기간에 실시됐던 원자력발전소 건설, 해외공사 수주, 율곡사업을 비롯한 대형 국책사업은 뇌물에 의해 사업자가 선정되었다. 전씨는 85년 12월께 동아그룹 최원석 회장에게서 2차 리비아 대수로공사를 1차 때와 마찬가지로 따낼 수 있도록 해 달라는 청탁과 함께 50억 원을 받은 것을 비롯해, 원자력발전소 건설과 같은 대형 국책공사를 따내게 해준 대가로 4차례에 걸쳐 모두 1백80억 원을 받았다. 또 현대그룹 정주영 회장이 7차례에 걸쳐 준 2백20억 원, 삼성그룹 이병철 회장이 8차례에 걸쳐 준 2백20억 원, 대우 김우중 회장이 6차례에 걸쳐 준 1백50억 원 등도 전씨 재임중 추진됐던 각종 고속도로 건설공사, 차세대전투기 사업, 반도체 사업, 율곡사업 등 이권사업의 대가였다.

전씨는 사건·사고에 따른 불이익을 막아준다는 명목으로 한진·한일그룹 등에서 돈을 받았다. 전씨는 지난 83년 10월 한진 조중훈 회장에게서 당시 대한항공 KE007 여객기 소련 영공 격추 사고와 관련해 `불이익을 주지 말라'는 부탁과 함께 30억 원을 받는 등 모두 5차례에 걸쳐 1백60억 원을 받았다. 한일그룹 김중 원 회장으로부터는 1984년 상속재산 분배문제로 형제간의 분쟁에 따른 불이익 방지 명목으로 50억 원을 받는 등 3차례에 걸쳐 1백50억 원을 받았다.

전씨는 또 각종 인·허가 관련해 골프장 내인가 등 명목으로 쌍용그룹·국제그룹·애경그룹 등으로부터 돈을 받았다. 전씨는 1984년 11월께 국제그룹 양정모 회장한테서 통도골프장 건설 인허가를 해준 대가로 10억 원짜리 약속어음을 받았으며, 비슷한 시기에 쌍용그룹 김석원 회장에게서 용평골프장 건설 내인가를 해달라는 부탁을 받고 10억 원을 받는 등 골프장 설립과 관련해 4개 기업체 대표한테서 모두 45억 원을 받았다. 임창욱 미원그룹 회장에게서 70억 원을 받은 뒤 미원그룹 세금 2백억 원을 감면해주었다.

1987년 대선 당시 전두환전 대통령은 현대, 삼성, 동아, 한진, 대우, 선경, 럭키, 금호, 극동, 효성, 신동아, 동부, 삼양화학 등 13개 재벌로부터 6백20억 원, 롯데, 한화, 쌍용, 대림, 코오롱, 동국, 대농, 기아, 진흥, 두산, 삼미, 근영농산 등 12개 재벌로부터 3백억 원, 조선맥주, 동양제약, 삼천리, 한일시멘트, 벽산, 동방유량, 아시아시멘트, 대한전선, 동양화학, 삼부토건, 부산파이프 등 11개 기업체로부터 54억 5천만 원의 정치자금을 모금했다.

검찰은 전씨가 재임중 모두 9천5백억 원의 돈을 기업들로부터 모았다고 발표했다. 이 가운데 2천5백15억 원은 새마을 성금과 새세대심장재단기금 등 각종 성금이었고, 7천억 원이 개인 비자금이었다. 검찰은 전씨가 이 중 1천6백억 원을 퇴임 당시 남겨, 민정계 의원들에 대한 총선 지원금과 5공 청문회 당시 여론무마 비용, 국가 헌납, 시주금 등으로 모두 9백89억 원을 썼다고 밝혔다. 1996년 4월 16일 공판에서 전씨는 변호인 반대신문을 통해 "87년 대선 지원금으로 이원조 은행감독 원장과 안무혁 안기부장, 성용욱 국세청장 등에게 지시해 기업들로부터 받은 9백74억 5천만 원을 민정당에 줬으며 이와 별도로 1천억 원을 추가로 지원해 대선에 모두 1천9백74억여 원을 지원했다"고 말하고 "대통령 재직

중 민정당 운영비로 매년 2백억 원, 사회 각계각층 지원금으로 매년 2백억 원, 두 차례 총선(1981년, 1985년) 지원금으로 9백억 원을 써 모두 5천6백74억 원이 정치자금으로 쓰였다"고 진술했다.

(2) 노태우 정권과 정경유착

1987년 6월민주항쟁 이후 한국자본주의를 둘러싼 여건은 근본적으로 변화되었다. 정치권력과 재벌의 관계는 노태우 정권에 와서 크게 변했다. 1988년 신년초 기자회견에서 구자경 전경련 회장은 '자율과 경쟁, 형평과 능률의 조화에 바탕한 자유시장경제체제만이 우리 경제사회의 선진화를 보장하는 길'이라고 밝히고, '창조와 기업가정신이 존중되는 진취적 사회풍토'를 조성해나가야 한다고 강조했다. 자율과 기업가정신을 강조하는 것은 정부간섭의 배제와 기업인에 대한 인식의 제고를 의미하는 것으로 정부주도경제에서 민간주도경제로의 전환을 요구하는 것이었다. 물론 전경련이 말하는 민간주도경제란 시장에서 재벌이 지배자이므로 재벌주도경제일 수밖에 없다. 1988년 10월 26일 전경련회장단과 민정당의 조찬간담회에서 구자경 전경련 회장은 정치자금 선별지원 발언으로 파문을 일으켰다. "앞으로 모든 정치자금은 경제계에서 공개적으로 모금, 이를 자유시장경제를 옹호하려는 정당에게만 배분하겠다. 이를 위해 전경련은 일본의 정치자금 모금 및 배분실태를 연구중이다. 일본의 경우 경단련이 연간 일정액의 정치자금을 모금, 이를 자민당과 민사당에 배분하고 있으며, 사회당에는 한 푼도 주지 않고 있는 것으로 알고 있다"(유인학, 1991: 177). 이러한 발언은 과거처럼 정치권력으로부터의 일방적 요구에 의해 정치자금을 수동적으로 제공하지 않고 앞으로는 정치자금을 매개로 정치권에 대해 재벌들의 입장을 능동적으로 관철시키겠다는 것을 의미한다. 여소야대 정국을 반전시킨 1990년의 3당 합당도 자본의 요구에 의해 자본 주도로 이루어진 것이라고 할 수 있다. 일본의 자본단체인 경단련이 정치자금으로 지배하는 일본의 자민당을 모델로 한 것이다. 1992년 1월 정주영 당시 현대 그룹 회장은 "1년에 두 차례씩 정치자금을 냈다. 현정권에는 추석과 연말에 20~30억 원씩 갖다 주었으나 육감으로 적다고 여기는 것처럼 느껴져 한 차례 50억 원을 낸 뒤에 마지막에 1백억 원을 올렸다. 그 돈은 내 뜻대로 불우이웃돕기에 쓰여졌을 것으로 믿는다"로 폭로했다. 이렇게 대재벌 총수가 직접 낱낱이 정치자금 금액까지 밝힌다는 것은 전례없는 일이었다.

한편 노태우 정권하에서는 친인척들이 정치권력 행사에 개입하였다. 박철언은 노태우 정권 출범 이후 3년 가량 큰 권력을 행사했고, 국회의원 공천을 실질적으로 좌우했을 뿐만 아니라 경제부처 인사에까지 영향을 미쳤다. 금진호 씨는 상공부 인사를 좌우했다. 이원조 씨도 6공화국 중반 이후 영향력을 행사하여 정영의 재무장관을 경질시키기까지 했다. 사돈인 선경그룹의 최종현과 동방유량 회장 신명수는 키친 캐비넷의 주요 멤버였다.

6공화국에 들어와 정치자금 수수과정은 5공화국때와 달라졌다. 5공화국때는 정치상황 자체가 언제든지 필요한 만큼 정치자금을 끌어쓸 수 있도록 되어 있었다. 만약 어떤 기업이든지 거역했다가는 절단이 났다. 국제그룹이 시범 케이스였다. 따라서 정치권으로서는 정치자금 문제로 애를 먹는 일이 별로 없었다. 특히 청와대에서 직접 정치자금을 챙기는 집중제를 택했으므로 집권당이나 국회를 막론하고 모두 대통령에게 돈을 얻어 쓰는 입장이었다. 이 내막을 아는 K씨는 이렇게 말했다. "전두환 대통령은 30대 기업 총수들을 따로따로 청와대로 불러 식사를 하면서 각각 50억 원씩 걷었지요. 그것만 해도 1천5백억 원 아닙니까. 그 밖에도 31대부터 50대까지는 30억 원씩을 걷었으니 대선자금은 간단하게 마련할 수 있었던 것입니다"(이장규, 1995; 237).

그러나 1987년 6월 민주항쟁 이후 6공화국에 들어와서는 상황이 근본적으로 달라졌다. 민주화가 급진전되는 속에서 강요 일변도의 정치자금 수수는 불가능해졌고 집권층 스스로도 과거의 부작용을 거울삼아 노골적인 정치자금 모금은 삼갔다. 그러나 대통령의 씀씀이를 예산만으로 충당할 수는 없었으므로 재벌들로부터 정치자금을 끌어다 쓰기는 하되 '무리하게는 안한다, 즉 정치자금을 냈다고 해서 표나게 특혜를 준다든가, 정책방향과 상치되거나 규정을 고쳐가며 하는 일은 없도록 한다'는 식이었다. 이에 따라 집권 중반기에 들어서면서 정권과 재벌간의 불협화음이 일어나기 시작했고, 정치자금의 청와대 납부도 현저하게 줄어들었다. 원하는 대로 일이 잘 되면 재벌들이 정치자금을 내는 일을 마다하지 않았을 터인데 그 반대급부가 과거에 비해 훨씬 불확실해졌기 때문이다. 정치투자의 기대수익률은 떨어진 반면 위험부담률은 종전에 비해 훨씬 높아진 것이다.

① 부실기업 정리방식의 변화

5공화국 때는 핵심 권력자 몇몇이 밀실에 모여서 '어느 기업에 어떤 것을 인수시키자'는 식으로 모든 방침을 결정했다. 인수기업이나 부실기업 어느 쪽도 정부방침을 따르지 않을 수 없었다. 인수기업에 대해서는 적지않은 종자돈, 세금감면 등의 혜택을 줬다. 그러나 6공화국에 들어와서 크게 달라져서 과거와 같은 비공개적 해결방식은 불가능했다. 6공화국 초기에는 청문회와 국정감사 등을 통해 5공화국 시대의 부실기업 정리에 대한 비판작업이 이루어졌다. 6공화국하에서 한국중공업과 조선공사가 부실기업 정리대상으로 등장했다. 조선공사 정리에 있어서는 과거와는 달리 주거래은행인 서울신탁은행이 공개입찰을 통해 인수자를 결정하게 되었다. 3차에 걸친 공개입찰을 통해 내정가 269억 원의 3배인 862억 원을 제시한 한진을 인수자로 결정했다.

한국중공업의 경우는 6공화국에 들어와서 민영화의 공방 속에 법정문제로까지 비화되었다. 노태우 대통령으로의 정권이양 직전인 1988년 1월 중순에 정주영 현대회장은 전대통령을 찾아가 현대가 돈 대신 한국중공업을 돌려 받을 수 있도록 해줄 것을 요청하였고, 전대통령의 내락을 받았다. 전대통령은 이를 나웅배장관에게 지시했으나 해결하지 못한 채 정권이 교체되고 말았다. 나웅배 부총리는 1988년 9월 산업정책심의회와 경제장관회의를 열어 한국중공업을 연내에 민영화하기로 결정하였다. 그러나 나웅배의 뒤를 이어받은 조순 부총리는 한국중공업을 현대에 넘기는 것은 재벌 경제력 집중 심화라면서 '민영화 불가론'으로 돌아섰다. 1989년 7월초에 노태우 대통령은 공기업 유지방침 재검토를 지시하였고, 결국 한국중공업 처리방식은 민영화로 결정되었다. 그러나 1차 입찰은 삼성이 불참하여 유찰되었고, 한중의 민영화계획은 무산되고 말았다. 결국 현대 재벌의 요구가 관철되지 못한 것이다.

② 제2이동통신 사업자 선정

1989년초에 체신부가 청와대 연두보고에서 '이동통신 서비스에 대한 경쟁체제 도입 검토'를 보고함으로써 제2이동통신 문제가 공식적으로 제기되었다. 그러나 이동통신사업에 현대, 대우, 삼성, 럭키금성 등 기존의 4대 장비제조업체의 참가여부를 둘러싸고 논란이 일어났다. 주무부처인 체신부는 기존 제조업체 참여에 반대했다. 통신장비업체들은 강하게 이동통신 참여를 시도했고 상공부도 이런 입장이었지만 청와대가 체신부의 편을 들면서 결론이 내려졌다. 장비제조업체는 지분 10% 참여자격만 부여하는 내용의 전기통신기본법과 사업법 개정안이 1991년 7월 임시국회에서 처리되었다. 1992년에 들어와서 시행시기와 관련하여 체신부는 '연내 사업자 선정'을 추진했고, 상공부에서 국제수지 적자를 이유로 제동을 걸었지만 청와대의 입김이 작용하여 조기선정으로 결정되었다. 선경, 포철, 코오롱, 쌍용, 동부, 동양 등 6개 그룹이 치열한 경쟁을 벌였고, 체신부는 1992년 8월 20일 제2이동통신사업자로 선경이 선정되었다는 발표를 했다. 그러나 김영삼 당시 민자당 대통령 후보가 노태우 대통령과 선경 최종현회장이 사돈관계라는 것을 이유로 정치적으로 제동을 걸고 나섰고 노태우 대통령은 저항했지만 김영삼 후보 쪽으로 가담한 금진호 씨와 이원조 씨가 개입하여 결국 8월 27일 선경이 사업권을 자진 반납하는 것으로 귀결되었다. 그러나 선경그룹은 한국통신이 경영하던 한국이동통신(제1이동통신)을 인수함으로써 실제로는 더 큰 혜택을 얻었다.

③ 노태우 비자금 사건

노태우 전대통령은 1995년 10월 '대통령으로 재임하던 5년동안 약 5천억 원의 비자금을 조성했으며, 그중 3천여 억 원을 사용하고 1천8백여 억 원이 남아 있다'고 밝혔다. 자금 조성방법으로는 정치헌금 이외에 수서지구 특혜, 전투기 도입기종 선정, 이동통신사업자 선정, 골프장 허가 등에서 대기업에 특혜를 주는 대가로 재벌기업인들로부터 뇌물을 받았다. 대재벌은 200~300억 원, 중규모 재벌은 100억 원대, 소규모 재벌은 수억 원에서 수십억 원의 뇌물을 바쳤다. 30개 재벌로부터 조성한 뇌물의 총액은 2천3백59억 원에 달한다. 공사대금이나 발주대금의 3~5%를 뇌물로 바쳤고, 국제적으로 무기도입에는 도입가격의 3~5%에 이르는 공식적 커미션을 포함해 10~20%가 로비자금으로 쓰인 것으로 알려졌다.

노씨는 1990년 6월경 청우종합건설 회장 조기현에게 상무대 이전공사 수주의 대가로 대구 동화사 대불 건립사업에 대한 시주금 명목의 금품을 요구하여 5회에 걸쳐 조계종 총무원장 서의현에게 80억 원을 교부하게 하였다. 노씨는 또 1990년 11월 달러경 한보그룹 총회장 정태수로부터 서울 수서대치지구 내 조합주택 건축사업을 위하여 수서택지개발지구 중 일부를 수의계약 형식으로 특별 분양받을 수 있도록 해달라는 청탁과 함께 100억 원을 받는 등 4회에 걸쳐 150억 원을 받았다. 정태수는 수서지구 자연녹지 3만 평을 매입한 뒤 정치권에 강력한 로비활동을 벌여 이것을 택지로 바꾸어 버렸다. 수서사건으로 구속된 사람은 장병조 문화체육비서관, 이태섭 민자당 의원, 이원배 평민당 의원에 그쳤다. 노씨는 1991년 5월경 대우그룹 회장 김우중으로부터 진해 해군잠수함기지 건설공사를 수주할 수 있도록 해준 데 대한 사례 및 월성 원자력발전소 3, 4호기 공사도 수주할 수 있도록 해달라는 청탁과 함께 100억 원을 교부받는 등 7회에 걸쳐 240억 원을 받았다. 1991년 8월경 동아그룹 회장 최원석으로부터 아산만 해군기지 건설공사 수주 내정에 대한 사례 및 울진 원자력발전소 3, 4호기 공사도 수주할 수 있도록 해달라는 청탁과 함께 100억 원을 받는 등 6회에 걸쳐 230억 원을 받았다. 1991년 9월 한양그룹 배종렬 회장으로부터 평택·인천 지역 LNG 설비공사 수주대가로 100억 원을 받았다.

한편 노씨는 삼성그룹 회장 이건희로부터는 9회에 걸쳐 250억 원을 받았는데, 삼성그룹은 노 전대통령 재직중 차세대 전투기사업, 상용차사업, 대형 건설사업 및 석유화학사업 등 각종 이권사업에 본격 진출하였다. 현대그룹 명예회장 정주영, LG그룹 회장 구자경 등에게는 은근히 단독면담의 기회를 만들어 기업경영에 있어서 어떠한 이익이나 불이익을 줄 수 있다는 점을 암시함으로써 금품 제공을 유도하여 정주영으로부터 250억 원을, 구자경으로부터 210억 원을 받았다. 노 전대통령의 비자금 조성에는 동서인 금진호 당시 국회의원, 김종인 경제수석, 이원조 전 국회의원 등이 관여했다. 총괄적으로 삼성그룹 회장 이건희 등 기업체 대표 35명은 노 전대통령에게 총 2,838억 9,600만 원을 제공하였다.

이렇게 조성한 비자금의 상당액은 정치자금으로 사용되었다. 노씨는 당총재 자격으로 민자당 운영비를 매월 20억 원, 5년 동안 1천억 원 가량을 지출하고, 선거자금으로 1~2천억 원이 사용되었을 것으로 추정된다. 김대중 총재가 20억 원을 받았다고 한 것에서도 드러났듯이 야당정치인에게도 흘러들어갔다. 검찰조사 발표에 의하면 노태우 전대통령이 조성한 자금 중 1988년 제13대 국회의원 선거지원에 약 700억 원, 1992년 제14대 국회의원 선거 지원에 약 700억 원, 부동산 위장매입에 382억 원, 퇴임후 기업체 변칙 대여에 969억 원이 각 사용되었고 퇴임 당시 남아있던 금융자산은 1,909억 원으로서 약 3,690여억 원의 사용처가 확인되었으나 노 전대통령의 조성자금 총액 4,500~4,600억 원 중 나머지 800~900여 억 원은 그 사용처가 확인되지 않았다고 한다.[5]

　전두환, 노태우 전대통령은 반란죄와 뇌물수수죄 등으로 구속수감된 지 2년 만인 1997년 12월 22일 정부의 특별사면과 복권조치로 석방됐다. 노태우 전대통령에게 뇌물을 제공한 김우중·최원석·정태수·장진호 등 재벌총수 4명이 1심에서 실형을 선고받았다. 그러나 정부는 불구속 기소됐던 재벌 총수 7명을 1997년 사면, 복권했다. 국가를 뒤흔든 정경유착 범죄는 결국 철저한 처벌로 가지 않고 정치적으로 해결되고 만 것이다.

4) 1990년대의 신자유주의적 축적과 정경유착

(1) 김영삼 정권과 정경유착

　1990년대에 들어와서 기업들은 더 이상 정부의 통제를 받기를 거부하기 시작했다. 그러나 통치권과 행정부로 대표되는 정치권력은 과거의 지배시스템을 계속 유지하려고 했다. 여기에 갈등이 커져갔다. 정주영 현대그룹 회장이 1992년 대선에서 대통령 후보로 출마하여 패배한 후로 1년 이상이나 자금줄을 차단하는 등 정치권과 재벌간의 갈등은 격렬했다. 이러한 상황에서 김영삼 대통령이 직접 정치자금을 거두는 행태를 계속할 수는 없게 되었다. 김현철이 조정하는 가운데 정치인들의 그룹별로 정치자금을 관리하는 시스템으로 변화되었다. 홍인길 등 측근이 정치자금 조성에 관여하였다. 김영삼 정권하에서 드러난 주요한 정경유착사건으로는 김현철사건, 한보부정 대출사건 등이 있으며, PCS, 민방 등 각종 사업자선정을 둘러싸고 부패가 심했다.

---

5) 노태우 전대통령은 재임기간 중 위 자금 중 약 1,400억 원을 1988년 및 1992년 국회의원 선거지원금으로 사용하였다는 진술 이외에는 정당운영비, 국가조직 운영의 활성화 비용, 사회의 어두운 곳을 보살피는 비용으로 사용하였다고 개괄적인 내역만 밝히면서 구체적인 조성금액이나 사용내역에 대하여는 끝내 진술을 거부하였다.

① 김현철 사건

검찰은 김현철의 측근으로 김영삼 후보의 사조직이었던 나라사랑운동 실천본부 사무국장 박태중 씨가 14대 대통령 선거직후인 선거자금 잔여분 120억 원을 1993년 초 금융기관에서 인출해 김현철에게 전달한 것으로 밝혀내었다. 또 김현철 씨는 이 돈을 한솔그룹과 대호건설 등에 맡겨 관리해온 것으로 드러났다. 김현철 씨는 1993년부터 97년까지 이성호 전 대호건설 사장 등 기업인 6명으로부터 이권청탁과 함께 받은 32억 7천여 만 원을 포함해 모두 66억 1천여 만 원을 받고 증여세 등 12억여 원의 세금을 포탈한 혐의로 97년 6월 구속기소되어 99년 2월 항소심에서 징역 3년과 함께 벌금 14억 4천만 원과 추징금 5억 2천만 원이 선고됐다. 대법원 형사2부는 1999년 4월 상고심 선고공판에서 김현철씨에게 적용된 조세포탈과 알선수재 혐의 대부분을 유죄로 인정했다. 이 판결은 사법사상 처음으로 대가성이 없는 정치자금 수수행위에 대해 조세포탈 혐의를 인정해 정치인들의 '검은 돈' 관행에 제동을 걸었다(≪한겨레≫, 1999. 4. 10). 그 뒤 김현철은 징역 2년형이 확정되었다가 김대중정부에 의해 1999년 8월 '잔형 집행면제'의 사면을 받았다.

② 한보그룹 부정대출사건

1997년 2월에 검찰은 한보그룹 정태수총회장이 2천1백36억 원의 비자금을 조성, 정관계 로비와 위장계열사 인수 및 부동산 구입 등에 유용한 사실을 밝혀내고 정총회장 등 관련자 9명을 특정경제범죄 가중처벌법 위반 등의 혐의로 구속기소했다. 검찰조사 결과 정총회장은 한보철강에 대한 대출금 4조 8백81억 원과 회사채 및 사채발행 등을 통하여 모두 5조 5백59억 원을 조성해 이중 시설자금으로 3조 5천9백12억 원, 운영자금으로 1조 2천5백11억 원을 사용했으며 나머지 2천1백36억 원을 비자금으로 유용하였고, 이 비자금 중 1천8백87억 원을 위장계열사 인수 신설 4백37억 원, 정총회장 일가 전환사채 인수 8백20억 원, 정치인 및 은행장 로비자금 32억 5천만 원 등으로 사용한 것으로 조사되었다. 나머지 비자금 250여억 원에 대해서는 사용처를 확인하지 못했다고 발표했다. 그러나 당진제철소 건설비용이 과대 계상된 것을 볼 때 한보재벌이 조성하여 뿌린 정치자금과 뇌물은 훨씬 많았을 것으로 추정된다. 포항제철은 오스트리아의 배스트 알핀사에서 연산 60만 톤 규모의 1기 코렉스 설비를 도입할 당시 2924억 원이 들었는데, 한보는 같은 알핀사로부터 동일한 설비 2기를 8598억 원에 주고 들여왔다. 1기당 50% 정도 비싸게 구입한 것이다. 정태수 전 한보총회장은 1999년 2월 외환위기 관련 경제청문회에 증인으로 나와 1992년 대선과정에서 김영삼 후보를 직접 만나 1백50억 원을 전달하는 등 김후보 진영에 2백억 원을 지원했다고 밝혔다. 한보부정대출사건은 전형적인 정경유착사건이었다.

한보철강에 대한 은행 여신(대출＋지급보증)은 1992년 달러까지만 해도 3천4백억 원에 그쳤는데 1994년 달러 1조 5천5백억여 원, 96년 달러 3조 5천4백억여 원 등으로 크게 늘어났다. 제일·조흥·외환 등 3개 은행의 대출잔액 가운데 7천8백억여 원은 담보조차 확보되어 있지 않았다. 한보에 대한 이와 같은 대출은 홍인길 청와대 총무수석 등 권력층의 압력에 의해서 이루어졌다. 홍재형 당시 경제부총리, 한이헌·김용진 경제수석, 김시형 은행감독원장 등이 홍인길 등 정치권력 핵심의 요청에 따라 행동했다. 은행장의 인사권을 쥐고 있는 권력층의 특명에 따라 이철수 제일은행장은 납입자본금 8,200억 원을 넘는 1조 8백억 원을 한보에 대출했다. 장명선 외환은행장은 1997년 2월 검찰에서 1996년 12월 달러경 제일은행 등 4개 채권은행장들이 한보측에 1200억 원을 긴급대출해 주기로 결정한 것은 청와대에서 추가지원 방침을 결정한 데 따른 것이었다고 진술했다.

정태수로부터 뇌물(정치자금)을 받은 정치인은 신한국당 민주계에서 국회의장 김수한(5천만 원), 김명윤 당고문(5천만 원), 서석재(5천만 원), 김덕룡(5천만 원), 김정수(5천만 원), 문정수 부산시장(2억 원), 박종웅(5

천만 원), 황명수(5천만 원). 김한곤(5천만 원) 등이고 신한국당 기타에서 김윤환(2~3천만 원), 나웅배(5천만 원), 하순봉(5천만 원), 나오연(5천만 원), 박성범(5천만 원), 이동호(5천만 원) 등이다. 그리고 국민회의에서 김상현(5천만 원), 김봉호(1천만 원), 권노갑(1억5천만 원), 자민련에서 김용환(6천만 원), 김현욱(5천만 원), 정태영, 기타 민주당 이중재(3천만 원), 최수환(5천만 원) 등이다. 1996년 10월초 국정감사와 관련하여 국회의원들이 한보의 여신 및 담보현황 등에 대한 자료제출을 요청하자, 정재철 의원은 정태수의 부탁을 받고 권노갑 의원에게 국감질의를 무난하게 해달라며 1억 원을 전달했다. 권노갑 의원은 구속기소되었지만 그 뒤 외국에 나갔다가 돌아와 현재 집권 민주당의 핵심 실력자로 행동하고 있다.

③ PCS 및 민방 사업자 선정 비리

개인휴대통신 사업자는 한국통신프리텔, 엘지텔레콤, 한솔PCS로 낙착되었는데 특혜적 선정과정에서 김현철을 비롯한 정치권력자들의 의사가 결정적인 변수로 작용했다. 첫째, 해당 장관 경질이다. 1994년 당시 윤동윤 체신장관은 "새로 시작하는 PCS사업자는 하나로 족하다"고 발언했다. 윤장관은 그해 12월 교체되고, 후임 경상현 정통부장관은 '복수 사업자 허용'을 주장했다. 후임 경상현장관도 95년 12월 15일 사업자 허가 신청 공고를 낸 뒤 6일만에 전격 경질당하고 이석채 씨가 부임했다. 이것은 LG와 한솔에 인허가를 주기 위한 청와대의 계산이 반영된 전략적 인사였다고 할 수 있다. 둘째, 심사기준 변경이다. 첫 공고된 심사기준은 2차 출연금 심사에서 경쟁업체간 점수가 같을 경우 '추첨'에 의해 사업자를 결정토록 규정했다. 그러나 이 기준은 이석채 장관이 부임하면서 백지화된다. 이장관은 96년 1월 확대 경제장관회의에서 "추첨방식으로는 최적격 업체 선정이 어렵고, 대통령도 못마땅하게 생각한다"는 견해를 밝힌 뒤 이 조항을 삭제했다. 대신 장비제조업체와 비장비제조업체를 구분하는 새 방침을 내놓는다. 자금력 등에서 다른 대기업에 열세를 보

였던 비장비 제조업체 한솔PCS를 삼성·현대·LG 등 장비제조업체들로
부터 떼어놓아 경쟁을 수월케 하려는 특혜조치였던 것이다. 이장관은 다
시 5월 23일 '도덕성'이라는 모호한 심사기준을 추가한다. 장비제조업체
분야에서 삼성-현대의 컨소시엄 '에버넷'보다 열세로 평가되던 LG텔레
콤을 위한 배려였다. 특혜 의혹의 하이라이트는 6월 3일부터 시작된 청
문심사에 '전무(全無) 채점방식'을 도입한 대목이었다.6) 7명의 심사위원
들이 준 점수 중 최고점과 최저점을 뺀 나머지를 평균으로 계산하려던
종전의 계획이 갑자기 바뀐 것이다. 이장관은 심사위원들에게 "경제력
집중과 기업의 도덕성 문제를 중점 심사해라. 점수를 한 업체에 몰아주
는 게 좋겠다"며 압력을 넣었다. 이에 따라 1차 서류심사와 2차 출연금
심사까지 '에버넷'에 0.37점 뒤져 있던 LG텔레콤은 청문심사에서 2.2점
만점을 받아 0점을 받은 '에버넷'을 앞서게 되었다. 특히 평가항목 중
'향후 발전전망'과 '차세대 기술관련'부분은 1차 심사에서 '에버넷'이
LG보다 높은 점수를 받았음에도 불구하고 청문심사에서는 결과가 뒤바
뀌었다. 청문심사 채점표는 이장관에 의해 2급 비밀로 분류되고, 정통부
는 6월 10일 LG텔레콤과 한솔PCS를 사업자로 확정하였다(≪중앙일보
≫, 1999. 2. 6).

　PCS 사업자 특혜선정 과정에서 정보통신부 관료들에게 뇌물을 제공
한 LG텔레콤 정장호 부회장과 한솔PCS 조동만 부회장은 불구속 기소되
었다. 김기섭 전 안기부 운영차장은 한솔측으로부터 수천만 원의 금융상
이득을 얻고 이석채 전장관에게 청탁하여 알선수재 혐의로 불구속기소
되었다. 이석채 전 정보통신부장관은 PCS사업자 선정과정에서 특정업체
에 유리하도록 청문심사 방식을 갑자기 변경하도록 지시하는 등 직권을
남용하고 PCS선정업체로부터 3천만 원을 받아서 체포영장을 발부당했
다(≪중앙일보≫, 1998. 6. 10).

---

6) 전무채점방식이란 5개 평가항목에 대해 비교우위 업체엔 만점을 주고 다른 업
　체는 0점을 주는 평가방식이다.

지역 민방 사업자 선정 과정에서도 많은 비리가 있었다. 사업자 신청을 했다가 탈락한 업체들로부터 입수된 정보에 따르면 옛여권 지역 중진의원들이 개입됐다고 한다. 어떤 중진의원은 방송허가를 대가로 정치자금을 요구했으나 거절하자 신청을 취소토록 압력을 가하기도 했다고 한다(≪중앙일보≫, 1998. 8. 22).

④ 경부고속철도차량 납품사 선정 비리 사건

경부고속철도 차량 납품사 선정과정에서 정경유착이 있었다. 경부고속철도 차량 납품사로 선정된 프랑스 알스톰사의 로비스트였던 강귀희 씨는 "테제베(TGV)를 납품하려던 알스톰은 총공사비(21억 달러)의 3%인 4백80억 원을 정치자금으로 준비했었으나 사용하지는 못했다"고 밝혔다. 강씨는 고속철도 차량 결정권이 문민정부로 넘어가자 종교계 지도자 C목사를 통해 청와대에 정치자금을 건네려 했지만 김영삼 전대통령이 "나에게 줄 돈이 있으면 차라리 가격을 내려라"고 요구, 해프닝으로 끝났다고 밝혔다.

경부고속철도 차량으로 TGV(테제베)가 선정되는 데는 김영삼 정권의 유력정치인들과 가까운 최만석 씨의 로비 역할이 컸다. TGV(테제베)가 경부고속철도 차량으로 선정된 뒤인 1994년 11월과 95년 5월 홍콩 BOA은행을 통해 알스톰사가 사례금으로 건넨 1,100만 달러 중 최씨가 받은 720만 달러외 일부기 국내로 빈입되었다. 대검찰청 중앙수사부는 2000년 10월 4일 지난 96년 국회의원 총선 직전 신한국당 의원이던 황명수 씨의 관련 계좌에 안기부 등으로부터 거액이 입금된 사실을 확인했다. 검찰은 지난 5월 받은 로비자금 미화 7백14만 달러를 추적하던 중 국내로 유입된 돈 일부가 황씨 관련계좌에 흘러들어간 것을 확인했다. 로비스트 최만석 씨의 공범으로 구속기소된 호기춘 씨는 최씨의 능력을 알아보기 위해 "황명수, 최형우 전의원을 집으로 초청해 저녁식사나 함께 하자"고 부탁, 황씨가 그 자리에 참석했으며 최씨는 로비대가 사례금을 황씨 등과 20%

씩 나눠갖기로 한 것으로 밝혀졌다. 이에 앞서 검찰은 최씨 로비자금의 흐름을 쫓던 중 95년 하반기부터 96년 4월까지 경남종합금융에서 수십억 원이 세탁된 사실을 확인했다(≪한국경제≫, 2000. 10. 5).

⑤ 한나라당 대선자금 모금사건

김영삼 정권하에서 치러진 1997년 대통령 선거에서 여당은 대선자금 조성을 위해 권력을 동원했지만 비교적 소액의 선거자금만 조달할 수 있었다. 이회창 한나라당 대통령 후보의 동생 이회성씨는 97년 9월~12월 초 이석희 전 국세청 차장 및 임채주 전 국세청장, 서상목 한나라당 의원 등과 공모, 현대·대우·동부·진로 등 25개 업체로부터 167억 5천만 원의 대선자금을 불법 모금하여 정치자금법 및 국가공무원법 위반혐의로 1998년 12월 구속기소되었다. 이씨는 현대증권(30억 원) 삼성(10억 원) 진로(1억 원) 삼양사(1억) 삼부토건(1억) 등으로부터 40억여 원을 모금하는데 직접 개입한 것으로 밝혀졌다. 임채주 전국세청장은 8개기업으로부터 61억8천만 원을 불법모금한 혐의로 임 전청장은 1997년 11월 대선직전 현대, 대우, SK로부터 각 10억 원, 동아건설 5억 원, 극동건설 3억 원 등 38억 원을 받은 것 외에 동양시멘트 5억 원, OB맥주 4억 5천만 원, 조선맥주 4억 3천만 원과 대우로부터 추가로 10억 원 등 모두 23억 8천만 원을 모금한 것으로 밝혀졌다. 서상목의원은 1998년 9월28일 사전구속영장이 청구돼 국회에 체포동의 요구서가 제출됐으나 99년 4월 7일 국회 본회의에서 체포동의안이 부결됐다.

(2) 김대중 정권과 정경유착

김대중 정권하에서는 정부의 외환위기 극복과 기업구제 과정에서 특혜를 획득하기 위해서 정경유착이 시도되었다. 임창렬 경기도지사에 대한 경기은행 퇴출저지 로비사건, 대한생명의 외화도피사건 무마를 위한 권력층에 대한 구명운동(옷로비사건) 등은 모두 외환위기 속에서 발생한 권력형 부정부패이다. 외환위기 속의 구조조정과정에서 기업과 금융기관의 회생과 지원에 대한 결정권을 정부가 가지고 있는 것을 배경으로 실권을 가진 조직이나 개인에게 로비를 한 것이다.

워크아웃 대상인 동아건설의 비자금 조성사건이나 공적자금이 투입된 한빛은행의 거액 불법대출사건 등은 김대중 정권하 정경유착의 상징적인 사건들이다. 동아건설 고병우회장은 2000년 4·13 총선에 대응하여 14개 계열사의 매각과정에서 받은 리베이트로 20억 원 가량을 조달하고 회사 내부에서 3억 원을 조달하여 로비자금을 조성하여 로비대상자 168명을 선정, 이 가운데 100여명에게 2000만~500만 원의 선거자금을 지원했다. 동아일보는 고회장이 자필로 작성한 로비대상자 명단 가운데 45명의 명단도 입수했다. 검찰은 2000년 9월 14일 동아건설이 '4·13총선'을 앞두고 당시 국회의원 등 100여 명의 후보자들에게 10억 원대의 정치자금을 뿌린 사건에 대한 수사에 착수했다. 검찰은 그 동안의 첩보 수집과 내사 과정을 통해 여야 후보자 및 당선자 7, 8명이 동아건설로부터 2000만 원 이상을 받은 것으로 파악하고 있는 것으로 알려졌다. 이렇게 볼 때 김대중 정권하에서는 거액의 정치자금 수수는 축소되었다고 할 수 있다. 재벌이 뇌물과 정치자금을 제공하여 얻을 수 있는 특혜가 과거에 비해 축소되었고, 관치금융이 집중적 비판대상이 되었기 때문이다.

4. 정경유착의 원인

정경유착과 부정부패는 국가와 사회의 관계, 부와 권력이 보유되고 행사되는 방식에 따라 그 양상이 달라진다. 존스턴(1997)은 부패의 원인을 지속적 민주주의의 결여에서 찾는다. 그에 따르면 지속적 민주주의(Sustainable Democracy)란 다수의, 광범위하게 균형지워진 정치적 세력들이 존재하는 것을 말한다. 첫째로 정치지도자의 자율성과 그들에 대한

<표 3> 정치적 불균형의 함수로서 부패유형

	엘리트 접근성>자율성	엘리트 자율성>접근성
경제적 기회>정치적 기회	A: 이익집단경쟁형	B: 엘리트헤게모니형 (극단적 부패 위험)
정치적 기회>경제적 기회	C: 파편화된 보호제(마피아)형	D: 보호제 장치형

A: 이익집단경쟁형(Interest Group Bidding)은 강한 사적 이익집단, 엘리트에 대한 접근 용이, 정치적, 경제적 경쟁을 특징으로 한다. 부는 정치적 영향을 추구하는데 사용하고 이에 따라 엘리트의 부패를 초래할 수 있으나 대체로 체계화되지 않은 것이고, 개인적 차원의 일이 된다.
B: 엘리트헤게모니형(Elite Hegemony)은 정치적 경쟁의 제한 속에서 견고하게 자리를 잡은 엘리트가 돈을 받고 정치적 접근성을 팔고 자신과 주변의 정치적 경제적 엘리트들을 부유하게 하는 것을 특징으로 한다.
C: 파편화된 보호형(Fragmented Patronage, 마피아)은 파편화되고 정치적으로 불안정한 엘리트가 물질적 보상으로 추종자들을 확보하고 추종자들은 제대로 훈련되지 않아 사회의 사적 이익집단과 무리들에 쉽게 영향을 받는 것을 특징으로 한다. 일정한 부패는 협박과 연결된다.
D: 보호제 장치형(Patronage Machines)은 강력한 엘리트가 대중적 참여를 통제하고, 후원제를 통해 경쟁을 제한하며, 자주 대중추종자들의 빈곤을 이용한다. 정당은 잘 규율되어 있고 위계적이며, 엘리트의 권력을 사회로 확대한다. 결과는 체계적인 부패이고 협박을 수반하는 경우가 많다.
자료: Johnston, M. 1997, "Public Officials, Private Interests, and Sustainable Democracy: When Politics and Corruption Meet," In *Corruption and the Global Economy* Edited by K. B. Elliot, Institute for International Economics, Washington.

대중접근성 간의 균형과 둘째로 부와 권력간의 균형을 의미한다. 첫째는 국가와 사회간의 관계를 보여주는 것으로 사적 이익이 상당한 정치적 영향력을 행사할 수 있지만 관료들은 권위있게 정책을 형성하고 시행할 수 있는 것을 의미한다. 둘째는 정치적, 경제적 진로가 여러 가지 있고, 부와 권력이 상호간에 거래할 유혹을 줄일 수 있는 상황을 말한다. 이 두 측면에서의 심각한 불균형은 부패를 조장할 것이라는 것이다. 엘리트에 대한 접근성이 그들의 자율성을 능가하면 관료들은 민간부문의 영향을 받기 쉽다. 반면 자율성이 접근성을 능가하면 엘리트들은 별 어려움없이 사적 이익을 착취할 수 있다. 부와 권력의 관계에 있어서는 정치적 기회가 경제적 기회를 능가하면 사람들은 부의 획득을 위해 권력을 행사하기 쉽고, 경제적 기회가 정치적 기회를 능가하면 사람들은 권력을 사기 위해 부를 사용하기 쉽다. 존스턴은 이러한 기준에 따라 부패유형을 다음 네 가지로 분류한다. 존스턴의 분류에 따르면 그동안 한국은 엘리트 헤게모니형 부패국가에 속했다고 할 수 있다.

로즈-엑커만(1999)은 부패정부의 유형을 강도지배체제(Kleptocracy), 대칭적 독점(Bilateral Monopoly), 마피아 지배국가(Mafia-Dominated States), 경쟁적 뇌물(Competitive Bribery)의 4가지 타입으로 분류하였다. 한국은 강도지배체제로부터 대칭적 독점체제로 나아가는 과정에 있는 혼합형이라고 할 수 있을 것이다.

한국의 정경유착은 정부의 규제 때문이라는 주장이 있다. 이것은 자원 배분의 의사결정을 시장에 맡기면 부패가 해결될 것이라는 주장으로 연결된다. 그러나 한국에서 정경유착이 끈질기게 존속하는 주된 원인은 비민주적 정치권력, 정부의 경제통제체제, 재벌체제 등이라고 할 수 있다.

1) 비민주적 정치권력과 금권선거

한국 정경유착의 주된 요인으로는 중앙집권적 행정체제와 이를 통할하는 권력의 비민주성, 즉 독재체제를 들 수 있다. 비민주적 국가권력은 한편으로는 재벌의 자본축적을 지원하면서 다른 한편으로는 국민을 억압하였다. 정부는 금융자원의 배분권과 사업인허가권을 장악하였다. 정당은 사당(私黨)체제로 당총재가 공천권을 장악하고 있어서 국회의원도 독자적 의사결정권이 없고 권력은 여당 총재를 겸하는 대통령에게 집중되어 있다. 당총재는 비자금을 모아두었다가 대통령 선거비용으로 사용하고 일부는 자기 계보에 속한 정치인들의 정치자금, 선거자금으로 제공한다. 비민주적 정치권력을 행사하는 정치인과 고위 관료들은 정경유착과 부정부패로 거금을 획득한다. 비민주적인 권력구조하에서 권력자가 권력을 장악하거나 유지하기 위해서는 막대한 정치자금이 필요하다.[7]

---

7) 검찰신문에 대한 전두환의 진술을 통하여 한국의 정치자금실태가 잘 드러났다. 전두환 비자금사건 2차공판(1996. 4. 16)시 검찰질문: "당시 정치자금이면서도 일해재단·새마을 성금 등은 영수증을 발급해 줬으면서 왜 다른 정치자금은 영수증 발급을 해 주지 않았습니까." 전두환 답변: "선진국에서도 영수증을 주는

국민 다수의 지지를 바탕으로 집권하는 것이 아니고 선거과정에서 유권
자들을 매수해야 하기 때문이다. 국회의원 선거에서는 통상적으로 수십
억 원의 선거자금이 필요한 실정이다. 정치인들은 이권과 특혜 제공을
통해 기업으로부터 정치자금을 조달해왔다.

대선자금 문제가 잉태된 것은 1987년 대통령 선거 때였다. 16년 만에
치러지는 직선제 선거였던 데다가 정통성을 결여한 군사독재체제의 정
권재창출 욕구가 작용하여 천문학적 규모의 자금이 들었던 것이다. 대선
에만 1조 2천억 원이 소요된 것으로 추정되며, 대선 막바지 노후보의 여
의도 유세에만도 400억 원이 소요되었다.

대통령 선거에는 얼마만큼의 자금이 소요될까. 1992년 대통령선거에
서 민자당의 대선자금 지출을 담당했던 김재덕 씨는 민자당이 공식 집행
한 대선자금만 3천1백27억 원이라고 밝혔다. 그밖에 당원연수비용, 대선
출정식비용, 대선기간중 선거대책본부 경비, 32개 직능단체 활동비 등도
큰 규모로 추정된다. 또 사조직 운영에 들어간 돈도 2천억 원대에 이를
것으로 추산되었다. 홍보비는 5백35억으로 이것만으로도 김후보가 선관
위에 신고한 액수(2백84억 원)나 법정 선거비용 상한선(3백67억 원)을
상회했다. 결국 92년 민자당 대선자금은 작게는 6천억 원 많게는 1조 5
천억 원으로 추정되었다. 국민회의는 92년 대선 때 민자당이 최소한 6천
억~7천억 또는 1조 원 정도를 사용했을 것으로 보았다. 자민련은 민자
당이 공조직에 4천억 원, 사조직에 2천억 원 등 6천억 원 정도를 사용했
을 것으로 보았고, 신한국당 관계자들은 김대중 후보도 선관위에 신고한

정치자금은 거의 없습니다. 대통령 선거 때 법정비용의 10배 이상을 갖고도 안
되는 것이 우리의 정치현실인데 영수증을 주고 받는 정치자금 거래가 있을 수
있겠습니까."
검찰질문: "피고인은 퇴임 이후 88년 4월 총선지원금으로 민정당 의원에게 2
백억 원, 88년 11월 백담사 가기 전 언론계, 여야 정치인에게 1백50억 원, 88
년 11월 국가 헌납 89억 원, 그후 정치재개 목적으로 2백여 명의 정계인사에
게 5백억 원, 92년 총선지원금으로 민정계 의원 20여 명에게 30억 원을 지원
하고 그밖에 친인척에게 수십억 원을 사용한 사실이 있죠." 이에 대해 전두환
은 그렇다고 답변하였다.

액수인 2백7억 원을 훨씬 상회하는 1천억 원 이상을 썼을 것이라고 주장했다. 국민당 정주영 후보는 3천억 원 가량 사용한 것으로 추산되고 있다. 1992년 대선 직후 김영삼 후보 진영은 선거운동기간 중 121회 유세를 했으며 325만 6천여명이 유세에 참여했다고 공개했다. 유세 참여 인원은 동원비 지급을 기준으로 한 것으로 보이는데 관계자들은 당시 동원청중 1명당 3만 원씩 지급했다고 밝히고 있다. 그렇다면 동원비만 해도 어림잡아 1천억 원이 들어갔다고 할 수 있다. 뿐만 아니라 김후보가 유세를 벌이는 곳에선 유세당일 당 소속 시 도 의원이나 시 군 의원 등 지역 유지들을 상대로 한 20~30개의 식사 모임이 있었다. 참석 인원은 150명~200명으로 1명당 3백만 원이 든 봉투가 건네졌다는 것이 관계자들의 전언이다. 여기에다 유세기본경비를 합치면 총 유세비용은 2천억~3천억 원대를 육박할 것으로 추산된다. 한 관계자의 진술도 이를 뒷받침한다. "김후보의 유세가 있기 전날 당사무처 담당직원이 가방 2개에 1백만 원, 10만 원짜리 수표로 20억~30억 원 정도를 가지고 현지에 내려갔다. 이 돈은 유세 한번이면 바닥이 났다. 돈이 모자라면 5억 원 정도는 현지 은행지점에서 긴급지원 받을 수도 있었다."

김후보진영이 사용한 대선자금의 주요 출처는 재벌과 노 전대통령의 비자금이었다. 여권과 정보기관 관계자는 "당시 김후보나 당에서는 관행에 따라 30대 재벌로부터 모두 1천억 원 가량을 걷기로 하고 김대통령과 오랜 교분을 가진 재벌그룹 K회장에게 창구를 맡아 달라고 했다. K회장은 그러나 1천억 원은 무리라며 6백억 원을 모금해왔다. 그 외에도 당시 김후보진영은 금융계의 황제로 알려진 이원조 전 의원, 이용만 전 재무부장관, 금진호 전 상공장관 등 은행 라인을 동원, 시중은행장들이 거래기업에 대선자금을 할당하는 방식으로 거액을 조달했다. 그리고 안병호 전 수방사령관은 1996년 시사월간지와의 인터뷰에서 "1400억 원이 노 전대통령으로부터 김영삼 대통령에게 넘어갔다"고 증언했다.8)

---

8) 이상 1992년 대통령 선거비용에 대해서는 ≪동아일보≫, 1997. 5. 1-3 참조.

한보사건에서 구속·기소된 홍인길과 권노갑은 김영삼씨와 김대중씨의 집사장이었다. 이들의 구속은 계보정치의 희생양이자 계보정치의 한계를 드러낸 것이라고 할 수 있다. 한보청문회에 나온 두 사람의 표정이나 언행에서는 별로 죄의식을 읽기 어려웠다. 그들은 정치는 으레 그렇게 하는 것이고 또 모두들 그렇게 해왔는데 우리들만 죄인이 돼야 하느냐는 식으로 항변하였다.

정치자금으로 돈선거를 하는 것은 야당도 예외가 아니다. 1992년 14대 국회의원 총선 때 당시 야당인 민주당은 24명의 전국구 후보들을 공천하면서 8명으로부터 평균 30억 원씩의 헌금을 받았다. 이렇게 받은 돈은 당의 총선자금과 돈없는 후보들에 대한 지원비로 쓰였다. 전국구 공천으로 계보원을 만들고, 그들이 낸 돈으로 다시 다른 계보원을 지원하는 사슬이 형성된 셈이다. 돈공천은 비단 전국구뿐만이 아니다. 지역구 공천에서도 돈을 받은 경우가 비일비재하고 여야를 가릴 것도 없다. 돈으로 공천을 받아 국회에 들어간 사람들이 본전을 찾기 위해 어떤 행태를 보일는지는 명약관화하다.

국회의원 선거에는 얼마만한 돈이 소요될까. 경남지역 출신의 한 신한국당 의원은 "여당의원의 경우 지난 해(1996년) 총선에 평균 10억 원 정도가 든 것으로 보면 될 것이다. 선거가 시작되면 10억 원은 결코 많은 돈이 아니다. 내 지역구에 5백개의 마을이 있는데 마을마다 5, 6명의 책임자가 있다. 이들에게 한 번에 10만 원씩 줘도 3억 원이다. 한번만 줄 수도 없고 해서 선거기간 중에 몇 번 주다보면 결국 10억 원을 넘길 수밖에 없다"고 털어놓았다. 선거때만 그런 것이 아니다. 국회의원은 다음 선거를 위해 평소 끊임없이 지역구 관리를 해야 한다. 말이 지역구 관리지 실은 돈 뿌리는 일이다. 지구당 운영이 돈드는 정치의 핵심 원인으로 지적되는 것은 어제 오늘의 일이 아니다. 여당 3천만 원, 야당 2천만 원이 당시 지구당 운영비 공정가격이었다.

1990년 4월 대구 서구 보궐선거에서 당시 여당인 민자당은 무소속으로 출마한 정호용 후보를 떨어뜨리고 문희갑 후보를 당선시키기 위해 여당 의원들을 선거구 '동책(洞責)'으로 임명, 선거운동에 나서게 했다. 선거는 과열됐고 관권·금권선거의 극치라는 비난이 쏟아졌다. 주민들이 선거용 돈봉투를 요구하는 항의소동까지 일어났다. 서구평리 5동 주민 30여명이 4일밤 통장 집에 몰려가 민자당이 주민들에게 나눠주라고 준 돈을 왜 주지 않느냐며 1시간 이상 동안 항의소동을 벌였다. 이같은 소동은 그후 12일까지 9건이 발생했다. 민자당 문희갑 후보는 선거구 안에 거주하는 보훈대상자 5백여 가구와 영세민 2천5백여 명 등에게 영세민 지원 명목으로 1인당 3~4만 원씩 전달한 것으로 알려졌다. 뿐만 아니라 문후보가 1인당 2~5만 원씩 돈을 주고 입당 원서 3~5만여 장을 받았다는 야당쪽 주장을 감안할 때 보궐선거에서 2백억 원 가량이 뿌려졌을 것이라는 소문도 나돌았다(≪동아일보≫, 1990. 4. 13).

막대한 정치자금의 소요는 김대중 정권하에서도 예외가 아니다. 국민회의가 지난 1999년 3·30 재·보궐선거 때 안양 30억 원 등 안양과 구로을 두 곳에서 최소 50억 원 이상을 사용했으며, 이런 사실은 사후에 당 총재인 김대중 대통령에게 보고된 것으로 확인됐다. 여권의 한 고위인사는 25일 "3·30 선거가 끝난 뒤 당 운영자금이 바닥이 나는 등 자금이 고갈돼 자체점검한 결과 안양에서만 30억 원 이상이 소요된 것으로 집계됐다"며 "당선 가능성이 높았던 구로을도 안양보다는 적었지만 20억 원 이상의 선거자금이 들었다"고 밝혔다. 두 지역의 법정 선거비용은 각각 1억 7400만 원(안양)과 7100만 원이었다(≪한겨레≫, 1999. 5. 26). 2000년 4·13 총선에서도 여야당이 격전을 치른 수도권에서는 한 선거구당 수십억 원의 선거비용이 사용된 것으로 알려졌다.

국가보안법으로 인해 진보적인 정당의 출현이 봉쇄되어온 것도 비민주적인 정치권력의 지속을 조장했다. 보수정당은 진정한 정치적 경쟁을 경험한 적이 없다. 현재의 보수적 여야당은 실제로는 하나의 정당과 같으며, 형식상으로 정치적 분파 그룹끼리 정당을 구성하고 있다고 할 수 있다. 따라서 보수정당은 정경유착과 부정부패로 국민적 심판을 받지 않았고, 이러한 상태에서 계속 정경유착을 하게 되는 것이다.

2) 정부의 경제통제

정부의 경제통제도 정경유착의 기반을 제공하였다. 우선 관치금융이 결정적인 요소였다. 정부는 금융기관을 실질적으로 장악하고, 정책금융이 전체금융의 절반 이상을 차지하므로 융자결정에서 정부의 의사가 결정적이었다. 박정권은 1950년대 말에 불하로 민간 재벌들이 소유하고 있었던 은행을 부정축재를 이유로 국가로 환수시켰다. 박대통령은 은행 직원 채용 등에 있어서는 정치권과 관료들의 청탁과 부정이 개입되지 않도록 엄격하게 통제했다. 1960년대 초 당시에는 공업화가 진전되지 않았기 때문에 은행이 안정된 직장으로 평가받고 있었고 우수한 인재들이 많이 취직하였다. 박정권은 이 국영 은행들을 통해 재벌들을 특혜적으로 지원하고 정치자금을 조달하는 정경유착을 해왔고, 그 수법은 뒷정권에 그대로 이어졌다.

이러한 체제가 1980년대에도 지속되었기 때문에 이원조는 '금융계의 황제'로서 5, 6공 내내 은행장 선임, 거액대출 알선 등 절대적인 영향력을 행사해왔고 이를 수단으로 정치자금과 성금을 모집하는 창구역할을 할 수 있었다. 은행장은 은행 안에서는 큰 힘을 갖고 있지만 자신의 인사권을 쥐고 있는 정치권력이나 정부관리 앞에서는 아주 취약한 존재이다. 과거 5, 6공때는 은행장이 되려면 이원조, 금진호씨와 같은 정부실력자의 영향력이 절대적이었다. 김영삼 정부에 들어와서는 외부 영향력을 배제하기 위해 은행장 추천위 원회 제도가 도입되기는 했지만 외풍을 타기는 마찬가지로 정부 대신 정치권 실세의 입김이 강해졌다. 따라서 은행장은 은행의 직원인사에 대한 권력층의 청탁을 외면하기 어렵고 대출관련 외압도 물리치기 어려우며, 대규모 특혜대출사건이 터질 때마다 희생양이 되고 만다.

정치적 고려나 정부관료의 자의적 결정이 통할 수 있는 산업정책도 정경유착과 부정부패의 토양이 되었다. 1994년 8월 통상산업부는 포항제철에 "이제는 고로방식으로는 경쟁력이 없다"며 광양제철소에 코렉스 공법의 설비를 하도록 유도했다. 그러나 1995년 5월에는 3백만 톤 규모의 고로설비를 증설하라고 방침을 바꾸었다. 정부는 1993년 6월 업종전문화정책을 취했다가 1994년 말 삼성에 자동차공장을 허용한 뒤 1995년에 원자력발전 등 3개업종만 빼고는 원칙적으로 진입장벽을 없앴고 1997년 1월 업종전문화제도의 폐지를 공식 선언했다. 그러나 정부는 아직도 현대의 제철소사업을 불허하고 있다. 삼성에 대한 자동차사업 허용과 현대에 대한 제철소 불허는 산업정책의 핵심 부분이 정치의 산물임을 잘 보여준다.

3) 재벌체제

정경유착과 부정부패는 재벌체제 위에서 번창한다. 우선 재벌은 정경유착을 통해 성장하려고 한다. 재벌간의 경쟁에서 재벌들은 기술투자 보다는 외형 확대 즉 무차별적 사업 확대와 매출액 확대에 주력한다. 재벌기업들은 해당사업의 수익성에 대한 냉철한 평가와 합리적 경영보다는 사업확장을 우선적으로 추진한다. 이러한 사업확장을 관철시키기 위해 재벌들은 새로운 사업의 인허가, 특혜적인 자금의 조달 등을 추구하고 이를 위해서 정치권력과 결탁하게 되는 것이다.

또한 재벌체제에서는 정경유착을 위해 필요한 비자금 조성이 용이하다. 임직원들은 총수의 비자금 조성 지시가 불합리해도 무조건 실행에 옮길 수밖에 없다. 그리고 불평등한 하청계열관계 하에 있는 수많은 계열회사들은 비자금 조성에 협력하라는 요구를 거부할 수 없다. 1992년 대선때 현대그룹 정주영회장이 현대중공업 조선 수주자금 등으로 대선자금용 2천억 원을 조성한 것이 그 예이며, 노태우 비자금 사건때 재벌들이 대부분 관련된 것도 이를 말해준다. 비자금 조성과 활용을 무기로 1994년초에 4개에 불과하던 계열사를 18개로 늘리고 한보철강 건설에 5조 원 이상의 부채를 끌어들인 한보그룹은 전형적 예이다. 노태우 비자금 사건을 통하여 재벌총수들이 뇌물을 바쳐서 국가로부터 막대한 특혜를 받아서 재벌대기업을 성장시킨 사실이 드러났다. 30대 재벌은 노태우 대통령이 재임하던 6공화국 기간인 1988년 4월부터 1993년 4월동안 자산액이 64조 6천7백억 원에서 178조 3천6백6십억 원으로 무려 3배나 늘어났다.

5. 정경유착 해소방안

정경유착은 1950년대에는 자본의 원시적 축적을 촉진하는 데 기여했다. 그리고 1960, 1970년대에는 박정희 개발독재체제와 함께 작동하여 한국자본주의의 고도성장과 재벌의 급성장을 가져왔다. 그러나 높은 부채비율 등으로 인한 기업경영의 취약성과 중소기업 경영 압박, 경제위기 심화, 외환위기 등을 초래했다. 또한 정경유착에 의한 정치자금 제공은 정당들이 계속하여 보스 중심의 비민주적 방식으로 운영되도록 하는 결과를 초래했다.

1987년 이후 민간정치세력이 집권하고 정부와 기업간의 관계가 변화되며, 시민사회의 성장으로 정부의 권력독점과 부패에 대한 사회적 저항이 커져가고 있지만 비민주적 정당구조와 금권선거방식, 재벌체제가 그대로 유지되고 있기 때문에 정경유착, 권력형 부패는 정도는 다소 완화되었다 하더라도 여전히 존속되고 있다.

실업이 만성화되고 불황대책으로서도 사회보장제도가 확립되어가고 이를 위해 필요한 재원 확보를 위해 조세제도가 강화될 것이므로 국가는 국민들의 일상생활에 미시적 차원까지 관여하게 된다. 이러한 상황에서 정경유착과 부정부패가 지속되면 사회통합은 더 이상 유지되기 어려워진다. 그리고 오늘날의 사회는 고도로 분업화되고 전자통신기술에 의하여 통합되어 있기 때문에 정경유착과 부정부패로 인한 어떤 부문의 사고는 사회 전체의 운영을 마비시킬 위력을 갖고 있다. 즉 위험사회에 살고 있는 것이다. 이제 권력형 부패를 청산해야만 경제와 사회가 정상적으로 작동될 수 있다. 이를 위해서는 부패행위를 엄격하게 처벌할 수 있도록 독립적인 반부패기구를 설치하는 등의 대책이 필요한 것이지만, 여기에서는 정경유착을 지속시키는 구조 자체의 변화를 위한 과제를 몇 가지 제시하고자 한다.

첫째, 국가권력을 민주화해야 한다. 이를 위해 무엇보다도 먼저 선거제도를 개혁하고 국가보안법을 폐지해야 한다. 존스턴은 엘리트 헤게모니형 부패국가에서의 반부패전략으로 대중적 참여의 진작, 관료적 채널의 공개와 관례화, 합법성과 책임성 강조, 정치적 경쟁 확대 등을 제시하고 있다(Jhonston, M, 1997).

비민주적 정치체제의 해소방안으로 선거공영제, 정치자금 실명제 등을 제시할 수 있다. 정치자금 실명제는 정치자금을 주는 사람, 받는 사람, 돈의 사용내역 등을 실명으로 공개함으로써 정치자금의 투명성을 획기적으로 높이자는 취지다. 선거공영제는 금력이 정치를 지배하는 것, 즉 합법적인 정경유착을 막기 위해 필요하다. 미국에서는 국회의원 선거비용이 45년 전에는 1만 5천 달러 밖에 소요되지 않았지만 현재에는 1백만 달러가 소요된다. 그 대부분은 텔레비전 광고료이다(Brademas, J. 1999). 이것은 가난한 사람, 노동자들이 의원이 될 수 있는 기회를 실질적으로 박탈하는 것으로서 합법적인 부패형식이 되었다고 해도 과언이 아니다. 한국의 경우에도 1997년 국민승리21의 대통령 후보가 방송광고비용이 없어서 선거에서 절대적으로 불리했고 2000년 총선에서도 민주노동당은 광고비용이 없어서 의원 후보들을 지원할 텔레비전 정치광고를 하지 못했다. 미국과 같은 사태가 발생하고 있는 것이다. 따라서 유럽 등에서 시행하고 있는 선거공영제를 도입하여 이것을 막아야 할 것이다.

그러나 정경유착 등에 의존하는 권력의 비민주성은 진보정당 등 정치적 대항세력의 성립에 의해서만 해결될 수 있다. 보수여야당은 같은 행태를 하고 있기 때문에 서로의 부패를 용인하는 것을 벗어날 수 없다. 국가보안법의 폐지 내지 근본적 개정은 정치개혁의 중요한 내용이지만 동시에 반부패대책으로도 큰 의미를 가진다. 그리고 정당명부식 비례대표제를 도입하여 표의 등가성을 높여야 한다.

둘째, 국가의 경제통제를 축소하고 제거해야만 부정부패의 소지를 줄일 수 있다. 다만 규제(regulation)와 통제(control)는 차이가 있다. 경제통제는 자본을 육성하고 노동을 억압하는 것으로 전시통제와 유사한 측면이 있다. 자본주의적 모순 심화에 따라 독점과 실업에 대한 정부의 역할이 더욱 요구되기 때문에 규제는 오히려 강화해야 한다.

관치금융을 배제하기 위해 금융기관의 지배구조를 민주화해야 한다. 국영 은행의 문제점을 시정하기 위한 방안으로 은행을 사유화하는 것은 결국 재벌소유로 귀착될 것이므로 올바른 방향이 아니다. 연기금의 지분을 확대하는 등 사회적 소유로 개편하고 종업원들의 소유경영참여를 확대해야 한다.

정부 물자 및 공공사업 입찰 방식을 투명화해야 한다. 대부분의 국가에서 공공사업 입찰(public bidding)은 높은 자의성(high discretion)과 낮은 투명성(low transparancy)이라는 특징을 가지고 있다. 즉 입찰서류의 작성과 공공자금 지출의 입안에서 핵심적 결정을 하는 담당 공무원의 자의성이 높고, 입찰과정의 투명성이 낮아서 공공 정보에 대한 자유로운 접근이 어렵다. 이것을 시정하기 위해 공청회와 성실협정의 도입을 시도할 필요가 있다(Gruenberg, C. 1999). 공청회(Public Hearings)는 책임당국이 시민, 업계, 전문가, 반대측 대표자를 초청하여 계획된 계약조건에 관하여 반대와 제안을 하도록 하는 절차이다. 공청회를 통해서 얻게 되는 장점으로서 결정과정이 가능한 한 최대의 정보에 의거할 수 있게 된다. 결정에 관련된 사람들에게 대안, 의견, 관심 및 주제와 관련된 견해를 알리는 과정으로 활용할 수 있다. 또 당국과 관련 이해당사자들 사이에 타협의 통로를 마련해주고, 논란이 되고 있는 문제에 대해서 투명성과 공개성을 확보하며, 관련자들 자신들의 참여를 통하여 결정절차가 이루어지도록 한다. 성공적인 공청회를 위해서 부패방지기구에서는 입찰이 예정되어 있는 프로젝트의 여러 측면에 대하여 공정한 입장에서 전문적인 견해를 말해줄 국내적 및 국제적 전문가를 선정해야 한다.

성실협정(Integrity Pact)은 정부와 입찰에 참여하는 모든 관련업계가 입찰참가자와 정부 간에 뇌물 제공을 막기 위한 상호통제의 계약을 체결하는 것이다. 정부는 입찰조건의 리스트 작성과 계약자 선정과정에서 투명성을 약속하고 담당공무원이 부당한 편의를 요구하지 않을 것을 보증해야 한다. 입찰 참가 업체는 뇌물을 제공하지 않을 것과 뇌물을 제공하여 경쟁을 문란하게 할 경우 해당 직원을 징계할 것을 약속해야 한다.

이 공청회와 성실협정 방식을 채택하게 되면 부패뿐만 아니라 정부지출의 적합성도 검증할 수 있고, 법을 개정하거나 관료기구를 새로 만들 필요가 없다. 그리고 사회와 정부, 기업간에 일반적인 게임의 규칙을 마련해주며, 기업들에게는 투명한 시장을 창출시켜 준다. 독점도가 높을수록, 관리의 재량권이 높을수록, 투명도가 낮을수록 부패가 심하다면, 이 공청회와 성실협정이 조합은 시민사회로 하여금 공공입찰과정을 모니터하도록 함으로써 관료의 재량권을 낮추고 절차의 투명성을 높임으로써 부패를 낮출 수 있다.

셋째, 재벌체제를 해체해야만 정경유착의 원천을 제거할 수 있다. 총수의 소유경영 독점에 의한 전횡 구조를 존속시키면 정경유착을 막을 수 없다. 전경련 등의 재벌체제 옹호론자들은 재벌체제가 정부의 강력한 규제 속에서 기업활동을 위해 불가피한 것이었고, 재벌개혁을 위해서는 정부부문의 규제완화 등 개혁과 관치금융의 중단에 의한 금융기관 개혁이

선행되어야 한다고 주장한다. 한국경제연구 원장 좌승희(1998)는 재벌의
행태에 대한 정부의 직접적 규제에 반대하고 정부 규제 완화와 개방, 시
장경제질서에 의한 경쟁의 도입으로 재벌체제의 문제를 점진적으로 개
선해나가야 한다고 주장한다. "재벌은 민간기업으로서 정부 경제정책을
포함한 주어진 경제여건을 최대한 활용해서 이윤극대화를 추구하는 경
제조직일 뿐이며, 재벌의 경제적 행태는 정부나 국민의 시각에서 좋게
보이든, 나쁘게 보이든 궁극적으로 주어진 경제여건의 산물이다. 따라서
재벌의 행태를 교정하려는 정책은 무엇보다도 재벌이 처한 경제적 여건
을 바꾸는 데 주력해야 성공할 수 있다. 재벌은 정부경제정책의 산물이
며, 재벌의 행태를 바꾸고자 하는 정책은 재벌에 대한 직접 규제가 아니
라 재벌의 생성을 초래한 경제여건으로서의 정부정책의 개선에서부터
출발해야 한다. 재벌간의, 그리고 대기업간의 경쟁을 통해서만 재벌의
시장지배력을 제어하고 경쟁력을 높일 수 있다. 경제의 활력을 유지하고
고성장을 지속하면서도 재벌의 행태를 교정할 수 있는 유일한 길은 재벌
부문에 보다 치열한 경쟁을 도입하는 일이다"(좌승희, 1998: 33-34).

  그러나 재벌옹호론자들의 문제점은 재벌의 이해관계를 대변하려는 의
도가 과도하여 실제적 인과관계를 왜곡하는 데 있다. 정부 경제통제의
경제여건이 재벌의 경제력 집중과 독과점 심화의 중요한 요인이 된 것은
사실이다. 그러나 이것은 일방적 관계에 있는 것이 아니라 독점적 시장
구조와 총수일족 소유경영독점구조가 반대로 경영여건의 변화에 영향을
미칠 수 있다. 예컨대 재벌총수들은 정치인들과의 유착이나 언론에 대한
장악력을 이용하여 법령의 제정과 집행을 자신들에게 유리하게 하도록
큰 영향력을 행사하는 것이다.

  따라서 정경유착을 해소하기 위해서는 정경유착의 한 당사자로서 기
능하고 있는 재벌을 해체해야 할 것이다. 총수일족의 지분을 강제로 환
수 분산시켜 총수의 소유경영독점체제를 해소하고, 상호출자와 상호지급
보증을 해소하여 계열사들을 독립적인 기업으로 전환시켜야 한다.

【참고문헌】

● 국내문헌

강명헌. 1996, 『재벌과 한국경제』, 나남.

강철규. 1995, 「재벌의 금리지대차 추구 추계」, 『민족경제론과 한국경제』, 창작과 비평사.

구석모. 1996, 「한국의 재벌성장과 금융체제」, 『한국경제의 진로와 대기업집단』, 기아경제연구소.

공제욱. 1992, 「1950년대 한국자본가의 형성과정」, 서울대학교 박사학위논문

권오승. 「비자금과 정경유착에 대한 경제법적 검토」, ≪법과 사회≫ 13호.

김성두. 1965, 『재벌과 빈곤』, 백경문화사.

김정렴. 1990, 『한국경제정책 30년사』, 중앙일보사.

정사협 경실련. 1993, 『우리들의 부끄러운 자화상』, 움직이는 책.

김해동·윤태범. 1994, 『관료부패와 통제』, 집문당.

박병윤. 1982, 『재벌과 정치』, 한국양서.

박승룡. 1998, 「재벌의 구조개편에 관한 법적 연구」, 서울대학교 박사학위논문.

사공일·L. P. 존스. 1981, 『경제개발과 정부 및 기업가의 역할』, 한국개발연구원.

소병희. 1996, 「성장과정에서의 경제적 특혜와 재벌의 역할: 공공선태론저평가」, 『한국경제의 진로와 대기업집단』, 기아경제연구소.

연성진. 1999, 『권력형 부정부패의 구조와 통제방안』, 한국형사정책연구원.

유인학. 1991, 『한국재벌의 해부』, 풀빛.

오원철. 1995-1997, 『한국형 경제건설 1-6』, 기아경제연구소.

이성태. 1990, 『감추어진 독점재벌의 역사』, 녹두.

이성형. 1985, 「국가, 계급 및 자본축적」, 『한국자본주의와 국가』, 한울.

이은영 외. 1997, 『부정부패의 사회학』, 나남.

이은영. 1997, 「한보사건, 한국적 부정부패의 전형」, 『맑은 사회를 열자』,

참여연대 맑은사회만들기운동본부·한겨레신문사.

이장규. 1995, 『실록 6공경제-흑자 경제의 침몰』, 중앙일보사.

이재희. 1999, 「재벌과 국민경제」, 『한국재벌개혁론』, 나남.

이필상. 1997, 「경제윤리 확립을 통한 경제발전전략의 재구성」, 『맑은 사회를 열자』, 참여연대 맑은사회만들기운동본부·한겨레신문사.

임종철 외. 1994, 『한국사회의 비리』, 서울대학교 출판부.

장상환. 1997a, 「박정희시대 재벌육성정책의 공과」, ≪경제발전연구≫ 제3호, 한국경제발전학회.

_____. 1997b, 「부정부패의 정치경제학」, ≪산업경제≫ 7집, 경상대학교 경영경제연구소.

_____. 2000, 「농지개혁과 한국자본주의 발전」, ≪경제발전연구≫ 제6권 1호, 한국경제발전학회.

정구현. 1987, 『한국기업의 성장전략과 경영구조』, 대한상공회의소.

정병휴·양영식. 1992, 『한국재벌부문의 경제분석』, 한국개발연구원.

조동성. 1991, 『한국재벌연구』, 매일경제신문사.

좌승희. 1998, 『진화론적 재벌론』, 비봉출판사.

참여연대 참여사회연구소. 1999, 『한국재벌개혁론』, 나남.

최광. 1987, 『한국의 지하경제에 관한 연구』, 한국경제연구원.

최명주. 1996, 「부패와 개혁의 정치경제학」, ≪經濟學研究≫ 제44집 4호, 한국경제학회.

최인철. 1991, 「1980년대 부실기업 정리과정에 관한 연구」, ≪사회경제평론 3≫, 한국사회경제학회.

최정표. 1993, 『재벌해체』, 비봉출판사.

하태권 외. 1999, 「공직부패를 유발하는 사회문화적 환경의 개선에 관한 연구」, 『공직부패 어떻게 해소할 것인가』, 한국행정학회 세미나 발표논문집.

한인섭. 1996, 「권력형부패의 구조와 통제의 범죄학」, ≪법과 사회≫ 13호.

홍덕률. 1987, 「한국대기업가의 자본축적과정과 계급지배에 관한 실증적 고찰」, ≪한국사회학연구≫ 제9집,

_____. 1989, 「4대재벌의 자본축적사」, 『현대한국의 자본축적과 민중생활』, 문학과 지성사.

_____. 1996, 「재벌의 존재양태와 재벌개혁의 긴급성」, ≪역사비평≫ 가을호.

名東孝二(오영수 역). 1990, 『지하경제의 정치경제학』, 좋은 책.

존 누난(이순영 역). 1996, 『뇌물의 역사』, 한세.

아놀드 하이덴하이머(김중위 역). 1982, 『권력과 부패』, 한벗.

암스덴(이근달 역). 1990, 『아시아의 다음 거인』, 시사영어사.

● 국외문헌

高龍洙. 1990, "韓國資本主義における「財閥」の發展過程", 本多健吉 監修, 『韓國資本主義論爭』, 世界書院.

伊藤正二 編. 1982, 『發展途上國の財閥』, アシア經濟研究所.

柴垣和夫. 1974, "財閥解體와 集中排除", 東京大學 社會科學研究所編, 『戰後改革 7 經濟改革』, 東京大學 出版會.

Ades, A. and Rafael D. T. 1997, "National Champions and Corruption: Some Unpleasant Interventionist Arithmatic," *The Economic Journal* 107(July), pp.1023-1042.

Alam, M. S. 1995, "A Theory of Limits on Corruption and Some Applications," *Kyklos* 48, (3), pp.419-435.

Badhan P. 1997, "Corruption and Development: A Review of Issues," *Jornal of Economic Literature*, 35(Sept.), pp.1320-1346.

Bhagwati, J. N. 1982, "Directly Unproductive, Profit-seeking(UDP) Activities," *Journal of Political Economy* 90, pp.988-1002.

Bliss, C. and Rafael D. T. 1997, "Does Competition Kill Corruption?" *Journal of Political Economy* 105, 51(Octover), pp.1001-1023.

Blomqvist, A. and S. Mohhamad. 1986, "Controls, Corruption, and Competitive Rent Seeking in LDCs," *Journal of Development Economics*, vol.21, no.1, April.

Brademas, J. 1999, "Countering Political Corruption: Can Money in Politics

Be Contained?" 9th International Anti-Corruption Conference.

Buchanan, J. M. 1980, "Rent Seeking and Profit Seeking," in *Toward A Theory of the Rent-Seeking Society*, ed by J. M. Buchanan, R. D. Tollison, and Gordon Tullock, Texas A & M Univ. Press.

Clifford, M. 1991, "Land of Bribe," *Far Eastern Economic Review*, February,

Campos, J. E. L. 1991, "The 'Political Economy of the Rent-Seeking Society' Revisited: Cronysm, Political Instability and Development," World Bank.

Cumings, B. 1997, *Korea's Place in the Sun, A Morden History*, Norton.

Dey, H. K. 1989, "The Genesis and Spread of Economic Corruption," *World Development*, Vol. 17, No.4, April

Elliott, K. A. ed. 1997, *Corruption and the Global Economy*, Institute for International Economics, Washington.

Gruenberg, C. 1999, "Is It Possible to Avoid Corruption in Public Bidding?" 9th International Anti-Corruption Conference.

Jain, Arvind K. 1987, "Agency Problem and the International Debt Crisis," Proceedings of the Fourth Symposium on Money, Banking, and Insurance(Geld, Banken und Versicherungen), Karsruhe, West Germany, Band Ⅰ, pp.367-391.

_____. 1988, "An Agency Theoretic Explanation of Capital Flight," *Economics Letters*, 28(1), 1988, pp.41-45.

_____. 1993, "Dictatorships, Democracies, and Debt Crisis," in S. P. Riley, (ed.), *The Politics of Global Debt*, New York: St. Martin's Press.

_____. ed. 1998, *Economics of Corruption*, Kluwer Academic Publishers.

Johnson, O. E. G. 1975, "An Economic Analysis of Corrupt Government with Special Application to Less Developed Countries," *Kyklos* 28(1).

Johnston, M. 1997, "Public Officials, Private Interests, and Sustainable Democracy: When Politics and Corruption Meet," In *Corruption and the Global Economy* Edited by K.B. Elliot, Institute for International Economics, Washington.

Jung, Ku-hyun. 1994, "Changing Business-Government Relations in Korea," *The State and Economic Development* edited by Robert Fitzgerald, Toppan.

Kaufmann, D. 1997, "Corruption: The Facts," *Foreign Policy* 107(Summer), pp.114-131.

Klitgaard, R. 1998, "International Cooperation Against Corruption," *Finance and Development*, Vol.35 No.1, World Bank.

Kong, T. Y. 1996, "Corruption and its Institutional Foundations: The Experience of South Korea," *IDS Bulletin* 27(2), pp.48-55.

Krueger, A. O. 1974, "The Political Economy of the Rent-Seeking Society," *American Economic Review* 64(3), June.

Leff, N. H. 1978, "Industrial Organization and Entrepreneurship in Developing Countries: The Economic Groups," *Economic Development and Cultural Change*, July, pp.661-675.

Lui, F. 1996, "Three Aspects of Corruption," *Contemporary Economic Policy* 14(July).

Mauro, P. 1995, "Corruption and growth," *Quaterly Journal of Economics*, 106 2(August), pp.681-711

_____. 1997, "Why Worry About Corruption," *Economic Issues* 6, IMF.

Murphy, K. M., Andrei Schleifer and R. W. Vishny. 1993, "Why is Rent-Seeking so Costly to Growth?" *American Economic Review*.

Nas, T. F., A. Price and C. Weber. 1986, "A Policy-Oriented Theory of Corruption," *American Political Science Review*, Vol. 80, No.1, March.

Olson, M(Jr). 1993, "Dictatorship, Democracy, and Development," *The American Political Science Review* 87, 3(September), pp.567-576.

Posner, R. A. 1975, "The Social Costs of Monopoly and Regulation," *Journal of Political Economy* 83(4), pp.807-827.

Przeworski, A. and Fernando L. 1993, "Political Regimes and Economic Growth," *Journal of Economic Perspectives* 7(3), pp.51-69.

Robinson M. 1998, *Corruption And Development*, Frank Cass, London.

Rogerson, W. P. 1982, "The Social Costs of Monopoly and Regulation: A Game-Theoretic Analysis," *Bell Journal of Economics* 13, pp.391-401.

Rose-Ackerman, S. 1975, "The economics of corruption," *Journal of Public Economics* 4(2), February.

_____. 1978, *The Political Economy of Corruption*, Academic Press.

_____. 1997, "The Political Economy of Corruption," In *Corruption and the Global Economy* Edited by K. B. Elliot, Institute for International Economics, Washington.

_____. 1999, *Corruption and Government: Causes, Consequences and Reform*, Cambridge University Press.

Scherer, F. M. 1980, *Industrial Market Structure and Economic Performance*, Rand McNally College Publishing Company.

Shleifer, A. and Vishny, R. 1993, "Corruption," *Quaterly Journal of Economics*, Autumn. v.108, n.3, pp.599-617.

Tanzi, V. and Davoodi H. 1998, "Roads to Nowhere: How Corruption in Public Investment Hurts Growth," *Economic Issues*, No.12, IMF.

Wedeman, A. 1997, "Looters, Rent-Scrapers, and Dididend-Collectors: The Political Economy of Corruption in Zaire, South Korea,and Philippnes," *The Journal of Developing Areas,* 31(4) Summer.

Young-Iob Chung(1986), "Capital Accumulation of Zaibul in Korea During the Early Stages of Economic Development," 『제2차 국제 한국인 경제학자 학술대회 논문집』.

자금세탁방지활동의 이해: FATF의 연차보고서를 중심으로

김 홍 범

(경상대학교 교수, 경제학과)

1. 서론

1970년대부터 주요 선진국을 중심으로 시작된 무역자유화·금융자유화·자본자유화의 경향은 1980년대 이후 때마침 가속화된 정보통신기술의 발달에 힘입어 전세계로 급속히 파급되었다. 그 결과, 1980년대 후반부터 세계무역규모의 확대와 세계금융시장의 통합이 두드러지게 진행되어 오고 있다. 그런데 이러한 세계경제적 변화에 편승하여 마약거래나 무역사기 또는 탈세 등을 통해 국내외적으로 조성된 불법자금이 국제적으로 세탁되는 현상도 급증하게 되었다.

이에 따라 각국은 자금세탁에 대한 규제조치를 법제화하여 대응해오고 있다.[1] 예를 들어, 미국에서는 일찍부터 "금융거래정보의 보고 및 이용에 관한 법률"(The Bank Secrecy Act of 1970)과 "자금세탁방지법"(The Money Laundering Control Act of 1986)을 중심으로 여러 관련 법률을 제정, 실시해오고 있다. 영국에서도 "마약밀매처벌법"(The Drug Trafficking Offences Act 1986)"과 "형사소추(국제협력)법"[The Criminal

---

1) 자금세탁에 대한 각국의 법률적 대응에 대해서는 이강연(1998), 이병기·이경재 (1994), 조영제(1996) 그리고 한국은행(1995a, b) 참조.

Justice (International Cooperation) Act 1990]을 중심으로 여러 관련 법률을 제정, 실시해오고 있다. 이같이 미국과 영국을 위시한 영미법계 국가들은 비교적 일찍부터 자금세탁관련 법률을 도입했으나, 독일과 스위스 등 대륙법계 국가들은 관련 법률을 뒤늦게 도입하였다. 예를 들어, 독일은 1992년 "조직범죄의 마약불법거래 및 기타 형태를 방지하는 법률"(일명 "조직범죄대책법")과 1993년 "범죄수익금 색출법"(일명 "자금세탁법")을 제정하였고, 스위스는 1990년 형법에 자금세탁 관련 규정을 두게되었다. 한편, 선진국뿐만 아니라 다수의 개발도상국들도 자금세탁에 대해 법률적 대응을 해오고 있다. 예를 들어, 싱가포르에서는 1992년 "마약거래 및 수익금 몰수법"과 1994년 "자금세탁방지지침" 등을 제정, 운용해오고 있다.

그러나 일정 규모 이상의 자금세탁은 흔히 전세계를 무대로 이루어지고 있다. 이러한 점은 자금세탁에 대한 대처가 궁극적으로 국제적 협조를 필요로 하는 문제임을 의미한다. 그러므로 오늘날에는 실제로 자금세탁에 대한 국제적 대응이 각국의 국내적 대응을 선도하고 있다. 원래 자금세탁규제에 관한 국제협력이 본격화된 것은 1988년 12월, BIS 산하 바젤위원회의 "자금세탁에 관한 제원칙" 및 국제연합(UN)의 "마약 및 향정신성 물질의 불법거래 방지를 위한 협약"(일명 "비엔나협약")이 거의 동시에 채택되면서부터이다. 뒤이어 1989년 7월에는 G7의 결의에 의해 자금세탁에 대한 금융조치전담반(Financial Action Task Force on Money Laundering)이 설치되어 자금세탁규제를 위한 40개 권고를 제정하고 각국에 이행을 촉구하였다. 이후 OECD, UN, 유럽이사회(Council of Europe), Egmont Group 등 여러 국제기구나 지역조직이 자금세탁방지의 기치를 표명해오고 있으나, 이들 중 자금세탁방지에 전문화하여 다각적 활동을 펼치고 있는 대표적 조직으로는 단연 FATF을 들 수 있다.

이 글은 지난 11년간 FATF의 활동을 개관함으로써 국제사회가 추구하는 자금세탁규제의 정신과 구체적 규제전략을 이해하고자 한다. 아직까지도 자금세탁방지법이 제정되지 않은 우리나라에서는 현재 자금세탁에 대한 시사적 관심이 매우 높은 편이지만, 자금세탁 논의가 규제의 당위성만 강조해온 측면이 두드러진다. 그리고 실제 입법과 그 시행을 위한 구체적 접근에 있어서는 학문적 분석과 정책적 이해가 상대적으로 소홀했다고 볼 수 있다. 따라서 FATF의 활동에 관한 문헌적 연구를 시도한 이 글은 향후 한국의 자금세탁방지 전략의 수립과 집행에 유익한 참고가 될 것으로 판단된다.

이 글의 구성은 다음과 같다. 우선 제2절에서는 자금세탁에 관련된 기본 개념 및 사실을 간단히 소개한다. 제3절에서는 FATF의 연차보고서 내용을 전반적으로 개관하여 설립 이후 지금까지 전개되어오고 있는 FATF의 정책방향을 정리한다. 제4절에서는 1996년 개정된 FATF의 40개 권고(부록 참조)의 내용을 분석하고, 아울러 1990년에 제정된 원래의 권고와 어떤 차이가 있으며 왜 개정되었는지 그 배경을 분석한다. 제5절은 요약 및 결론이다.

2. 자금세탁에 관련된 기본적 사실2)

1) 자금세탁이란 무엇인가?

대부분의 범죄행위는 그 행위를 수행하는 개인이나 집단에게 이윤을 발생시키는 것을 목표로 한다. 자금세탁이란 바로 이러한 범죄수익의 가공처리(processing)를 통해 불법적 원천을 위장하는 행위이다. 이 가공처리는 매우 중요하다. 가공처리 덕분에 범죄자가 이윤을 누리면서 그 원천을 들키지 않을 수 있기 때문이다.

불법적 무기판매, 밀수, 정치적 커미션 수수, 마약불법거래 및 매춘을

---

2) 이 장의 내용은 FATF(2000b)에 주로 의존하였음.

포함하는 조직범죄활동 등 각종 불법행위를 통해 거액의 자금이 만들어
질 수 있다. 횡령, 내부자거래, 뇌물, 컴퓨터사기음모도 대규모 수익을
낳으므로 불법으로 얻은 수익을 자금세탁을 통해 합법화하려는 유인이
만들어진다.

범죄활동이 상당한 수익을 낳는 경우, 관련 개인이나 집단은 그러한
수익을 낳은 원천적 활동이나 여기에 개입된 사람들이 주목받지 않으면
서 자금을 통제할 수 있는 방법을 발견해야 한다. 이를 위해 범죄자들은
원천을 위장하거나 범죄수익의 형태를 바꾸고, 주목을 별로 받지 않는
곳으로 이 수익을 이동시킨다.

현재 국제협약에서 실무적으로 통용되는 자금세탁의 개념은 1988년
12월 19일 UN이 체결한 "마약 및 향정신성 물질의 불법거래 방지에 관
한 UN 협약"(United Nations Convention against Illicit Traffic in
Narcotic Drugs and Psychotropic Substances)에 기초하여 FATF(1990)가
내린 다음의 정의이다:

① 어떤 재산이 범죄활동의 결과로 취득되었거나 그러한 범죄활동에 참여한
   결과로 취득된 것임을 알면서도, 그 재산의 불법성을 위장, 은폐하거나 그
   러한 범죄에 가담된 자의 법적 처벌을 피하도록 도와주기 위해, 그 재산을
   용도 변경하거나 이전하는 행위
② 어떤 재산이 범죄활동의 결과로 취득되었거나 그러한 범죄활동에 참여한
   결과로 취득된 것임을 알면서도, 그러한 재산의 진정한 성격, 취득원
   (source), 위치, 처분(disposition), 이동, 권리 및 소유관계를 은폐, 또는 위장
   하는 행위
③ 어떤 재산을 인수하는 시점에서 그 재산이 범죄활동의 결과로 취득되었거
   나 그러한 범죄활동에 참여한 결과로 취득된 것임을 알면서도, 그 재산을
   취득, 소유, 사용하는 행위.

2) 자금세탁의 규모[3]

자금세탁은 그 정의상 정규 경제통계의 범위를 벗어나 발생한다. 따라서, 자금세탁의 규모는 간접적으로 추정될 수밖에 없다. 그 추정방식은 거시적 방법론과 미시적 방법론으로 대별된다.

먼저 거시적 방법론은, 첫째, 특정 국민경제에 있어서 기준년도의 현금/통화량 비율을 정상이라고 간주한 후 통화속도에 관한 구체적 가정하에서 이 비율로 설명되지 않는 잔여통화량이 지하경제규모를 나타낸다고 보는 방식, 둘째, 조세율이 높아질수록 조세회피유인이 강화되므로 지하경제규모가 커진다는 가정하에 지하경제규모를 추정하는 방식, 셋째, 지하경제활동을 지상의 노동시장참가율과 연결시켜, 지상의 고용기회 및 참가율은 비공식부문에서의 합법·불법 활동 유인을 나타낸다고 보는 접근, 넷째, 여러 접근방식에 나오는 통화량, 소득, 예상인플레이션, 예금이자율, 범죄, 조세회피, 실업율, 노동시장참가율 등 여러 변수들을 종합하여 회귀식을 설정한 후 횡단자료를 이용한 계량분석을 실시하는 접근 등으로 유형화할 수 있다.

미시적 방법론이란 특정 불법활동에 대한 적발자료나 서베이자료, 납세기록, 기타 정부자료를 통해 자금세탁규모를 추정하는 방식을 말한다. 이를 위해서는 도난재화, 방화, 위조, 횡령, 뇌물, 밀수, 도박 등 방대한 자료집합을 이용하여야 한다. 그리하여 불법활동의 부가가치를 측정한 후 이를 기초로 세탁규모를 추정하게 된다.

IMF는 전세계의 자금세탁 총액이 전세계 GDP의 2~5%에 달한다고 발표한 적이 있다. 1996년의 통계로 보면, 이는 미화 5900억에서 1조 5천억 달러인 셈이다.[4]

---

3) 자금세탁규모의 추정에 관한 연구에서 자금세탁관련 거래나 지하경제거래나 개념상의 차이는 전혀 없다. 둘 다 거래를 통해 소득을 은폐하려는 시도를 의미하기 때문이다. 세탁규모 추정의 방법론에 대한 개관은 퀴크(Quirk, 1996) 참조

4) FATF(2000b) 참조.

3) 자금세탁의 세 단계[5]

자금세탁은 수익을 발생시키는 거의 모든 범죄의 필연적 결과이므로 세계 어디서나 실제로 발생할 수 있다. 일반적으로 세탁자는 자금세탁방지프로그램이 미미하거나 유효하지 않아서 발각될 위험이 낮은 지역을 찾아나서는 경향이 있다.

자금세탁에는 다양한 거래자, 금융기관 및 금융수단이 개입되어 매우 복잡한 양상을 띠게 되지만, 어떤 개별 세탁과정도 대체로 착수·분리·통합의 세 단계를 거친다고 알려져 있다.

첫째, 자금세탁의 착수단계(placement)란 불법으로 조성된 자금의 소재지 이전 및 외형적 처분을 통해 자금세탁자가 불법수익을 금융제도에 이입시키는 단계이다. 이 단계에서는, 자금을 조세피난처(tax haven) 등 국외로 직접 운반하는 방식, 거액현금의 분할예치방식(smurfing),[6] 소액권을 고액권으로 교환하는 방식(refining), 고액권을 소액권으로 교환하는 방식(structuring), 일련의 화폐적 수단(수표, 머니오더 등)을 구입한 후 다시 이를 모아 다른 지역의 계좌로 예치하는 방식, 가명계좌나 익명계좌를 개설하여 불법자금을 예치하는 방식, 카지노나 경마장을 통해 은행권에서 수표로 세탁하는 방식,[7] 범죄조직이 운영하는 세탁소나 음식점, 자동판매기, 주유소 등 합법적 사업으로부터의 수익에 범죄수익을 혼합

---

5) 주로 이강연(1998)과 이병기·이경재(1994)를 참조하였음.

6) 스머핑이란 거액 현금을 보고기준에 미달하는 소액 현금으로 분할하여 다수의 중소은행에 다수의 소액예금으로 예치하는 방식을 말한다.

7) 예를 들어, 현금으로 칩(chips)을 사고 이 칩을 다시 카지노에 팔아서 카지노의 계좌를 지급계좌로 하는 수표를 발행 받는 방식을 생각할 수 있다. 여러 나라에 분포하는 카지노 체인을 이용하면 세탁의 착수단계가 좀더 불투명해질 수 있다. 즉, 어떤 카지노에서 칩을 구입한 후 '다른 나라로 여행가서 그곳의 동일 카지노 체인점에서 도박한다'는 거짓구실로 자신의 신용(credit)을 그때 사용할 수 있게 해달라고 요구한 다음, 나중에 그 다른 나라의 체인점에서 수표로 인출하는 방식도 있다. 한편, 도박장(복권, 경마, 카지노)의 당첨티켓을 개별 당첨자로부터 현금으로 구입한 후 이를 제시하여 상금을 받는 방식도 있다. FATF (1998) 참조..

하여 불법성을 희석시키는 방식 등이 이용된다.

자금이 일단 금융제도로 유입되면, 두번째 단계인 분리단계(layering stage)가 시작된다. 이 단계에서는 자금추적이 불가능하도록 세탁자가 반복적인 금융거래를 수행함으로써 자금을 취득원천으로부터 격리하게 된다. 예를 들면, 불법현금으로 자동차, 선박, 귀금속, 부동산, 유가증권 등 각종 투자수단을 구입한 후 매각하는 방식, 세탁자가 전세계 특히 자금세탁감시가 허술한 역외금융센터(offshore financial centers)의 여러 은행계좌로 전신송금하는 방식, 자금세탁자가 재화나 서비스에 대한 대금지급으로 가장하고 자금을 이체하는 방식, 국외의 유령회사를 이용하여 그곳의 은행계좌로 자금을 이전하는 방식, 소액예금 상태에서 은행입출금을 반복하는 방식 등이 이용된다.

범죄수익을 착수 및 격리 단계에서 가공처리하는 데 성공한 세탁자는 이 자금을 합법적 경제부문으로 재유입시키는 통합단계(integration)를 거친다. 이 단계에서는, 세탁자가 자금을 부동산, 사치성자산 또는 벤처기업에 투자하는 방식, 세탁자가 원래 소유하는 부동산이나 자산을 타인으로 하여금 불법자금을 이용하여 구입하게 한 후 이를 다시 제3자에게 매각하여 자금을 회수하는 방식, 역외에 유령회사를 설립한 후 이 회사로부터 불법자금으로 대부 받은 후 지급한 이자를 모아 합법자금으로 본국에 들여오는 방식, 역외 은행과 공모하여 불법자금을 수출입대금으로 위장하는 방식 등이 이용된다.

자금세탁의 목표가 불법자금을 생성시킨 개인에게 다시 자금을 되돌리려 하는 것이므로, 세탁자는 안정적 금융제도를 갖춘 지역을 통한 자금이동을 선호한다. 자금세탁활동은 세탁된 자금이 놓여 있는 단계에 따라 지리적으로 집중될 수도 있다. 가령, 배치단계에서 자금은 원천적인 활동(underlying activity)에 상대적으로 가까운 지역에서 흔히 가공된다. 모두 그런 것은 아니지만, 자금이 나오게 된 그 나라에서 가공되는 일도 자주 있다. 분리단계에서는 세탁자가 역외 금융센터, 지역의 기업활동

중심지, 세계적 금융센터 등 충분한 금융 또는 기업 인프라를 제공하는
곳이면 어느 장소든 선택하게 된다. 이 단계에서는 은행계좌를 경유하더
라도 세탁자금(laundered funds)의 원천이나 최종 도착지의 흔적을 남기
지 않을 수 있는 여러 곳의 계좌를 경유만 하게 된다. 최종적으로, 통합
단계에서는 세탁자가 세탁자금을 또 다른 곳에서 투자하려 할 수도 있
다. 세탁자금이 불안정한 경제나 투자기회가 제한된 곳에서 생성되었다
면 그러할 것이다.

4) 자금세탁의 영향

(1) 자금세탁과 사회

자금세탁이 저지되지 않은 채 방치되는 경우의 사회적·정치적 비용은
심각하다. 조직범죄는 금융기관에 침투하고, 투자를 통해 경제의 상당
부분을 통제하게 되며, 공무원 및 정부까지도 매수하게 된다. 그러므로,
자금세탁은 사회적 결속력과 사회 전체의 윤리기준을 약화시키며 궁극
적으로는 그 사회의 민주적 제도를 약화시킨다. 그리고, 자금세탁은 그
를 낳은 범죄활동과 뗄 수 없는 관계에 있으므로, 자금세탁은 범죄활동
의 영속화에 기여한다.

자금세탁조사는 강도, 강탈, 횡령, 사기에서 파생된 범죄자금의 소재
를 파악하고 이를 피해자에게 되돌려줄 수 있는 유일한 방법인 경우가
자주 있다. 또 금융거래기록을 통해 자금세탁자가 숨겨놓은 자금의 소재
가 드러나게 되거나 관련 범죄자 및 범죄조직의 신원을 확인할 수 있는
경우가 많다. 요컨대, 범죄활동의 자금세탁 측면을 겨냥하여 범죄자로부
터 불법수익을 환수하면 범죄활동은 지속될 수 없다.

(2) 자금세탁과 경제

자금세탁은 관련 금융기관에 부정적 영향을 미친다. 예를 들어, 특정
금융기관의 임직원이 매수되었거나 또는 그러한 자금의 불법성을 알고

도 모른 체한다면, 범죄활동으로부터의 자금이 그 특정 금융기관을 통해 쉽게 가공될 수 있다. 이때 그 금융기관은 범죄자와의 적극적 공모에 말려들 수 있게 되어 범죄네트워크의 부분이 되어버리는 셈이다. 그 결과, 연루된 금융기관의 건전성 위험(prudential risks)은 증가한다. 그리고 이러한 공모의 증거가 드러나게 되면 금융기관의 가장 중요한 자산인 평판이 크게 손상될 수 있다. 금융기관은 고도의 법적, 전문적, 윤리적 기준을 준수할 것이 당연히 기대되기 때문이다.

개별 금융기관의 평판이 손상되는 것과 마찬가지로, 한 나라의 상업부문과 금융부문이 조직범죄의 통제 또는 영향 아래에 있는 것으로 인지되는 경우에는 외국인직접투자(FDI)에 부정적 영향을 준다. 역외금융센터를 갖고 있는 일부 개발도상국은 자신들이 받아들이는 외국자본에 대해 그 원천을 따질 만한 여유가 없다고 주장할지도 모르지만, 조치를 미루는 것은 위험하다. 조치를 연기하면 할수록, 조직범죄는 그만큼 더 정착될 것이다.

자금세탁은 거시경제에 다양한 영향을 미친다.[8] 첫째, 자금세탁으로 인한 경제통계상의 측정오차로 인해 잘못된 정책이 나오게 된다. 지하경제의 존재는 관찰되지 않기 때문에 통화량을 조절하거나 물가수준 및 이자율의 변동을 예측하기가 몹시 어려워진다. 예컨대, 지하거래의 규모가 커지면 확장적 재정정책 또는 통화정책의 인플레적 효과가 과장되기 때문에 거시경제정책은 자금세탁의 규모를 고려하여 이루어져야 한다. 그러나 그렇게 하기란 쉽지 않다. 대규모의 불규칙한 개별 범죄활동은 경제통계를 애매하게 만들고 경제정책 수립을 복잡하게 만들기 때문이다.

둘째, 자금세탁으로 인해, 경제의 기초여건(fundamentals)과는 무관하게 통화수요가 변동하게 된다. 일반적으로 1980년대 이후 세계 각국에서는 통화총량의 움직임을 설명하기가 이전에 비해 더욱 어려워졌다. 이것은, 나라마다 금융기술이 급속히 발전하고, 규제완화 및 민영화에 따라

---

8) Quirk(1996) 참조.

경제구조가 변화한데 기인하는 것으로 알려져 있다. 그러나, 자금세탁규모의 증대가 통화총량의 변동성 증대에 기여한 측면도 간과할 수 없다.

셋째, 예상치 못한 국가간의 자금이동은 환율 및 이자율의 변동성을 증가시킨다. 화폐의 움직임을 이해하기 위해서는 화폐 발행국과 예금주 소재를 통계적으로 파악해야 한다. 한 경제에서 다른 경제로 화폐수요가 이전되고 자료가 왜곡된 정보를 담고 있는 한, 통화총량의 추정이 더욱 불확실해지면서 이자율 및 환율이 영향을 받게 된다.

넷째, 국내외적 자금이동이 경제의 안정성 및 효율성을 해칠 수 있는 가능성은 더욱 고조된다. 세탁으로 인해 개별 금융기관(들)의 부채기반이 불안정해지고 자산구조가 불건전하게 되어 시스템위험이 증대되기 때문이다. 또 세탁으로 누적된 잔액은 대규모 조직범죄세력이 장악하고 있는 암시장(corner markets)으로 흘러 들어갈 가능성이 있다.

다섯째, 자금세탁은 자산가격 및 재화가격의 왜곡을 통해 자원배분의 비효율을 초래한다.

여섯째, 탈세 이외의 이유로 세탁되는 자금 역시 조세회피의 경향을 보이게 될 것이므로 조세징수 및 공공지출배분 측면에서 경제적 왜곡은 가중된다.

일곱째, 자금세탁은 소득분배에 영향을 미친다. 자금세탁의 이면에 존재하는 범죄활동이 소득을 고저축자에서 저저축자에게로 또는 건전한 투자에서 위험투자 및 저질투자로 이전시킨다면 경제성장이 둔화될 것이다. 마찬가지로, 강도나 유괴 등 개인에 대한 범죄도 부유층을 대상으로 이루어지는 경우가 많으므로 저축에 영향을 미치게 된다. 그러나, 마약왕(drug lord)이 마약사용자(drug user)보다 높은 저축성향을 가질 것이므로 세탁이 분배에 미치는 영향이 저축 및 성장에 항상 마이너스로 작용하는 것은 아닐 것이다.

여덟째, 자금세탁은 오염효과(contamination effect)에 의해 합법거래를 저지한다. 예를 들어, 어떤 거래가 합법적이라 하더라도 특정 국가(예를 들어, 러시아)의 기업과는 거래하지 않는 것이 바람직하다는 분위기가 있다면 자금세탁과의 관련 가능성으로 인한 오염효과가 작용하는 것이다. 일반적으로, 내부거래, 사기, 횡령이 만연한 경우에는, 시장에 대한 신뢰가 손상되고 높은 이윤은 더 이상 효율성의 신호로 기능할 수 없다. 한편, 법을 경시하는데서 나오는 오염효과도 있다. 법의 한 측면이 지켜지지 않게 되면 다른 불법 금융행위도 쉽게 할 수 있는 일로 여겨지게 된다. 가령, 외환통제에 의해 일반국민이 합리적이고 공평하다고 생각하는 거래가 불법으로 통제되는 경우, 국민들은 다른 분야에 있어서도 법을 잘 지키지 않게 된다.

3. FATF의 자금세탁방지활동9)

2000년 11월 현재, FATF의 회원은 모두 29개국(아르헨티나, 호주, 오스트리아, 벨기에, 브라질, 캐나다, 덴마크, 핀란드, 프랑스, 독일, 그리스, 홍콩, 아이슬란드, 아일랜드, 이탈리아, 일본, 룩셈부르크, 멕시코, 네덜란드왕국, 뉴질랜드, 노르웨이, 포르투갈, 싱가포르, 스페인, 스웨덴, 스위스, 터키, 영국, 미국)과 2개 지역조직[유럽이사회(European Commission), 걸프협력회의(Gulf Cooperation Council)]으로 구성된다.10)

---

9) FATF(1990, 1991, 1992, 1993, 1994, 1995, 1996, 1997, 1998, 1999, 2000a)를 참조하였음.

10) FATF(2000e) 참조. 정확히 말해서, 국가(countries), 영토 또는 관할권(territories or jurisdictions), 그리고 지역조직(regional organizations)이 FATF의 회원을 구성한다. 또한, FATF에는 다음의 조직들이 옵저버로 참석한다:
① FATF유형의 지역조직:
Asia/Pacific Group on Money Laundering(APG)
Caribbean Financial Action Task Force(CFATF)
Council of Europe PC-R-EV Committee
Eastern and Southern Africa Anti-Money Laundering Group(ESAAMLG)
Intergovernmental Task Force against Money Laundering in Africa(ITFMLA)
Financial Action Task Force on Money Laundering in South America

FATF의 주요 임무는 세 가지이다.[11] 첫째, FATF는 자금세탁방지의 메시지를 전세계 대륙과 지역에 전파한다. FATF는 회원국을 적절히 확대하고, 세계 각 지역에 그 지역을 관할하는 자금세탁방지조직을 개발하며, 관련 국제기구와의 협력을 통해 자금세탁방지를 위한 전세계 네트워크를 확립하려 노력한다. 2000년 6월 아르헨티나, 브라질, 멕시코가 FATF의 신규 회원국이 되었고, 1999년 남·동아프리카의 ESAAMLG, 2000년 후반 서아프리카의 ITFMLA와 남아메리카의 GAFISUD 등 FATF유형의 지역조직들이 만들어졌다.

둘째, FATF는 회원국의 권고 이행상황을 감시한다. 각 회원국의 권고 이행상황은 자기평가분석과 상호평가분석을 통해 평가된다. 각 회원국의 자기평가는 매년 이루어지며, 각 회원국에 대한 상호평가는 전체 회원국에 대해 지난 10여 년 간 두 차례 시행되었다.

셋째, FATF는 자금세탁의 추세 및 대응조치를 검토하는 유형분석을 매년 실시한다. 자금세탁은 진화하는 활동이므로 그 추세에 대한 감시는 지속적으로 이루어져야 한다. 따라서, FATF 회원국은 자금세탁 수법 및 추세의 변화에 관한 정보를 수집하고 분석한다. 예를 들어, 범죄자들이

(GAFISUD)
② 기타 국제기구:
Asia Development Bank
The Commonwealth Secretariat
European Bank for Reconstruction and Development(EBRD)
Inter-American Development Bank(IDB)
International Monetary Fund(IMF)
Interpol
International Organization of Securities Commissions(IOSCO)
Organization of American States/Inter-American Drug Abuse Control Commission(OAS/CICAD)
Offshore Group of Banking Supervisors(OGBS)
United Nations Office for Drug Control and Crime Prevention(UNODCCP)
World Bank
World Customs Organization(WCO)
  11) FTAF(2000c) 참조.

불법자산을 합법화하기 위해 사용하는 세련되고 복잡한 방식, 자금세탁 과정에 전문직종이 개입되는 현상, 자금세탁에 취약한 금융제도 및 경제부문, 새로운 지리적 세탁경로 등이 분석의 대상이다. 이러한 유형분석은 FATF의 권고가 자금세탁을 방지하는 데 계속 유효할 수 있도록 보장하는 역할을 한다. FATF는 유형분석에서 다루어진 자금세탁 위협과 추세에 관한 최신 정보를 1997년부터 연차보고서의 부록을 통해 세계의 정부 및 민간에게 공식적으로 제공해오고 있다.

이제 FATF가 창설된 이래 어떤 과정을 거쳐 오늘의 모습으로 진화했으며, 그 과정에서 이루어진 각종 활동과 성과를 1990년대 FATF의 연차보고서를 중심으로 개관하기로 한다.

1) FATF-I(1989-1990) 연차보고서(1990.2.7)

FATF는 1989년 7월 프랑스 파리에서 열린 제15차 G-7 정상회담에 의하여 창설되었다. 당시 정상회담에 참석하였던 미국, 일본, 독일, 프랑스, 영국, 이탈리아, 캐나다, 그리고 유럽공동체위원회(Commission of the European Communities)는, 이미 심각한 수준에 도달한 마약문제에 대해 국내적으로나 국제적으로 결정적 조치가 시급히 필요하다고 판단하였다. 이에 따라, 당시 정상회담 참가국들과 이 문제에 관심을 가진 다른 나라들(스웨덴, 네덜란드, 벨기에, 룩셈부르크, 스위스, 오스트리아, 스페인, 호주)로 구성된 FATF가 소집되었다. 프랑스의 주재로 진행된 이 회의에서 FATF는 자금세탁의 방지를 위한 기존 협력의 결과를 평가하고 향후의 추가적 노력을 논의하였다. 그리고, 그 첫번째 보고서를 1990년 4월까지 완성하기로 결정하였다.

당시 FATF의 작업은 여러 나라의 정부당국, 법률집행당국, 은행감독 규제당국의 전문가들을 3개의 실무그룹(Working Groups) ─ 자금세탁통계그룹(의장: 영국), 법률그룹(의장: 미국), 행정 및 금융협력그룹(의장:

이탈리아)—으로 나누고 여러 차례의 회의를 거쳐 진행되었다. 이들의 연구작업을 기초로 1990년 2월 7일에는 최초의 FATF 보고서가 발간되었다. 특히 이 보고서에는 자금세탁을 방지하기 위해 요구되는 국가 법률제도의 개선, 금융제도의 역할, 국제협력의 강화 등을 포괄적으로 다룬 40개 권고(Forty Recommendations)가 포함되었다. 이외에도, 보고서는 자금세탁의 현상 및 수법, 그리고 이미 가동중인 국내적·국제적 자금세탁방지프로그램을 논의하였다.

2) FATF-II(1990-1991) 연차보고서(1991.5.31)

1990년 5월 모든 FATF 회원국은 FATF-I 연차보고서를 승인하고 40개 권고 원안을 채택하였다. 그리고 권고의 이행을 평가하고 촉진하기 위해 FATF를 1년간 연장하기로 합의하였다. 이후 1990년 7월 미국 휴스턴에서 열린 G-7의 제16차 정상회담에서는 FATF의 제2차년도를 계획하기 위해 프랑스를 의장국으로 하여 FATF가 소집되었다. 이 회의에서는 덴마크, 핀란드, 그리스, 홍콩, 아일랜드, 뉴질랜드, 노르웨이, 포르투갈, 터키, 걸프협력회의가 신규 회원국으로 참여하기로 확정되었다. 또한, FATF의 활동을 5년 동안 계속하기로 합의하였고, FATF를 지속해야 할 필요성, 그 책무 및 업무 프로그램 등을 향후중간 점검하기로 결정하였다.

FATF-II의 활동은 3개 실무그룹을 중심으로 진행되었다. 법률그룹(의장: 미국)은 법률관련 권고의 이행에, 금융협력그룹(의장: 벨기에)은 금융제도의 역할 및 국제협력에 관련된 권고의 이행에, 미래계획그룹(의장: 영국)은 자금세탁을 위한 대외적 자원동원과 FATF의 미래에 대한 계획에, 각각 초점을 맞추어 작업을 진행하였다. 다음은 연차보고서의 주요 내용이다.

(1) 기존 권고의 이행 평가 및 개선

자금세탁에 대한 의미있는 대응은 국제적 협력을 통해서만 가능하다는 것이 FATF의 기본 전제이다. 국제적 협력의 제고를 위해서는, 국내법에 남아 있는 장벽(barriers)을 최소화하려는 법률적 접근과 자금세탁문제에 있어서 금융제도의 역할을 개선하려는 금융제도적 접근이 필요한 것으로 인식되었다. 그리하여, 각 회원국은 권고 각 항목의 이행 여부를 묻는 설문에 가부(可否)를 밝힘으로써 자기보고과정을 거쳤으며, 40개 권고의 일부 내용에 대한 향후 정교화 및 확장의 가능성이 논의되었다.

(2) 자금세탁방지를 위한 FATF 프로그램의 지역적 확장

웬만한 규모의 자금세탁은 일반적으로 국제적 활동을 수반하므로 자금세탁자들이 국가의 법률, 규제, 제재 관행 등의 차이를 이용할 수 있다. 이것이 FATF 프로그램이 세계적으로 확대되어야 하는 이유이다.

이러한 인식을 기초로, FATF-II에는 FATF-I에 비해 OECD국가 및 다른 주요 금융센터를 중심으로 회원국이 늘어나 모두 24개 국가와 2개 지역조직이 회원으로 참여하게 되었다. 또한 FATF 회원국은 관련 지역의 국가 및 역외금융센터와 접촉하여 이들의 의견을 청취하고 권고의 이행을 독려하며 이들이 FATF 권고를 승인하도록 하는 노력을 경주하였다. 한편, 규제피난처(regulatory havens)[12] 등 비협력국가의 문제에 대한

---

12) 장기적으로 볼 때, 규제피난처에서 자금세탁이 감지되는 경우 신뢰성을 상실하게 되어 그 금융제도가 송두리째 위험에 봉착하게 된다. 그렇지만 일부 국가는 단기적으로 규제도피처가 되려는 다음 3가지 동기를 갖는다는 것이 FATF의 분석이다:
① 유령회사(shell companies)에 대한 인가 및 은행업 면허의 판매 등 금융서비스산업이 국가 재정상 추가수입원이 되며, 내국인에 대한 고용기회가 제공되는 점.
② 규제가 적거나 없음은 일종의 비교우위로 작용하므로, 규제피난처로 되는 경우 금융서비스업에게 마케팅면에서의 우위를 보장하는 셈이 되는 점.
③ 자금세탁에 대한 제재의 적용에는 행정적 비용이 들어가므로, 규제피난처가 됨으로써 그러한 행정비용을 절감할 수 있는 점.

대응도 논의되었다.

(3) 제2차 FATF 이후의 계획 및 후속조치

미래계획그룹은 FATF 프로그램의 완전한 이행을 위해 FATF가 당분간 다음 4가지 책무를 도모해야 한다고 확정하였다.

① FATF 권고의 채택 및 이행을 위하여 회원국의 자기보고(self-reporting) 및 상호평가(mutual evaluation) 실시.
② 비회원국의 권고 채택 및 이행을 촉진시키기 위한 노력의 조정 및 감시.
③ 자금세탁 추세 및 수법의 검토와, 법률적·금융적 대응조치 및 제재조치에 대한 정보의 공유.
④ 자금세탁에 대항하기 위하여 개별 국가 또는 영토(territories)간 협력의 촉진.

이밖에 이 실무그룹은 FATF의 의장직(presidency), 사무국, 미래의 회원자격에 관한 제도적 장치를 논의하였다.

3) FATF-III(1991-1992) 연차보고서(1992.6.25)

FATF는 스위스를 의장국으로 하여 다시 소집하기로 1991년 6월 결정하였으며, 모든 회원국들은 FATF-II의 미래계획그룹이 확정했던 4개 책무를 수행하기 위해 FATF를 향후 적어도 3년간(1991~1994) 더 지속하기로 합의하였다. 그리고, 기존 회원국에 더하여 아이슬란드와 싱가포르가 신규 회원국으로 FATF-III에 참여하기로 확정되었고, FATF의 사무국이 창설(1991.9)되어 OECD에 소재하게 되었다.[13)]
FATF-III의 활동은 법률분야(의장: 미국), 금융그룹(의장: 네덜란드), 국제그룹(의장: 영국)의 3개 실무그룹에 의해 주로 이루어졌다. 연차보고

---

13) FATF 사무국은 OECD에 소재하지만, FATF 그 자체는 독립적 국제조직체(independent international body)이며, OECD의 부분은 아니다.

서의 주요 내용은 다음과 같다.

(1) 40개 권고조항의 이행 확인

FATF-II에서의 자기평가 설문이 지나치게 단순하여 권고 이행상의 실제적 진전을 평가하기에는 미흡하다고 일반적으로 판단됨에 따라, 자기평가 설문의 개선이 이루어졌다. 구체적으로, 각 권고의 이행 여부는 물론 그 이행의 정도나 방식에 관한 객관적 지표를 제시하여 이에 대한 응답이 가능하도록 종합적인 자기평가문항을 개발하였다.

한편, 다음과 같은 방식으로 운영되는 상호평가과정(mutual evaluation process)이 확립되었다.

① FATF 의장이 운영위원회(Steering Group)[14]의 자문을 얻어 다음해에 평가받을 국가를 선정하고, 의장이 평가대상국 및 추진위원회와 협의하여 적어도 2개국 이상에서 최소 3인의 검사관을 선정한다.

② 모든 관련 정보를 수집하고 가공한다. 이때 평가대상국은 설문에 응답하는 과정에서 관련 정보를 제공하게 되며 검사자가 직접 방문하여 면접검사가 이루어진다.

③ 수집된 자료를 기초로 사무국이 분석적 평가를 수행한 후, 보고서 초안을 통해 잠정 평가를 내린다.

④ 이 보고서 초안을 법률그룹 및 금융그룹의 두 실무그룹과 여타 회원국들이 검토한다.

⑤ 이러한 검토내용에 따라 필요한 경우 사무국은 보고서를 수정한다. 보고서의 결론은 향후 FATF의 승인을 받아야 한다. 보고서 자체는 공표되지 않지만, 그 요약은 FATF의 연차보고서에 포함된다.

그리고, 이러한 절차에 따라, 프랑스, 스웨덴, 영국, 호주에 대한 상호평가가 완결되었다.

---

14) 운영위원회는 전·현 의장국의 대표와 차기 의장국의 대표, 그리고 실무그룹의 의장을 포함한다.

(2) 자금세탁 수법에 대한 분석과 권고의 정교화

법률 및 금융분야의 두 실무그룹은 세탁방식의 변화와 새로운 세탁수법의 출현에 대비하기 위해 유형분석(typologies exercises)을 실시하였다. 세탁에 관련된 금융관계가 더 복잡해진 점과 전세계 금융기관을 통한 자금이동의 경로가 더 복잡해진 점이 지적되었으나, 세탁방식상의 새로운 변화는 없었다.

주로 논의된 사항은 다음과 같다.

① 불법자금이 국경을 넘어 비은행금융기관과 비회원국의 금융기관으로 이동하는 현상이 점증하고 있는 점.
② 은행간 거액자금이체나 동일 은행의 지점간 거액자금이체가 자금세탁과 유관할 가능성이 있는 점.
③ 국제자금이체의 지급인 및 수신인의 이름이 불명인 경우가 자주 있는 점.
④ 은행에 대한 자금세탁방지규제가 강화됨에 따라 세탁방지법률의 완전한 적용을 받지 않는 부문으로 세탁활동이 이전되는 현상이 관찰되는 점.
⑤ 자금세탁스킴에서 역외 유령회사가 자주 등장하는 점.
⑥ 전제범죄가 마약의 불법거래인지 아닌지 여부와는 무관하게 세탁사건들의 방식은 실질적으로는 동일하다는 점.
⑦ 일부 변호사가 금융기관의 비밀보호에 관한 법률을 이용하여 자기 고객의 신원이나 거래 내역을 은폐하는 등 자금세탁을 돕는 행위가 관찰되는 점.

이러한 논의에 따라, 권고 5, 11, 13, 15, 23, 26, 29, 33, 38에 대한 해석(Interpretive Notes)과, "유령회사"와 "체포 및 압류 연기"(deferred arrests and seizures)[15]에 관한 해석이 채택되었다.

(3) FATF의 국제적 역할 강화

FATF 프로그램이 전세계적으로 이행되도록 하기 위해서는 전략이 필요하다는 인식 아래, 비회원국을 다루기 위한 행동계획(action plan)이 개

---

15) 이는, 혐의세탁활동에 관련된 사람들의 신원을 확인하고 증거를 수집할 수 있도록 하기 위해 혐의자의 체포나 혐의자금의 압류를 연기하는 조치를 의미한다.

발되었다. 이것은 다음과 같은 3단계 접근으로 고안되었다.

① 지역회의(regional conferences)를 통해 자금세탁문제를 세계적으로 이슈화
함.
② 지역활동(regional initiatives)을 통해 집단적 의지 및 동류집단의 압력(peer
pressure)을 통해 세탁방지노력을 확산시킴.
③ 주요 문제가 발견되는 경우, 개별 FATF 회원국 정부와 특정 제3국 정부와
의 쌍무적 활동(bilateral initiatives)을 통해 해결함.

한편 FATF에 이미 28개 국가 및 기구가16) 회원으로 참여하고 있는
점을 감안하여 다른 회원국을 추가하지 않기로 결정되었다. 이러한 결정
은 절차의 비공식성과 합의도출의 용이성을 강점으로 하는 FATF로서는
더 이상 회원을 늘릴 경우 그러한 특성을 살리기 어렵게 된다는 판단에
기인하였다.

4) FATF-IV(1992-1993) 연차보고서(1993.6.29)

FATF-IV의 의장국은 호주가 맡았으며, 법률그룹(의장: 이탈리아), 금
융그룹(의장: 네덜란드, 프랑스), 대외그룹(의장: 미국)이 분야별 활동을
주도하였다.

(1) FATF 회원국의 40개 권고 이행 진전상황에 관한 감시
법률 및 금융 관련 권고에 대한 설문에 기초하여 자기평가가 실시되
었으며, 회원국의 응답결과를 사무국이 두 부류(grids)로 정리하여 이행
상황을 요약하였다. 이를 법률 및 금융부문의 두 실무그룹이 논의하였는
데, 국가별로 일부 문항에 대한 해석의 차이가 온존하는 것으로 나타났
다. 그러나 대체로 자기평가가 회원국 성과를 측정하는 객관적 분석이

---

16) FATF-III에는 정확하게 26개 국가와, 유럽위원회와 걸프협력회의의 2개 지
역기구(regional organizations)가, FATF에 참여하였다.

되었다고 평가되었다. 한편, 덴마크, 미국, 벨기에, 캐나다, 이탈리아, 오스트리아, 룩셈부르크, 스위스에 대한 상호평가가 완결되었다. 1994년 말까지는 모든 회원국에 대해 상호평가가 완료될 것으로 전망되었다.

(2) 자금세탁수법의 발전 감시

진정한 의미에서 새로운 자금세탁방식은 발견된 바 없으나, 다음과 같은 추세가 확인되었다.

① 착수단계에서 불법자금을 금융제도로 유입시키기 위해 환전소(bureaux de change),[17] 금융브로커, 생명보험, 우체국 등, 비은행금융기관을 이용하는 추세가 두드러짐.

② 통합단계에서 범죄수익을 투자하기 위해서 뿐만 아니라, 분리단계에서 범죄자금의 불법성을 은폐하기 위한 일련의 거래에서도, 수출입회사(import-export companies)와 같은 합법적 비금융회사가 이용되는 추세가 두드러짐. 즉, 이들 회사를 이용하여 범죄수익을 합법자금과 혼합하거나 송장조작(false invoicing)을 통해 자금의 불법성을 위장하게 됨.

③ 역외 금융센터에 소재한 유령회사의 이용이 만연하고 있음.

이밖에도, 자금세탁방지를 위한 고객신원확인 및 전자자금이체 관련 대응조치가 논의되었다. 한편, FATF는 권고 32, 33, 36, 그리고 38(통제하 운반(controlled delivery)[18] 관련)에 대한 해석과, 권고 9 및 15(생명보험 관련)에 대한 해석을 각각 채택하였다.

(3) 대외 관계

예년과 마찬가지로 FATF 프로그램의 세계적 확산을 위한 전략이 논의되었고, FATF 회원국과 관련된 영토(dependent, associated or

---

17) 환전소란 현금, 수표, 또는 신용카드에 의한 소매외환업무(retail foreign exchange operations)를 수행하는 기관으로 정의된다. FATF(1996), p.11 참조.
18) 통제하 운반이란, 관련 범죄자들에 대한 증거를 수집하기 위해 당국의 감시 하에 혐의거래의 진행이나 혐의화물의 이동을 허용하는 조사테크닉을 의미한다.

otherwise connected territories of FATF members)에 대한 권고 이행의
문제가 고려되었다.

5) FATF-V(1993-1994) 연차보고서(1994.6.16)

FATF의 제5차년도에는 영국이 의장을 맡았다. 회원국들은 그 동안의
FATF의 활동을 긍정적으로 평가하는 한편, 그 책무의 달성을 위해서는
당분간 활동을 지속해야 한다고 판단하여 향후 5년간(1994~1999)
FATF의 활동을 연장할 것을 만장일치로 결정하였다. 그리고, 마약자금
의 세탁이 FATF의 주된 초점이지만, 상당한 자금을 발생시키는 중범죄
수익의 세탁에 대해서도 계속 다루기로 결정하였다. 앞으로의 5년 동안
FATF는 다음과 같은 3 가지 책무를 지향하기로 하였다.

① 자금세탁에 대항하여 싸우는 회원국의 진전상황을 감시함.
② 자금세탁수법 및 대응조치를 검토함
③ 자금세탁에 맞서는 전세계적 대응조치의 제고를 지속적으로 강조함.

특히 위 ③항과 관련해서는, 경제 및 금융의 세계적 개방이 진전됨에
따라 자금세탁자들이 규제가 덜한 지역으로 이동하는 추세에 대응하여
FATF가 비회원국과의 관계를 위한 프로그램을 강화해야 할 필요성이
제기되었다. 그러나, FATF의 신축성과 효율을 위해 회원규모는 확대하
지 않는 방향으로 의견을 모았으며, 지역의 태스크포스 조직(예를 들면,
카리브지역의 CTAFT)의 추가적 설립 가능성을 검토하기로 하였다.
앞으로의 FATF 조직형태에 관해서는, 이제까지와 마찬가지로 외부적
으로 지지해주는 구조를 갖지 않는 정부간 특별그룹(free-standing ad hoc
group)으로 계속 역할하리라는 점이 재확인되었다. 그리고 운영면에서 3
개의 실무그룹이 주도적인 역할을 담당해왔으나, 앞으로는 위원회 구조
를 중단하고 전체회의(plenary meetings)의 기능을 강화하기로 결정하였

다.19)

FATF-V의 업무는 법률그룹(의장: 이탈리아), 금융그룹(의장: 프랑스), 대외그룹(의장: 미국)이 분야별로 수행하였다.

(1) 자금세탁방지조치의 이행상황 감시

자기평가분석의 결과, 법률 및 금융관련 권고의 이행이 지속적으로 진전되었음이 밝혀졌다. 구체적으로, 이제 거의 모든 회원국들이 마약자금세탁을 범죄로 규정하는 법률을 제정한 상태였고, 모든 회원국에서 은행이 소관 당국에게 혐의거래를 보고할 수 있게 되었으며 19개 국가에서는 은행에게 혐의거래보고의무를 부과하고 있었다.

한편, 독일, 네덜란드왕국(Kingdom of the Netherlands),20) 노르웨이, 일본, 그리스, 스페인, 핀란드, 홍콩, 아일랜드에 대한 상호평가가 완료되었다.

(2) 자금세탁수법의 발전 감시

자금세탁의 추세와 수법에 대한 서베이가 실시되었으며, 비은행금융기관, 역외금융센터의 유령회사나 여타 법인체가 자금세탁에 이용되는 점, 신원확인 요건의 강화가 필요한 점, 전자자금이체가 세탁에 자주 이용되는 점 등이 논의되었다. 그리고 이에 대한 대응조치의 정교화를 위해, FATF는 권고 12, 13, 16-19(자금세탁스킴을 위해 법인이 계좌를 이용하는 것에 관한 권고), 권고 10 및 11(비금융기업을 이용한 자금세탁에 관한 권고)에 대한 해석을 각각 채택하였다.

---

19) 그러나, 필요에 따라 구체적 책무와 권한이 위임된 특별그룹을 설치할 수는 있다.

20) 네덜란드왕국은, 네덜란드(Netherlands), 네덜란드 안티유(Netherlands Antilles), 그리고 아루바(Aruba)를 포함한다. 그런데 네덜란드 안티유와 아루바에 대해서는, 이들에 관한 정보가 미흡하고 이들이 아직 자금세탁방지를 위한 제반 준비가 미비하다는 이유로 FATF-VI에서 상호평가를 다시 실시하기로 결정되었다.

(3) 대외 관계

이 기간중에는 FATF의 고위사절단이 이스라엘, 중화인민공화국 (People's Republic of China), 말레이시아, 타일랜드, 타이완을 방문하였고, 캐나다, 프랑스, 네덜란드, 영국, 미국의 지원으로 CFATF의 사무국이 현재 의장국인 트리니다드(Trinidad)에 만들어졌다.

6) FATF-VI(1994-1995) 연차보고서(1995.6.8)

이 기간중 의장은 네덜란드가 맡았다. 활동의 주요 내용은 다음과 같다.

(1) 자금세탁방지조치의 이행상황 감시

자기평가분석의 실시 결과, 회원국의 권고 이행이 일반적으로 만족스러웠고 특히 금융부문이 자금세탁방지조치를 준수하고 있는지 여부를 확인하는 규제당국의 역할이 제고되어 권고의 이행에 상당한 진전이 있었음이 확인되었다. 그러나, 아직도 일부 회원국에서 권고의 40개 조항 가운데 상당수가 이행되지 않고 있는 점이 중대한 문제로 지적되었다.

FATF-V에서는 뉴질랜드, 포르투갈, 아이슬란드, 싱가포르, 터키, 아루바, 네덜란드 안티유에 대한 상호평가가 완료됨으로써 모든 회원국에 대한 제1차 상호평가가 종결되었다. 제2차 상호평가과정은 각 회원국이 실시하는 자금세탁방지조치의 유효성에 초점을 맞추어 1996년부터 실시하기로 하였다.

이밖에 혐의거래보고의 이행상황에 관한 국가별 제1차 검토가 표준설문방식으로 실시되었다. 많은 회원국에서 보고제도가 순조롭게 가동하고 있었지만, 보고의무를 적용하는 거래가 법적으로 제한되어 있거나, 보고의 빈도나 보고내용의 수준, 보고의 신속성 등 측면에서 다수의 난점이나 제약이 확인되었다. 국제적 차원에서 혐의거래 정보교환을 위해 지속적으로 노력하는 것이 중요하다는 점도 강조되었다.

(2) 자금세탁방식 및 대응조치에 관한 검토

유형분석을 실시하여 러시아조직범죄, 자금세탁을 위한 비금융업의 이용, 환전소(bureaux de change), 전자자금이체 등에 대하여 논의하였다. 이와 관련하여 FATF는 권고 8 및 9에 대한 환전소 관련 해석을 채택하였다.

한편, FATF는 제1차 상호평가가 완료된 시점이므로 40개 권고 및 해석에 대한 종합검토작업(Stocktaking Review)에 착수하였다. 이 작업의 목적은 그동안 관찰된 자금세탁수법 및 그 추세와, 자금세탁방지에 관한 회원국들의 경험을 기초로 권고 내용을 수정하고 그동안 채택된 해석을 권고에 통합시키기 위해서였다.

(3) 대외 관계

이 기간중에는 FATF 고위사절단이 체코공화국, 러시아연합, 모로코를 방문하였고, 지역활동의 일환으로 FATF의 아시아사무국(Asia/Pacific Group의 전신)을 설립하였다. 그리고, 역외금융센터에 대한 FATF의 정책을 검토하였다.

7) FATF-VII(1995~1996) 연차보고서(1996.6.28)

제7차년도에는 미국이 의장을 맡아 1990년 권고에 대한 종합검토작업을 수행하여 40개 권고를 개정, 공표하였다. 개정의 주요 골자는 다음과 같다.

① 자금세탁의 전제범죄(predicate offences)를 마약의 불법거래 이외의 다른 범죄로도 확대함.
② 혐의거래보고를 의무화하고, 금융기관 관련 권고를 비금융업종으로 확대하여 적용함.
③ 새로운 지급기술의 발전에 따른 신원확인요건을 정교화함; 국경간 현금이동에 대한 감시를 강화함; 통제하 운반의 도입을 장려함; 환전소 및 유령회사에 대한 대응을 강화함.

한편, 세계 금융서비스산업과의 제1차 포럼이 개최되어, 자금세탁방지를 위한 협력 증진의 장을 열게 되었다. 이 기간의 주요 성과는 다음과 같다.

(1) 자금세탁 방식 및 대응조치 검토

자금세탁에 대한 유형분석이 실시되었다. 세탁수법면에서 새로운 변화는 감지되지 않았으나, 현금밀매와 환전소, 전문가를 활용하는 기존의 세탁추세가 두드러졌다. 또한, 보험, 증권, 전자자금이체 등의 분야에서 잠재적 위험이 있음이 주목되었고, 구 소련 및 동구권 세력의 자금세탁이 커다란 문제로 부상하고 있는 것으로 평가되었다.

특히 FATF는 앞으로 연차보고서에 공식 유형분석보고서를 포함시키기로 결정함으로써, 그동안 공표되지 않았던 세부적 유형분석이 FATF-VII 연차보고서를 통해 최초로 공개되었다.

(2) 자금세탁조치의 이행상황 감시

자기평가분석 결과, 일부 회원국의 상당한 진전으로 전반적으로 회원국의 이행 성과가 향상된 것으로 나타났다. 그러나, 모든 회원국이 40개 권고를 만족스러운 수준으로 준수하도록 하는 것이 시급하다는 점이 강조되었다.

이와 관련하여 비준수회원국(non-complying members)에 대한 FATF의 새로운 정책이 수립되어 회원국의 이행수준에 따라 차별화된 조치를 적용할 수 있게 되었다. 이 정책은 최초로 터키에 대해 적용되었다. 터키는 당시까지도 자금세탁방지입법을 하지 않은 상태였고 권고 이행의 상황도 매우 저조했다. 이에 따라, FATF는 고위사절단을 터키로 파견하여 신속한 법제정을 촉구하는 등 압력을 가했으며, 향후 터키의 대응에 따라 필요한 경우 더 강한 압력을 가하기로 하였다.

한편, 프랑스와 스웨덴에 대해 제2차 상호평가가 실시되었다. 이 평가는 회원국의 자금세탁방지조치의 유효성에 초점을 맞추었고, 제1차 평가에서 지적된 사항에 대한 평가대상국의 후속 개선조치를 확인하기로 하였다.

그밖에 회원국에 대해 범죄수익의 확인, 동결, 압류, 몰수조치에 관한 설문을 실시하여 이 분야에 대한 회원국별 평가작업이 시작되었다.

(3) 대외 관계

FATF는 어떤 비회원국(non-member)이 국제적 자금세탁방지기준을 심각할 정도로 지키지 못했다는 증거를 확보하는 경우에는, 권고 21에[21] 명시된 절차를 적용하기로 결정할 수 있다. 이에 따라 세이셸(Seychelles)의 상황이 검토되었다. 세이셸은 1995년 11월 경제개발법을 제정하였는데, 이 법에는 면책규정(immunity provisions)이 포함되어 있었다. 이 규정이 국제적 범죄기업을 불러들일 것이라는 우려에서 FATF는 세이셸에 자금세탁방지입법을 추진하도록 권고하기로 하였다.

이 기간중 FATF는 중화인민공화국, 한국, 그리고 이집트로 고위사절단을 파견하였다.

8) FATF-VIII(1996-1997) 연차보고서(1997.6.19)

이 기간에는 이탈리아가 의장을 맡아 다음과 같은 업무를 수행하였다.

(1) 자금세탁방식 및 대응조치의 검토

유형분석의 결과, 가장 두드러진 현상은 세탁자들이 특히 환전소나 송금업과 같은 비은행금융기관과 비금융업을 이용하여 세탁하는 추세가 증가하고 있다는 점이었다. 아울러, 가치저장카드(stored value cards), 인

---

21) 권고 21은 40개 권고를 적용하지 않거나 적용하더라도 불충분한 국가의 개인 및 법인과 거래하는 FATF 회원국의 금융기관은 그 업무거래에 특별히 주의를 기울여야 한다는 것이 그 주요 내용이다.

터넷시스템(internet/network based systems), 혼합형 시스템(hybrid systems) 등 각종 전자화폐 기술(e-money technologies)이 제기하는 잠재적 문제도 논의되었다.

한편, 자금세탁방식 및 대응조치의 일부 내용으로서 자금세탁의 규모를 추정하는 작업이 시작되었다. 그러나 자료부족으로 특별그룹을 구성하여 통계정보의 수집, 연구방법의 모색, 모수(parameters)의 규정 등 관련작업을 수행하도록 하였다.

(2) 자금세탁방지조치 이행상황의 감시

1996년 권고가 개정된 이후 처음 실시되는 자기평가분석이므로 준수 정도를 평가하는 기준이 보다 정교하게 구성되어야 한다는 인식에 따라 자기평가서베이의 결과 공표는 1997년 9월로 연기되었다.

호주, 영국, 덴마크, 미국, 오스트리아, 벨기에에 대한 상호평가도 이루어졌다. 그리고, 1996년 9월에는 상호평가 스케줄을 확립하고, 검사자의 준비상태를 개선하며, 여러 검사들 간의 일관성을 보장하기 위한 지침을 마련하기로 하는 등, 상호평가의 방식이 일부 개선되었다. 또, 상호평가과정에서 제기된 개선 제안에 대해서는 제안을 받은 평가대상국이 나중에 후속조치에 대해 보고서를 통해 밝히도록 하였다. 이에 따라 1996년 6월 스웨덴은 다음 해의 본회의에 보고서를 제출하도록 요구되었었다. 이 기간에 상호평가를 통해 익명예금의 문제를 지적받은 오스트리아도 일년 후에 보고하도록 1997년 6월 본회의에서 요구되었다.

한편, 터키에 대해서는 권고의 준수가 불충분하다는 FATF의 공개성명이 1996년 9월 19일 발표되었다. 이것은, 터키가 1996년 8월 고객신원확인에 관한 칙령(Decree)을 제정했으나 아직도 자금세탁방지법이 제정되지 않았고 권고의 준수도 미흡하였기 때문이었다. 그러나, 터키가 1996년 11월 19일 자금세탁방지법을 제정하고 은행의 익명계좌개설을 금하는 등의 조치를 실시함에 따라 FATF는 터키에 대한 권고 21의 적용을 철회하기로 결정하였다.

FATF-VII에 시작되었던 몰수 및 잠정 조치와 고객신원확인에 관한 회원국별 평가작업의 결과, 유효한 몰수장치를 일정 범위의 중범죄로 확대해야 한다는 점과 범죄수익이 제3자의 명의로 되어 있더라도 적절한 경우 이 수익에 대한 몰수조치가 가능해야 한다는 점 등이 지적되었다.

한편 FATF-VIII 동안에는 고객신원확인의 유효성에 대한 회원국별 평가작업이 진행되었다. 이 분야에서는 회원국들이 일반적으로 관련 권고를 이행하고는 있으나, 전자거래의 급속한 발전, 새로운 기술을 통한 금융서비스, 그리고 역외 계좌 등에 대한 고객신원확인의 문제는 여전히 대처가 필요하다고 지적되었다.

(3) 대외 관계와 기타 국제적 활동

FATF는 비회원국과의 관계에 대한 현행 전략이 다음 세 가지 원리에 기초하고 있다고 설명하였다.

① 비회원국이 FATF 권고를 채택하고 이행하도록 장려하는 방향으로 활동함. 그리고 FATF가 비회원국에 대해 정규 연수나 기술적 조력을 제공하기보다는 FATF 권고의 채택 및 이행과정을 감시하고 보강하는 방향으로 활동함.[22]
② FATF는 자금세탁에 대항하는 모든 국제기구 및 지역기구와 가능한 한 최대한으로 협력하고 조정함.
③ FATF는 신축적 접근을 통해 대외관계를 관련 지역 또는 개별 국가의 상황에 맞춤.

이와 같은 현재의 전략에 대해 FATF는 긍정적으로 평가하고, FATF가 이미 착수한 국제적 활동을 지속적으로 추구할 것을 천명하였다. 그리고 앞으로는 대외관계가 FATF의 최우선과제가 되어야 한다는 점이

---

22) 물론 일부 경우에서는, 기술적 조력이 비회원국의 권고 이행을 촉진하는 가장 나은 방법일 수도 있다.

강조되었다.

한편, 1996년 FATF는 비회원국의 자금세탁방지조치 이행상황을 평가하는 정책을 채택하고, 지역조직이 그 회원국에 대해 상호평가를 수행하기로 약정한 경우 그러한 상호평가의 정당성을 인정하고 지원하기로 하였다. 이러한 정책의 근거는 비회원국이 상호평가과정을 통해 자금세탁방지법률의 이행과 기존 대응조치의 개선을 진척시킬 수 있다는데 있다.

FATF는 1996년 CFATF의 각료회의가 채택한 양해각서를 지지하였다. 1997년에는 호주, 방글라데시, 타이완, 홍콩, 일본, 뉴질랜드, 중국, 필리핀, 싱가포르, 스리랑카, 타일랜드, 미국, 바누아투(Vanuatu)의 13개 국가에 의해 APG(Asia/Pacific Group on Money Laundering)가 창설되었다.

9) FATF-IX(1997-1998) 연차보고서(1998.6.25)

제9차년도에는 벨기에가 의장국이었다. 1998년 4월 FATF 각료회의에서는 FATF의 활동을 5년간 더 연장하기로 하고 5개년 계획(1999~2004)에 관한 보고서를 승인하였다. 이 보고서에 따라 FATF의 향후 책무는 다음과 같이 정해졌다.

① 전세계적 자금세탁방지네트워크를 확립하고 전세계 지역 및 대륙에 FATF의 메시지를 보급함.
② FATF 회원국의 권고 이행상황을 개선함.
③ 자금세탁 추세 및 대응조치의 검토를 강화함.

FATF는 위 ①항의 목적을 위해 FATF 회원국을 확대하고, FATF유형의 지역조직(FATF-style regional bodies)을 개발하며, 관련 국제기구와 긴밀하게 협력하기로 결정하였다. 위 ②항의 목적을 위해서는, 개정된 권고의 유효한 이행을 확실히 하기 위해 자기평가과정을 개선하는 동시에, 개정된 권고 내용의 준수를 집중적으로 점검하되 전보다 단순화된 제3차 상호평가를 2001년부터 시작하기로 결정하였다. 또한 위 ③항의 목적을 위하여, 앞으로는 유형분석이 다루는 지역적 범위를 확대하고 새로운 대응조치를 개발하기로 했다. 그리고 1999년에서 2004년까지의 기간에 대한 FATF의 성과와 전략에 대한 평가, 그리고 FATF의 미래에 대해서는 2003~2004년에 논의할 예정이다.

이 기간 중에는 금융서비스산업과의 제2차 포럼이 개최되어, 금융기관이 혐의거래 등을 보고한 경우 FIU 등 소관 당국이 보고 내용에 대해 의견 및 정보를 당해 금융기관에게 제공할 필요가 있다는 점 등이 지적되었다. 이와 관련하여 FATF는 최우량관행 지침을 공표하였다. 그러나 이 지침의 내용은 국가에 따라서는 비밀보호에 관한 법률에 의해 현실적으로 제약받을 수 있으므로 회원국에게 지침준수를 의무로 부과하지는 않기로 하였다.

이 시기에 이루어진 FATF의 주요 활동은 다음과 같다.

(1) 자금세탁방지조치의 이행상황 감시

자기평가분석의 결과, 대다수의 회원국들이 1996년 권고를 용인될 만한 수준으로 이행하는 것으로 나타났고 일부 국가들에서 상당한 진전이 관찰되었다. 그러나, 아직도 많은 국가들이 자금세탁범죄를 광범위하게 확대하는 조치를 취할 필요가 있거나, 금융부문에서 좀더 넓은 범위의 자금세탁방지조치를 취할 필요가 있다고 판단되었다.

상호평가분석의 경우, 캐나다, 스위스, 네덜란드, 독일, 이탈리아, 노르웨이, 일본, 그리스가 상호평가를 받음으로써 전 회원국에 대한 제2차 상호평가과정이 완결되었다.

1996년 FATF가 규정한 비준수회원국에 대한 정책에 따라 오스트리아와 캐나다의 권고 이행상황에 대한 검토가 이루어졌다. 오스트리아의 경우, 거주자(residents) 익명예금에 대한 오스트리아 정부의 입장에 변경이 없었으므로 FATF는 고위사절단을 보내 우려를 표명하는 등 조치를

밝기 시작하였다. 캐나다는 1998년 6월 본회의에 혐의거래보고 및 FIU
에 대한 보고서를 제출하였고 1999년 2월의 FATF 본회의에 보고서를
다시 제출할 예정이다.

(2) 자금세탁방식 및 대응조치에 대한 검토

자금세탁에 관한 유형분석 결과, 전자화폐, 새로운 지급기술, 송금
업,[23] 비금융업종,[24] 보험부문, 증권거래딜러 등 새로운 분야의 출현이
세탁에 대해 갖는 잠재적 위험성의 문제가 논의되었다. 그리고, FATF의
유형분석에서 최초로 금시장의 문제가 논의되었다. 금시장이 세탁에 이
용된 것은 최근의 일은 아니지만, 이 부문에서의 세탁규모가 위협적으로
늘고 있다는 점이 주목되었다.[25]

FATF-IV에도 지난 기간에 이어 임시그룹에 의한 자금세탁규모 추정

---

23) 논의된 송금업의 구체적 형태는 다음과 같다.
   ① 자체 네트워크를 보유하는 자금이체회사(예를 들면, 웨스턴유니온이나 머니
      그램)
   ② 비밀은행(clandestine banks)과 연계된 자금이체제도
   ③ 외국은행의 집중계좌(collection accounts: 이민노동자가 본국으로 자신의 소
      득을 이체하는 외국은행의 자회사, 지점, 또는 출장소에 개설된 계좌)
   ④ 국제머니오더(international money orders).
24) 1997/1998의 세탁유형분석에서 논의된 비금융업은, 자동차매매업, 부동산업,
   변호사업, 회계사업, 공증업(notaries), 유령회사(shell companies), 복권업
   (lotteries), 경마 및 카지노 등 도박업(gambling)이었다.
25) 금이 세탁자들에게 인기를 끄는 이유는 다음과 같다.
   ① 금은 보편적 수용성이 있는 교환 매개가 됨.
   ② 불확실성의 세상에서 헤지수단이 됨.
   ③ 매일 가격이 결정되므로 가격 예측이 어느 정도 가능함.
   ④ 세계시장에서 거래됨.
   ⑤ 익명성이 있음.
   ⑥ 딜러들이 추적을 피해 반복거래를 할 가능성이 있음.
   ⑦ 이중인보이싱(double invoicing), 허위선적(false shipments), 기타 사기적 관행
      의 가능성이 있음.
   ⑧ 전통적인 마약경로 특히 헤로인의 경로와 금의 경로가 거의 일치함.
   ⑨ 남아시아 및 중동의 대안적 은행제도(alternative banking system)인 "하왈라
      (Hawala)"도 금의 이동 경로와 연계되어 있음.

작업은 계속되었으나, 자료의 획득가능성·신뢰성·비교가능성과 연구의
방법론 문제가 심각한 것으로 인식되었다. 그러나, 이 작업을 계속하기
로 합의하였다.

(3) 대외 관계 및 기타 국제적 활동

FATF의 고위사절단이 키프로스(Cyprus)와 러시아연합(Russia Federation)
을 방문하였다. 그리고, 지역조직 중 Council of Europe은 자기평가 및 상호
평가를 위해 Select Committee(PC-R-EV)를 창립하였고, CFATF는 그 회원
국에 대한 상호평가에 동의하였다. 한편, 역외은행감독자그룹(Offshore
Group of Banking Supervisors)은 FATF의 40개항 권고를 승인하고 그 회원
국에 대해 상호 평가를 수행하기로 동의하였다.

10) FATF-X(1998-1999) 연차보고서(1999.7.2)

이 기간에는 일본이 의장국으로서의 업무를 수행하였다.

(1) 자금세탁방지조치의 이행 감시

FATF는 회원국에 대한 자기평가분석을 실시하고, 대다수의 회원국이
용인할 수 있는 수준으로 권고를 준수하고 있다고 결론지었다. 그러나
일부 회원국(캐나다, 그리스, 미국)의 경우, 몰수 및 잠정조치에 대한 권
고의 이행에 문제가 있고, 상당수의 회원국이 아직도 비은행금융기관 및
비금융업을 자금세탁방지조치의 적용 대상에서 제외하고 있는 점이 지
적되었다.

상호평가에 있어서는, 스페인, 핀란드, 룩셈부르크, 아일랜드, 홍콩, 뉴
질랜드, 아이슬란드, 싱가포르, 포르투갈, 터키, 아루바, 네덜란드 안티유
에 대한 평가가 실행됨으로써 모든 회원국에 대한 제2차 상호평가가 종
결되었다.

한편, 비준수회원국으로 지목된 오스트리아, 캐나다, 일본, 싱가포르에

대한 정책조치가 실행되었다. FATF는 익명예금에 대한 오스트리아의 조치가 아직도 미흡하다고 판단하여 권고 21에 따른 공개성명을 공표하였다. FATF는 캐나다의 경우 국내적 시정조치를 진행중인 것으로 인정하였다. 일본은 제2차 상호평가에서 권고 이행이 유효하지 않은 것으로 평가받은 이후, 국내적으로 전제범죄의 확대, 전자감시제도의 확립, FIU의 창설을 규정한 조직범죄방지법이 1999년 6월에 하원을 통과하는 등, 후속적 개선 조치가 진행중이다. 싱가포르의 경우에도 제2차 상호평가과정에서 자금세탁방지조치가 마약 이외의 중범죄로 확대되어야 할 필요성, 혐의거래보고제도를 보다 효율적으로 운영해야 할 필요성 그리고 명확하고 포괄적인 국제공조관련 법률제정의 필요성이 지적되었다. 이에 대해 싱가포르는 법안을 추진중에 있다.

(2) 자금세탁방식 및 대응조치 검토

유형분석을 위해 전문가그룹은 1998년 11월에 런던에서 회합하고, 단일 유럽통화 및 거액은행권, 비협력국가 또는 영토(non-cooperating countries or territories)에 소재하는 역외금융센터, 외국법인, 새로운 지급기술, 금시장 등이 자금세탁에서 담당하는 잠재적·실제적 역할을 논의하였다.

특히, FATF의 전문가들은 자금세탁스킴에서 하나의 분명한 추세로서 전문서비스제공자들의 역할 증대를 지적하였다. 회계사, 사무변호인(solicitors), 기업설립대리인(company formation agents)은 외국법인의 설립과 관리에서 자금세탁스킴을 숨긴다는 것이다. 이들은 자금세탁활동을 얼핏보기에 아무런 문제도 없는 것처럼 보이도록 치장하는 역할을 수행한다. 그런데 이들의 서비스는 역외에서 뿐만이 아니라 FATF 회원국 내에서도 제공된다고 확인되었다. 그럼에도 불구하고 전문서비스제공자들은 혐의거래보고의무에서 대개 자유로울 뿐 아니라 의무가 있다고 해도 당국에 공개하는 건수는 매우 미미하다는 점이 문제로 지적되었다.

유형분석을 통해 새로운 변화는 새로운 지급기술과 관련된 내용을 빼고는 세탁수법이 과거와 달라진 점이 없다고 확인되었다. 특히 전문가들은 FATF 회원국 내에서의 자금세탁의 특징을 다음과 같이 파악하였다.

① 유한한 수효의 수법들을 이리저리 결합하여 거의 무한한 수효의 자금세탁 방식이 나오고 있음.
② 세탁자들은 변화에 대한 적응력이 탁월함. 즉 새로운 대응조치가 나오면 다른 수법이나 메커니즘으로 재빨리 눈을 돌려 부분적으로 이들을 결합함으로써 새로운 방식을 만들거나, 정부감시가 덜 위협적인 부문이나 지역으로 재빨리 이동함.

전문가들은 특히 위 ②항이 의미하는 내용, 즉 특정 부문 또는 지역에서 포괄적 예방조치가 존재하지 않는 경우 자금세탁활동을 필연적으로 불러온다는 사실을 중시하였다.

유형분석과 관련하여, FATF는 권고 15에 대한 해석(혐의거래보고에 있어서의 '세금핑계(fiscal excuse)'의 종식26))을 채택하였고, 조세당국과 자금세탁방지당국간 정보 교환의 문제가 고려되었다. 또한, 자금세탁규모 추정작업은 이 기간에도 계속되었다.

(3) 회원자격 확대 사업

FATF는 회원국 수를 늘리기 위해 다음과 같이 신규 회원국의 필수 자격요건을 구체화하였다.

① 다음 두 사항에 대한 정치적 수준에서의 확고한 의지가 있을 것.
  · 적당한 기한내에(3년) FATF의 1996년 권고를 이행함.
  · 연례 자기보고분석과 두 차례의 상호평가를 받음.
② 지역내에 FATF유형의 지역조직이 있는 경우 그 정회원으로서 적극적으로

---

26) 자금세탁자들은 금융기관으로 하여금 혐의거래를 보고하지 못하게 막기 위한 좋은 핑계로서 자신들의 거래가 세금문제와 관련된다고 종종 진술한다. 금융기관은 이러한 점을 염두에 두어야 한다. 권고 15에 대한 해석(Interpretive Note)은, 세탁자가 이러한 핑계를 대더라도 금융기관은 그 진술을 믿지 말고 세탁혐의가 있으면 반드시 보고해야 한다는 취지에서 채택되었다.

활동하고, 만약 그런 지역 조직이 없는 경우 FATF와 함께 또는 솔선하여 그러한 지역조직을 창설할 것.
③ 전략적으로 중요한 국가일 것.
④ 자금세탁 및 다른 중범죄로부터의 수익을 범죄로 이미 규정하고 있을 것.
⑤ 고객신원확인 및 혐의거래보고를 금융기관의 의무요건으로 이미 부과하고 있을 것.

이 기준에 따라 FATF는 회원국 유치에 적극 나서기로 결정하고, 위의 요건 이외에 지역적 균형 등을 고려하여 아르헨티나, 브라질, 멕시코를 신규 회원국 대상으로 정했다. 그리하여 이들에게 1999년 9월의 FATF 본회의에 옵저버로 참여할 것을 권유하였다.

한편, FATF는 특별그룹을 구성하여 비협력국가에 대한 검토활동을 시작하였다. 이것은 다수의 국가들이 계속하여 과도한 은행비밀을 보장하고 유령회사가 불법적 목적에 이용되는 것을 용인하고 있기 때문이었다. 특별그룹의 작업은 FATF의 회원국 여부와는 관계없이 모든 금융센터를 대상으로 하여 진행되었다. 이들의 작업은 다음과 같이 4단계로 진행하는 것으로 정해졌다.

① 제1단계: 사법적 조사의 성공과 자금세탁방지시스템 및 자금세탁탐지시스템의 유효성을 손상시키는 유해한 규정과 관행을 정의함으로써 비협력국 선정의 기준을 결정함.
② 제2단계: 상기 기준을 충족시키는 관할권(jurisdictions)을 확인함.
③ 제3단계: 비협력관할권(non-cooperating jurisdictions)으로 확인된 국가나 영토가 권고를 준수하도록 독려하기 위하여 필요한 국제적 조치를 검토하고 확인함.
④ 제4단계: 비협력지역에서 FATF의 권고가 적절한 대응조치의 내용을 포함하고 있는지 평가함.

11) FATF-XI 연차보고서(1999/2000)

FATF의 제11차년도에는 포르투갈이 의장국이었다. 수행된 주요 업무는 다음과 같다.

(1) 자금세탁방지 메시지의 전세계적 전파

우선, 회원국의 확대에 있어서 매우 중요한 진전이 있었다. 1999년 9월 부터 옵저버로서 FATF에 참여했던 아르헨티나, 브라질, 멕시코의 3개국 은 원래의 약속에[27] 따라 2000년 초에 제1차 상호평가를 받았다. 이 평가 의 주요 목적은 이들 국가가 자금세탁방지의 일부 근본 요건을[28] 준수하 고 있는지 여부를 결정하는 것이었다. 이들 요건의 이행은 FATF의 완전 한 회원국이 되기 위해 충족되어야 하는 전제조건이었기 때문이다. 그 결 과 2000년 6월 세 나라는 FATF의 신규 회원국으로 인정되었다.

한편, FATF유형의 지역단체인 동남아프리카 자금세탁방지그룹(Eastern and Southern Africa Anti-Money Laundering Group, ESAAMLG)이 출범되 었으며, 서아프리카국 경제공동체(Economic Community of West African States) 지역에도 이와 비슷한 그룹을 설립하기로 하는 계획도 진전되었다. 이로써 2000년 6월 현재 전세계적으로 활동하고 있는 FATF부류의 지역 단체로는, CFATF, APG, PC-R-EV, 그리고 ESAAMLG가 있다.[29] 1998년

---

27) 회원국이 되기 위해 이들 3국 정부가 FATF에 한 약속은, 첫째, 40개 권고를 승인하고, 둘째, 매년 자기평가를 수행하고 두 차례의 상호평가를 받으며, 셋 째, 자금세탁방지를 위해 지역에서 적극적 역할을 수행한다는 내용이었다.
28) 중점 검토된 준수 요건은 다음과 같았다.
   ① 마약불법거래 및 다른 중범죄로부터의 수익에 대한 세탁이 범죄로 규정되어 있을 것
   ② 금융기관의 고객신원 확인과 혐의거래 보고가 의무화되어 있을 것.
29) 각 지역조직을 개관하면 다음과 같다.
   ① CFATF(Caribbean FATF): 1992년 결성된 지역단체로서 25개 회원국 (Anguilla, Antigua and Barbuda, Aruba, the Bahamas, Barbados, Belize, Bermuda, the British Virgin Islands, the Cayman Islands, Costa Rica, Dominica, Dominican Republic, Grenada, Jamaica, Montserrat, the Netherlands Antilles, Nicaragua, Panama, St. Kitts and Nevis, St. Lucia, St. Vincent and the Grenadines, Suriname, Turks and Caicos Islands, Trinidad and Tobago, Venezuela)으로 구성된다. 이들은 19개 CFATF 권고 및 40개 FATF 권고를 유효하게 실행하고 준수함을 목적으로 한다.

말 FATF는 자금세탁퇴치 노력에 비협조적인 국가 및 영토에 대해 취해야
할 조치를 논의하기 위해 특별그룹을 발족하였다. 이 그룹은 모든 주요 역
내외 금융센터를 대상으로 연구를 수행하였다.30) 이 연구활동의 목표는

② APG(Asia/Pacific Group on Money Laundering): 1999년 결성된 조직으로,
남아시아, 동남 및 동아시아, 남태평양지역으로부터의 19개 회원국(호주, 방글
라데시, 대만, 피지, 홍콩, 인도, 일본, 말레이시아, 뉴질랜드, 파키스탄, 인도네
시아, 한국, 필리핀, 사모아(Samoa), 싱가포르, 스리랑카, 타일랜드, 미국, 바누
아투(Vanautu))으로 구성되어 있다. 회원국의 자격기준, FATF의 40개 권고조항
의 실행, APG 사무국의 예산, 각 회원국이 상호평가를 스스로 받기로 약정하는
등이 권한사항(APG Terms of Reference)에 규정되어 있다.
③ PC-R-EV(The Select Committee of Experts on the Evaluation of
Anti-Money Laundering Measures): 1997년 9월 유럽이사회의 각료위원회
(Committee of Ministers of the Council of Europe)에 의해 창립된 조직으로서,
유럽이사회의 범죄문제에 관한 유럽위원회(European Committee on Crime
Problems of the Council of Europe)의 하부 위원회이다. 유럽이사회의 회원국
중 FATF회원국이 아닌 22개 국가(Albania, Andorra, Bulgaria, Croatia, Cyprus,
Czech Republic, Estonia, Georgia, Hungary, Latvia, Liechtenstein, Lithuania,
Moldova, Malta, Poland, Romania, Russian Federation, San Marino, Slovakia,
Slovenia, "The Former Yugoslav Republic of Macedonia," Ukraine)로 구성되
며, 자금세탁방지조치에 대한 자기평가 및 상호평가 분석의 수행을 목적으로 한
다.
④ ESAAMLG(Eastern and Southern Africa Anti-Money Laundering Group):
1999년 8월 지역내 영연방국가인 14개국(Botswana, Kenya, Lesotho, Malawi,
Mauritius, Mozambique, Namibia, Seychelles, South Africa, Swaziland,
Tanzania, Uganda, Zambia, Zimbabwe)으로 발족하였다. 양해각서에 7개국(탄
자니아, 우간다, 말라위, 세이쉘, 모리셔스, 모잠비크, 나미비아)이 서명함으로써
ESAAMLG이 공식 성립되었다.
30) 비협력국가 및 영토에 대한 FATF의 연구과제는 다음 3개 단계로 구성되어
있다.
① 제1단계 과제: 비협조국가 및 지역을 확인하기 위한 기준의 채택
이를 위해 특별그룹은 자금세탁의 방지 및 적발 제도의 유효성을 떨어뜨리는
유해 규정 및 관행에 관한 25개의 방지, 적발, 벌칙 관련 규정을 고안하였다.
이 기준들은 FATF의 40개 권고 국제 반자금세탁 기준에 부합되며, 그 내용은
대체로 다음과 같다.
· 금융규제 상의 허점(loopholes)으로 인해 금융부문에 대한 감독이 전혀 없거
나 부족하게 된 상태
· 인가 요건 및 고객확인 요건의 취약성, 과도한 금융비밀보장, 의심스런 거래
의 보고제도의 부재
· 자금수혜자(beneficial ownership)의 신원 확인 등 거래 요건의 취약성과 사업

비협력국으로 확인된 관할권이 이 분야의 국제기준을 이행하도록 촉진하는데 있다. 그 동안 제1단계 과정이 완결되어 비협력국가 및 영토를 확인하기 위한 25개 기준이 공표되었고, 곧이어 제2단계 과정이 완결되어 자금세탁방지 노력에 심각한 결함이 있는 15개 관할권의 목록이 공개되었다. 현재 FATF는 제3단계 과제로서 생산적인 자금세탁방지조치를 장려하기 위한 추가 조치를 연구하고 있다.

(2) 회원국의 40개 권고조항 이행상황을 개선

이 기간의 자기평가는 단순화된 설문지를 이용하여 시행되었다. 기존의 법률 및 금융부문에 대한 설문이 통합되어 분량이 감소되었으며, 준수여부에 관한 분석은 준수 여부를 의무적 조치나 구체적 조치의 존재여부로 알 수 있는 권고항목에 대해서만 이루어졌다. 최종결과 공표는 FATF-XII 까지로 연기되었다. 그리고, 그동안 두 차례에 걸쳐 있었던 상호평가에 대한 평가작업이 시작되었다. 그리고, 2001년부터 제3차 상호평가를 시작하기로 하는 한편, 2000년에는 옵저버국가에 대해서만 상

체 등록절차의 취약성
· 행정적 및 사법적 수준에서의 국제협력을 가로막는 장애물의 존재, 그리고 자금세탁활동을 예방하고 적발하고 억제하는 데 필요한 자원의 부족.
② 제2단계: 위 25개 기준을 충족하는 비협조국가 및 지역의 확인
2000년 2월에서 6월에 걸쳐 29개 국가 및 영토(Antigua and Barbuda; Bahamas*; Belize; Bermuda; British Virgin Islands; Cayman Islands*; Cook Islands*; Cyprus; Dominica*; Gibraltar, Guernsey, the Isle of Man, and Jersey; Israel*; Lebanon*; Liechtenstein*; Malta; Marshall Island*; Mauritius; Monaco; Nauru*; Niue*; Panama*; Philippines*; Russia*; Samoa; St. Kitts and Nevis*; St. Lucia; St. Vincent and the Grenadines*)를 검토한 결과, 15개 관할권(위의 29개 검토 대상 중 *표시가 된 관할권)이 비협력국가 및 영토로 확인되었다.
③ 제3단계: 생산적인 자금세탁방지조치의 장려
이를 위해 현재 FATF는 비협조관할지역이 법과 제도를 정비하여 40개 권고조항을 준수하고 그러한 법규정들이 유효하게 실행될 수 있도록 보장하는 조치를 고려중이다. 구체적으로 FATF는 비협조가 확인된 국가 및 지역에 대해 확인된 문제점을 고치도록 대화를 계속하고, 그래도 시정되지 않으면 대응책을 채택할 예정이다.

호평가를 실시하고 다른 회원국에 대해서는 제2차 상호평가에서 드러난 심각한 문제들에 대해서 조치하기로 하였다. 이에 따라, 익명예금을 없 애는 조치를 취하지 않는 한 FATF 회원국자격을 정지 당하게 될 것이라 는 경고를 받았던 오스트리아는 그 동안 의회가 법률을 제안하여 채택함 으로써 FATF가 자격정지 위협을 거두어들였다. 또한, 제2차 상호평가로 부터의 후속 검토가 캐나다, 일본, 싱가포르, 터키에 대해 이루어졌다.

한편 걸프협력회의(GCC) 회원국들에 대한 상호 평가과정이 바레인 (Bahrain)에 대한 상호 평가와 함께 시작되었다.

(3) 자금세탁 방식 및 대응조치에 대한 검토를 강화

이 기간의 유형분석회의에는 FATF부류의 지역조직의 전문가들이 FATF 회의에 참여하도록 초대되었다. 논의된 주요 토픽은, 온라인 뱅킹 (인터넷을 통해 제공되는 합법적 은행서비스와 자금세탁서비스의 구별), 대안적 송금제도(alternative remittance systems), 기업설립대리인과 그들 의 서비스, 그리고 무역 관련 활동과 자금세탁 등이었다.

한편, 수년동안 수행된 자금세탁규모 추정 작업에 대한 중간보고서가 작성되었으나 이 작업은 그것으로 종료되었다. 자료의 미비로 더 이상 연구를 진행하는 것이 별 의미가 없다고 판단되었기 때문이었다.[31]

그리고, 2000년 2월에는 금융서비스산업과의 제3차 포럼이 개최되었

---

31) 원래 이 연구의 목표는 각 회원국 및 옵저버국 각각과 전세계의 코카인, 헤로 인, 그리고 마리화나 판매로부터 얻어지는 총수입의 여러 추정방식에 대한 평 가였다. 전세계 생산량에 대한 추정치는 소비에 기초한 추정치와 대조 확인 (cross-check)하는 유용한 자료가 되긴 했으나, 생산추정에 사용되는 파라미터 들 가운데 다수가 내재적으로 상당한 불확실성과 변동성을 가지기 때문에 그 리 정확하지는 않았다. 따라서, 보고서는 소비자료에 근거하여 전세계에 대한 추정치를 산출하는 방법을 고려하였으며, 각 나라마다 마약의 가격이 크게 다 르므로 전세계 마약지출액을 국별추정치의 합계로 할 수밖에 없다는 판단을 제시하였다. 그리고, 유용한 추정치를 얻기 이전에 좀더 정기적이고 체계적으 로 만연도(prevalence), 지출/소비(expenditure/consumption), 가격/순도(price/ purity) 등 마약관련 자료를 모아야 한다는 것이 보고서의 결론이었다.

다. 여기서는 현행 자금세탁 추세, 혐의거래를 보고한 금융기관에 대한
피드백(feedback), 자금세탁의 확인과 억제를 위한 회계업의 역할, 전신
송금의 문제 등이 논의되었다.

4. FATF의 40개 권고

1) FATF 권고의 성격과 내용[32]

1990년 2월 40개 조항에 달하는 권고를 제정한 이래 FATF는 전세계
모든 나라가 이 권고를 채택하도록 장려해오고 있다. 권고는 자금세탁노
력에 대항하는 기본적 체계로서 국가들이 보편적으로 적용할 수 있도록
고안되었다. FATF는 법률 및 금융제도가 나라마다 다르기 때문에 모두
가 동일한 조치를 위할 수는 없다는 점을 처음부터 인식하고 있었다. 그
러므로 40개 권고는 세세한 규정이 아니라 이 분야의 행동원리(principles
for action)로서, 국가들이 저마다의 특수 환경 및 헌법의 체계 내에서 집
행할 수 있도록 신축성을 허용하고 있다. 권고가 담고 있는 조치들은 권
고를 이행하겠다는 각국의 정치적 의지만 확고하다면, 특별히 복잡하거
나 어렵지는 않다. 게다가 조치들은 합법적 거래에 참여하고자 하는 자
유를 제한하거나 경제발전을 위협하는 것이 아니다.

40개 권고는 첫째, 일반적 체계(3개 권고로 구성됨), 둘째, 구성된 자
금세탁에 대항하는 과정에서 국가 법률제도의 역할(4개 권고로 이루어져
있으며, 자금세탁범죄의 범위와 잠정조치 및 몰수 관련 내용임), 셋째,
자금세탁에 대항하는 과정에서 금융제도의 역할(22개 권고로 구성되어
있으며, 고객신원 확인 및 기록유지 규정, 금융기관의 노력 증대, 자금세

---

32) 여기서는 1996년의 개정 권고의 내용을 따른다. FATF(1996.6) 및 FATF
   (2000f) 참조.

탁방지조치가 없거나 불충분한 국가들의 문제에 대처하기 위한 조치들, 자금세탁을 무력하게 만들기 위한 여타 조치들, 권고 이행, 그리고 규제 당국 및 여타 행정당국의 역할을 다루고 있음), 넷째, 국제협력의 강화 (11개 권고로 이루어져 있으며, 일반정보 및 혐의거래관련정보의 교환을 위한 행정적 협력과 다른 형태의 협력에 관한 내용임)의 네 부문으로 대별된다.

우선, FATF는 「마약 및 향정신성 물질에 대한 1988년 유엔 협약[the 1988 United Nations Convention against Illicit Traffic in Narcotic Drugs and Psychotropic Substances(the Vienna Convention)]」의 연장선상에서 자금세탁문제에 접근하고 있다는 점(권고 1)과 FATF 권고가 각국의 기존 금융기관비밀법(financial institution secrecy laws)에 우선해야 한다는 점(권고 2)을 분명히 하고 있다. 그리고, 각국의 자금세탁제재프로그램이 유효하기 위해서는 그 프로그램이 가능한 한 자금세탁 조사에 있어서 다국간 협력(multilateral cooperation) 및 사법공조(mutual legal assistance)의 증대, 그리고 자금세탁 사건에 있어서의 기소 및 범죄인인도에 관한 내용을 포함해야 한다고 규정(권고 3)함으로써 자금세탁방지를 위해 특히 법률적 측면에서 국제협력의 중요성을 강조하고 있다.

자금세탁방지 관련 권고의 전반적 체계에 대한 이와 같은 내용에 이어, 구체적으로 각국의 형사소송 및 법률집행에 관한 권고들, 금융기관 및 금융제도에 관한 권고들, 그리고 국제협력에 관한 권고들이 차례로 제시된다. 국가법률제도의 역할에 관한 권리는 각국간 법률제도 및 사법제도의 차이를 감안하여 자금세탁방지를 위해 필수적인 최소한의 내용으로 이루어져 있다. 한편, 관련 항목의 수효로 보아도 분명히 알 수 있듯이 FATF는 금융부문의 노력과 관련 규제가 국제협력과 함께 가장 중요한 자금세탁방지의 기본요소라고 간주하고 있다. 이같이 민간부문의 세탁방지 노력이 매우 효과적일 수 있다고 보아 그 중요성을 특별히 강조하는 것은 FATF 권고의 중요한 특징이다. 이러한 맥락에서 FATF는 실제로 자금세탁방지노력의 효율화 및 극대화를 위해 세계금융부문과의 협력과 대화를 포럼의 형식으로 정기적으로 개최해오고 있다.

권고는 구속력 있는 국제협약은 아니다. 그러나, FATF 회원국들은 다국간 감시(multilateral surveillance) 및 동류집단의 검토(peer review)를 받는다는 규율을 명확히 받아들이고 있다. 예를 들어, 모든 회원국은 매년 스스로 자기평가과제를 수행하고, 수 년마다 더욱 상세한 상호평가과정(mutual evaluation process)에 의해 임점검사를 받게 된다. 그리고, FATF는 특정 권고의 이행을 위해 취해진 조치가 회원국에서 제대로 이루어지고 있는지 여부를 수시로 검토해오고 있다. 오늘날, FATF 권고는 자금세탁방지를 위한 국제기준으로 인정받고 있으며, 많은 비회원국이 권고에 기초하여 문제에 대처하기 위한 노력을 경주해오고 있다.

2) 권고의 개정 내용[33]

1990년에서 1995년 사이의 기간 동안 FATF는, 실제 자금세탁의 추세 및 관련 경험에 비추어 권고의 명확한 적용과 보완을 위해 필요하다고 판단하는 경우에는 권고를 공식 개정하지 않는 대신 일부 권고에 대한 해석(Interpretive Notes)을 공식적으로 채택, 적용해오고 있었다. 그러다가, FATF는 원래의 권고를 1996년 처음으로 개정하였다. 이와 함께, 기존의 해석도 일부 개정되었다. 이후 FATF는 1999년 7월 권고 15와 관련된 해석을 추가적으로 채택하여 오늘에 이르고 있다.[34]

---

33) FATF(1990.2)와 FATF(1996.6), 그리고 FATF(1996), pp.6-9 참조.

34) 현재, 일부 권고 각 항에 대한 해석의 간략한 내용은 다음과 같다(아래 14개 해석 이외에도, 비금융업이 수행하는 금융활동의 목록을 명시한 추가규정(Annex)이 권고 9에 부속되어 있음).

　① 권고 4 관련 해석: 모든 중범죄 그리고/또는 상당한 수익을 낳는 범죄에 대한 자금세탁죄의 적용을 고려해야 한다는 내용.

　② 권고 8 관련 해석: FATF 권고가 특히 생명보험회사 및 다른 증권투자상품에 대해서도 적용되어야 하며, 권고 29는 보험부문 전체에 대해 적용된다는 내용.

　③ 권고 8 및 9 관련 해석: 환전소(bureaux de change)에 대한 정의와 환전소

1996년의 권고 개정은 자금세탁이 항상 진화하고 있는 동태적 현상이라는 인식 아래 FATF가 그동안 경험해온 자금세탁 추세의 변화와 앞으로 예상되는 위협요인 등을 반영하여 이루어졌다. 구체적 개정 필요성에 관한 FATF의 논의에는 자금세탁과 그 방지대책을 보는 국제적 시각이 압축적으로 반영되어 있다. 개정이 필요하다고 합의된 권고 사항과 새로 도입되어야 한다고 합의된 신규 권고 사항에 관한 9가지 논의는 다음과 같다(아래에 설명된 사항 가운데 (5), (6), (9)의 3가지 사항은 신규 권고이고, 나머지 6가지 사항은 기존 권고를 확대, 보완하는 내용임).

에 적용해야 할 대응조치에 관한 내용.
④ 권고 11 관련 해석: 권고 11의 적용범위를 은행, 비은행금융기관, 금융중개 서비스를 제공하는 변호사로 규정하는 내용.
⑤ 권고 11 및 15, 16, 17, 18 관련 해석: 계좌의 소유자 및 거래의 수혜자에 대한 정보의 요청, 정보가 충분치 않은 경우 기울여야 할 주의, 혐의거래의 보고, 혐의거래 고객과의 거래 종결 등 금융기관이 지켜야 할 사항에 대한 내용.
⑥ 권고 14 관련 해석: 금융기관이 지켜야 할 주의사항에 관한 권고 14가 금융기관과 고객 간 거래뿐만 아니라 금융기관간 거래도 적용된다는 내용.
⑦ 권고 15 관련 해석: 금융기관은 고객이 자신의 거래가 세금문제와 유관한 것이라고 변명하는 혐의거래까지도 빠짐없이 보고해야 한다는 내용.
⑧ 권고 22 관련 해석: 일정액을 초과하는 자금의 국경간 이동에 대한 감시, 신고, 기록 등의 의무화와, 통화 및 보석류의 비정상적 국제 선적(shipments)에 관한 소관 당국으로의 통보에 관한 내용.
⑨ 권고 26 관련 해석: 통계정보가 자금세탁의 징후를 포착하는 데 유용한 구체적 지표를 담을 수 있다는 설명과 그런 지표의 예에 관한 내용.
⑩ 권고 29 관련 해석: 지배주주의 적합성 검토(fit and proper test)에 있어서, 감독기관은 자금세탁방지목적에 비추어 본 적합성에 대해 주의를 기울여야 한다는 내용.
⑪ 권고 33 관련 해석: 나라마다 자금세탁위반의 고의성 기준, 전제범죄의 범위, 전제범죄자의 고발 관련 규정 등이 다르다는 점으로 인해 자금세탁범죄와 관련한 국제 공조의 능력이나 의향이 영향받지 않도록 해야 한다는 내용.
⑫ 권고 36 관련 해석: 통제하 운반(controlled delivery)을 구체적으로 권장하는 내용.
⑬ 권고 38 관련 해석: 각국이 자산몰수기금의 설립과 몰수재산의 국제적 배분 조치를 고려해야 한다는 내용.
⑭ (특정 항의 권고와 관련되지 않은) 별도 해석: 자금세탁사건의 조사를 위해 혐의자의 체포 및 관련 자금의 압류를 일시 보류할 수 있도록 하는 조치를 고려해야 한다는 내용.

(1) 전제범죄의 범위를 마약불법거래에서 중범죄로 확대해야 할 필요성(권고 4)

마약과 무관한 전제범죄가 불법자금의 원천으로 점차 두드러지면서 이러한 자금이 합법적 금융경로에 유입되는 현상이 전세계적으로 증가하게 되었다. 그리하여, 일부 국가에서는 마약과 무관한 범죄가 세탁자금의 주종이 되었다. 따라서, 자금세탁 전제범죄의 범위 확대는 권고의 개정 논의에서 가장 중요하게 다루어진 문제였다.

(2) 금융기관에 대한 권고를 비금융업에 대해서도 확대 적용해야 할 필요성(권고 9)

1990년 권고가 이행되면서 금융부문에서의 세탁방지조치가 강화됨에 따라 비금융업(non-financial businesses and professions)이 세탁과정에서 점차 중요한 역할을 담당하는 추세가 생겨났다. 따라서, 비금융업부문의 금융활동에 대해서도 적절한 세탁방지조치가 적용되어야 할 필요성이 합의되었다.

(3) 금융기관의 혐의거래 공개가 의무화되어야 할 필요성(권고 15)

FATF의 회원국이 혐의거래에 대해 의무보고제도가 아닌 보고허가제도(permissive system)를 가동하는 경우, 이로 인해 일부 금융기관이 혐의거래에 대해 부주의하게 된다면 금융부문 전체의 일관적 자금세탁방지 노력을 도모하기 어렵게 될 뿐만 아니라 공정경쟁을 해치게 된다. 따라서 혐의거래보고의 의무화가 합의되었다.

(4) 법적 실체에 대한 금융기관의 고객확인 요건을 정교화할 필요성(권고 10)

1990년 권고에는 금융기관이 고객신원 확인시에 적용해야 할 일반 원리가 포함되어 있었다. 그러나 FATF는 실무적 관점에서 금융기관이 법인의 신원 확인을 위해 취해야 할 구체적 절차까지도 권고에 포함시키기로 합의하였다.

(5) 회원국이 유령회사에 대하여 특별히 주의해야 할 필요성(권고 25)

유령회사는 자금세탁활동에 있어서 상당한 비중으로 항상 등장해왔지만, 최근 전문세탁자들의 활동이 눈에 띄게 증가하면서 유령회사를 이용하는 방식은 이들이 즐겨 쓰는 주요 수법 중 하나가 되었다. 특히, 유령회사의 이름으로 가명계좌를 개설하여 개인의 이윤을 숨겨두는 사례가 증가해왔으며, 유령회사는 구 소련과 동구권이 연루된 자금세탁이 성공하는데 커다란 역할을 담당해왔다. 이런 여러 이유로 유령회사의 불법적 이용을 막기 위한 추가 조치를 고려하기로 FATF 회원국들은 합의하였다.

(6) 자금세탁의 새로운 기술을 차단하기 위한 조치를 취해야 할 필요성(권고 13)

새로운 기술은 원거리에서 익명의 거액거래가 순식간에 수행될 수 있게 해준다. 게다가, 전통적 금융기관의 개입 없이 이러한 거래가 성사될 수 있을 수도 있다. 현재로서는 이러한 새 기술의 폐해가 현재화된 것은 아니지만, FATF는 새로운 기술이 제기하는 잠재적 위협을 최소화하기 위해 사전적으로 적절한 조치의 필요성을 권고에 반영하기로 결정하였다.

(7) 비은행금융기관(특히 환전소)에 대한 세탁방지규정의 확대 적용의 필요성(권고 8)

환전소(bureaux de change)를 통한 자금세탁의 증가 추세는 과거 수년 동안 몹시 우려할 만한 문제로 지적되어 왔었다. 따라서 개정 권고를 통해 여타 비은행금융기관은 물론 환전소에 대해서도 자금세탁방지법률 및 규정을 적용하도록 FATF는 합의하였다.

(8) 국경간 현금이동을 탐지·감시하는 절차의 이행을 고려해야 할 필요성(권고 22)

가장 전통적 세탁수법인 국경간 현금밀매가 최근 증가 추세에 있다는 FATF의 분석에 따라, FATF가 이 문제에 대처하기 위한 조치의 이행을 장려하기로 결정하였다.

(9) "통제하 운반(controlled delivery)" 기법을 장려해야 할 필요성(권고 36)

FATF 회원국의 경험에 따르면, 범죄수익으로 알려지거나 그런 혐의가 있는 자산의 통제하 운반이 국내적으로나 국제적으로 매우 유용한 조사기법이다. 그러므로 FATF는 이 기법의 편익을 널리 알리고 그 사용을 장려하기로 합의하였다.

5. 요약 및 결론

이 글은 국제적 자금세탁방지활동조직인 FATF의 활동을 지난 11년 동안의 연차보고서를 기초로 비교적 상세하게 개관함으로써 FATF가 전 세계적으로 펼쳐오고 있는 자금세탁규제의 방향과 정신, 그리고 그 과정에서 진화해온 정책의 초점과 주요 제도적 장치의 내용을 설명하였다.

1989년 7월부터 2000년 11월에 이르는 동안, FATF는 정의된 책무의 내용과 활동의 성격, 그리고 정책 기조 등을 기준으로 볼 때 대체로 형성기와 대내 기반 정비기를 거쳐 대외 활동 강화기를 맞이한 것으로 해석할 수 있다.

우선, 1989년 7월부터 1994년 6월까지의 첫 5년 동안은 FATF의 '형성기'였다. 마약문제에 대한 국제적 대응을 위해 소집된 FATF는 자금세탁관련 권고의 제정 등을 위한 연구가 목적이었고, 원래 1년 동안 가동하는 것으로 생각되었던 임시조직이었다. 그러나 1990년 5월에는 활동을 1년간 연장하게 되었고, 1991년 6월에는 FATF의 책무가 구체적으로 논의된 끝에 그 책무를 1994년 6월까지 수행하기로 하는 합의가 이루어 졌다. 이에 따라 FATF의 사무국이 1991년 9월 설치되었다. 그리고 의장 직 관련 규정과 회원의 자격요건 등이 정비되었고, 법률·금융·대외부문 을 각기 담당하는 세 개의 실무그룹 중심으로 활동을 추진하기로 하였으 며, 회원국의 권고 이행 상황을 점검하기 위한 자기평가 및 상호평가분 석의 틀이 확립되고 실시되는 등, 제도적으로 활동의 틀이 잡히게 되었 다. 또한 이미 1991년 6월에는 26개국과 2개 지역조직이 FATF에 회원 으로 가입한 상태가 되어 회원국을 더 이상 늘리지 않기로 하는 정책을 채택하였다. 이는 비공식 조직으로서의 장점을 최대한 살린다는 의미였 다. 그 대신, FATF는 권고의 전세계적 확산을 위해 비회원국에 대한 행 동계획을 마련하였다. 1991년부터 1994년까지 FATF는 자금세탁수법의 분석이나 국제적 역할에 치중하기보다는 회원국이 40개 권고를 얼마나 이행해 나가고 있는지를 매년 점검하고 이를 바탕으로 FATF 권고를 해 석을 통해 정교화하는 데 주력하였다.

1994년 6월에는 첫 5년 동안의 책무수행에 대한 평가를 기초로 다 시 새로운 5년간 활동을 지속하기로 FATF 회원들은 만장일치로 결의하 였다. 이로써 향후 5년간의 기간에 대한 새로운 책무가 정의되었으나 그 내용은 이전과 크게 달라지지는 않았다. 그러나 이 기간은 FATF가 그동 안의 자금세탁방지 노력으로부터 얻은 경험과 지식을 바탕으로 자금세 탁방지활동의 기반을 정비하는 '대내 기반 정비기'로 특징지을 수 있다. 이전과 마찬가지로 FATF는 조직의 신축성과 효율을 위해 회원 규모를 더 이상 확장하지 않기로 재확인하였고, 그 대신 대외활동의 방향을 FATF와 유사한 지역조직의 설립 촉진에 두기로 하였다. 또 이전의 소규 모 실무그룹 중심 활동을 지양하고 전체회의 위주의 활동을 하기로 운영 방식을 변경하였다. 그리고 1991년 후반부터 실시된 제1차 상호평가가 회원국 모두에 대해 1994년 말 완료되면서, FATF는 그동안 축적된 경험과 지식을 기초로 기존 40개 권고의 종합검토작업에 착수하였다. 그리하여 40항의 개정 권고가 1996년 6월 공표되었다. 또한 1995년 후반기에는 회원국에 대한 제2차 상호평가가 시작되었다. 그리고 상호평가 과정에서 제기된 문제점에 대해서는 당해 국가가 개선 조치를 취하고, 이를 사후 보고하는 형식으로 평가를 진행하기로 하였다. 한편, 1995년 후반기부터는 회원국들의 특정 권고 이행상태에 관한 횡단분석이 실시되고 비준수회원국에 대한 제재조치가 확립되어 이행되는 등, FATF 내부의 회원국 상황에 대한 보다 면밀한 검토와 강도 높은 조치가 실시되기 시작하였다. 1998년 전반기까지 전체 회원국에 대해 제2차 상호평가가 완료되었다.

1998년 4월에는 FATF 각료회의가 개최되어 FATF의 활동을 향후 5년간(1999~2004) 더 연장하기로 결정하였다. 이에 따라 이 기간에 대한 FATF의 책무가 새롭게 규정되었으나, 역시 그 전체적 내용은 이전과 큰 차이가 없었다. 그러나 FATF의 대외적 활동이 대폭 강화하는 쪽으로 기본 정책 방향이 변경되었다. 이는 그동안 회원국의 권고 이행상황의 개선에 주력하며 내실을 다져온 FATF가 이제는 명시적으로 회원국 확대를 선언하는 등 대외활동을 대폭 강화하는 방향으로 기조를 전환하였다. 그러므로 새로운 5년간의 기간은 '대외 활동 강화기'로 특징지워진다. 이같은 정책기조의 전환에 따라 아르헨티나, 브라질, 멕시코의 세 나라가 2000년 6월 신규 회원국으로 FATF에 참여하게 되었다. 2000년 전반에 실시된 상호평가과정에서 이들 국가는 자금세탁을 이미 중범죄로 규정하고 있고, 고객신원 확인 및 혐의거래 보고를 이미 의무화하고 있다는 점이 확인되었다. 또한 FATF는 2000년 6월의 연차보고서를 통해 권고에 협력하지 않는 비회원국가 및 영토의 선별 기준과 비협력 국가 명단을 발표함으로써 이들에 대한 적극적 대응 자세를 취한 바 있다.

현재 우리나라는 자금세탁방지에 관한 한 국제사회에서 상당히 뒤떨어져 있다. 우리나라가 자금세탁방지와 관련하여 안고 있는 현행 문제점으로는 합의에 의한 차명거래시 처벌근거가 미비한 점, 경직된 예금보장으로 효과적 수사 및 감독이 곤란한 점, 자금세탁행위 자체에 대한 처벌규정이 미비한 점, 세탁자금의 몰수 근거가 미비한 점, 금융기관의 기록유지의무가 미흡한 점, 그리고 국가간 수사협력 근거가 미비한 점 등이 지적되고 있다.[35) 요컨대, 우리나라는 FATF가 지난 10여 년 간 권고를 통해 설파하고 있는 자금세탁방지를 위한 최소한의 기본 조치조차 제대로 갖추지 못하고 있다. 앞으로 한국은 관련 법률의 조속한 제정을 시작으로 FATF 등 국제조직의 활동을 예의주시하면서 자금세탁방지를 위한 장단기 전략을 종합적으로 수립하고 실천해나가야 할 것이다.

---

35) 조영제(1996) 참조.

부록: FATF의 40개 권고

A. 권고의 일반적 틀(framework)

1. 각국은 「마약 및 향정신성 물질에 대한 1988년 유엔 협약[the 1988 United Nations Convention against Illicit Traffic in Narcotic Drugs and Psychotropic Substances(the Vienna Convention)]」을 비준하고, 이를 완전하게 이행하기 위한 절차를 조속히 취해야 한다.

2. 금융기관의 비밀보호에 관한 법률(financial institution secrecy laws)은 이 권고의 이행을 방해하지 않도록 고안되어야 한다.

3. 유효한 자금세탁제재 프로그램은 자금세탁과 기소, 범인 인도에 관한 다국간 협력(multilateral cooperation) 및 사법공조(mutual legal assistance)의 증대에 관한 내용을 가능한 경우 포함하여야 한다.

B. 자금세탁에 대항하는 과정에서 국가 법률제도의 역할

자금세탁범죄의 범위

4. 비엔나협약에 설명된 바와 같은 자금세탁을 형사 범죄화할 수 있도록 하기 위해 각국은 입법조치를 포함하는 필요 조치를 취해야 한다. 각국은 마약관련 자금세탁 위반을 중범죄에 기초한 위반으로 확대하여야 한다. 각국은 어떤 중범죄가 자금세탁의 전제범죄(money laundering predicate offences)로 단정되는 범죄인지를 결정해야 할 것이다.

5. 비엔나협약에 규정되어 있는 대로, 자금세탁범죄는 적어도 세탁활동임을 알면서 이루어지는 자금세탁에 대해 적용되어야 한다. 이 때 객관적 사실에 기초한 정황으로부터 세탁활동임을 알고 있었다는 점이 추론될 수 있는 경우에도 자금세탁범죄가 적용된다.

6. 가능한 경우, 피고용자들뿐만 아니라 법인들 자신도 형사책임을 져

야 한다.

잠정조치(provisional measures) 및 몰수(confiscation)

7. 각국은 필요에 따라 입법조치를 포함하여 비엔나협약에 설명된 바와 유사한 조치를 채택함으로써, 세탁된 재산, 자금세탁범죄를 행함에 있어서 사용하려 의도했거나 사용된 수단으로부터의 수익(proceeds) 또는 그에 상당하는 가치를 지닌 재산을 소관 당국이 몰수할 수 있도록 해야 한다. 단, 선의를 가진 제3자의 기득권을 침해하지 말아야 한다.

그러한 조치에는: 1) 몰수대상이 되는 재산을 확인, 추적, 평가하는 권한; 2) 그러한 재산의 거래, 이동, 처분을 막기 위한 동결(freezing)이나 압류(seizing)와 같은 임시조치를 수행하는 권한; (3) 적절한 조사상의 조치(investigative measures)를 취하는 권한이 포함되어야 한다.

각국은 몰수 및 형사제재 외에도, 금전적 처벌과 민사상의 처벌, 그리고/또는 민사소송을 포함하는 소송절차를 고려해야 한다. 이것은 국가가 몰수나 벌금징수를 통해 금전적 배상을 받을 능력에 제약이 있으리라는 점을 관련 당사자들이 알았거나 알았을 것이 확실한 경우, 이들이 체결한 계약을 무효화하기 위한 것이다.

C. 자금세탁에 대항하는 과정에서 금융제도의 역할

8. 권고 10에서 29까지는 은행은 물론 비은행금융기관에도 적용되어야 한다. 환전소(bureaux de change)와 같이 모든 나라에서 공식적 건전성감독체계의 대상이 아닌 비은행금융기관에 대해서까지도, 각국 정부는 이런 기관들이 다른 모든 금융기관과 마찬가지로 동일한 반자금세탁법률이나 규정의 적용을 받도록 보장하여야 한다. 그리고 이런 법률이나 규정이 유효하게 이행되도록 보장하여야 한다.

9. 관련 국가기관은, 금융기관이 아닌 기업(businesses)이나 업종들(professions)이 상업적 금융활동을 할 수 있도록 허용되어 있거나 금지되지 않은 경우 이들의 금융활동에 대해 권고 10에서 21까지와 23의 적용을 고려해야 한다. 금융활동에는 부록(Annex)에 열거된 것들이 포함되지만, 그것들로만 한정되는 것은 아니다. 예를 들어 이들의 금융활동이 때때로 또는 제한적으로 수행된다거나 하는 경우와 같이, 반자금세탁조치의 적용이 필요하지 않은 특별한 상황이 정의되어야 할지 여부에 대한 결정은 각국의 소관이다.

고객신원 확인 및 기록유지 규정

10. 금융기관은 익명계좌(anonymous accounts)나 가명임이 분명한 계좌(accounts in obviously fictitious names)를 가지고 있으면 안 된다; 금융기관은 고객과 업무관계를 맺거나 거래를 수행할 경우(특히 계좌 또는 예금통장의 개설, 신탁거래(fiduciary transactions)의 시작, 안전금고(safe deposit boxes)의 대여, 거액현금거래의 수행 시) 그 고객이 임시 고객이건 상시 고객이건 (법률, 규정, 감독당국과 금융기관간 협약, 또는 금융기관들 사이의 자율규제 협약에 의해) 공식 증빙 또는 신뢰할 만한 다른 신원확인증빙에 기초하여 그 고객의 신원을 확인하고 기록하도록 의무화되어야 한다.

법적 실체에 관한 신원확인요건을 이행하기 위해 금융기관은 필요한 경우 다음 조치를 취한다:

(i) 공공등기소(public register)나 고객 중 한쪽 또는 둘 다로부터, 고객의 이름, 법적 형태, 주소, 임원, 그리고 실체를 구속하는 권한(power to bind the entity)을 규제하는 규정에 대한 정보를 포함하는 법인설립의 증거서류를 확보함으로써 고객의 법적 존재 및 구조를 확인하는 조치.

(ii) 고객을 위해 행위하려고 하는 어느 개인에게 그렇게 할 권한이 있음

을 증명하고, 그 개인의 신원을 확인하는 조치.

11. 금융기관은, 고객이 계좌를 개설하거나 거래를 수행할 때 그 고객이 스스로를 위해 행동하고 있는지가 의심스러운 경우, 예를 들어 명목상의 등록회사(domiciliary companies: 그 회사가 등록되어 있는 등기소 소재국에서는 어떤 상업적 거래 또는 제조업 거래나 다른 어떤 형태의 상업적 활동도 수행하지 않는 기관, 회사, 재단, 신탁 등)가 계좌를 개설하거나 거래를 수행하는 경우, 그 계좌나 거래 주체의 진정한 신원에 대한 정보를 얻기 위해 적절한 조치를 취해야 한다.

12. 금융기관은 적어도 5년간 국내거래이건 국제거래이건 모든 필요한 기록을 유지함으로써 소관 당국의 정보요청에 신속히 부응할 수 있어야 한다. 그러한 기록은 개별 거래를 재구성하기에 충분한 정도의 기록(관련 통화가 있는 경우 그 액수와 종류를 포함하는 기록)이어야 한다. 그럼으로써, 필요한 경우 범죄행위를 기소할 수 있는 증거를 제공할 수 있어야 한다.

금융기관은 계좌가 폐쇄된 이후 적어도 5년간 고객의 신원확인에 대한 기록(여권, 신원증명서, 운전면허증, 또는 유사 증빙 등 공식 신원확인증빙의 사본이나 기록), 계좌 파일에 대한 기록, 상업통신(business correspondence) 기록을 보관해야 한다.

국내 소관 당국은 해당 형사기소 및 수사와 관련하여 이러한 증빙을 얻을 수 있어야 한다.

13. 국가들은 익명을 선호하는 새로운 기술 혹은 개발중인 기술에 내재하는 자금세탁의 위협에 특별히 주의를 기울여야 하며, 필요한 경우 이러한 기술이 자금세탁의 음모에 쓰이지 않도록 방지하는 조치를 취해야 한다.

금융기관의 노력 제고

14. 금융기관은 경제적 목적이 분명치 않거나 적법한 목적이 드러나지 않은 모든 복잡하고 비정상적인 거래와 모든 비정상적 거래유형에 각별히 주의하여야 한다. 그런 거래의 배경과 목적은 가능한 한 깊이 조사해야 되고 발견된 점은 기록해 두어야 하며 감독기관이나 감사인 그리고 법률집행기관(law enforcement agencies)을 돕는 데 이용될 수 있어야 한다.

15. 자금이 범죄활동에서 생겨난 것이 아닌가 하는 의심을 금융기관이 갖게 되는 경우에는, 그 의심을 신속하게 소관 당국에 보고하도록 의무화하여야 한다.

16. 금융기관, 그 임원과 직원들, 그리고 피고용자들이 갖게 된 의심을 이들이 선의로 소관 당국에게 보고한 경우, 근원적 범죄활동이 무엇인지 이들이 정확히 알지 못했다고 하더라도, 그리고 불법활동이 실제로 발생했는지 여부와는 무관하게, 정보 공개에 대한 제약조건 위반에 대해 계약이나 법률, 규제, 행정조항이 부과하는 정보공개에 관한 제한을 위반했다는 이유로 이들이 형사상·민사상의 책임을 지지 않도록 보호하는 법적 규정이 있어야 한다.

17. 금융기관, 그 임원과 직원들, 그리고 피고용자들은 자신의 고객과 관련된 정보가 관련 당국에 보고되고 있음을 고객에게 알리지 말아야 하며, 혹은 어떤 경우 알리도록 용인되어서도 안 된다.

18. 의심을 보고하는 금융기관은 소관 당국으로부터의 지시사항을 준수해야 한다.

19. 금융기관은 자금세탁에 대처하는 프로그램을 개발해야 한다. 이러한 프로그램은 최소한 다음을 포함해야 한다:

(i) 경영진급 준법감시관의 임명과 직원채용시 높은 기준을 확립하기 위한 충분한 선발절차(screening procedures)를 포함하는, 내부 정책·절차·통제수단의 개발

(ii) 직원에 대한 상시 연수프로그램

(iii) 시스템을 시험하기 위한 감사기능

자금세탁방지조치가 없거나 불충분한 국가들의 문제에 대처하기 위한 조치들

20. 금융기관은, 외국 소재 지점과 모회사가 주식 대부분을 보유하는 외국 소재 자회사(majority owned subsidiaries) 특히 이러한 권고를 적용하지 않거나 불충분하게 적용하는 국가에 소재한 지점이나 자회사에게도, 그 지역에서 적용되는 법률 및 규정이 허용하는 한도까지 상기 언급된 원리들을 적용하도록 확실히 하여야 한다. 만약 그 지역의 법률 및 규정이 이를 허용하지 않는다면, 금융기관은 자신이 권고를 적용할 수 없음을 모기업 국가의 소관 당국에게 알려야 한다.

21. 금융기관은 권고를 적용하지 않거나 그 적용이 불충분한 나라의 개인, 기업, 금융기관과의 업무관계나 거래에 대해 특별한 주의를 기울여야 한다. 이러한 거래의 경제적 목적이 분명치 않거나 적법한 목적이 드러나지 않는 경우, 그 거래의 배경과 목적은 가능한 한 깊이 조사해야 되고 발견된 점은 기록해두어야 하며 이 기록은 감독기관이나 감사인 그리고 법률집행기관을 돕는 데 이용될 수 있어야 한다.

자금세탁을 무력하게 만들기 위한 여타 조치들

22. 각국은 현금이나 소지자불금융수단(所持者拂金融手段, bearer negotiable instrument)의 국경간 물리적 이동을 탐지하거나 감시하기 위해 실행 가능한 조치들의 이행을 고려해야 한다. 단, 정보의 올바른 이용을 보장하기 위한 엄격한 안전장치하에 자본이동의 자유를 절대로 방해하지 말아야 한다.

23. 각국은 정보의 올바른 이용을 보장하기 위한 엄격한 안전장치하

에 은행 및 여타 금융기관 및 중개기관이 일정금액을 초과하는 모든 국
내외 현금거래를 컴퓨터데이터베이스를 갖춘 중앙의 국가기관(national
central agency)에 보고함으로써, 정보의 올바른 이용을 보장하기 위한
엄격한 안전장치하에 소관 당국이 자금세탁 사건에 대해 그 데이터베이
스의 정보를 이용할 수 있도록 하는 제도의 실행 가능성 및 효용을 검토
해야 한다.

24. 각국은 현금이동의 대체를 촉진하기 위한 수단으로서, 수표 사용,
직불카드(payment cards), 봉급 자동예치(direct deposit), 증권거래자동기
장(book entry recording of securities)의 사용을 증대시키는 것을 포함하
여 현대적이고 안전한 통화관리 테크닉의 개발을 일반적으로 장려해야
한다.

25. 각국은, 자금세탁자들이 유령회사(shell corporations)를 남용할 수
있는 잠재적 가능성이 있음에 주목해야 하며, 그러한 실체를 불법적으로
이용하지 못하게 하기 위해 추가조치가 필요한지 고려해야 한다.

권고 이행과 규제당국 및 여타 행정당국의 역할

26. 은행 또는 여타 금융기관 및 중개기관을 감독하는 소관 당국은 피
감독기관이 자금세탁에 대비하는 충분한 프로그램을 갖추도록 확실히
해야 한다. 이들 당국은 자금세탁의 조사 및 기소를 담당하는 국내 사법
당국 혹은 법률집행당국과 협력해야 하고, 자발적으로 또는 이들의 요청
에 따라 전문지식을 제공해야 한다.

27. 소관 당국을 지정하고 그 행정적 감독규제를 통해 이 모든 권고가
각국이 정의하고 있는 바와 같은 여타 현금거래업에 대해서도 유효하게
이행될 수 있도록 보장하여야 한다.

28. 소관 당국은 지침을 확립하여 금융기관이 고객 행위의 의심스런
유형을 탐지할 수 있도록 도와야 한다. 우리는 그러한 지침이 시간을 두

고 개발되는 것이며 완벽한 지침이란 결코 없다고 생각한다. 나아가, 우리는 그러한 지침이 금융기관 직원들을 위해 교육수단으로 주로 쓰이게 될 것으로 생각한다.

29. 금융기관을 규제·감독하는 소관 당국은, 범죄자나 그 일당이 상당한 지분참여를 통해 금융기관을 지배하거나 인수하는데 대처하기 위해 법률이나 규정에 의해 필요 조치를 취해야 한다.

D. 국제협력의 강화

행정적 협력

a. 일반적 정보의 교환

30. 국가 행정기관(national administrations)은 어떤 통화에 대해서도 현금의 국제적 이동을 적어도 그 총계만이라도 기록하도록 하는 것을 검토해야 한다. 그렇게 하면 이 기록을 중앙은행정보와 결합하는 경우, 해외의 다양한 원천으로부터의 현금흐름(flows) 및 환류(reflows)에 대한 추정치를 얻을 수 있을 것이다. 이 정보는 IMF 및 BIS에 제공되어 국제연구를 촉진하는 데 이용될 수 있어야 한다.

31. 인터폴(Interpol) 및 세계관세기구(World Customs Organization)와 같은 소관 국제당국에게는, 자금세탁 및 자금세탁수법의 최근 동향에 관한 정보를 수집하고 이를 소관당국에게 전파하는 책무가 주어져야 한다. 중앙은행 및 은행규제기관은 자신의 네트워크에 대해서도 동일한 일을 해야 한다. 여러 분야의 국가 당국은 동업자단체(trade associations)와 협의하여 개별 국가의 금융기관에게 정보를 보급할 수 있을 것이다.

b. 혐의 거래에 관한 정보의 교환

32. 각국은 혐의 거래와 그 거래에 관련된 개인 및 기업에 대한 정보가 소관 당국간에 자발적으로 또는 "요청에 의해" 국제적으로 교환될 수 있도록 개선하기 위해 노력해야 한다. 이러한 정보교환이 프라이버시 및 자료의 보호에 대한 국내외 규정에 어긋나지 않도록 보장하기 위하여 엄격한 안전장치가 확립되어야 한다.

다른 형태의 협력

a. 몰수, 사법공조와 범죄인 인도에 관한 협력의 기초 및 수단

33. 각국은, 자국이 정의한 인식기준(knowledge standards)의 상이성 - 즉 위반에 있어서의 고의성(intentional element)에 대한 상이한 기준 - 으로 인해 국가 상호간 법적 조력 제공의 능력이나 의향이 영향받지 않도록 하기 위해 쌍무적으로나 다각적으로 노력해야 한다.

34. 일반적으로 공유되는 법적 개념에 기초한 두 국가간 또는 다수 국가간 협약 및 장치의 네트워크가 국제 협력을 뒷받침해야 한다. 이것은 가능한 한 사법공조가 광범위하게 이루어질 수 있도록 실질적 조치를 제공하기 위해서이다.

35. 각국은, 범죄수익의 세탁, 수색, 압류와 몰수에 관한 유럽이사회의 1990년 약정(the 1990 Council of Europe Convention on Laundering, Search, Seizure and Confiscation of the Proceeds from Crime)과 같은 자금세탁 관련 국제협약을 비준하고 이행하도록 장려되어야 한다.

b. 자금세탁문제에 관한 사법공조 개선의 초점

36. 국가들의 소관 당국간 조사상의 협력은 장려되어야 한다. 이와 관

런하여 유용하고 유효한 기법 중 하나는 범죄수익으로 알려지거나 그렇
게 의심되는 자산에 대한 통제하 운반(controlled delivery)이다. 국가들은
가능한 경우 이 기법을 지지하도록 권장된다.

37. 형사범죄문제에서의 사법공조를 위하여 강제조치의 사용에 관한
절차가 마련되어야 한다. 이때 강제조치에는 금융기관 및 다른 개인에
의한 기록제출에 관한 조치, 개인 및 건물의 탐색에 관한 조치, 자금세탁
의 조사 및 기소와 외국 관할권 내의 관련 소송에 사용하기 위한 증거를
압류하고 확보하는데 관한 조치가 포함된다.

38. 자금세탁이나 자금세탁활동을 낳는 범죄활동에 기초한 수익 또는
그러한 수익에 상당하는 가치를 갖는 다른 재산의 확인, 동결, 압류, 몰
수를 외국이 요청한데 대해 신속히 조치할 수 있는 권한이 있어야 한다.
이 장치에는 몰수자산의 배분에 관한 내용이 포함될 수 있다.

39. 관할권의 충돌을 피하려면, 일국 이상에서 기소되는 사건에 있어
서 정의를 기하기 위해 피고의 기소를 위한 최량재판지(最良裁判地,
best venue) 결정메커니즘을 고안하고 적용하는 것에 대한 검토가 있어
야 한다. 마찬가지로, 압류 및 몰수 절차를 조정하는 장치가 있어야 한
다. 이 장치에는 몰수자산의 배분에 관한 내용이 포함될 수 있다.

40. 각국은 가능한 경우 자금세탁범죄 또는 관련 범죄의 혐의가 있는
개인의 인도절차를 확립해야 한다. 국가의 법률제도에 관하여 각국은 자
금세탁이 범인 인도처분을 내려야 할 범죄임을 인식하여야 한다. 각국은
법률적 체계 내에서 인도절차의 단순화를 고려할 수 있다. 인도절차의
단순화로는 관련 부처간에 범죄자 인도를 직접 요청하는 것, 구속영장이
나 판결만을 근거로 개인을 인도하는 것, 자국인(nationals)을 인도하는
것, 그리고/또는 공식적 범죄자 인도절차의 포기에 동의하는 개인을 약
식으로 인도하는 것을 허용하도록 검토해볼 수 있다.

【참고문헌】

● 국내문헌

이강연. 1998, 「돈세탁」, 한국무역경제.

이병기·이경재. 1994, 「돈세탁행위의 범죄화에 관한 연구: 비교법적 연구를 중심으로」, 연구보고서 93-22, 한국형사정책연구원.

조영제. 1996, 자금세탁에 대한 국제적 규제동향과 우리의 입법방향, 「중앙 은행 연구회 발표자료집(Ⅱ)」, 168-213쪽.

한국은행 은행감독원. 1995a, 「싱가포르 통화청의 자금세탁방지지침」, 업무 자료 금금-1.

한국은행. 1995b, 「미 연준의 자금세탁 규제내용」, 업무자료 금금-2.

● 국외문헌

FATF, Febuary 7, 1990, "The Forty Recommendations of the Financial Action Task Force on Money Laundering."

_____. 1990, 1991, 1992, 1993, 1994, 1995, 1996, 1997, 1998, 1999, 2000a, "Financial Action Task Force on Money Laundering," Annual Report, each issue.

_____. June 28, 1996, "The Forty Recommendations."

_____. February 14, 2000, "Report on Non-Cooperative Countries and Territories."

_____. 2000b, "Basic Facts about Money Laundering," http://www.oecd. org/fatf/MLaundering_en.htm.

_____. 2000c, "The FATF and Current Focus of Its Work," http://www. oecd. org/fatf/AboutFATF_en.htm.

_____. 2000d, "FATF Documents." http://www.oecd.org/fatf/FATDocs_ en.htm.

_____. 2000e, "Members and Observers," http://oecd.org/fatf/Members_en. htm.

_____. 2000f, "The Forty Recommendations," http://www.oecd.org/fatf/

40Recs_en.htm.

Quirk, Peter J. June 1996, "Macroeconomic Implications of Money Laundering," IMF Working Paper, WP/96/66, International Monetary Fund.

세무부패 및 비능률에 대한 연구

전 태 영
(경상대학교 교수, 회계학과)

1. 서론

민주정부와 자유로운 언론을 가진 국가에서 부패를 논의하는 것은 더 이상 금기가 아니다. 정부가 마피아와 다를 바가 없다면 세금수입은 관리가 사적으로 사용하거나 혹은 정권의 유지에 사용할 것이며, 공공재는 거의 공급하지 않을 것이다. 기업은 세금대신에 뇌물을 제공하며 국가의 보호보다는 사적인 계약에 의한 보호를 추구할 것이다(Johnson, 1998).

인도의 Sunday Times(95. 12. 17)는 뇌물의 표준액을 제시하고 있는데, 운전면허는 1,000~2,000루피, 전기 계량기의 설치에는 25,000~30,000루피가 든다고 한다. 그런가 하면 러시아의 피터스부르크에서는 1992년 현재 전화가설에 드는 뇌물이 200달러 정도라고 한다. 우크라이나에서는 기업이 세무관리, 소방관, 종업원 건강진단, 대출심사 등에 뇌물을 주어야 하기 때문에 뇌물을 조달하기 위해서 매출과 원가를 속여서 세금을 줄인다고 한다(Rose-Ackerman, 1999).

현대에 와서는 정부의 경제적 역할이 증대되고 있다. 그 결과 높은 수준의 과세가 이루어지고 있고 그를 재원으로 한 공공지출의 규모가 대규모화되고 있다. 이럴 때일수록 세무분야에 있어 정직한 관료제가 요구되고 있다. 세금징수처럼 중요한 부서의 부패를 용인하면 그것은 다른 분야로 파급효과를 가져가기 때문이다. 세무행정의 목적은 국민에게 적절한 세금을 징수하는 데 있다. 그리고 그것은 성실하고 효율적이고 공정한 방식으로 집행되어야 한다(Steuerle, 1986).

이 글의 목적은 세무행정의 효율성 증대를 위하여 세무부패와 비능률의 문제를 검토하고 개선 방안을 연구하는 데 있다. 이러한 연구는 우리나라의 경우 필요성이 높은 것으로 보이는데, 이런 이유는 국제투명성위원회에 따르면 우리나라는 부패인지지수 10점 만점에 4.0점으로 조사대상국 중에서 48위를 차지하여 부패문제가 심각한 국가로 나타나고 있기 때문이다(Tansparency International, 2000).

세무분야의 부패는 고소득 납세자의 세액을 줄이는 효과를 가져오기 때문에 조세부담의 수직적 형평(vertical equity)의 원칙을 위배하게 된다. 또 부패에 참여하는 사람과 정직한 납세자 사이에는 세금부담의 차이가 나게 되므로 부패는 조세의 수평적 형평(horizontal equity)을 위배하는 결과를 가져오게 한다. 이런 현상이 심하게 나타나면, 인도의 경우처럼 건전한 조세시스템이 붕괴되어 국가의 경영에 어려움을 초래하게 되는 것이다. 따라서 국가와 시대를 불문하고 세무분야의 부패방지를 위한 제도적 장치는 반드시 필요하다고 생각된다.

이 글은 문헌연구를 중심으로 수행된다. 이 글에서는 부패와 관련하여 소개되고 있는 단편적인 이론과 사례를 세무부패라는 관점에서 일관성 있게 정리한 결과를 제시하게 된다. 이러한 작업은 추후에 이 분야에서 실행되는 경험적 연구의 방향을 제시할 수 있고, 부패통제정책의 참고기준으로 사용될 수 있다는 의미를 가진다. 부패에 관한 기존 연구를 살펴보면 실제 자료를 이용한 연구가 거의 없는 것을 알 수 있다. 그것은 실제자료를 입수하는 것이 비용이 많이 들고 민감한 성격의 것이며, 때로는 위험한 작업이 될 수도 있기 때문이다.

2. 이론적 배경 및 선행연구

1) 이론적 배경

부패분야의 이론은 대체로 규칙의 합리성을 강조하고 있다. 규칙이 비합리적이라면 이는 기회주의를 유발시키고, 문제가 왜곡되어 좋은 성과를 거두기 어렵기 때문이다. 예를 들어 마을 공동의 목초지의 사용권에 제한을 두지 않는다면, 농부들은 목초지의 상태는 고려하지 않고 자신의 가축들이 그 목초지에서 마음껏 풀을 뜯게 할 것이므로 시간이 지남에 따라 그것이 황폐하게 되는 결과를 초래할 것이다. 목초지의 황폐는 시장실패의 결과가 아니고 규칙이 잘못 설정되었기 때문에 나타난 결과이다. 이러한 예에서 유추할 수 있듯이 효율적인 부패의 청산은 바람직한 결과를 가져올 수 있는 규칙의 개혁으로부터 시작되어야 한다. 그것은 기회주의적 행동을 유발하는 것이어서는 안 된다(Mkabu, 1996).

(1) 세무부패의 환경적 요인

세법 및 관련 행정절차가 명료하고 납세자와 세무관리의 접촉이 최소화된 경우는 부패가 발생할 가능성이 매우 낮을 것이다. 그러나 현실은 그 반대일 경우가 많다. 페루와 우간다 같은 국가에서는 기존의 세무관서를 폐쇄하고 새로운 조직으로 대체하기로 결정했다. 이런 국가에서는 세무관리의 급여가 매우 낮았는데도 지원자가 매우 많았는데, 이는 급여 이외의 추가적인 소득이 있었다는 사실을 암시한다. 세무부패의 환경요인으로 다음과 같은 것을 생각 할 수 있다.

· 세법이 이해하기 어렵고 경우에 따라 다르게 해석될 수 있으며, 납세자가 그것을 준수하는데 전문가의 도움을 받아야 한다.
· 세금을 납부하는 과정에서 납세자와 관리사이에 잦은 접촉이 있다.
· 세무공무원의 급여가 낮고 업적평가제도가 비합리적이다.
· 세무관리의 부패는 간과되거나 적발되기 어렵고 처벌이 가볍다.

· 세무조사대상자 선정 등의 주요 절차가 투명성을 결하고 있거나, 엄밀하게 통제되지 않고 있다.

· 세무관리가 조세특혜의 적용여부, 세액의 결정 등과 같은 중요한 사항에 대한 재량권을 많이 가지고 있다.

(2) 세무부패의 유형

세무분야는 대부분의 국가에서 내국세와 관세로 나누어져서 운영되고 있다. 여기서는 각 세무분야별로 자주 나타나는 부패의 전형적인 형태를 살펴보고자 한다.

① 내국세 분야

내국세 분야는 법인세, 소득세, 유통세(부가가치세 혹은 판매세), 상속 증여세 및 각종 소비세 등을 포함하는 것으로, 세무관리들의 부패는 다음과 같은 형태로 나타난다(Tanzi, 1998).

조세특혜

조세특혜(tax incentive)에 관한 정책을 입안하는 관리는 큰 재량권을 가지고 있다. 그는 어떤 형태의 투자가 중요하다든지 혹은 국가의 이익에 도움이 된다든지 하는 정책적 판단을 한다. 이러한 결정에 정치적인 영향력이 개입되기도 한다. 이러한 조치는 경우에 따라서는 특혜를 뜻하기 때문이다. 관리와 민원인은 잦은 접촉을 하게 되고 뇌물이 수수되기도 한다.

납세자 기록의 삭제 및 변경

세무관서의 납세자에 대한 기록이 수작업에 의존하거나 불완전한 전산시스템을 가지고 있을 때, 납세자에 관한 기록은 쉽게 삭제되거나 변경될 수 있는데, 이러한 거래에서 뇌물이 수수될 수 있다.

비밀자료의 유출

경쟁업체의 거래선이라든지, 납품단가, 이윤, 종업원의 임금 등 기업 경영과 밀접한 자료를 관리가 뇌물을 받고 경쟁업체에 유출하는 사례를 들 수 있다.

가공 납세자의 조작

소득세체계가 누진적일 경우 특정 납세자에게 발생된 소득을 세무관서의 묵인 하에, 다수의 다른 납세자에게로 이전하여 납부세액을 낮추는 방식의 부패거래를 예로 들 수 있다.

연체 세액의 징수 불이행

뇌물을 받고 연체된 세금에 대하여 독촉절차를 취하지 않거나 형식적인 독촉으로 일관하여 실질적인 징수가 이루어지지 않는 경우를 예로 들 수 있다.

자의적 세무조사

세무조사를 할 때 대상업체에서 뇌물을 받고 탈세액에 대한 추징이나 벌칙을 부과하지 않고 조사를 종결하거나, 세무조사 대상자를 객관적인 기준보다는 자의적인 기준에 의하여 임의로 선정하는 경우를 생각할 수 있다.

수입금액의 누락 및 축소

세무공무원이 업체로부터 뇌물을 받고, 수입금액을 누락시키거나 축소 신고하는 것을 눈감아주는 사례를 들 수 있다. 현장조사나 서면조사시 뇌물을 제공한 업체는 그렇지 않은 동종업자보다 낮은 신고가 수용된다.

② 관세분야

세관의 부패, 비능률, 복잡성 등은 국가 발전에 큰 장애물이 된다. 세관의 후진적 특성은 많은 개발도상국에서 찾아볼 수 있다. 세관원은 혼자 외딴 지역에서 일할 때가 많고, 밤늦은 시간이나 공휴일 등에 근무할 때가 많기 때문에 유혹에 빠지기 쉬운 환경을 가지고 있다. 부패한 세관은 합법적인 거래를 시장에서 몰아내는 결과를 가져오며, 경제성장에 필요한 투자의 유입을 차단한다. 다국적 기업은 그들의 거래에 지장을 초래할 수 있는 비능률적인 세관을 가진 국가를 상대하지 않으려 할 것이기 때문이다. 세관 관리들에 의해서 자행되는 부패의 전형적인 예는 다음과 같다(Jain, 1998).

밀수의 공모

마약이 반입될 때 세관 공무원이 다른 곳을 쳐다보거나 손을 흔드는 것으로 밀수를 허용하는 때가 있다. 또 그들은 밀수품이 포함되어 있는 컨테이너에 대한 검사를 의도적으로 생략하고 정상적인 물품만 검사함으로서 밀수를 용인하기도 한다. 모로코와 아르헨티나에서는 세관의 책임자가 밀수혐의로 수감되었고, 브라질에서는 군함을 이용한 밀수가 적발되기도 했다. 미국과 멕시코 국경의 일부 관리들은 마약의 반입에 공모한 것으로 드러났다.

관세의 부당한 부과

관세를 부과할 때 뇌물을 받고 규정보다 낮게 평가하거나, 관세부과 대상 물품을 실제와 다르게 분류함으로서 관세를 적게 내게 해 주거나 안 내게 해주는 것 등을 들 수 있다.

부당한 보세구역 관리

보세구역이란 아직 관세가 부과되지 않은 물품을 보관하고 있는 공항이나 항구 등의 시설인데, 이곳으로부터 국내로 물품이 반입되는 시점에 관세가 부과된다. 따라서 보세구역으로부터 정당한 과세 절차를 거치지 않고 국내로 반입되는 물품은 밀수와 같은 효과를 가지는 것으로 세관원의 묵인이나 적극적인 동조를 필요로 한다.

관세 환급금의 부당한 처리

대부분의 국가는 수출을 장려하기 위하여 수입원자재에 대하여 징수한 관세를, 그 원자재를 원재료로 사용한 제품이 수출되는 경우 환급해 주는 제도를 가지고 있다. 따라서 원자재를 이용한 제품이 수출되지 않는다면 징수 당한 관세를 환급 받지 못하게 되는 것이다. 이런 경우 세관원은 수출되지 않은 상품을 수출된 것으로 처리해 줌으로써 부당한 관세의 환급을 허락해주고 뇌물을 받는 경우를 생각해 볼 수 있다. 케냐에서는 수출을 하지 않았으면서 송장을 위조해서 관세를 부당하게 환급 받으려고 하는 시도가 매우 자주 있다.

통관의 지연

세관에서 적법한 물품을 통관시켜주면서 뇌물을 받는 경우가 있다. 농산물의 경우 통관이 늦어지면 부패할 가능성이 있고, 기타 원자재 등의 경우 공정투입시기가 늦어지면 생산 차질이 빚어지기 때문에 통관을 지연시키는 행위 자체가 뇌물을 유도하는 결과를 가져온다.

③ 부패와 국가의 역할

부패에 대한 정부의 역할은 매우 중요하다. 국가는 세무관리를 선임하고 그에 대한 보상과 벌칙을 정하고 부패에 대한 도덕적 비용의 크기에 영향을 미친다는 점에서 개혁에 핵심적인 역할을 하기 때문이다. 싱가포르, 홍콩, 포르투칼, 스웨덴 등의 국가는 부패를 상당수준 감소시키는데 성공했다. 이런 국가는 종전에 부패가 번성하였던 국가들이었다.

볼리비아의 사례를 들어보면, 수도인 라파즈에서 라바로아(Abaroa)가 10여 년 전 초대 민선 시장이 되었을 때, 그 도시는 부패의 중심지가 되어 있었다. 재산세는 세금수입의 주요 항목이었는데, 인플레이션 때문에 재산의 명목가치는 실질가치에 크게 못 미쳤고, 세금수입을 미미하게 만들었다. 결국 인플레이션의 영향을 반영하기 위하여 부동산 등의 재산을 미국 달러로 표시하게 되었는데, 100여명의 세무관리가 평가 작업에 자원해서 나섰다(Galtung, 1998).

그런데 납세자와 세무관리와의 협상 후에는 십만 달러짜리 집이 일만 달러로 낮아지고 관리는 이 한 건의 거래로 일년치의 급여에 해당하는 돈을 벌 수 있었다. 이 분야에 오래 근무한 공무원들은 그들이 잡히지 않는다는 것을 알고 있었고, 적발된다 하더라도 해고되거나 다른 부서로 전출될 뿐이라는 사실을 잘 알고 있었다. 시장은 대통령(Paz Estenssoro)의 지원을 얻어서 새로운 법을 도입했다. 그것은 납세자가 자신의 재산을 스스로 평가하여 신고하는 것이다. 다만 한 가지 제재조치가 있었는데, 만약 재산이 시가보다 현저하게 낮게 평가되었다고 생각되는 경우 시는 그 가격으로 정부가 해당 재산을 구입할 권리를 갖는다는 것이다. 시가 이 권한을 행사한 적은 없었지만, 납세자들은 목표를 훨씬 초과하는 세금을 납부했다. 이 제도를 시행한지 3년째 되던 해에는 예전 세금수입의 18배의 세금이 징수되었다. 아바로아(Abaroa)는 시장 임기 후 외무장관으로 자리를 옮겼는데, 그의 후임자는 이 제도를 폐기했고, 부패는 다시 부활했다.

④ 제도의 운영방식

세금제도의 형식적 측면보다 실질적 운영방식이 부패와 높은 관련성을 가진다는 이론이 제기되고 있다. 존슨(Johnson) 등(1998)은 기업이 평가하는 실질적 조세부담에 관하여 조사하였는데, 이 조사에는 세율뿐만 아니라 세금제도가 운영되는 방식도 포함되어 있다. 예를 들어 세무관리가 높은 수준의 재량권을 남용한다면 나쁜 점수를 받게 된다. 조사 결과를 일부 제시하면 다음과 같은데, 점수가 1점 올라갈수록 지하경제의 비중은 11.7%만큼 줄어드는 것으로 나타났으며, 이러한 결과는 일반적인 예측과 일치한다고 볼 수 있다. 여기에서는 점수가 낮을수록 나쁜 점수가 되도록 설계 되어있다.

우크라이나: 1.58   러시아: 1.80   브라질: 2.22   영국: 4.60

또 이 연구자들은 세율에 관하여 조사한 내용을 소개하고 있는데, 여기에는 앞의 경우와는 달리 세율 등의 제도에 대한 것만 포함하고, 세금 시스템이 실제로 운영되는 측면을 조사대상에서 제외하였다. 여기서는 세율이 낮으면 좋은 평가가 나오도록 설계되었는데, 조사결과의 일부를 제시하면 다음과 같다.

이탈리아, 벨기에, 스웨덴, 덴마크, 루마니아: 1   칠레: 4

영국: 5   미국: 7   브라질: 8   볼리비아, 우루과이: 10

문제는 여기서 좋은 평가를 받을수록 지하경제의 규모가 증가하는 것으로 나타났다는 것이다. 즉 낮은 한계세율을 가진 국가의 지하경제가 더 크다는 역설적인 결과가 나타난 것이다. 두 가지 상반되는 연구결과는 공식적인 세금제도보다는, 세금 및 규제시스템의 실질적 운용방식이 더 중요하다는 것을 보여준다. 조사에 참여한 다국적 기업의 경영자들이 볼 때, 높은 세율체계를 가지고 낮은 실질 세금부담을 가진 국가는 작은 규모의 지하경제를 가지고 있었다. 예를 들어 브라질은 상대적으로 낮은 세율체계를 가지고 있지만, 세금 시스템의 비능률적 운영 방식으로 인해 실질적인 세금부담은 매우 높은 것으로 분류되었고, 지하경제의 규모도 매우 큰 것으로 평가되었다.

⑤ 세원(稅源)의 종류

세원(tax base)의 종류에 따라 부패의 양상이 달라진다는 이론이 제기되고 있다. 소득은 다양하게 분류될 수 있으나, 생산활동에 참여하는 노력의 정도에 따라 생산적 소득(earned income)과 불로소득(unearned income)으로 분류할 수 있다. 생산적 소득과 관련된 세금으로는 소득세, 법인세, 유통세 등 생산적 경제활동으로부터 징수되는 세금을 들 수 있다. 불로소득은 외국으로부터의 원조, 석유나 목재, 광물자원의 개발 등으로부터 얻어지는 세금수입을 들 수 있다. 일반적으로 국가의 세금수입은 국민소득이 높을수록 생산활동과 관련된 소득의 비중이 높아지는 것으로 생각되고 있다(Toye & Moore, 1998).

부패한 국가가 생산활동과 관련된 소득에 비중을 두는 경우 생산적 소득은 정치권의 주의를 끌게 되고, 유능한 인력이 그 곳에 배치되게 된다. 생산적 소득으로부터의 세금수입이 중요하기 때문이다. 세무관리의 정직성은 중요하지 않고, 다만 필요한 자금을 정치권에 공급하면 된다. 징수된 세금은 대부분 국고로 들어가게 되지만, 비자금(秘資金)은 중앙에서 통제한다. 그러한 자금은 세무행정의 책임자를 거쳐서 고위 정치인에게 전달된다. 핵심인물이 아닌 사람은 비자금의 모집과정에는 참여하지 못하지만 모집된 자금의 분배에는 참여한다. 부패의 연결고리는 범위가 넓고 동질적이며 관행적으로 수용되고 있다.

이 경우 세무관서의 직위에 대해서는 어느 정도 가격의 공감대가 형성되고 있다. 예를 들면, 어떤 지역의 세무서장은 연간 어느 정도의 비공식적 수입이 있고, 그곳에 발령 받기 위해서는 일정 금액을 인사권자에게 지불해야 하며, 세무서 직원은 자신의 자리를 유지하기 위해서 상급자에게 상납해야 한다는 것 등이 그것이다. 이런 시스템에서는 몇 사람이 부패혐의로 고발당해도 조직은 별 문제가 없다. 그러나 국가는 세금을 좀 더 걷을 필요를 느끼기 때문에 시스템을 변화시키고자 하는 동기를 가진다. 그리고 부패한 관리들도 조직의 변화를 통해서 돈을 벌 기회를 노리고 있다. 따라서 법률, 규정, 절차에 대한 변화의 동기가 항상 숨어 있지만 변화가 곧 개선이라는 등식은 성립하지 않는다.

한편 불로소득의 규모가 큰 사우디나 쿠웨이트 같은 나라는 매우 방대한 규모의 석유수입을 비능률적인 관료제의 유지에 쏟아 붓고 있다. 이러한 국가에 있어 관료제의 기능은 광물자원으로부터의 수입을 재배분하는 것에 지나지 않는다. 광산, 유전, 운하, 외국의 원조 등으로 구성되는 불로소득은 집중화하는 경향이 있다. 불로소득의 중요성이 높은 경우, 정부는 이 분야를 관리할 수 있는 유능한 관리를 요직에 배치한다. 여기서 나오는 자금은 정부의 공공수입 및 정치자금의 주된 원천이 되기 때문이다. 이런 국가의 기타 조세분야는 징수규모가 작기 때문에 중요성이 없다. 이런 경우 세무관서의 직책은 정치적 목적으로 사용된다. 주요 세무관직에 정치적 지지자를 임명함으로써 보상을 줄 수도 있고, 반대자를 적절한 위치에 임명함으로써 반대의 소리를 잠재울 수도 있는 것이다.

이런 상황에서는 일반적으로 부패의 연결고리는 좁고 상호 연계성이 없으며, 이질적이고 비밀스럽다. 예를 들어 어떤 지역의 세무서장은 동료들과 연계하여 특정한 형태의 부패 관행을 만들고, 다른 지역의 세무서장은 자신의 관할구역에서 다른 형태의 부패를 행한다. 그들이 지역을 옮겨다님에 따라, 기존의 시스템은 변화할지도 모른다. 그러나 아무도 시스템 전체에 대한 전반적인 통찰력을 갖지 못하고 있다. 정치 엘리트는 중요성이 없는 분야에는 관심이 없기 때문에, 법을 고치거나 규정이나 절차를 손질할 필요를 느끼지 않기 때문이다.

2) 선행연구

세무분야에는 특정분야의 도구나 원리로서는 다루기 어려운 문제들이 많다. 베커(Becker, 1968)가 범죄행위와 벌칙을 경제적 관점에서 분석한 이후로 범칙행위의 억제전략을 경제학적 관점에서 다루기 위한 시도가 쏟아지게 되었다. 앨링엄(Allingham) 등(1972)의 조세회피에 대한 초기의 연구에서는 범칙행위를 발견할 확률과 벌칙의 수준은 납세자의 행동에 영향을 미친다고 분석되었기 때문에, 세무 분야에서 조세정책에 대한 중요성은 상대적으로 낮게 평가되었다.

그러나 이러한 접근방법은 다소 편협한 것이라는 비판을 받고 있다. 즉 법학, 행정학, 경영학, 사회학, 심리학 등에서 개발된 다양한 원리들은 범칙행위의 억제를 위한 연구에 활용되기 시작한 것이다. 이와 같은 시야의 확대로 연구자들은 세무관리와 납세자의 인센티브, 원가편익분석, 세무관서 내부의 상호작용 및 조직의 재구성, 일반 납세자의 반응 등의 주제를 연구대상으로 삼기 시작한 것이다.

우리나라의 세무분야 문제점에 관한 연구로는 한국조세연구원(1997), 윤건영(1996), 현진권(1998) 등이 있는데, 이 연구들은 주로 납세자의 탈세방지대책에 초점을 맞추고 있다. 또한 세무대리인의 성향(이량현 외, 1999), 납세자의 조세회피성향(조정환, 1996; 전태영 1992), 조세체계의 공평성(변용환, 1992, 1995) 등에서 부분적인 비능률 요인들에 대해서 경험적 연구결과가 제시되고 있다. 그러나 우리나라 세무행정의 부패문제를 체계적으로 접근한 연구는 아직 제시되지 않고 있다.

국외에서는 부패문제를 경제학(Ades et al., 1996; Barro, 1991; Chandler et al., 1992; Haque et al., 1996; Mauro, 1995, 1998; Shleifer et al., 1993; Wei, 1997), 경영학(Husted, 1994; Leff, 1964; Rosenberg, 1987), 행정학(Kaufmann et al., 1996; Gould et al., 1989; Mbaku, 1996; Werner, 1983), 사회학(Alam, 1989; Alves et al., 1978), 법학 (Noonan, 1984; Becker et al., 1974) 및 정치학(Oldenberg, 1987; Wedeman, 1997) 등의 다양한 학문분야에서 경험적 및 분석적 접근방법으로 접근하고 있는 것을 볼 수 있다. 그러나 세무부패를 주제로 한 연구 결과는 현재까지 제시되지 않고 있다.

따라서 우리나라에 있어서 세무행정의 부패 및 비능률의 요인을 검토하고, 관련제도를 개선하고 부패에 대한 통제장치를 입안하려는 노력은, 현 시점에서 필요한 작업으로 생각된다. 이 글의 결과물은 세무분야의 부패억제 및 효율성 증가에 도움을 줄 수 있을 것으로 기대된다.

3. 우리나라 세무행정의 개선실적

국세청은 그 동안 점증되고 있던 세무행정의 개혁요구를 수용하여 대폭적인 개혁을 시도하였다. 최근까지 이루어진 세무행정의 주요 변화내용을 살펴보면 다음과 같다(국세청, 1999).

1) 조직체계의 변화

납세자 중심의 서비스 조직으로 변화하기 위하여 전통적인 세목별 조직(총무과, 직접세과, 간접세과, 재산세과 등)을 99년 9월부터 기능별 조직(납세지원과, 징세과, 세원관리과, 조사과, 납세자 보호담당관 등)으로 전환하였다. 그 결과 종전에 신고지도 등 세무간섭에 종사하던 인원이 납세서비스와 세무조사분야로 재배치되어 납세서비스의 경우 인력이 4배로 증원(776명→3,392명)되었다.

2) 납세자 보호의 강화

공급자 중심의 서비스에서 수요자 중심의 서비스로 전환하고자 본청 및 지방청과 각 세무서에 납세지원과를 신설하고 각 세무서에 납세자 보호담당관을 설치하였다. 이러한 조치로 종전의 신고, 납부과정의 불편함을 덜어주던 서비스에서 한 걸음 더 나아가 납세자의 권익보호를 우선하는 측면을 강조하고자 하였다.

납세자 보호담당관의 경우 전국 122개 세무서 및 지서에 설치되어 있는데, 세금의 부과, 징수, 조사과정에서 일어날 수 있는 납세자의 권익 침해를 납세자의 편에서 감시하고 해결하는 역할을 담당하고 있다. 그리고 납세자 보호담당관의 실질적 활동을 보장하기 위하여 비교적 높은 직급의 인력(사무관 승진 예정자) 중에서 지방청장의 발령에 근거하여 근무지가 정해지도록 하고 있다. 아울러 납세자 보호담당관에게 세무조사 및 과세처분 중지명령권, 직권시정 요구권, 과세근거소명 요구권 등의 권한을 부여하고 있다.

3) 조직의 축소

세무관서의 인건비 등 원가관리를 위하여 조직의 축소를 단행하여 전체 17,000명의 인력들 가운데 약 1,000명의 인력을 감축하였다. 주로 대도시내의 인접세무서를 통합하였고, 징세비에 비하여 세수가 현저히 적은 지방의 소규모 세무서도 일부 통합하였다. 그리고 통합지역 납세자의 불편이 없도록 해당지역에 지서 또는 주재관을 설치하였다. 그 결과 중부지방국세청과 경인지방국세청이 통합되어 지방국세청은 6개로 축소되었고(종전 7개 지방청), 35개 세무서가 통폐합되어 99개로 축소되었다(종전 134개 세무서).

4) 조사기능의 강화

세무관서의 주요 목적을 납세자 서비스의 강화와 함께 조사기능의 확대에 중점을 두고 있다. 조사기능의 강화를 위해 지방청 조사국을 종전의 8개에서 16개로 대폭 증설하고 일선 세무서에 141개의 조사과를 신설하였다. 조사인력도 종전보다 2배 늘려 5,000여 명으로 증원하였다. 또 업종간, 소득종류간 세금부담의 불균형을 바로잡기 위하여 각 지방청에 유통과정 문란, 부정환급, 고소득 전문직, 현금수입업종 등에 대한 전담조사반을 설치하였다.

5) 사무운영체계의 개선

전산에 의한 업무처리가 강화되어 국세통합전산망(TIS)이 확충, 개선되었다. TIS 조회범위가 확대되고 과세자료의 인별 누적관리시스템 및 통합조사시스템을 구축중에 있다. 한편 국세업무편람을 발간하여 이를 내부전산망에 게재함으로써 정보제공체계에 혁신을 가져와 종전의 담당자 중심의 행정에서 지침(Manual)중심의 행정으로 전환하는 계기를 마련하였다.

6) 업무처리방식의 개선

종전에는 지역담당자가 한 사업자에 대한 모든 업무를 전담처리함으로써 담당직원의 권한 남용소지가 존재하였다. 따라서 이 방식은 폐지되고 세무 직원은 세무조사 등 특정 업무의 경우에만 납세자와 접촉하게 되어, 납세자 접촉에 대한 통제가 강화되었다. 또한 관세자료 처리방식이 개선되어 활용도가 낮은 과세자료의 처리를 대폭 축소하고(700만 건→200만 건), 축소된 자료는 누적 관리하여 세무조사 등에 활용하도록 하였다. 자금출처조사 대상도 획기적으로 축소하여 전산 종합분석 결과 탈루혐의자만 조사하기로 하였다(43만 건→5천 건).

4. 세무부패 및 비능률의 개선방안

세무분야의 능률성 확보를 위한 핵심적인 내용은 부패를 적절한 수준으로 감소시킬 수 있는가의 문제이다. 높은 수준의 부패가 존재하는 경우 징수되어야 할 세금의 상당부분이 관리의 사적인 용도로 사용되어,

국가재정에 유입되는 세입이 줄어드는 결과를 가져오게 된다. 그러나 부패의 완전한 제거는 비용문제 때문에 거의 불가능하다. 부패를 완전히 제거하기 위해서는 직원에게 높은 급여를 지급해야 하고 이를 뒷받침하는 법적, 조직적 변화가 있어야 하기 때문이다. 경우에 따라서는 인권에 대한 과도한 규제 및 혹독한 벌칙 등이 수반될 수도 있고, 마녀사냥 식의 공직자 기소가 남용될 수도 있다. 이론적 관점에서 볼 때 부패의 최적수준은 부패의 감소에 드는 한계사회비용이 한계사회편익과 일치할 때이다. 여기서는 이런 점을 고려하여 논의를 진행하고자 한다.

1) 부패의 기대비용

부패를 통제하기 위해서는 통합적인 접근법이 필요하다. 부패의 기대비용은 다음과 같은 개념적 틀로 구성된다. 여기에 따르면 부패가 적발될 확률이 높거나, 적발된 사안이 처벌될 가능성이 높거나 처벌의 강도가 높을수록 기회비용이 높아져 부패가 줄어들게 된다. 따라서 기대비용을 구성하는 각 요소의 확률이 높아질수록, 기대비용이 상승하여 부패의 실질적인 편익이 낮아진다고 볼 수 있다(Rose-Ackerman, 1997).

부패의 기대비용＝적발 확률×처벌의 확률×벌칙의 강도

(1) 적발 확률

부패가 적발될 확률은 부정행위가 발견될 확률을 뜻하는데, 확률이 높아질수록 부패의 기대비용을 높이기 때문에 부패의 억제효과가 있다. 적발확률을 높이기 위해서는 거래당사자에게 정보를 제공하는 인센티브를 제공해야 한다. 세무부패란 거래 당사자 모두가 이익을 보는 거래이기 때문에 내부자가 제보하지 않는 경우 발견하기 어렵기 때문이다. 내부고발자의 보고 인센티브에 관하여 미국의 False Claims Act(31 USC § 3730)는 징수되는 범칙금의 일정액을 고발자에게 주도록 규정하고 있다.

소송에 승소하는 경우 제보자는 벌금의 25~30%에 해당하는 금액을 포상금으로 가질 수 있다(Rose-Ackerman, 1999).

(2) 처벌의 확률

우리나라의 경우 공무원의 비리가 적발될 경우 관례적으로 전보나 사직 등의 방식을 취하고 있으며, 법적 대응방식을 취하지는 않는다. 기관장은 자신의 부서에서 부정이 적발된 경우 업적에 미칠 부정적 영향을 두려워하여 조용히 처리하려 하는 것이다. 이와 같은 관례는 부패의 기대비용을 낮추는 효과를 가져와 부패억제에 장애요인으로 작용한다. 따라서 기관장의 업적평가방식을 전환하여, 하급자의 부정사례를 엄정하게 처리하는 동기를 책임자에게 부여하는 조직운영방식을 고안해야 한다. 기관장이 포함된 부정의 경우에는 외부기관의 감시가 있을 때 처벌의 확률을 높일 수 있다. 따라서 세무분야의 부패를 조사하는 외부기관의 감독활동이 실질화되고 유효성이 높아져야 한다.

(3) 벌칙의 강도

벌칙을 무겁게 하면 부패의 기대비용을 높여서 부패가 감소하는 효과를 가져올 것으로 생각된다. 그러나 적발확률을 그대로 두면서 벌칙만 무겁게 하는 것은 부정의 억제에 별 효과가 없는 것으로 보인다. 그것은 불공정성 시비를 불러일으키는데, 적발될 확률이 낮은 환경에서는 적발된 사람은 자신이 나쁜 짓을 했다고 생각하기보다는 운이 나쁘다고 생각할 뿐이다. 1982~89년의 멕시코의 자료에 따르면 다른 여건의 변화 없이 벌칙을 두 배로 올린 경우, 준법성은 10%정도 증가한 것으로 나타나 상대적으로 벌칙의 효과가 거의 없는 것을 알 수 있다(Tanzi, 1998).

벌칙의 강도는 부정거래로부터 얻은 편익(뇌물 등)에 근거하여야 한다. 즉 거래된 뇌물액수에 비례한 벌칙이 부과되는 것이 합리적이다. 만약 편익에 근거하지 않은 높은 벌칙이 존재하는 경우 벌칙의 부담감 때문에 부패의 빈도는 어느 정도 줄어들 수 있겠지만, 거래의 위험이 증가하게 되어 개별 뇌물액수는 증가하게 되는 결과를 가져온다. 결과적으로 정부는 높은 부패수준의 악순환에 시달리게 될 것이다.

뇌물을 주는 쪽과 받는 쪽 중 어느 쪽을 무겁게 처벌해야 하는가? 대만의 경우 1995년 현재 뇌물을 주는 쪽은 처벌하지 않는다. 이 경우 기업가들로 하여금 뇌물을 장려하는 결과가 되고 뇌물을 뿌리뽑고자 하는 개혁에 방해가 된다. 따라서 뇌물을 주는 쪽도 처벌에 포함시켜야 한다. 다만 납세자에 대한 벌칙을 상대적으로 무겁게 만드는 것은 바람직하지 않다. 사회적 수용성의 입장에서는 편익의 수요자가 독점권을 가진 편익의 공급자보다 더 동정의 여지가 있기 때문이다(Dubin et al., 1990).

(4) 개선방안

적발확률을 높이기 위한 조치로 내부 고발자에 대한 보호 및 보상제도가 시행되어야 한다. 여기에는 고발자의 신원을 비밀에 부치도록 하는 입법조치와 처벌의 경감 및 재정적 보상이 포함되어야 한다. 또 처벌의 가능성을 높이기 위하여 직원의 처벌이 기관장의 평가에 부정적인 영향을 미치지 않도록 하는 조직운영상의 개편이 있어야 한다. 또 세무분야의 부패를 감시하기 위한 외부기관의 감독활동이 전문화되어야 한다. 벌칙의 정도는 일률적으로 정할 것이 아니라 부정의 규모를 고려하여 부정거래참가자의 편익에 비례하는 방식으로 탄력적으로 설계되어야 한다. 그것은 사회적 수용성을 고려하여 부정의 수요자보다는 공급자에게 더 무겁게 적용되도록 고안되어야 한다.

2) 세무조사 대상자 선정

세무조사 대상자 선정에 대한 공정성 시비가 그치지 않고 있다. 조사대상으로 선정된 기업이 이를 불공정하고 보복적인 조치로 받아들인다면 세무조사의 효과는 반감될 것이다. 현재 국세청은 조사기능의 강화를 위하여 조직과 인력을 늘렸고, 조사의 공정성을 강화하기 위하여 분야별 전담 조사반을 편성하여 운영하고 있다. 이와 같은 방침은 세무조사 분야의 자의성을 감소시킬 수 있다는 점에서 바람직한 계획이라 평가된다. 그러나 정보화의 진행과 관련하여 이 분야에도 정보기술을 이용하는 것이 효율적인 결과를 가져올 것으로 생각된다.

컴퓨터가 세무조사 대상자를 골라내는 작업에 사용되는 국가로는 캐나다, 멕시코, 싱가포르, 미국 등이 있다. 미국의 경우 1950년대 이후 정보기술의 이용에 있어 중요한 기술적 변화가 있었다.

(1) 연방소득세 분야

1962년에 미국 국세청(IRS)은 세무조사업무를 처음으로 전산화하였다. 이 시스템은 수작업을 획기적으로 개선한 것이었지만 결과는 여전히 만족스럽지 못했다. IRS는 이를 꾸준히 개선하여 60년대 후반에 두 개의 프로그램을 만들었는데 이는 세무조사의 생산성향상에 크게 기여하였다 (Hunter et al., 1996).

① TCMP

IRS는 1964년에 무작위로 추출한 납세자에 대하여 실지조사를 실시하였고, 분석 작업은 1967년까지 이어졌다. 현재는 매 3년마다 약 5만명을 모든 소득계층으로부터 임의로 선출하여 정밀 조사하고 있는데 이를 TCMP(Tax Compliance Measurement Program)라고 한다. 조사대상으로 선정되면 특별히 훈련된 조사자에 의하여 정밀하게 검사된다. 그것은 중점분야만 조사하는 일반 세무조사와는 달리 조사대상자의 모든 세금항목을 조사하게 된다.

TCMP자료로부터 국세청은 납세자가 어느 정도로 규칙을 위반하는지를 판단한다. 그 주된 목적은 다음에 설명하는 DIF를 작성하는 자료를 제공하는데 있다. 부수적으로 그것은 세무분야의 연구와 조사의 자료로 사용된다. TCMP의 문제는 시간과 비용이 많이 든다는 점이다. 1985년 TCMP조사에는 1억 2,800만 달러가 소요되었다. 이는 인건비로 4,200만 달러, 무작위 추출방식에 의존하는 TCMP 조사의 낮은 생산성에 대한 기회비용부분을 8,600만 달러로 계산한 결과이다(Loftus, 1985).

② DIF

TCMP 자료에 근거하여 IRS는 200개 정도의 항목에 대한 정보를 입력한 수학적 공식을 개발하고, 이에 근거하여 문제가 있는 세무신고서를 선정한다. 이 프로그램을 DIF(Discriminant Index Function)라고 한다. 이 공식은 국세청이 유출을 꺼리는 고도의 비밀에 속한다. 어느 공식이 가장 적합한 것인지 알지 못하기 때문에 DIF는 항상 복수로 작성되어 결과를 상호 비교하는 과정을 거친다. DIF에 의하여 문제가 있다고 제시된 납세자 중에서 수작업으로 최종 조사대상자를 고르는데, 이 방식으로 1960~70%의 조사대상자를 선정한다. DIF에 근거한 첫번째의 세무조사는 1969년에 있었다.

DIF기법은 IRS로 하여금 조세회피의 가능성이 가장 높은 납세자에게 역량을 집중하게 함으로써 생산성을 향상시킨 것으로 평가받고 있다. 1980년대를 통하여 IRS는 컴퓨터를 이용한 대조작업과 계산의 정확성 검증을 도입하여 더욱 생산성을 높일 수 있었다. 그 결과 세무조사의 추징세액이 없는 경우의 비율이 43%(1968년)에서 23%(1975년), 11%(1990년)로 점차 감소하고 있다. 또 조사건당 추정액은 평균 700달러(1963년도)이던 것이 TCMP 및 DIF 도입직후에는 1,000달러(1982년 화폐가치로 환산)로 상승하였고, 1986년에는 4,500달러로, 1990년에는 4,400달러를 유지하고 있다.

(2) 주세 분야(州稅 分野)

미국의 판매세(Sales Tax)는 주세(州稅, State Tax)의 주요세원으로 1930년대에 처음 도입되었다. 당시의 세무관리들은 모든 판매자를 조사해야 한다고 믿었다. 그러나 이것은 주어진 인력을 고려할 때 불가능했고, 조사를 받은 많은 기업들이 오류가 없는 것으로 드러났기 때문에 생산적이지도 못했다. 몇 개 주에서는 조사원들이 담당구역의 거리를 걷다가 마음이 내키는 곳에서 불시에 조사를 하곤 하였다. 이러한 임의추출 방식도 비생산적인 것으로 드러났다. 1950년대에 이르러 컴퓨터시스템을 사용하는 보다 과학적인 조사방법이 나타났다. 다음에는 각 주의 대표적인 판매세 조사방법이 제시되어 있다(Due, 1985).

① 단서

초기에는 단서가 조사대상자 선정에 중요한 역할을 했다. 한 회사를 조사하면 관련된 다른 회사의 조사 필요성이 제기된다는 식이다. 이전의 조사경험이 점차 중요한 형태의 단서가 되었다. 이러한 단서에 의존하는 감사는 비교적 생산적인 결과를 가져온 것으로 나타나고 있다(Conn. 1984).

② 서면조사

서면조사가 초기에는 가장 보편적인 조사방법이었다. 어떤 주에서는 모든 세무신고서에 대하여 서류상의 검토가 이루어졌고, 문제가 있다고 판단되면 보충자료를 요구하였다. 점차 그들은 서면조사의 몇 가지 판단 기준을 개발했다. 예를 들면 도시규모 및 업종별 매출액, 면세매출액, 종업원 대비 매출액 등에 대하여 표준을 작성하여 이를 활용하였다. 서면조사는 점차 그 중요성이 감소하게 되었는데, 전산화 때문에 수작업이 불필요해졌기 때문이다. 반면 숙련된 감사책임자의 경험에 근거한 판단은 여전히 중요한 역할을 하고 있다.

③ 준거기준의 개발

각 주는 판매세 도입의 초기 단계부터 특정형태의 사업이 다른 형태의 사업보다 오류가 많다는 사실을 발견했다. 예를 들면 과세상품과 면세상품을 동시에 판매하는 회사는 과세상품만 취급하는 회사에 비해서 문제가 많이 발생하였다. 따라서 영업형태가 중요한 판단의 기준이 되었다. 한편 어떤 주는 매출액에 높은 비중을 두는데, 매출액의 규모가 큰 기업의 경우 오류 적발시 회수할 세액이 더 커서 중요성이 높다는 이유 때문이다. 이런 회사들은 작은 회사에 비해서 더 나은 기록 시스템을 가지고 있지만 오류가 발생하면 그 금액은 매우 커 진다는 특징을 가지고 있다.

그 이후에 복수의 기준(Cell System)을 활용하는 방식이 도입되었는데, 이는 경영의 형태와 규모를 동시에 고려하여 의사결정에 사용하는 방식이다. 중요한 집단으로 선정되면 집중적인 조사가 행해지고 중요성이 낮은 그룹에는 무작위추출방식이 적용된다. 이 단계에서는 전산시스템이 중요한 역할을 한다.

④ 통계적 접근법

캘리포니아의 세무당국은 회사의 크기 및 산업분류를 포함한 회귀분석식을 만들었다. 다른 주들은 변수를 추가하거나 교체함으로써 이 모형을 개선해 보고자 하였다 해당기업이 과거 추징실적이나 세무조사에 소요된 시간 등의 변수가 제시되었다. 이런 방식으로 우선조사대상 기업들이 구분되었다. 각 주는 최고의 예측력을 가진 등식이 산업에 따라 상당히 다른 모양으로 나타난다는 사실을 발견했다.

여기에서 생겨난 문제는 이미 조사받은 회사로 구성된 집단은 모집단을 대표할 수 없다는 것이었다. 따라서 어느 정도의 무작위추출방식에 의한 조사가 이런 문제를 보완할 목적으로 수행되었다. 또 산업분류코드는 너무 다양하고 이질적인 회사를 포함하고 있어서 동질적이라고 보기 어려운 점이 있고, 세분된 업종별코드는 소속 회사의 수가 너무 적어서 통계처리에 문제가 있었다.

⑤ 기타의 조사방식

기타 다양한 조사방식이 있다. IRS에는 먼저 경쟁업자로부터의 불만과 정보가 제시되는데, 그것은 신뢰할 만한 조사의 근거가 된다. 또 상습적으로 세무신고서의 계산이 틀리거나 지연 제출하는 기업은 내부적으로 수치의 상당한 수정과정을 거쳤을 가능성이 높다는 것을 뜻하므로 조사의 대상이 된다. 또 부도가 난 회사나 신규 등록기업, 규모가 급격히 확대되는 기업 등은 기존 기업과는 다른 환경에 있기 때문에 이상 현상이 발견될 수도 있다.

(3) 개선방안

우리나라의 세무조사는 대상자 선정과정이 거의 알려지지 않고 있다. 세무조사 중점사항에 관한 지침은 매년 시달되지만, 조사대상자 선정과정의 자의성을 통제하는 엄밀한 잣대로 작용하기는 어려운 것이 현실이다. 따라서 미국의 경우처럼 컴퓨터를 이용한 통계적 기법을 도입하여 이 문제에 접근하는 것이 불공정성 시비를 어느 정도 완화시킬 수 있고, 생산적인 결과를 얻을 수 있을 것으로 보인다. 정보통신의 혁명이 진행 중이므로 전산화를 위한 여건은 좋은 것으로 볼 수 있다.

전산화 작업은 2가지 단계로 구성되는 것이 합리적이라고 생각된다. 먼저 모집단을 대표할 수 있는 표본을 임의 추출하여 이 집단에 대한 정밀조사를 시행하는데, 이 과정은 기준을 만들 수 있는 자료를 제공하는 의미가 있다. 비용측면을 고려하여 법인사업자나 매출액이 일정규모 이상인 개인사업자를 대상으로 이 조사를 시행하는 방안을 생각해 볼 수 있다. 미국의 경우 매 3년마다 조사를 시행하여 자료를 새롭게 입수하고 있는데, 우리나라의 경우 납세자의 행태를 고려하여 시행주기를 정하는 것이 좋을 것이다. 그리고 각 세무분야를 모두 망라하여 조사하여야 하므로 조사요원은 경험이 많은 직원이 투입되어야 한다.

자료가 확보되면 그것에 근거하여 높은 탈세요인을 가진 납세자를 확인하는 수학적 공식을 작성하여야 한다. 통계적 분석은 설정되는 가설과 구성변수에 따라 설명력이 달라지므로 다양한 공식이 개발되어야 한다. 이와 같은 일련의 통계적 작업은 선정작업의 중앙통제를 의미한다. 왜냐하면 이와 같은 자료와 공식은 비밀로 유지되어야 하기 때문에 이를 하급관서로 보낼 수 없게 된다.

3) 인센티브제도

사람에게 권력을 주고 가난하게 살라고 요구하는 것은 어리석은 일이다. 관리의 낮은 급여는 부패를 성행하게 하고 우수한 요원을 채용하기 어렵게 만들기 때문에, 인센티브가 수반되지 않는 개혁은 효과를 기대하기 어렵다는 것이다.

(1) 인센티브와 행동

관리의 개인적 성향이 무엇인가에 따라 다양한 행동이 나타날 가능성이 있다. 사익추구 모형(私益追求 模型, shirking model)에 따르면 급여가 높다 하더라도, 뇌물의 수준이 더 높거나 사후에 발견될 확률이나 벌칙이 낮다면 부패는 여전히 존재할 것으로 간주된다. 왜냐하면 이 모형에서 관리는 자신의 기대이익을 극대화하고자 할 것이기 때문이다 (Becker et al., 1974).

반면 적정임금가설(fair wage effort hypothesis)에 따르면, 관리가 자신의 기대이익 극대화보다는 기대이익의 적정화에 목표를 두는 경우 적당한 소득을 달성할 때까지만 부패에 가담할 것으로 생각하는 것이다. 즉 관리에게 적당한 급여가 주어진다면 부패에 가담하지 않을 가능성이 높아질 것으로 보고 있다. 이 가설에 따르면 임금을 올리는 것이 감시기능을 강화하는 것보다 부패에 더 강력한 효과를 가진다는 것이다. 이 모형에서의 기본 명제는 부패하지 않도록 많은 봉급을 주는 것이 중요한 것이 아니라, 기본적 수요충족에 미달하는 낮은 봉급을 주어서 부패하도록 만드는 것이 문제점이라는 데 있다. 이런 경우 높은 벌칙은 부패의 억제에 효과적이지 못하다. 여건에 비추어 벌칙이 지나치다고 생각한다면 사람들은 문제가 된 관리를 기소하지 않을 것이기 때문이다.

(2) 인센티브제도의 사례

일부 국가에서 세무관서에는 예산의 자율권을 주고 징수권과 예산을 부분적으로 연계시키는 방식이 성공을 거둔 것을 볼 수 있다. 관리에게 그가 걷는 세액에 근거해서 보너스를 지급하는 계획은 부패문제에 있어 상당한 개선을 가져온 것을 볼 수 있다. 부패가 발견되어 직업을 잃었을 때의 손실(높은 급여나 연금 등)을 두려워하여 관리들은 부패의 유혹에 저항할 것이기 때문이다.

싱가포르의 경우 세금징수업무는 IRAS(Inland Revenue Authority of Singapore)에서 관장하는데, 소속 직원들에 대한 급료는 그들이 징수한 수입과 관련성을 가진다. 즉, 목표를 초과하여 징수된 세액의 일정액을 관리들에게 지급하며, 실적이 목표액에 미달하는 경우 같은 비율을 적용해서 삭감된다. 멕시코에서는 세무조사결과 추징된 세액의 일정액(60%)을 재원으로 하는 상여금제도가 도입되었는데, 이 금액은 직원급여총액의 130%에 달했다. 세무조사에 직접관계한 사람의 경우 연봉의 250% 이하, 간접관계자는 120% 이하로 보너스의 최고한도가 정해질 정도가 되었다. 이런 인센티브 계획은 관리들의 태도를 완전히 바꾸었으며, 조사의 효율성에 크게 기여한 것으로 평가된다(Das-Gupta et al., 1998).

가나의 국세청은 3.5%의 세금수입과 2.5%의 관세수입을 보너스로 받았다. 1984년에서 1988년 사이에 세금 및 관세수입은 GDP대비 6.6%에

서 12.3%로 증가하였다. 이것은 증가된 기본급과 성과급 인센티브의 결
합이 좋은 결과를 가져온다는 것을 보여준다. 그러나 이와 같은 방식이
문제가 없는 것은 아니어서, 다른 부서의 공무원들이 불평을 한다는 점
과, 국세청 직원의 보너스가 GDP의 증가 등 징수노력 이외의 요소에 의
하여 영향을 받을 수 있다는 점이 지적되고 있다(Rose-Ackerman, 1999).

또 다른 문제는 공무원 급여정책과 부패와의 관계가 단순하지 않다는
데 있다. 징수해야 할 세금이 확인되고 뇌물이 오가는 상황에서는 보수
및 벌칙의 상향조정은 세무관리가 부패에 참여하는 부담을 증가시킨다.
따라서 세무관리는 작은 뇌물은 지나칠 수 있겠지만 큰 뇌물이 제시되는
경우 부패에 가담할 수도 있을 것이어서, 결과적으로 부패의 규모는 증
가한다. 따라서 높은 임금은 부패의 빈도를 줄이지만 건당 뇌물액수를
크게 만들 수 있다는 것이다(Bardhan, 1997).

(3) 개선 방안

국세청 직원들에 대한 인센티브는 현재까지는 거의 없는 것으로 보인
다. 인센티브 방식에는 싱가포르나 가나의 방식대로 국세청과 정부는 사
전에 세금징수 목표를 정하고 목표를 초과하는 세금징수액의 일정부분
을 국세청에서 인센티브로 사용하게 하는 방안을 생각해 볼 수 있다. 목
표치는 환경의 변동으로 인한 요소와 징세노력으로 인한 요소를 분리할
수 있도록 각종 경제지표를 고려하여 설정하는 것이 좋을 것이다.

세무조사와 관련하여 생각해 볼 수 있는 방법은 추징액 중 목표 초과
액을 관리에게 인센티브로 지급하는 방안을 생각할 수 있다. 이 방식은
개인의 이윤추구행위를 집단적 이윤추구 행위로 전환하는 것인데, 이는
조사원 상호간의 감시체계가 조성되는 셈이므로 부패가 감소할 가능성
이 있다.

한편 높은 인센티브가 수반할 수 있는 부패금액의 증가를 방지하기
위하여 감시제도의 강화가 필요하다. 싱가포르나 홍콩의 부패조사국

(Corruption Investigation Bureau)은 매우 효율적으로 관리의 부패를 조사하는 것으로 평가되고 있는데, 그들은 높은 보수를 받고 지위가 높으며 정치로부터 독립적이다. 따라서 부패조사기구의 활동을 전문화하고 정치적 독립을 보장하며, 보수를 현실화하는 방안을 검토해 볼 필요가 있다.

4) 경영과 조직

국세청은 구조조정을 시행하는 과정에서 기능별 조직으로의 재편과 조직의 축소를 시도하였다. 정보수집, 세액의 책정, 징수, 세무조사 및 추징, 가산금의 부과 등의 기능이 전문화되면 효율성이 증가되고 납세자와의 밀접한 접촉을 감소시키게 되어 부패의 가능성을 낮출 수 있다는 점에서 바람직한 방향이다. 이 문제와 관련하여 검토해야 할 사항을 제시해보면 다음과 같다.

(1) 최고관리자의 임기
부패와 관련하여 세무분야 고위층의 임기를 분석해 볼 필요가 있다. 짧은 임기는 장기적인 목표를 세우기 어렵게 만든다. 세무부서장의 임기가 불안정한 경우라면 그 아래의 직급과 기관은 위로부터 오는 지시에 관심을 보이지 않는다. 아르헨티나와 브라질의 경우는 대부분 국세청장의 임기가 1년 미만이었을 때가 많았는데, 반면 칠레는 평균 재임기간이 6년이었다. 그런데 양국의 부패지수는 현저한 차이를 보이고 있어서 최근의 부패지수 조사에 따르면 조사대상 국가 중 칠레는 10점 만점에 7.4점을 받아 18위로 평가되었고, 아르헨티나는 52위(3.5점), 브라질은 49위(3.9점)이었다.

(2) 관할 구역의 중복
부패는 때때로 관료조직의 계층적 구조에서 생긴다. 하급관리들은 뇌물을 징수하고 그 일부를 고위층에 상납한다. 시장이 경쟁적일 경우나 제공되는 서비스가 일상적인 업무일 경우(예를 들면 여권발급, 전화가설, 가스의 설치 등)에는 대체로 표준적인 뇌물액이 부과된다. 반면 시장이 덜 경쟁적일 경우 부패한 관리들은 뇌물의 가격을 차별화 한다. 그들은 공급자의 독점적 지위를 이용하여 뇌물을 차별적으로 부과할 수 있는 것이다. 세무분야의 부패는 후자에 속하는 경우가 많다고 생각된다(Rose-Ackerman, 1997).

이런 관행을 통제하는 수단으로 관리들의 관할구역을 중복시키는 방안(overlapping jurisdiction)을 생각해 볼 수 있다. 이렇게 되면 납세자는 선택권을 가질 수 있고 관리의 독점적 권한은 낮아진다. 이 제도의 장점은 첫번째, 창구에서 불만족한 고객이 다음 창구로 옮겨갈 수 있는 선택권에 있다. 두번째, 창구의 부패여부는 뇌물의 하한선을 결정한다. 사람들은 뇌물을 주겠지만, 그들에게 선택권이 있는 한 많은 뇌물을 주지는 않을 것이다. 또 관리들 사이에 담합이 있다 하더라도 한 사람이 권한을 독점하고 있을 때보다는 뇌물의 크기가 작아질 가능성이 높다. 또한 감독관이나 외부의 감시자는 그 담합을 깰 수 있는 가능성을 가지고 있다는 점에서 담합의 심각성은 완화될 수 있다(Rose-Ackerman, 1999).

이 방식에서도 다음과 같은 문제점이 생길 수 있다. 특정 관리의 정직성은 부패한 관리의 이익을 증가시킨다는 점이다. 정직한 관리가 있는 창구를 납세자들이 피할 가능성이 높다. 납세자는 할인해 주지 않는 정직한 관리보다는 세액을 낮추어 주고, 차액을 나누고자 하는 창구를 찾을 가능성이 높다. 그 결과 시간이 지남에 따라 많은 관리들이 부패하게 되고, 부패한 관리들간의 경쟁은 뇌물의 액수를 낮추고 부패거래 빈도를 증가시키는 안정상태가 도래한다.

인도의 경우 세무관리들의 담당구역을 중복시켜 업무가 설계되었다. 납세자는 2인 이상의 세무담당자 중에서 선택할 수 있게 된 것이다. 그런데 직원수가 많은 세무서가 적은 세무서보다 징수실적이 좋지 않았다.

큰 세무서의 경우 많은 관리들이 뇌물을 받기 위해서 납세자의 부담을 할인하는 경쟁이 심했기 때문이다. 그 결과 뇌물의 수준은 낮아졌지만 처벌받을 가능성도 낮아졌기 때문에, 관리들이 정직하게 될 유인을 갖지 못하며 부패의 빈도는 높아지게 되었다. 따라서 이 시스템에서는 세액을 적게 징수하는 사례를 막기 위해서 징수실적의 평가가 반드시 수반되어야 한다. 예를 들면 지방 세무청장은 관할이 중복된 세무서간 세금징수 건수와 징수 금액의 평균을 비교하여 문제점을 분석할 수 있는 것이다.

(3) 개선 방안

세무관서장의 임기가 지나치게 짧은 경우 장기적인 목표의 수립과 실행이 어렵게 된다. 이런 의미에서 부서장의 임명시 자격 있는 사람인가를 신중하게 고려해야 하고, 일단 임명된 후에는 장기간의 임기를 보장하는 방안을 제도적으로 마련해야 한다고 생각된다.

관할 구역에 대해서는 일부 세목에 대해서 복수의 관할 구역제도를 설계하여 시범적으로 운영할 필요가 있다. 물론 그 이전에 업적평가에 대한 명확하고 공정한 기준을 세워서 운영하는 것이 선결 과제이다. 업적에 의한 관리가 없이는 경쟁적 관할구역의 생산성과 부패의 방지를 달성하기 어렵다고 생각되기 때문이다.

5) 업무의 민간부문 위탁

국세청은 징세업무를 민간에 위임하는 것을 고려하지 않고 있다. 그러나 작은 정부를 지향한다면 정부는 핵심적인 일만 담당하고 나머지의 일은 민간부문에 위탁하는 방안을 고려해 볼 수 있다. 민간 징수업자는 징수액이 곧 자신의 수입과 연관되므로, 세금을 적게 내게 해주는 대가로 뇌물을 받는 부패거래의 동기는 비교적 작다고 할 수 있다.

(1) 민간위탁방식

이 방식에서는 정부가 특정 세목의 징수권을 경매 등의 방식으로 민간징수업자(tax farmer)에게 매각하고, 정부는 계약시 정해진 금액을 받는다. 세금의 징수에 따르는 위험과 비용은 모두 민간징수업자가 부담한다. 징수업자의 입장에서는 정부에 지급한 계약금액이상의 세금수입은 모두 자신의 수입이 된다.

(2) 민간위탁시의 문제점

민간위탁계약에서는 징수업자는 세금을 적게 걷으면 파산하므로 징수의 능률성과 직원의 부패를 통제하는 것이 중요한 문제로 등장한다. 이 문제를 완화시키기 위하여 근대의 징수업자들은 때때로 그들의 하급 직원들에게 고정된 급여 대신에 징수한 세금의 일정비율을 보수로 지급했다. 근대초기 프러시아의의 경우 이런 전략이 부패를 감소시키고 세금징수의 능률성을 증가시켰다는 보고가 있다. 또 현재의 세네갈, 가나, 20C 중반의 베네수엘라의 관세부문 등에서 이와 같은 사례를 볼 수 있다. 인도네시아의 경우 세관을 맡고 있는 스위스 회사는 직원들에게 인도네시아 고위직 공무원 급여의 2배를 지급했는데, 부패가 현저히 감소했다고 한다(Kieser et al., 1994).

이 제도의 또 다른 문제는 강압적 과세의 문제이다. 징수업자는 세금이 자신의 수입과 연관되므로 과중한 징수의 동기를 가지고 있는 셈이다. 따라서 세금징수회사의 활동에 대한 규제가 필수적인데, 먼저 정부가 세금징수회사를 직접 규제하는 방식을 예로 들 수 있다. 인도네시아의 경우 90%의 수입업자가 이 방식을 선호하는 것으로 나타나서 부정적인 외부효과는 없는 것으로 보인다. 다른 방식으로는 제3자를 고용해서 그들이 발견한 위탁회사의 부패에 대하여 보상을 받도록 하는 방안을 생각해 볼 수 있다. 납세자들의 전문지식과 조직력이 있는 경우 납세자를 통한 규제도 가능하다. 인도네시아 정부는 세관근무자의 업무수행을 평가하기 위하여 수입업자의 의견을 듣고 있다.

(3) 개선 방안

현재 우리나라의 세금은 모두 국가기관이 직접 징수하고 있다. 관리들은 고정된 급여를 받고 징수된 세금은 모두 국가의 수입이 되는 것이다. 이 방식은 납세자와 관리의 담합에 의한 부패에 취약하므로 제도의 변화를 시도해볼 필요가 있다. 비교적 쉬운 시도로는 특정 분야를 민간에 위임하는 방식이다. 다른 나라의 사례를 보면 주로 관세분야가 실험의 대상이 되고 있고 좋은 결과를 가져온 것으로 평가되고 있다. 우리나라에서도 부패가 심한 세무 분야에 대하여 시범적으로 민간업자에게 위탁하는 방안을 시도해 볼 수 있다.

6) 재량권

세무부패의 억제를 위하여 관리의 재량권을 줄이도록 하는 방안이 권유되고 있다. 국세청은 이런 관점에서 국세통합망을 통한 업무의 표준화와 지역담당제 폐지, 전산에 의한 통합조사시스템 등을 계획하고 있다. 이런 조치는 관리의 자의적인 영향력 감소에 기여할 수 있다는 점에서 긍정적인 평가를 내릴 수 있다. 이 문제와 관련하여 다음과 같은 점을 검토해 볼 필요가 있다.

(1) 인사이동

일반적으로 담당자의 잦은 인사이동이 부패의 정도를 낮추는 데 기여하는 것으로 생각되고 있다. 국세청은 직원의 전보인사를 1년 미만의 짧은 기간을 기준으로 시행하고 있다. 그러나 부패가 조직화되어 있다면 이와 같은 조치는 오히려 반대의 결과를 가져온다. 관리를 자주 순환보직 하는 것은 납세자와의 친분 관계를 통하여 뇌물을 받는 것을 통제하는 효과가 있지만, 조직 전체가 부패한 경우에는 상급자는 직원의 배치권한을 부패시스템에 동조하지 않는 사람에게 불이익을 주는 쪽으로 사용할 수 있기 때문이다(Rose-Ackerman, 1997).

한편 업무의 내용과 관련하여 인사이동의 효과를 다른 관점에서 생각해 볼 수 있다. 업무의 내용이 단순하여 누구나 쉽게 숙달할 수 있는 경우라면 담당자가 누구인가에 따라 별 영향이 없기 때문에 인사이동을 자주하는 것은 별 도움이 되지 않을 것으로 보인다. 반면 복잡한 업무일 경우는 담당자의 판단과 재량권이 상대적으로 많을 것으로 생각되므로, 한 직위에서의 오랜 근무기간은 부패의 가능성을 높이는 결과를 가져올 수 있다(Husted, 1994).

(2) 세무조사 방식

세무조사에 있어 관리의 권한을 분산시킬 수 있다면 상호견제를 통한 부패의 감소에 기여할 수 있을 것으로 생각된다. 멕시코의 사례를 보면 추징액이 없는 세무조사의 종결은 조사를 담당하지 않은 부서의 권한이고, 조사담당자들은 거짓말 탐지기를 거쳐야 한다. 또 세무조사대상의 선정은 지방청의 전산 부서에 의해서 결정되고, 지방청은 본부의 지침에 의하여 통제되고 있다. 고액 납세자들은 민간 감사인들에 의하여 조사받게 되는데, 이 보고서는 전산관리되고 보고내용에 잘못된 사항이 발견되면 책임을 져야 한다(Das-Gupta et al,. 98).

이러한 권한의 분산조치는 제한된 세무조사 인력을 멕시코 정부가 중점을 두고 있는 중간규모의 납세자에 집중하여 투입할 수 있게 한다. 세무행정 담당자들은 고액 납세자를 중점관리하는 전략을 세우기가 쉬운데, 세무조사인력이 고액 납세자에게 집중된다면 수직적 불공평성이 반대방향으로 작용하게 되어 고액 납세자가 불공평하게 많은 세무간섭과 부담을 지게 된다는 것이다. 수평적 공평성도 문제가 될 수 있는데, 대규모 작업장의 근로자로부터는 세금을 징수하면서 소규모 음식점이나 자영업자의 수입으로부터는 세금징수를 포기하기 때문이다. 공평성의 문제가 파괴되면 조세저항과 부패를 통제하기가 매우 어려워진다.

(3) 납세자 접촉방식

납세자와 세무직원의 접촉은 납세자의 태도형성에 직접적인 영향을 미친다는 점에서 중요성을 가진다. 부패는 관리와 납세자의 직접 접촉을 통해서 많이 일어나므로, 국세청은 지역담당자 제도를 폐지하고 납세자와 직접 접촉하는 직원을 세무조사 등의 특정업무로 국한시키는 개선조치를 취하고 있다. 이것은 발전적인 방향이라 생각되지만 여기서 더 나아가 간접 접촉방식을 개발할 필요성이 있다.

전산화는 간접적 접촉에 도움이 되는 수단이다. 인터넷을 이용한 정보의 제공과 전자신고는 바람직한 방향이다. 우리나라의 경우 인터넷 보급률이 급속히 확산되고 있으므로 여건은 좋은 편이다. 전통적인 방식으로 우편에 의한 신고와 정보의 제공은 더 확대되어야 한다. 라디오, 신문, TV, 전화 등을 통하여 세무행정의 노력을 홍보하는 것은 효과가 있다. 예를 들면 등록된 납세자의 증가, 세금수입의 증가, 세무조사의 결과, 조세회피의 감소실적 등은 단순한 미래의 계획을 발표하는 것보다 더 효과가 있다.

(4) 개선방안

인사이동은 일률적이고 기계적으로 시행할 것이 아니라 조직의 부패정도와 업무의 복잡성을 고려하여 그 빈도를 결정하여야 한다. 세무업무의 복잡성이나 중요성을 기준으로 전보시스템을 세분화하는 것이 필요할 것으로 보인다. 즉 단순한 업무의 경우 긴 근무기간을 부여하고, 핵심적이거나 복잡한 직위의 경우 상대적으로 짧은 근무기간을 부여하는 방안이 그것이다. 또 조직의 부패정도가 심할 경우 인사이동은 부패의 억제장치로서 별 효과가 없기 때문에 다른 대안을 고려하는 것이 좋다고 판단된다. 납세자와의 접촉방식은 간접접촉의 비중을 높여가고, 직접 접촉은 꼭 필요한 경우로 한정해야 한다. 이를 위하여 인터넷, 방송, 우편, 전화 등의 매체를 더 많이 활용하는 방안을 검토하여야 한다.

우리나라의 경우 정경유착 때문에 기업에 대한 세무조사를 순수한 시각으로 보지 않을 경우가 많다. 따라서 세무분야가 정치의 영향력으로부터 독립될 수 있을 때 공정성을 확보할 수 있을 것이다. 이를 위하여 기업에 대한 세무조사를 공신력 있는 회계법인 등에 위촉하는 방안을 고려해 볼 수 있다. 주주의 이익을 보호하기 위한 회계감사제도가 민간에 의해서 운영되고 있는 현실을 고려할 때, 국가 및 국민의 이익을 보호하기 위한 세무조사도 민간부문에 의한 운영이 가능할 것이다.

이 방안은 국세청으로 하여금 공정성 시비를 벗어나게 한다. 또 조사인력이 부족하여 과세권을 포기하고 있는 분야가 많은 형편임을 고려할 때, 기존의 조사인력을 다른 분야에 투입할 수 있다는 장점이 있다. 이 제도의 또 다른 장점은 수준 높은 조사기법의 도입이다. 회계법인 등의 인력은 회계사나 세무사로 구성되고 있고, 주기적으로 자체적인 교육, 훈련을 시행하기 때문에 직원의 자질이 높은 것으로 평가되고 있기 때문이다.

7) 규제

부패는 주로 정부관리가 민간의 활동에 영향을 미칠 수 있는 규제자의 위치에 있을 때 발생한다. 일반적으로 규제의 수준을 낮추면 부패의 억제에 도움이 되는 것으로 알려지고 있으므로 여기서는 이 문제를 생각해 보고자 한다.

(1) 세율의 인하

높은 세율은 가장 영향력이 큰 규제라고 할 수 있다. 높은 세율은 납세자의 세금부담을 무겁게 하기 때문에 조세회피를 불러오고, 관리와의 담합을 유도하는 환경을 조성한다. 납세자들은 징수되는 세액을 낮추기 위해 세무관리와 공모하고 절약분을 납세자와 공무원이 나누어 가지게 되는 것이다. 이렇게 되면 정부는 부족한 세금수입을 보충하기 위하여 더 높은 세율을 부과하는 악순환을 불러온다. 세율이 높을수록 추징세액의 분산은 증가한다. 이것은 부패의 인센티브가 세율이 높을수록 증가한다는 것을 나타낸다.

따라서 부패통제를 위해서는 세율의 인하가 허용되어야 한다. 세금부담이 적으면 납세자는 관리와의 결탁을 시도하지 않을 것이기 때문이다. 따라서 높은 세율체계하에서는 단순히 세무관리의 급여를 올리고 감시를 강화하는 것만으로는 부패를 통제하는 데 충분치가 않다는 사실을 알 수 있다.

(2) 단순화의 사례

조세특혜(tax incentives)가 특정 기업이나 산업에 주어진다면 의사결정 과정에 뇌물이 수수될 가능성이 있다. 따라서 각종 조세감면의 혜택을 폐지하고 제도를 단순화하는 것이 규제축소를 위한 방안이 된다. 이와 관련하여 참고할 수 있는 사례는 1980년대 인도네시아의 세제개혁을 들 수 있다(Toye & Moore, 1998).

인도네시아 세제개혁의 목표는 지나치게 복잡하고, 비탄력적인 세제의 단순화에 두어졌는데, 결국 부가가치세 제도의 도입을 통한 간접세제도의 단순화로 나타났다. 그것은 판매세를 부가가치세로 바꾸는 것이었는데, 판매세의 복잡한 세율구조가 단순화되었고, 많은 면세조항이 삭제됨으로서 관리들의 재량권이 축소되었다. 구매자들이 매입세액 공제를 받기 위해서 거래상대방에게 세금계산서를 요구하게 된 것은 전에 볼 수 없던 현상이었다. 세제개혁의 가장 강력한 반대자는 세무관리들이었다. 부가가치세와 직접 관련된 세관과 간접세 부서의 반발이 거세어졌고, 소득세와 재산세제의 단순화 시도에도 비슷한 반발이 나타났다. 관리들은 개혁을 위협으로 간주했으며, 정부는 국세청장을 해임하지 않고서는 아무것도 할 수 없었다.

우여곡절 끝에 인도네시아에 도입된 부가가치세는 매우 단순한 것이었다. 그것은 수입업자와 제조업자 단계에서 과세되었고 그 이하의 유통단계에는 과세되지 않았다. 도매업자도 과세대상이 아니었다. 면세는 거의 없었고, 세율은 10%였다. 세금의 2/3 는 정부가 쉽게 접근할 수 있는 곳에서 걷혀졌다. 세관, 석유제품의 생산공장, 200개 정도의 정부소유기업 등이 그것이다. 따라서 나머지의 인력과 장비를 보다 접근하기 어려운 세원(稅源)에 투입할 수 있었다. 1985년~95년 사이의 인도네시아의 GDP 명목성장률은 연간 15%인데, 부가가치세수입은 22%의 비율로 성장하였으므로 이러한 결과는 어느 정도 만족스런 것으로 보인다. 부패가 있었다 하더라도 심각한 현상은 아니었던 것 같다.

그러나 단순화는 행정편의를 위해 선호되어 부작용을 낳는 경우가 있다. 하나의 예는 간이과세제도로서 일정규모 이하의 납세자에게 소득이 아닌 매출액을 기준으로 세금을 신고하게 하는 제도를 들 수 있다. 여기에는 세금을 약간만 내도록 하는 혜택이 제도적으로 보장되고 있다는 점과, 일정규모 이상의 사업자들은 정규의 세금을 납부해야 하는 불공평성이 문제가 되고 있다. 또 간이과세 경계선 근처의 납세자들이 경계를 넘어가지 않기 위하여 편법을 동원하는 동기를 제공하고 있다.

(3) 개선방안

우리나라의 법인세 및 소득세 등의 세율은 점진적으로 인하되어 왔다. 그러나 기업규모의 증가와 점진적인 물가수준의 상승 등은 세율의 인상효과를 가져온다. 따라서 각종 세율체계는 인하될 필요가 있다. 그것은 부패와 탈세의 통제를 위한 좋은 환경을 제공하고 있으며, 과세대상 세원의 확보에 유리하다. 한편 양도소득세 등 재산관련 세금을 낮은 수준으로 유지하는 것은 세금의 동결효과(lock in effect)를 방지할 수 있어,

투자를 증가시킬 수 있다(전태영, 1993).

단순화와 관련하여 특혜 조항의 삭제가 필요하다. 기업이나 산업이 특혜조항을 받아내기 위하여 입법자에게 로비하는 과정에서 부패가 발생할 확률이 매우 높고, 특혜를 받는 부문과 그렇지 않는 부문사이에 수평적 공평성이 저해되기 때문이다. 또 간이과세 등과 같은 행정 편의적인 단순화는 수직적 공평성이 침해되는 부작용을 가지고 있으므로 정규의 과세시스템으로 돌아가는 방향으로 추진되어야 한다.

8) 납세자 보호

우리나라의 세무행정에서 납세자에 대한 보호장치가 중요한 위치를 차지하지 못한 것이 사실이다. 납세자들은 세무당국의 처분에 이의가 있을 때, 이의신청이나 행정소송 등의 절차에 의존할 수밖에 없는데, 이는 시간이 많이 소용되고 때로는 적지 않은 비용이 드는 절차이어서, 현행 납세자 보호장치는 그 효과가 매우 제한적이라고 평가되었다. 따라서 국세청이 납세자 보호담당관 및 납세지원과 등의 제도를 도입하여, 행정처분이 완료되기 전에 납세자의 이의를 처리할 수 있는 장치를 마련한 것은 바람직한 방향이다. 여기서는 납세자 보호기관의 활동이 활발한 외국의 사례를 살펴봄으로서 납세자보호제도의 발전방향을 찾아보고자 한다.

(1) 납세자보호제도의 사례

1991년에 영국정부는 시민헌장을 제정했는데, 그것은 세무관서가 제공하는 서비스의 질을 높이고 그들을 이용자에게 보다 편리를 제공하도록 하는 의도로 고안되었으며, 접근이 용이한 불평 처리절차 및 심사관의 독립적인 검토가 주된 내용으로 포함되어 있다(Filkin, 1997).

영국의 분쟁조정관(Adjudicator)은 내국세국(IR)이나 관세청과는 독립된 기구로서, 납세자의 불평을 듣고 관련 증거를 검토하여 근거가 있다고 판단되면 해당기관에 시정권고를 하는 것이 주된 임무이다. 그 취지는 문제를 일으킨 해당기관에서 먼저 이 문제를 시정할 기회를 주는데 있다. 이 기구는 1993~97년까지 10,700건의 안건을 심의하였는데, 그 중 9,200건(86%)이 국세에 관한 것이었다.

국세에 관한 분쟁내용을 보면 직원들이 납세자의 입장을 고려하지 않고 있다는 점이 많이 지적되고 있다. 납세자에게는 세무조사가 두려운 것이기 때문에 조사담당자들은 정확하고 전문적인 태도로 임무를 수행해야 하는데, 그렇지 못한 사례가 많았다. 예를 들면 납세자가 조사관에 대하여 무례하게 대응했을 때, 담당조사관이 위협적이고 거친 태도로 일관하여 문제를 악화시킨다는 것이다. 한편 내국세국이 세무조사를 불필요하게 시작하고, 조사의 비능률 때문에 조사기간을 연장함으로써 납세자에게 고통과 비용을 부담하게 하는 사례가 많다. 세무조사원이 관련 정보를 사전에 충분히 검토하지 않았거나 납세자의 정직성에 대하여 미리 부정적인 결론을 내려놓은 상태에 있는 경우가 가장 대표적인 사례이다. 때로는 내국세국의 감독과 조사과정에 대한 검토부족이 문제의 원인이 되기도 한다.

한편 멕시코에서는 납세자보호를 위하여 세무조사결과에 대한 행정적 조치를 납세자가 속한 경제전문가조직을 경유하게 하는 방안이 시행되고 있는데, 이 기관을 Syndico라 부른다. Syndico가 조사결과에 동의하지 않는 경우 이 조사 건은 국세청의 전담 부서로 보내어져서 세무직원의 위법사항의 가능성에 대한 검토를 거치게 한다.

(2) 개선방안

납세자 권리헌장의 제정이 필요하다. 세금의 징수는 법이 정하는 범위 내에서 지나치지 않게 이루어져야하고 납세자로 하여금 세금을 납부하는 데 있어 불편을 느끼지 않는 서비스를 제공해야 한다는 것이 그 내용이 되어야 한다.

그리고 세무분쟁조정기구의 전문성 및 독립성이 강화되어야 한다. 현재의 납세자 보호담당관은 근무위치나 신분상 세무서장과는 완전히 독립적일 수 없어서 납세자 권익보호에 한계를 가질 수밖에 없다. 따라서 그것은 국세청이나 관세청과는 별도의 조직으로 외부의 전문가가 참여하는 독립성이 있는 기관으로 운영되는 것이 바람직 할 것이다. 그것은 국세심판이나 행정소송 등의 구제조정에 이르기 전에 행정적 차원에서 시정을 요구할 수 있도록 운영되어 일반인의 접근이 용이하도록 되어야 한다.

또 세무조사결과에 대한 납세자 관련기구의 평가가 필요하다. 납세자가 전문적 지식이 없는 경우 불리한 처분에 대하여 회계사회나 세무사회에 상치되어 있는 기구의 심의를 거칠 수 있도록 허용하는 것도 납세자 보호의 중요한 절차라 할 수 있다. 분쟁이 타결되지 않는 경우 공신력 있는 납세자 유관기관의 견해가 중요하게 참조된다면 무리한 징수시도는 이루어지지 않을 것이라고 생각된다.

5. 결론

이 글에서는 세무부패 및 비능률의 문제를 개선하기 위한 현재까지의 노력을 평가하고 향후의 개선 방향을 제시하고 있다. 먼저 세무행정의 제도개선 실적을 살펴보면, 조직체계를 세목별조직으로부터 기능별 조직으로 전환하였고, 납세자보호기능을 강화하기 위하여 납세지원과 및 납세자 보호담당관을 신설하였다. 또 조직을 축소하였고, 조사기능의 강화를 위하여 일선 세무서에 설치된 조사과의 수를 증가시켰다. 사무운영체계의 합리성을 제고시키기 위하여 규정을 보완하고 내부전산망의 구축을 시도하고 있다. 한편 업무처리방식을 개선하기 위하여 지역담당자 제도를 폐지하고 자금출처조사 등의 대상범위를 대폭 축소하였다. 이와 같은

행정의 변화는 괄목할 만한 것이지만, 추가적인 개선의 여지도 많이 가지고 있는 것도 사실이므로 이 글에서는 이에 대하여 검토하고자 하였다.

이 글에서는 세무행정의 능률성과 공정성 증대를 위한 과제를 다음과 같이 몇 가지로 살펴보았다. 먼저, 부패의 기대비용을 높일 수 있다면 행정의 공정성과 효율성 확보에 큰 도움이 될 수 있을 것이다. 이를 위하여 기대비용을 구성하는 요소들에 대한 검토를 해보면, 먼저 적발확률을 높이기 위한 조치로 내부 고발자에 대한 보호 및 적절한 보상제도가 요청된다. 또 처벌의 가능성을 높이기 위하여 직원의 처벌이 기관장의 평가에 부정적인 영향을 미치지 않도록 하는 조직운영상의 개편과 외부 기관의 감독활동 강화가 수반되어야 한다. 한편 벌칙은 부정거래 참가자의 편익에 비례하는 방식으로 설계되어야 하며, 사회적 수용성을 고려하여 부정의 수요자보다는 공급자에게 더 무겁게 적용되도록 고안되어야 한다.

세무조사 대상자의 선정은 현재까지의 자의적인 선정방식에서 벗어나서 보다 체계적인 방식으로 개선될 필요성이 있다. 그것은 두 단계로 구분되는데, 무작위로 일정수의 납세자를 선정하여 조사하고, 여기서 나온 자료를 이용하여 준거기준을 작성하는 것이 그것이다. 이와 같은 작업은 조사작업의 생산성 향상에 기여하고, 조사대상자의 선정에 대한 불공정성 시비를 없애는 효과가 기대된다.

인센티브제도의 도입은 경영조직의 효율적 설계를 위한 중요한 요소이지만, 현재 국세청소속 직원들에 대한 인센티브는 거의 없는 것으로 보인다. 고려할 수 있는 인센티브 방식에는 싱가포르나 가나의 방식대로 국세청과 정부가 사전에 목표를 정하고 목표초과 달성분 중 일정액을 재원으로 사용할 수 있게 하는 방안을 생각해 볼 수 있다. 여기서의 목표치는 환경요소와 징세노력을 분리할 수 있도록 설정하여야 한다. 이 방식은 개인의 이윤추구행위를 집단적 이윤추구 행위로 전환하는 것인데, 부패를 많이 줄어들게 할 가능성이 있다. 한편 높은 인센티브가 유발시킬 수 있는 부패규모의 증대를 방지하기 위하여 감시기능의 강화가 필요하다.

경영과 조직의 차원에서 고려해야 할 점은 다음과 같다. 국세청장의 임기가 지나치게 짧은 경우 장기적인 목표의 수립과 실행이 어렵게 된다. 정부는 국세청장의 임명시 자격 있는 사람인가를 신중하게 고려해야 함과 동시에, 임명된 자에 대해서는 일정기간 이상의 임기를 보장하는 방안을 마련해야 한다고 생각된다. 또 시범적으로 일부 세목에 대해서 복수의 관할 구역제도를 설계하여 운영할 필요가 있다. 그것은 관리들 사이의 경쟁으로 인하여 개별 거래당 부패금액을 축소하는 효과가 있을 것으로 기대되지만, 사전에 업적평가에 대한 명확하고 공정한 기준이 설정될 것을 요구하고 있다.

한편 부패통제의 한 가지 방안으로 징세업무의 민간위탁을 부분적으로 고려할 필요가 있다. 현재의 방식은 부패에 취약하므로 특정 분야를 민간에 위임하는 것이 그것이다. 다만 여기서는 납세자와 관리의 담합에 의한 낮은 세액의 징수가 문제되기보다는 민간징수업자의 과도한 징수가 문제 될 가능성이 높으므로 이에 대한 대비책이 필요하다.

한편 과다한 재량권은 부패와 비능률의 발생원인이 된다고 볼 수 있다. 이를 억제하기 위하여 세무관서는 인사이동을 실시하고 있는데, 세무업무의 복잡성이나 중요성을 기준으로 전보시스템을 세분화하는 것이 필요할 것으로 보인다. 납세자와의 접촉방식은 인터넷, 방송, 우편, 전화 등의 매체를 활용하는 간접접촉의 비중을 높여가고, 직접 접촉은 필요한 경우로 한정해야 한다. 또 재량권 남용의 시비가 많은 기업에 대한 세무조사를 민간 감사인에게 의뢰하여 시행하는 방안도 시도해 볼 만하다. 이 방안은 조사인력이 부족한 형편임을 고려할 때, 기존의 조사인력을 다른 분야에 투입할 수 있다는 장점이 있다.

규제의 축소는 세무행정이 추구해야 할 방향이라고 할 수 있다. 가장 중요한 규제는 세율체계라는 관점에서 살펴보면, 낮은 세율은 부패와 탈세의 통제를 위한 좋은 환경을 제공하고 있으며, 과세대상자의 확보에 유리하다는 점에서 추진되어야 할 방향이라고 생각된다. 조세특혜와 관련해서는 로비과정에서 부패가 발생할 확률이 높고, 특혜를 받는 부문과 그렇지 않는 부문사이에 수평적 공평성이 저해된다는 점에서 축소되어야 한다. 또 간이과세 등과 같은 행정 편의적인 단순화는 수직적 공평성을 저해한다는 점에서 재고되어야 할 것으로 보인다.

끝으로 납세자보호조치와 관련하여 납세자 권리헌장의 제정 및 분쟁조정관의 별도기구화가 필요하다. 현재의 납세자 보호담당관은 근무위치나 신분상 세무서장과는 완전히 독립적일 수 없어서 납세자 권익보호에 한계를 가질 수밖에 없기 때문이다. 또 세무조사결과에 대한 납세자 관련기구를 설치하여 납세자가 전문적 지식이 떨어지는 경우, 이 기구의 심의를 거칠 수 있도록 허용하는 것도 납세자 보호의 중요한 절차라 할 수 있다.

부록: 부패지수

부록에는 국제투명성기구(Transparency International)에서 2000년에 발표한 부패인식지수(Corruption Perception Index; CPI)가 제시되어 있다. 이 지수는 기업인, 위험분석가, 일반대중이 평가하는 부패의 정도를 10단계로 평가하고 있다. 이 결과는 '여론조사의 여론조사'에 해당하는 것으로 개별적인 여론조사의 평균을 이용하여 국가별 부패순위가 결정되고 있다. 한국은 48위로 조사대상 국가 중 중간 위치를 차지하고 있다.

국가별 순위	국가명	1999년 부패점수	국가별 순위	국가명	1999년 부패점수
1	핀란드	10.0	2	덴마크	9.8
3	뉴질랜드, 스웨덴	9.4	5	캐나다	9.2
6	싱가포르 외 2개국	9.1	9	네덜란드	8.9
10	영국	8.7	11	스위스 외 1개국	8.6
13	오스트레일리아	8.3	14	미국	7.8
15	오스트리아 외 1개국	7.7	17	독일	7.6
18	칠레	7.4	19	아일랜드	7.2
20	스페인	7.0	21	프랑스	6.7
22	이스라엘	6.6	23	일본, 포르투갈	6.4
25	벨기에	6.1	26	보츠와나	6.0
27	에스토니아	5.7	28	타이완 외 1개국	5.5
30	코스타리카 외 1개국	5.4	32	헝가리 외 1개국	5.2
34	남아공화국	5.0	35	그리스	4.9
36	말레이시아	4.8	37	모로코 외 1개국	4.7
39	이탈리아 외 1개국	4.6	41	페루	4.4
42	체코	4.3	43	폴란드 외 4개국	4.1
48	한국	4.0	49	브라질	3.9
50	터키	3.8	51	크로아티아	3.7
52	아르헨티나 외 4개국	3.5	57	잠비아 외 1개국	3.4
59	멕시코	3.3	60	타이 외 2개국	3.2

국가별 순위	국가명	1999년 부패점수	국가별 순위	국가명	1999년 부패점수
63	중국, 이집트	3.2	65	카자흐스탄 외 2개국	3.0
68	루마니아	2.9	69	인도, 필리핀	2.8
71	베네수엘라 외 2개국	2.7	74	에콰도르 외 1개국	2.6
76	베트남 외 2개국	2.5	79	우즈베키스탄	2.4
80	우간다	2.3	81	모잠비크	2.2
82	러시아 외 1개국	2.1	84	카메룬	2.0
85	인도네시아, 앙골라	1.7	87	우크라이나 외 1개국	1.5
89	유고슬라비아	1.3	90	나이지리아	1.2

【참고문헌】

● 국내문헌

국세청. 1999, 『세정개혁추진성과와 2000년 국세행정방향』.

변용환. 1995, 「상대적 형평이론에 입각한 납세성실도의 연구」, ≪경영학연구≫, 24(4), 33-63쪽.

_____. 1992, 「租稅正義에 대한 支配的 認識基準」, ≪經營學研究≫, 21(1), 37-69쪽.

윤건영. 1996, 「한국의 조세정책: 과제와 선택(최광 편)」, 『정부와 경제』.

이량현·최림수. 1997, 「납세자의 조세회피요인에 관한 연구」, ≪세무학연구≫ 10, 9-43쪽

전태영. 1992, 「조세회피 관련요소에 대한 행동적 연구」, ≪경영학연구≫ 21(2), 165-190쪽.

_____. 1993, 「자본이득의 실현에 영향을 미치는 요소에 관한 연구」, ≪회계학연구≫ (17), 59-74쪽.

조정환. 1996, 「기업의 조세회피에 영향을 미치는 요인에 관한 연구」, ≪세

무학연구》 8, 243-276쪽.

한국조세연구원. 1997, 『조세개혁과 세정의 합리화』, 한국조세연구원.

현진권. 1998, 「소규모사업자에 대한 부가가치세제의 개편방향(현진권 편)」, 『조세행정과 정책 과제』.

● 국외문헌

Ades A. & Tella R. D. 1996, "The Causes and Consequences of Corruption: a Review of Recent Empirical Contributions," *IDS Bulletin 27,* pp.6-11.

Alam, S. M. 1989, "Anatomy of Corruption," *American Journal of Economics and Sociology(48),* pp.441-456.

Allingham M. & Sandmo A. 1972, "Income Tax Evasion: a Theoretical Analysis," *Journal of Public Economics*, pp.323-338.

Alves, W. M. and P. H. Rossi. 1978, "Who should Get What? Fairness Judgements of the Distribution of Earning," *American Journal of Sociology*, Nov., pp.541-564.

Banfield, E. C. 1975, "Corruption As a Feature of Governmental Organization," *The Journal of Law and Economics,* pp.587-615.

Bardhan P. 1997, "Corruption and Development: A Review of Issues," *Journal of Economic Literature*, pp.1320-1346.

Barro R. J. 1991, "Economic Growth in a Cross Section of Countries," *Quarterly Journal of Economics,* pp.407-443.

Becker G. S. 1968, "Crime and Punishment: an Economic Approach," *Journal of Political Economy(76),* pp.169-174

Becker G. S. and Stigler G. J. 1974, "Law Enforcement, Malfeasance and Compensation of Enforcers," *The Journal of Legal Studies,* pp.1-18.

Chandler P. & Wilde L. 1992, "Corruption in Tax Administration," *Journal of Public Economics,* pp.333-349.

Conn R. L., Williams P. F. & Young W. E. 1984, "Sales Tax Audit Performance Among the States," *Public Finance Quarterly(12/4),* pp.487-499.

Das-Gupta A. & Mookherjee D. 1998, *Incentives and Institutional Reform in Tax Enforcement*, Oxford University Press.

Due J. 1985, "Trends in State Sales Tax Audit Selection Since 1960," *National Tax Journal*, pp.235-240.

Dubin J., Grates M. & Wilde L. 1990, "The Effect of Audit Rates on the Federal Individual Income Tax,", *National Tax Journal(43/4)*, pp.395-409.

Galtung F. 1998, *Criteria for Sustainable Corruption Control*(From Corruption and Development ed. by Robinson M.), Frank Cass: pp.105-128.

Gould D. J. & Mukendi T. B. 1989, "Bureaucratic Corruption in Africa: Causes, Consequences and Remedies," *International Journal of Public Administration 12*, pp.427-457.

Haque N. U. & Sahay R. 1996, "Do Government Wage Cuts Close Budget Deficit?" *IMF Staff Papers 43*, pp.754-778.

Hunter W. & Nelson M. 1996, "An IRS Production Function," *National Tax Journal(XLIX)*, pp.105-115.

Husted B. W. 1994, "Honor Among Thieves: a Transaction-Cost Interpretation of Corruption in Third World Countries," *Business Ethics Quarterly 4*, pp.17-27.

Jain A. K. 1998, *Economics of Corruption*, Kluwer Academic Publishers Group.

Johnson S., Kaufmann D. & Pablo Z. L. 1998, "Regulatory Discretion and the Unofficial Economy," *AEA Papers and Proceedings vol.88*, pp.387-392.

Kahn M. H. 1996, "A Typology of Corrupt Transactions in Developing Countries," *IDS Bulletin 27*, pp.12-21.

Kaufmann D. & Siegelbaum P. 1996, "Privatization and Corruption in Transition Economies," *Journal of International Affairs 50*, pp.419-458.

Kieser E. & Baker K. 1994, "Could Privatization Increase the Efficiency of Tax Administration in Less Developed Countries?," *Policy Studies*

Journal(22/3), pp.489-500.

Kong T. Y. 1996, "Corruption and its Institutional Foundations: the Experience of South Korea," *IDS Bulletin 27*, pp.48-55.

Leff N. H. 1964, "Economic Development Through Bureaucratic Corruption," *The American Behavioral Scientist*, pp.8-14.

Loftus E. F. 1985, "To File, Perchance to Cheat," *Psychology Today*, pp.35-39.

Mauro P. 1995, "Corruption and Growth," *Quarterly Journal of Economics*, pp.681-712.

Mauro P. 1998, "Corruption: Causes, Consequences and Agenda for Further Research," *Finance & Development vol.35*, pp.1-5.

Mbaku J. M. 1996, "Bureaucratic Corruption in Africa: The Futility of Cleanups," *Cato Journal(16)*.

Noonan J. T. 1984, *Bribes*, University of California Press, Berkeley.

Oldenburg P. 1987, "Middleman in Third World Corruption: Implications of an Indian Case," *World Politics*, pp.508-535.

Rose-Ackerman Susan. 1997, *The Political Economy of Corruption*(from Corruption and the Global Economy ed. by Elliot K.A.), pp.31-60.

_____. 1999, *Corruption and Government; Causes, Consequences and Reform*, Cambridge University Press.

Rosenberg R. D. 1987, "Managerial Morality and Behavior: The Questionable Payments Issue," *Journal of Business Ethics*, pp.23-36.

Shleifer A. & Vishny R. 1993, "Corruption," *Quarterly Journal of Economics*, pp.599-617.

Steurele C. E. 1986, *Why Should Pay for Collecting Tax?*, American Enterprise Institute for Public Policy Research.

Tanzi V. 1998, *Roads to Nowhere: How Corruption in Public Investment Hurts Growth*, ISSN 1020-5098, IMF.

Toye J. & Moore M. 1998, *Taxation, Corruption and Reform from Corruption and Development*(edited by Robinson M.), Frank Cass, pp.60-84.

Transparency International, 2000, 1999, *Corruption Index*, www. trannsparency.org/documents/cpi/index.html.

Varese F. 1997, "The Transition to the Market and Corruption in Post-socialist Russia," *Political Studies*, pp.579-596.

Wedeman A. 1997, "Looters, Rent-Scrapers and Dividend-Collectors: Corruption and Growth in Zaire, South Korea and the Philippines," *The Journal of Developing Areas*, pp.457-478.

Wei S. J. 1997, *Why Is Corruption So Much More Taxing Than Tax?, Arbitrariness Kills*, NBER Working Paper 6255, Cambridge.

Werner S. B. 1983, "New Directions in the Study of Administrative Corruption," *Public Administration Review*, pp.146-154.

건축부문의 부패 유형과 방지정책 연구

윤 태 범
(한국방송통신대학교 교수, 행정학과)

1. 서론

　부패문제를 포함한 국가발전에 대한 기존의 여러 연구결과들을 보면, 부정부패는 그 자체로서 비판의 대상이 되기도 하지만, 국가발전과 관련하여 매우 부정적인 영향을 미치는 요인으로 지적되고 있다. 따라서 한 국가의 발전을 논함에 있어서 부정부패의 문제를 분석하고 그 대응방안을 마련하는 것은 하나의 이론적 접근에 불과한 것이 아니라, 반드시 거쳐야 할 필수적인 요건이라고 할 수 있다.

　그런데 우리나라의 부정부패 실태는 각종 통계자료나 외국의 자료를 인용하지 않더라도 매우 심각한 것으로 인식되고 있는 실정이다. 특히 최근 국내 경제의 어려움에 대한 원인으로서 지적되고 있는 것이 바로 정치, 행정, 경제, 사회 전반에 걸쳐 존재하고 있는 부정부패라는 점에서, 경제위기에 대한 치유책과 경제기반의 강화를 위한 방안으로서 부패방지에 대한 논의는 필수적이라고 할 수 있다. 게다가 1999년부터 발효되는 뇌물방지협정은 물론 1차적으로는 국제관계에 적용되지만(한국건설산업연구원, 1998b), 부패문제는 국내외의 상황이 서로 연결될 수밖에 없다는 점에서, 결국 국내에서의 부패방지에 대한 법과 제도의 정비를 요구하고 있는 것이다. 적극적인 대응방안의 모색이 필요하다.

이와 같은 취지하에 이 글에서는 건축부문을 중심으로 우리나라의 부정부패의 실태와 그 방지방안에 대하여 논의하고자 한다. 잘 알려진 바와 같이, 우리나라에서의 부정부패에 있어서 그 정도가 가장 심한 것으로 평가되고 있는 분야의 하나는 "건축부문"이라고 할 수 있다. 물론 이와 같은 평가는 건축분야가 다른 분야에 비하여 부정부패가 발생하기에 용이한 다양한 조건들을 지니고 있기 때문이다. 따라서 건축부문이 지니고 있는 여러 가지 상황을 고려할 때, 우리나라의 부정부패 실태를 연구하기 위한 분야로서 건축부문을 선정하는 것은 중요한 의미를 지니고 있다고 할 수 있다.

그런데 건축부문에서의 부패에 대한 실태조사는 그 동안 여러 차례에 걸쳐서 진행되어 왔다는 점에서,[1] 여기서 또다시 단순한 발생의 빈도 등에 대한 추가적인 실태조사를 하는 것은 무의미하다고 할 수 있다. 따라서 이 글에서는 보다 구체적으로 건축부문에서 부패가 보다 빈번하게 발생하는 원인의 분석과 부패의 양상, 그리고 부패방지를 위한 대안의 제시에 연구초점을 제한하고자 한다. 특히 건축부문에서의 부패가 타 부문에 비해 상대적으로 심하다는 것은 건축부문이 지니고 있는 고유한 특성에 기인한다는 점에서, 이를 중심으로 논의하고자 한다. 또한 건축부문에서의 부패의 한 축은 결국 공무원으로 구성된 공공부문이라는 점에서, 건축담당 공무원에 의하여 수행되고 있는 직무의 특성과 관련하여 논의하고자 한다.

그런데 건축부문에서의 부패는 한국사회의 부패 특성을 반영하는 구조적 특성을 지니고 있다는 점에서, 여기에서는 먼저 한국사회의 부패의 특성을 먼저 논의하고자 한다. 이 글의 전체적인 연구 흐름도는 다음과 같이 구성된다.

---

1) 따라서 이 글에서는 건축부문 부패와 관련하여 기존에 조사·연구된 자료들을 직접 혹은 간접적으로 다시 활용하였으며, 여기에 도움을 받은 자료들은 참고문헌에 제시하였다. 지면으로나마, 이 글에 도움을 준 선행연구자들에게 고마움을 전한다.

<그림 1> 연구의 흐름도

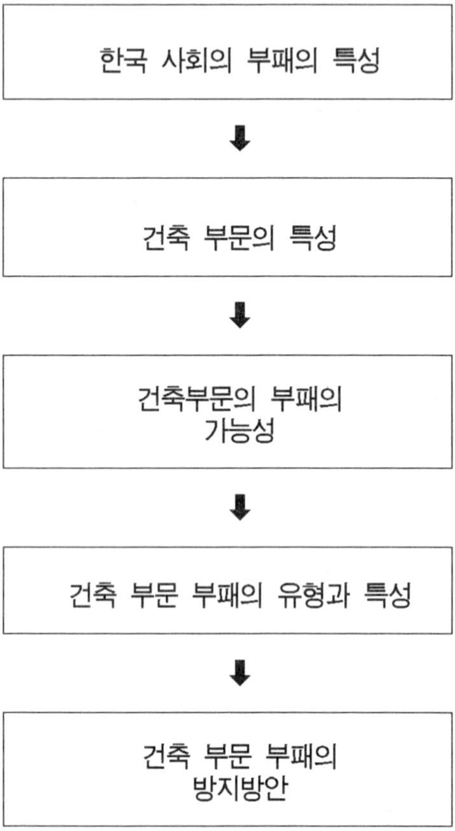

```
┌─────────────────────────────────┐
│       한국 사회의 부패의 특성         │
└─────────────────────────────────┘
                 ⬇
┌─────────────────────────────────┐
│          건축 부문의 특성           │
└─────────────────────────────────┘
                 ⬇
┌─────────────────────────────────┐
│          건축부문의 부패의           │
│              가능성               │
└─────────────────────────────────┘
                 ⬇
┌─────────────────────────────────┐
│      건축 부문 부패의 유형과 특성      │
└─────────────────────────────────┘
                 ⬇
┌─────────────────────────────────┐
│          건축 부문 부패의           │
│              방지방안             │
└─────────────────────────────────┘
```

2. 부패에 대한 인식의 다양성과 한국사회 부패의 특성

1) 부패에 대한 인식과 의미의 다양성

논의의 명확성을 확보하기 위해서는 먼저 이 글의 주제인 부패가 지니고 있는 제 특성들을 논의하는 것이 필요하다. 부패에 대한 보편적인 정의는 다소 차이는 있지만 대개 "특정 직무와 관련하여 권력을 부당하게 행사하여 사익을 추구하거나 혹은 공익을 침해한 행위"(윤태범, 1993: 18-24; Heidenheimer, 1990: 51-66)와 유사한 형태를 취하고 있다. 이러한 개념정의의 경향에서 보듯이, 부패에 대한 대부분의 개념정의는 "특정 개인의 행동"에 초점을 두고 있다. 즉 개인으로서의 특정인에게서 발견되는 불법부당한 행위를 부패로서 인식하고 있다. 물론 초점을 공직사회에 둘 경우, 특정인은 바로 공무원이라고 할 수 있다.

그런데 이와 같은 부패의 정의방식에도 한계는 있다. 예를 들어 공무원 부패의 경우, 공무원 개인을 대상으로 정의하게 됨에 따라서, 부패문제에 있어서 결국 일부만을 보게 하여 부패에 대한 편향적 판단을 유도할 수 있다는 것이다. 공무원이 고립하여 존재할 수 없듯이 공무원 부패도 공무원 개인에 의해서만 발생할 수 없다는 것을 인식한다면,2) 당연히 공무원부패를 정의함에 있어서 공무원 개인 수준에서만 초점을 두고 정의하는 것은 바람직하지 않다.

따라서 부패는 과정, 상태, 관계, 주체, 목적 등 다양한 요소의 다양한 성격에 의하여 형성되기 때문에, 부패에 대한 개념정의는 연구자의 목적에 따라서 다양해질 수 있다. 중요한 것은 부패에 대한 개념 및 속성에 있어서 (공무원 등과 같이) 개인이 차지하는 비중은 제한적이라는 것이다. 비록 부패행위의 주체라는 측면에서 개인이 거명되고 분명하게 노출되지만, 이것은 곧 개인이 부패행위의 가장 핵심이라는 것을 의미하는 것은 아니다(윤태범, 1993: 77). 따라서 특정한 개인을 부패의 핵심구성요소라기보다는 부패라는 "구조" 혹은 "체계"를 구성하는 하나의 부분적인 요소로서 인식하는 것도 또한 필요하다. 따라서 부패를 정의함에 있어서 개인에 대한 초점과 더불어 개인이 소속되어 있는 조직 혹은 직무의 특성이나 환경 등의 요소를 반영할 수 있어야 할 것이다. 이렇게

---

2) 물론 공무원 단독으로 부패가 발생하는 경우도 있지만, 이와 같은 경우는 부패라는 용어보다는 범죄라는 용어가 대개 적용된다.

되면 부패의 원인에 대한 분석과 진단만이 아니라, 처방을 발견함에 있어서도 다양한 각도에서 다양하게 제시될 수 있을 것이다.

이렇게 부패는 매우 다양한 성격을 지니고 있어서 일률적인 규정에 한계가 있다(Heywood, 1997: 6). 부패의 다양성은 부패의 내용과 범위 혹은 정도 등 매우 다양하게 논의될 수 있기 때문이다.[3] 뿐만 아니라 부패는 문화적으로도 결정되기 때문에, 그 내용에 있어서도 나라별로, 계층별로 혹은 시기별로 동일하지 않다(Robinson, 1998: 18-22; Porta & Vannucci, 1999: 16). 예로서 선물과 뇌물의 관계를 들 수 있다. 우리의 경우 상당한 금액까지 선물로 인정하는 반면, 미국은 3만 원 정도의 선물수수도 부패행위로 규정하고 있다(한국정신문화연구원, 1999: 50-51). 따라서 특정 국가의 부패를 분석하기 위해서는 부패의 특성에 대한 분석과 이에 적합한 접근법의 선택이 매우 중요하다. 부패에는 다음과 같은 특징이 발견되는데, 이것은 부패문제에 대한 다양한 접근과 인식이 가능함을 의미한다.

첫째, 유형의 다양성을 들 수 있다. 예를 들어 '뇌물수수'와 같은 전형적인 유형에서 정보왜곡이나 부당한 활용인 '정직한 독직'(honest graft)이나 '자동부패'(auto corruption)에 이르기까지 그 형태는 무제한적이다 (George & Maaranen, 1978: 57-58).

둘째, 발생의 다차원성을 들 수 있다. 통상적인 부패는 개인수준에서 발생되지만, 조직, 집단, 정권수준에서도 발생한다(Caiden & Caiden, 1977: 306-308). 조직수준에서의 부패라면, 중요한 것은 개인이 아니라 조직문화나 관행, 혹은 조직과 타조직과의 관계이다. 예를 들어 부패의 원인으로 "관행"을 제시하는 것은 바로 이와 같은 측면을 반영하는 것이다.

셋째, 부패는 다양한 요소들의 복합체이다. 사람, 제도, 법, 뇌물 등 공무원 부패를 야기하는 변수가 다양한 것처럼, 부패구조를 구성하는 요소

---

3) 더욱 문제는 "부패"를 논함은 "부패하지 않음"의 상태를 전제하는 것인데, 이것에 대한 합의도 또한 어렵다는 점에서 부패의 개념정의에 대한 어려움을 확인할 수 있다(Heywood,1997: 6).

도 사람에서 금전까지 다양하다(윤태범, 1993: 76-79).

넷째, 부패에 대한 인식의 다양성이다. 동일한 형태의 부패에 대해서도 시기와 장소에 따라 서로 상이하게 인식된다. 예를 들어 10만 원 정도의 선물이 평상시에는 문제가 되지 않지만, 반부패 분위기가 팽배한 상황하에서는 보다 엄격하게 적용될 수 있다. 그리고 2~3만 원 정도의 선물은 우리나라의 경우 아무 문제도 없지만, 미국의 경우에도 공직자윤리법을 위반하는 것이 된다(한국정신문화연구원, 1999: 51).

다섯째, 부패는 자기확산⁴⁾의 성격을 지니고 있다(Werner, 1983: 151). 부패가 발생하는 이유들 중의 하나는 부패행위를 통하여 추구할 수 있는 지대가 있기 때문인데, 이러한 부당한 지대추구가 억제되지 못한다면 부패는 확대재생산(spill-over)된다(Werner, 1983: 149).

여섯째, 권력작용의 산물이다. 즉 이 글에서 정의한 부패는 "공적 권력"에 바탕을 두고 정의한 것이기 때문에 기본적으로 권력의 속성을 지니고 있으며, 또한 이 권력의 부정적 결합 혹은 작용의 결과로서 부패를 정의할 수 있다. 따라서 유사한 측면도 있지만 "범죄"(Crime)와는 구별된다. 범죄의 경우 형법의 위반으로 분명하게 정의되지만, 부패의 경우 권력에 근거하기 때문에 명료성면에서 차이가 있다(윤태범, 1993: 810).

일곱째, 호혜성에 바탕을 두고 있다. 즉 부패 관계가 형성되는 이유의 하나는 바로 이로 인한 이익의 발생에 대한 기대인데, 이러한 기대이익이 공무원 개인의 독점적 노력에 의해서 이루어지는 경우도 있지만, 대개의 경우 기업가든 자영업자든 상대방을 필요로 한다. 즉 호혜성에 바탕을 둔 쌍방독점(bilateral-monopoly)에 기초하여 발생한다(Rose-Ackerman, 1978: 187-203).

여덟째, 은폐성을 들 수 있다. 부패는 그 호혜성에도 불구하고 형식적 법규와 규범을 위반하는 것이며, 또한 알려지지 않음으로써 그 가치는

---

4) 또한 부패는 자기 강화적(self-enforcing) 관성에 의하여 확산효과를 지닌다고 설명되기도 한다.

상대적으로 증가한다는 점에서, 부패관계나 혹은 행위는 외부에 노출되지 않는다. 즉 관계 자체가 폐쇄적일 때 가치가 의미있다는 점에서 노출되지 않는다. 부패에 대한 개혁이 어려운 이유는 바로 이와 같은 부패의 빙산(iceberg)적 성격 때문이다. 이로 인하여 부패에 대한 양적 측정이 한계에 부닥치며, 그 한계에도 불구하고 TI의 CPI(Corruption Perception Index)에 의존할 수밖에 없다(윤태범, 1999b: 57-58).

아홉째, 부패는 "자기유지적 성향"과 "자기강화성"의 특성을 지니고 있어서, 일단 부패 행위가 발생하면 이것은 곧 확대와 재생산의 루트를 형성한다. 앞의 것을 부패의 은폐성과 관련짓는다면 이것은 은폐를 위한 부패의 야기이다. 어떠한 형태이든 부패는 지극히 매력적이고 유혹적인 것이다. 경제적으로 표현하면 가장 효율적인 "지대추구"(rent-seeking)의 방법은 경쟁이 아니라 뇌물을 제공하여 독점적 지위를 얻는 것이다. 이러한 뇌물의 제공이 발각되지 않고, 또 여기서 도덕적 자책감만 극복하면 매우 유효한 방법이다. 따라서 부패가 반복되면 익숙해지고, "도덕적 해이"가 발생하고, 따라서 소위 부패의 일상화 혹은 제도화가 가능해진다.[5]

열째, 부패가 미치는 영향의 포괄성을 들 수 있다. 부패에 따른 "부정적 영향(Spill-over effect)의 불특정 다수에 대한 피해로 나타나기 때문에, 부패에 대한 인식도는 낮을 수밖에 없다. 즉 부패에 따른 효과가 개인에게 직접적으로 내부화되는 것이 아니라 거의 대부분 외부화(external-izing)되기 때문이다(윤태범, 1999b: 59). 뿐만 아니라 공적 재산에 대한 (공무원과 시민의) 낮은 주인의식, 즉 공적 자산물을 무주물로 간주하여 누가 먼저 선점하느냐에 관심이 집중되면, 결국 부패에 대한 인식만이 아니라 부패에 따른 피해가 미치는 영향의 직접성은 약해질 수밖에 없다.

이와 같은 부패의 다양한 속성들과 범위를 고려하여 여기에서는 부패

---

5) 이러한 상황을 보통 "체제부패"(systemic corruption)의 수준이라고 한다. 이 단계에 이르면 부패의 개념 자체가 무의미해진다(윤태범,1999a: 515-535).

의 개념을 포괄적으로 정의하고자 한다. 즉 여기에서는 부패를 법규의 명백한 위반만이 아니라 책임회피, 무사안일 등과 같은 형태도 부패의 범주에 포함시켜서 논의하고자 한다.

2) 한국사회의 부패의 특성

한때는 '총체적 부패'로서 규정되기도 하였던 한국사회의 부정과 부패는 그 특징이 다양하게 규정될 수 있다. 특히 부정과 부패는 나라마다 시기마다 그 성격이 다양할 수밖에 없다는 점에서 현재의 한국사회 부패의 특수성을 규정하는 것은 매우 의미있는 작업이다. 흔히 한국사회의 부정부패는 권력적 성격이 강하며, 구조적 제도적 부패이며, 일종의 "생활양식"(a way of life)으로 자리잡고 있다고 평가받고 있다. 여기에서는 한국사회의 부패의 특성을 크게 5가지로 정리하였다. 특히 여기서 강조하고자 하는 것은 한국사회가 안고 있는 부패가 일시적인 것이 아니라 구조적인 것이며, 이러한 구조적 부패는 공공기관과 민간부문 양자에 의하여 구축되었다는 것으로서, 어느 일방만을 원인으로서 지적하기는 어렵다.

그런데 이러한 한국사회의 부패는 결국 사회의 각 부문에 대한 부패의 정도 및 특성과 밀접한 관련을 맺고 있다. 즉 건축부문에 있어서의 부패는 한국사회의 일반적 부패구조와 특성을 상호 밀접하게 반영할 수밖에 없다는 점에서, 건축부문에 대한 부패를 논하기에 앞서서 한국사회의 부패 특성을 먼저 정리할 필요성이 있다.

(1) 사익지향적 사회(Private Interest-Oriented Society)

우리 사회에도 엄연히 공적인 도덕과 윤리가 존재한다. 그러나 이러한 공익이 개인적인 이익, 즉 사익보다 그렇게 우선하지는 못한다는 평가를 받고 있다. 물론 항상 공익이 개인적인 이익보다 우선하느냐에 대해서는 논란의 여지가 있을 것이다. 그리고 무엇이 공익이고 도덕인가에 대한 사회적 합의가 상당히도 부족하다고 할 수 있다. 이와 같은 사회적 합의의 부재는 곧 '국민형성(nation building)'이 제대로 이루어지지 못하고 있음을 의미한다. 국민형성은 사실상 정치발전의 중요한 지표라고 할 수 있는데, 이것이 제대로 이루어지지 못하고 있다는 것은 아직도 우리나라의 정치발전 수준이 상당히 낮다는 것을 간접적으로 의미하기도 한다. 여전히 아직까지 꺼지지 않은 불씨라고 할 수 있는 영·호남(혹은 충청, 강원 등) 지역간 갈등의 존재도 바로 아직까지 국가발전의 기본이라고 할 수 있는 국민형성이 제대로 이루어지지 못하고 분열되어 있음을 나타내는 것이라고 할 수 있다. 이러한 심리는 곧 지역중심적, 혈연중심적, 학연중심적 관계와 가치체계를 형성하게 된다.[6]

이와 같은 사익 지향적 행동양식은 곧 공익에 무감할 수밖에 없고, 따라서 공익의 실현을 기본으로 하는 각종 법률에 대한 준수의식이 박약해진다고 할 것이다. 매우 단순한 예이지만, 한밤중에 아무도 지나가지 않는 파란 불이 켜진 횡단보도를 그대로 지나가는 운전자의 심리를 생각해 볼 수 있다. 횡단보도를 지나가는 보행인이 없기 때문에 아무런 사고가 일어나지 않을 것이다. 그러나 이와 같은 상황에 따른 선택적인 행동은 곧 습관으로 굳어져 보행자가 있음에도 불구하고 주행을 하게 될 것이다. 반대로 횡단보도에 빨간 불이 켜져 보행할 수 없는데도 건너가는 사람이 있으면, 대개의 운전자는 보행자가 건너가기를 기다리기보다는 오히려 커다란 경적을 울리면서 혹은 욕을 하면서 보행자에게 위협이 되도록 급하게 주행한다. 결국 공익이라는 것은 항상 존재하는 것이 아니라 특별한 상황에서만 나타난다는 것이다. 특히 자신의 이익이 침해되지 않는 경우에는 공익은 존재하지 않고, 반대로 자신의 사익이 침해될 가능성이 있는 경우에는 현저하게 나타난다는 것이다.

---

6) 이와 같은 3연(지연, 혈연, 학연)이 아마도 한국의 가장 보편적인 정서라고 할 수 있을 것이다. 그리고 이와 같은 인연을 중심으로 한국사회의 인적 네트워크가 구성된다고 해도 과언이 아니다.

(2) 「정-경-관(政-經-官)」의 유착사회

자동차 브레이크 중에서 성능이 제일 좋은 것으로 평가받고 있는 것이 바로 ABS(Anti-Rock Brake System)브레이크이다. 기존의 브레이크와는 달리 브레이크를 밟은 동안 단 한번으로 제동하는 것이 아니라 수 십차례의 연속적인 마찰을 하여 보다 짧은 거리로 자동차의 전진을 막는 장치이다. 이와 같은 제동장치는 중형이상의 웬만한 자동차에는 필수적으로 장착이 되어 있다.

그런데 이와 같은 제동장치를 자동차만이 갖고 있는 것이 아니라 한국사회도 체제적으로 갖고 있는 것이다. 즉 자동차의 ABS 브레이크와 같은 고성능의 제동장치를 한국사회도 갖고 있는 것이다. 바로 'Administration-Business-Statesman(ABS)네트워크'를 말한다. 흔히 말하는 정-경-관의 유착을 의미한다. 어떤 학자는 이를 '철의 삼각구조(Iron Triangle)'라고도 한다. 자동차에서 브레이크 장치가 매우 중요한 역할을 수행하듯 정치인, 관료, 그리고 기업가는 국가발전의 핵심적인 주체라고 할 수 있는데, 이 주체가 제대로 기능하지 못할 경우 역설적으로 이들은 국가발전의 가장 큰 걸림돌이 또한 될 수 있는 것이다.[7]

미국과 같은 국가의 경우에도 이와 같은 구조가 사회를 지배한다고 하지만, 우리나라의 경우에는 더욱 더 그러하다는 평가를 받고 있는 것이 사실이다. 그런데 이와 같은 구조는 단순히 사회를 지배하는 힘이 아니라 부정과 부패를 야기하는 가장 근원적인 구조라는 데 보다 큰 문제가 있다고 할 것이다.

---

7) 역설적이지만, 우리의 경우 1960년대 이후 소위 근대화를 추진하면서 지녔던 불균형 전략은 이와 같은 3각 구조에 의존하여 수행되었다고 할 수 있는데, 적어도 1980년대까지는 이와 같은 구조에 의존한 불균형 전략이 수용될 수 있었지만, 1990년대 이후에는 그 성과에도 불구하고 오히려 발전의 걸림돌로서 인식되고 있는 실정이다.

(3) 부패에 대한 낮은 문제인식

우리사회에서 가장 문제가 되는 것은 부정과 부패에 대한 인식, 즉 저항의식이 매우 낮다는 것이다. 법에 걸려서 처벌을 받으면 부정부패 행위가 되는 것이고, 법에 걸리지 않거나 혹은 법에 걸려도 기소가 되지 않으면 부패행위가 아닌 것으로 인식되고 있다. 즉 법에 의한 처벌을 통해서 부패행위자들은 마음에 없는 비자발적인 강제적 인정(부패행위에 대해서)을 하게 된다는 것이다.

많은 사회적 이목을 끌었던 사건들의 수사과정을 보면 이와 같은 현상을 발견할 수 있다. 예를 들어 일단 경찰이나 검찰 등에 의하여 수사를 받다가 기소유예라도 되면, 그 순간부터는 면죄부를 받아서 부패행위를 하지 않은 것과 동일한 상태가 되는 것이다. 그런데 이와 같은 부정부패에 대한 낮은 인식은 부패행위자 뿐만이 아니라 일반 국민의 경우에도 만연해 있다는 데 보다 큰 문제가 있다고 할 수 있다. 언론에라도 부패사건이 보도되면 그때 부터는 모두 도덕군자가 되어 이를 비판하고 나선다. 그러나 언론에서 이 부패사건에 대한 소식이 끊기면 다시 일반 시민들은 잠잠해지는 것이다. 공무원만이 복지부동하는 것이 아니라 일반 시민도 부정부패에 대한 저항에 관한 한 복지부동하고 있다고 할 수 있을 것이다.[8]

왜 이렇게 부정과 부패행위에 대한 지속적인 비판적 인식이 낮은가?

---

8) 빈번히 발생하고 있는 법조계의 비리는 이와 같은 면을 단적으로 보여주고 있다고 할 수 있다. 법조계에 있는 대부분의 사람들은 이와 같은 유형의 법조비리를 하나의 관행으로 인식하고 있으며, 전혀 자성의 빛을 보이지 않고 있는 실정이다. 과거 수많은 부패사건에 연루되었던 저명인사들이 지금은 집권당에서 상당한 요직을 차지하고 있는 것을 보면, 사실 이와 같은 법조계의 무반응도 새삼스러운 것은 아니라고 할 수 있다. 부패 당사자들의 이와 같은 무감각은 단지 법조계에만 해당하는 것이 아니라, 일반 국민에게도 그대로 적용되고 있다. 부패사건으로 형을 살았던 정치인을 선거에서 다시 선출한 것은 국민이기 때문이다. 만일 선거구민의 판단이 옳은 것이라며, 반대로 우리나라의 검찰과 재판부는 수사와 재판을 전혀 잘못하였다는 결론이다. 그런데 어느 정치인도 국가를 대상으로 배상을 청구하는 경우는 없다.

많은 사람들은 그 원인을 우리나라의 문화적인 특성에서 찾고 있다. 즉 우리나라의 문화는 그 특성이 정적, 인간적, 그리고 감정적이라는 것이다. 여기에다 (부정적인) 선물문화, 예의문화가 겹치고, 특히 사람과 사람 간의 인간관계가 극히 정적이며, 이를 바탕으로 조직내에서의 상-하간의 인간관계는 직무상의 관계를 넘어선 전인격적 지배를 기본으로 하고 있다는 것이다. 어떤 학자는 이를 "문화적 부패"라고 말하기도 한다. 이러한 가운데 발생하는 부정과 부패행위에 대하여 많은 경우 "뭘 그런 걸 가지고," "그 사람 참 재수없어," "재수없게 나만 걸렸어," "남들도 다 하는데 뭘," "이 정도는 괜찮으니까 걱정 말고 자"하는 식의 대응으로 나타날 수밖에 없다.

이러한 인식하에 형성되는 부패관계로서 조직 내에서는 상납과 하납, 그리고 평납이 존재한다. 그런데 일반적으로 뇌물을 수수한 당사자가 독식을 하면 그것은 커다란 비난의 대상이 된다. 그러나 윗사람에게 일부를 상납하거나 혹은 동료나 아랫사람과 불법적인 뇌물을 분배하면 별로 비난을 받지 않는 것이 또한 우리의 현실이다.

(4) 부패 네트워크(Corruption Network)의 사회

어떠한 사회이든지 어느 정도 긍정적 혹은 부정적 측면에서 일정한 네트워크(즉 사회적 관계)를 구성하고 있다(물론 이러한 논의는 앞서의 정-경-관의 유착과 같은 의미로 이해될 수도 있다). 한국사회도 예외는 아닐 것이다. 그런데 한국사회의 네트워크는 매우 부정적인 네트워크로서 "부패 네트워크"를 구성하고 있다는 평가를 받고 있다.

소위 문민정부 들어와서 변화되고 있는 한 가지 현상은 기존의 물적 자원을 기초로 형성된 부패네트워크가 금융실명제 등을 비롯한 제반 통제제도의 강화(?)로 인하여 상당히 완화되고 대신에 이러한 네트워크가 인적인 관계에 기초한 "인적 네트워크"로 전환되고 있다는 것이다. 물론 인적관계에 기초하는 네트워크는 우리 사회의 전통적인 구조라고 할 수

있을 것이다(즉 정적 인간관계나 혈연주의 등). 그러나 1960년대 이후의
단기적인 급속한 경제개발에 의하여 물적인 네트워크가 강화되었다가
다시 전통적인 부패 네트워크가 상대적으로 부활되는 것이라고 할 수 있
다.9)

물적(금전적) 자원에 의하여 형성되는 부패 네트워크는 일정한 경제적
지위를 차지하고 있는 경우에 모두 참여할 수 있는 구조라고 할 수 있어
서 상당히 개방적이라고 할 수 있다. 그러나 인적 관계에 기초하여 형성
되는 부패 네트워크는 평상시의 인간적 관계, 친인척, 학연, 지연 등에
의하여 형성되기 때문에 물적인 자원에 기초한 네트워크보다는 훨씬 폐
쇄적, 제한적이라고 할 수 있다. 이것은 곧 신정부의 부정부패 등에 대한
개혁정책이 제대로 이루어지지 못할 경우 어떠한 결과가 빚어질 것인지
를 암시한다고 할 수 있다.

(5) 체제적 부패(Systemic Corruption)의 사회

한국사회의 부정부패의 가장 대표적인 특징 중의 하나는 '체제적 부
패'라는 것이다. 물론 모든 부패가 그런 것은 아닐 것이다. 그러나 아주
개인적인 차원의 부패라고 하더라도 그러한 부패가 발생하게 되는 원인
의 상당 부분은 바로 한국사회가 지니고 있는 모순과 문제에서 발견될
수 있다는 점에서 체제적 부패(Johnston, 1982: 16)의 성격을 일부 지니
고 있다고 할 수 있는 것이다(김해동·윤태범, 1994: 33). "유전무죄, 무
전유죄"라는 말이 많은 사람들의 입에 오르내리고 있는데, 최근에도 많
은 범죄자들이 자신들의 범행의 원인을 사회문제 탓으로 돌렸다. 범인들
의 범행의도나 그 원인의 옳고 그름을 떠나서 우리가 여기서 주목해야
할 것은 다름 아닌 범인들이 사회문제를 자신들의 범행의 원인으로 지적
하였다는 사실이다. 이들의 주장을 완전히 부정하기 어려운 것이 바로

---

9) 이와 같은 우리나라의 부패구조의 변화에 대한 보다 구체적인 논의는 윤태범
   의 논문을 참고할 것(윤태범, 「한국관료부패의 유형과 구조의 변화에 관한 연
   구」, 서울대학교 행정학박사학위논문, 1992).

우리들의 현실이라고 할 수 있다.

체제적 부패라고 할 경우에는 크게 두 가지 측면에서 논의될 수 있다. 즉 원인과 결과라는 두 측면에서 정리될 수 있다. 원인의 측면에서 볼 경우, 부패의 발생이 단순히 개인적인 윤리의식의 결여에서 혹은 우연히 기회가 되어서 발생한다기보다는 사회적 경향 등이 부패행위에 대하여 그렇게 적대적이지 않고, 또한 사회 내의 대다수의 사람들이 수단과 방법의 정당성을 가리지 않고 이익을 추구하는 가운데 발생하는 부패를 의미한다(Philp, 1997: 33).

이와는 달리 부패행위 자체가 여러 다양한 요인에 의하여 구성되어 있을 경우에 체제적 부패라고 하기도 한다. 예를 들어서 "수서사건"이나 "인천 북구청 사건"의 경우처럼 한두 사람이 개인적으로 개입한 것이 아니라 조직적인 차원에서 개입하며 또한 민간부문도 대개 조직적인 차원에서 개입하는 경우를 말한다. 그런데 이러한 성격의 체제적 부패는 어떤 학자가 말하는 것처럼 "고객-후원자 관계"(client-patron network) 혹은 "연고주의 혹은 족벌주의"(nepotism)적인 성격을 지니고 있어서 외부에 노출이 잘 되지 않을 뿐만 아니라, 대개의 경우 행정기관 내부의 공무원이나 관련 당사자들에 의해서 고발이 되며, 이로 인하여 설사 노출이 되고 경찰 혹은 검찰이 수사에 나선다고 하더라도 많은 경우 완벽한 수사가 되지 못하고 흐지부지 되는 경향이 발견된다. 이러한 부패가 자주 발생하고 또 사정기관에 의해서 사건이 제대로 해결되지 못할 경우에, 많은 국민들은 체념의 상태에서 냉소주의(Cynicism)로 흐르고 만다(윤태범, 1993).

이러한 성격의 부패가 우리 사회에 빈번히 등장하는 사례라고 한다면, 이에 대한 정부차원의 정책적 처방은 사실상 한계에 부닥칠 수밖에 없다. 즉 부패발생의 원인이 한두 가지가 아닐 뿐만 아니라 이와 같은 부패에 개입하는 사람도 사회에서 힘을 발휘하는 계층이기 때문에 엄격하고 공정한 대응이 이루어지기 쉽지 않다는 것이다. 따라서 공정하고 엄격한 부패통제와 대응이 이루어지기 위해서는 무엇보다도 제대로 된 제도가 갖추어져야 할 것이다. 예를 들어서 금융실명제나 공직자재산등록제는 그 자체로서 부정부패에 직접적인 대응을 위한 제도는 아니다. 그러나 그 어느 법보다도 부패통제에 대한 효과나 영향력이 크다는 점에서 적절한 제도와 법의 정비는 매우 중요한 의미를 지니고 있다고 할 수 있다. 이와 같은 효과적인 제도가 왜 지금까지 갖추어지지 못했는지 이해할 수 있을 것이다.

3. 건축부문의 특성과 부패의 가능성

앞서 언급한 바와 같이 부정부패는 개인 수준에서 발생하는 것이기는 하지만, 원인의 상당 부분은 개인적 수준보다는 개인이 속하고 있는 조직의 특성이나 개인이 처한 환경 변수에 의하여 보다 설득력있게 설명될 수 있다. 예를 들어서 여기서 논의하는 건축이나 위생, 세무, 경찰 등의 경우, 다른 분야에 비하여 부패행위가 상대적으로 많이 목격되는 것은, 이러한 분야에 관련된 사람들의 윤리성에 문제가 있어서라기보다는, 이러한 분야들이 지니고 있는 고유한 특성들 때문이다.

한 연구의 표현을 빌리면, 부패가 발생하기 용이한 "풍토 혹은 조건"이 있음을 배제할 수 없는데(김해동·윤태범, 1994), 건축부문이 바로 이에 해당한다고 할 수 있다. 즉 부정부패가 발생하기 용이한 일반적인 조건은 복잡한 규제의 존재, 규제 담당자의 재량권의 존재, 절차의 복잡성, 높은 지대의 발생 가능성, 수요와 공급의 불일치 등이라고 할 수 있는데, 건축부문이 바로 이러한 조건의 대부분을 갖추고 있다고 할 수 있다. 여기에서는 이러한 논의들을 중심으로 건축부문이 지니고 있는 부패 유인적 특성을 논의하고자 한다.[10) 부패 특성에 대한 보다 포괄적인 논의는

---

10) 이러한 논의는 부패의 개연성이 타부문에 비하여 상대적으로 높다는 것만을

앞서의 한국사회의 부패 특성에 대한 부분에서 정리하였기 때문에 여기
에서는 건축부문에 국한하여 정리하였다.

1) 인·허가 중심의 규제기능

부패가 발생하게 되는 가장 기본적인 이유는 권력의 보유와 행사라고
할 수 있다(윤태범, 1993: 810). 특히 공공부문의 경우, 공공-민간 간의
관계에서 이와 같은 성격은 부패의 형성에 더욱 두드러지게 작용한다.
예를 들어서 공공부문은 민간부문에 대해서 대개 규제기능을 수행하는
데, 가장 대표적인 것이 바로 민간부문에 대한 인·허가권의 행사라고 할
수 있다. 인·허가에 대한 공무원의 재량적 권한 행사는 부패 발생 가능
성의 중요한 조건이 된다.

이러한 규제와 관련하여 부패의 가능성이 가장 높은 영역이 바로 건
축부문이라고 할 수 있다. 즉 건축부문은 대표적으로 인·허가와 관련된
업무가 건축부문의 상당 부분을 차지하고 있는 등, 행정부문 중에서도
가장 대표적인 규제기능을 담당하고 있다. 건축을 추진하는 일반 시민의
입장에서 건축관련 인·허가는 선택적인 것이 아니라 건축의 진행을 위
해서는 필수적으로 얻어야 할 것이라는 점에서, 일반 시민은 건축 관련
공무원과 관련하여 항상 열세(?)의 지위에 있을 수밖에 없다. 뿐만 아니
라 이러한 권한은 담당 공무원에게는 독점적인 것으로서 더욱 그러하다
고 할 수 있다.

특히 하나의 건축물이 완성되기 위해서는 건축 심의 단계에서부터 허
가, 시공, 준공검사, 그리고 사후관리에 이르기까지 전 과정이 인·허가와
연결된 규제과정이라고 할 수 있으며, 또한 이 과정에 하나의 행정기관
혹은 부서만이 개입되어 있는 것이 아니라 복수의 기관과 부서가 관련되
어 있다는 점에서, 건축을 추진하는 일반 시민(건축업자를 포함하여)은

의미할 뿐이다. 이러한 특성이 곧 부패 자체를 유발한다는 것은 아니다.

수많은 복잡한 규제의 단계를 건너야 하는 입장이라고 할 수 있다.

2) 재량권의 행사[11]

  단순한 권력의 보유만으로 부패가 발생하는 것은 아니다. 이러한 보유된 권력이 상당한 수준으로 재량적으로 행사될 수 있을 때 부패가 발생할 수 있다. 물론 부패의 가능성을 줄이기 위해서는 재량권의 행사영역을 최소한으로 억제하는 것이 바람직하다. 그러나 많은 행정업무에서 부패의 억제를 위하여 공무원이 수행하는 재량권을 세밀하게 제한하는 것은 현실적인 한계가 있다.

  건축부문의 경우, 관련 법체계의 복잡성과 더불어 관련 법규간에 충돌과 모호성이 존재하고 있는데, 이것은 곧 담당 공무원의 재량권을 확대시키는 결과를 초래한다. 예를 들어서 공무원들 스스로도 건축관련 규정에 문제가 많은 것으로 지적하고 있다. 한 조사에 따르면(주택산업연구원,1999: 41), 건축관련 문제점 중에서 규정이 불분명하다고 응답한 경우가 가장 많은 비중을 차지하고 있는 것으로 나타나서 이와 같은 사실을 뒷받침하고 있다.[12]

  이와 같은 건축 관련 법규의 불분명성과 적용상의 제약으로 인하여, 결국 법규의 해석과 적용에 대한 최종적인 판단은 법이 아닌 담당 공무원의 재량적 판단에 의존할 수밖에 없게 된다. 즉 공무원에 의한 재량적 판단과 행동이 공무원 스스로에 의하여 이루어지기도 하지만, 한편에서

---

  11) 이와 같은 재량권의 문제가 부패문제에 있어서 핵심적인 요소이면서도 또한 어려움을 주는 요소이다. 즉 재량권은 부패가 발생하기 위한 기본적인 조건의 하나이지만, 문제는 부패로 기소된 사건에 대한 수사에 있어서 재량의 위법성이나 한계 등에 대한 판단에 있어서 절대적인 기준을 제시하기가 어렵기 때문이다. 즉 부패 발생의 원인이면서 동시에 부패 회피의 한 방편이기도 한 것이 바로 재량이라고 할 수 있다.
  12) 주택산업연구원(1999: 41)의 조사에 따르면, 공무원이 지적한 법규정의 문제점중 규정의 불분명이 전체 응답자의 33.6%로 가장 많이 지적되었다.

는 공무원이 준거로서 활용해야 할 관련 법규 등의 모호성에 의하여 주어지기도 한다. 이와 같은 점을 고려한다면, 건축부문에서 발생하는 부패의 원인은 공무원만이 아니라 공무원이 처하고 있는 직무, 조직상의 환경과도 관련하여 지적되는 것이 타당하다고 할 수 있다. 이것은 부패억제를 위한 정책방안의 마련에 있어서 공무원 개인과는 별개의 직무환경이나 조직의 차원에서 이루어져야 함을 의미한다.

3) 법적 전문성의 확보

우리나라의 경우, 공공부문과 민간부문 간의 관계에서 공적인 업무를 처리함에 있어서 대개 일반시민이 열세의 위치에 있다고 할 수 있다. 그것은 다름 아니라 공무원이 담당하여 처리하는 업무에 대해서 일반적으로 일반 시민이 잘 알 수 없기 때문이다. 예를 들어 행정기관을 "검은 상자"(black box)라고 표현하는 것은 이와 같이 행정업무가 일반시민의 입장에서 알 수 없는 영역이라는 것을 의미한다. 이렇게 행정기관이 검은 상자로 인식되는 이유는 행정업무가 지니고 있는 여러 가지 전문적 지식, 절차의 복잡성, 법규 등에 기인하는 것이라고 할 수 있다.

이러한 성격을 지니고 있는 대표적인 분야가 바로 건축부문이다. 건축법규와 건축과 관련된 행정절차상의 복잡성과 전문성으로 인하여 일반시민들은 건축에 관한한 거의 무지라고 할 수 있으며, 이는 곧 건축 담당 공무원이 상대적으로 전문성을 확보할 수밖에 없음을 의미한다. 물론 이와 같은 전문성이 부패를 야기하는 일차적인 원인은 아니다. 오히려 법적 전문성은 공무원이 지니고 있어야 할 기본적인 책무라고 할 수 있다. 문제는 이와 같은 법적 전문성이 자의적으로 잘못 이용될 경우 어느 원인보다도 부패의 가능성을 높게 지니고 있다는 것이다. 특히 건축관련 행정절차의 명료성이 부족함에 따라서 일반시민과 민원인들은 담당 공무원의 전문성에 거의 전적으로 의존할 수밖에 없는 상황이다.

이와 같은 상황하에서, 법적 전문성을 갖추지 못한 일반시민에게 적절한 정보를 제공하지 못하거나, 혹은 공무원의 법적 전문성를 제대로 행사할 수 있도록 하는 장치가 마련되어 있지 못하면, 부패의 개연성은 높아질 수밖에 없다. 즉 법적 전문성의 미확보도 부패를 야기하지만, 법적 전문성을 확보하였을 경우에도 이것이 일반시민과 공유되지 못하고 독점적으로 이용될 때, 이러한 법적 전문성은 부패 발생의 필요조건이 될 수 있다는 것이다.

4) 법 체계의 복잡성

행정체계의 근대화 정도는 부패의 발생 가능성과 밀접한 관련성을 맺고 있다. 즉 행정체계의 근대화는 제대로 정비된 법과 제도가 하나의 유기적인 질서로서 작동하는 것을 의미하는데, 이것이 제대로 이루어지지 않을 경우[13] 공무원의 자의적 판단과 결정에 의한 행정시스템이 운영된다. 즉 법체계의 복잡성과 공무원의 자유재량권 행사는 상호 밀접한 관계를 지니고 있다. 복잡한 법체계는 자의적이든 타의적이든 일반시민을 상대적 열세의 입장으로, 공무원은 상대적 우세의 입장에 서도록 만들며, 이에 따라서 부패의 가능성은 증대된다.

이와 같은 특성이 가장 잘 나타나는 영역이 바로 건축부문이라고 할 수 있다. 우선 기본적으로 건축에 영향을 미치는 법규는 약 400여 개의 조항으로 구성된 건축법에서부터 건설업법, 건축사법, 도시계획법, 그리고 각종 예규에 이르기까지 매우 다양하다. 예를 들어 건축 허가의 경우만 해도 적용되는 법률은 훈령이나 지침, 내규 등을 제외하고도 약 47여 개에 달할 정도로 복잡한 법체계를 지니고 있다. 이것은 곧 건축관련 행정이 법규대로 운영되고 있는 지를 확인하기가 어려울 뿐만 아니라, 설사 부정하게 적용된다 하더라도 이를 제대로 파악할 수 없음을 의미한

---

13) 즉 행정체계의 근대화가 이루어지지 않을 경우 부패의 가능성이 상존한다.

다. 참고로 건축법상 관련 대표적인 법령을 제시하면 다음과 같다(주택
산업연구원, 1999: 43).

  1. 토지의 형질변경허가(도시계획법 제4조)

    1-1. 도시계획사업의 시행자(도시계획법 제23조)

    1-2. 도시계획사업의 실시설계인가(도시계획법 제25조)

  2. 보전임지의 전용허가(산림법 제18조)

    2-1. 임목벌채 등의 허가와 신고(산림법 제90조)

    2-2 보안림 안에서의 제한(산림법 제62조)

    2-3 준용규정(산림법 제70조)

  3. 농지전용허가·협의(농지법 제36조)

  4. 도로점용허가(도로법 제40조)

    4-1. 접도구역의 지정 및 행위제한(도로법 제50조)

    4-2 도로의 점용(도로법 제40조)

  5. 사도개설허가(사도법 제4조)

  6. 점용료 등의 징수(하천법 제33조)

  7. 건축물의 하수도설치(하수도법 제24조)

  8. 오수정화조설치(오수·분뇨및축산폐수처리에관한법률 제9조제2항)

    8-1. 분뇨·정화조설치신고(오수·분뇨및축산폐수처리에관한법률 제
    10조제2항)

  9. 상수도공급신청(수도법 제23조)

  10. 행정청의 허가사항에 관한 협의내용(군사시설보호법 제10조)

  11. 행정청의 허가에 대한 협의(해군기지법 제6조)

  12. 관계행정청의허가사항에 관한 제한(군용항공기지법 제16조 및
    제20조)

  13. 자연공원 점용 및 사용허가(자연공원법 제23조)

    13-1. 자연공원 보호구역지정 및 행위제한(자연공원법 제25조)

  14. 과밀억제권 안에서 행위제한(수도권 정비계획법 제7조)

14-1. 성장관리권 안에서 행위제한(수도권 정비계획법 제8조)

14-2. 자연보호권 안에서 행위제한(수도권 정비계획법 제9조)

15. 택지개발예정지구 안에서의 행위제한(택지개발촉진법 제6조)

16. 도시공원 점용허가(도시공원법 제8조)

16-1. 도시공원녹지의 점용허가(도시공원법 제12조의2)

17. 항공장애물제한(항공법 제82조)

17-1 항공장애 행위제한(항공법 제93조)

18. 학교정화구역 안에서의 행위제한(학교보건법 제6조)

19. 건축물 부설주차장설치(주차장법 제19조)

19-1. 건축물 부설주차장 추가설치(주차장법 제19조의2)

19-2. 건축물부설주차장 용도변경금지(주차장법 제19조의 4)

20. 배출규제(환경정책기본법 제20조)

21. 생태계보전지역 등에서의 행위제한(자연환경보전법 제20조)

22. 상수도보호구역 내의 행위제한(수도법 제5조)

23. 교통영향 심의필증교부(도시교통정비촉진법 제16조)

24. 교통영향평가의 이행(도시교통정비촉진법 제18조)

25. 허가사항(문화재보호법 제20조)

5) 전문 공무원의 부족

전문성을 갖춘 공무원은 그렇지 않은 공무원에 비하여 상대적으로 업무를 효과적으로 처리할 수 있다. 특히 단순한 업무보다는 복잡하고 전문성의 정도가 높은 업무의 처리에 있어서는 더욱 더 절대적이라고 할 수 있다. 담당 공무원이 전문성을 갖추지 못하고 있을 경우, 이로 인하여 나타나는 부정적 결과는 그대로 일반 시민에게 전가될 뿐만 아니라, 부정적으로 활용될 경우 이것도 부패의 개연성을 증대시킬 수 있다.

건축부문의 경우, 앞서 언급한 바와 같이 관련 법체계가 복잡할 뿐만 아니라, 이러한 법체계를 충분히 알고 있는 건축 전문 공무원이 매우 부족한 실정이다. 물론 전반적으로 행정기관 내에 건축관련 전문성을 갖춘 공무원이 절대적으로 적을 뿐만 아니라, 건축관련 법체계의 복잡성 등으로 인하여 행정기관 내에서 전문성을 확보하기도 용이한 실정이 아니다.

한 조사에 의하면(부정방지대책위원회, 1993: 54), 서울시 구청의 건축 담당 공무원 중 건축 관련 법을 충분히 알고 있는 경우는 응답자의 43%에 불과한 것으로 나타나서, 담당 공무원의 전문성에 문제가 있는 것으로 지적되었다. 그런데 이러한 경향은 최근에 와서도 크게 나아지지 않은 것으로 조사되었다. 서울시와 경기도의 건축관련 공무원을 대상으로 한 조사결과를 보면, 주택분야의 경우 담당 공무원의 절반 이상인 55% 정도가 관련 업무 경력이 4년 이하이었으며, 건축분야의 경우에도 4년 이하가 이와 유사한 57%를 차지하고 있는 것으로 나타났다(주택산업연구원, 1999: 79). 이에 따라서 신속하고 정확한 업무처리에 있어서 한계를 지닐 수밖에 없는 실정이다.

6) 사회적 의식의 문제

부정부패가 미치는 가장 부정적인 영향으로 들 수 있는 것들은 바로 냉소주의나 불신의 팽배 등과 같은 것들이다. 부패가 만연되어 있을 경우, 아무리 행정기관에서 업무를 정상적으로 공정하게 처리하여도 이와 관련된 일반시민들은 이를 믿으려 하지 않는다. 그런데 이와 같은 불신과 냉소주의는 그 자체로서 끝나는 것이 아니라 부정부패를 더욱 더 심화시키는 악순환의 고리를 형성한다. 즉 행정기관에서 문제를 해결함에 있어서 정상적인 방법과 절차를 고려하기보다는, 우선적으로 불법적인 편법 등을 동원하려고 한다. 이런 경우에 이르게 되면, 사실상 무엇이 부정부패의 원인인지를 규명하는 것 자체가 의미없는 상태가 되기도 한다.

이러한 불신과 냉소주의가 상대적으로 많이 나타나는 행정분야는 전통적으로 규제권을 행사하는 분야라고 할 수 있다. 예를 들어 여기에서 논의하고 있는 건축분야를 비롯하여, 경찰, 위생, 세무 등이 이에 해당한다. 건축분야만 하더라도, 건축 관련 법체계나 행정절차상의 복잡성에 기인하기도 하지만, 사회 전체적으로 건축에 관한 한 대부분의 국민들은 편법을 동원하여 업무를 처리하려는 경향이 있음을 부정할 수 없다. 즉 공무원만이 부패의 원인이 아니라, 이러한 경우에는 일반 시민의 경우에도 부패관계의 형성에 적극적이라는 점에서, 어느 일방을 비판하기 어려운 실정이다. 특히 민간부문에서 건축업무를 담당하는 건축사의 경우, 업무의 상당 부분이 행정기관을 상대로한 로비업무라는 것이 공공연한 비밀이라는 점에서 문제의 심각성을 더해주고 있다.14)

4. 건축부문 부패의 유형과 실태

건축부문에서 발생하는 부패는 다양한 양태를 보이고 있기 때문에 그 유형을 획일화하는 데는 한계가 있을 수밖에 없다. 따라서 여기에서는 건축과정, 즉 심의-허가-시공-준공검사-사후관리의 단계별로 나타날 수 있는 부패의 실태와 유형을 논의하고자 한다. 물론 건축부문에서 발생하는 부패의 원인은 행정기관만이 아니라 민간부문에도 있기 때문에 양자를 모두 고려하는 것이 보다 바람직하지만, 여기에서는 공공부문을 중심으로 제기되고 있는 문제점을 중심으로 논의하고자 한다.

---

14) 이러한 인식 때문에 간혹 우리나라의 부패의 정도가 과도하게 심각한 것으로 잘못 인식되고 있다는 반론이 제기되고 있기도 한다. 즉 일반 국민이 인식하는 것보다는 사실 부패의 정도가 덜함에도 불구하고 언론이나 일반 국민들이 오해하고 있다는 것이다. 물론 이러한 반론이 인정되는 부분도 있지만, 문제는 이러한 인식이 현실을 전혀 반영하지 못한다고 부정하기도 어려운 것 또한 사실이며, 정부정책의 성공 여부도 이러한 인식에 상당 부분 달려있다고 볼 수 있기 때문에, 인식의 부정확성을 근거로 인식 자체를 부정하는 것도 문제라고 할 수 있다.

건축단계별 부패의 가능성을 논의하기 위하여 먼저 건축이 이루어지는 과정을 그림으로 제시하면 <그림 2>와 같다.

1) 건축부문의 부패에 대한 인식과 실태

부패의 특성상 정확한 부패의 실태를 파악하는 것은 한계가 있다. 흔히 빙산에 비유하듯이 우리가 알고 있는 부패 사례는 발생한 사례 모두가 아니라 단지 적발되거나 혹은 알려진 것으로서, 전체 발생 건수의 부분일 수밖에 없기 때문이다. 때문에 부패에 대한 정도나 심각성을 조사함에 있어서 구체적이고 객관적인 자료의 활용은 현실적인 한계가 있을 수밖에 없다. 이러한 한계 때문에 결국 부패의 정도를 파악함에 있어서 활용되는 자료는 적발된 사례나 혹은 부패에 대한 인식조사 결과라고 할 수 있다. 이와 같은 연유에서 국제투명성위원회도 부패지수가 아니라 "부패인식지수"(corruption perception index)라는 것을 활용하고 있다.

이러한 제한된 조건하에서 여기에서는 건축부문을 중심으로 부패의 정도나 인식을 논의하고자 한다. 여기에서 활용된 자료는 검찰청에서 발표한 공식자료와 제2건국위원회에서 수행한 인식조사 결과를 재구성하여 활용하였다.

먼저 행정기능 중에서 부패가 가장 심각한 분야에 대한 의식조사결과를 보면, 경찰과 세무분야가 가장 부패가 심각한 것으로 국민들은 인식하고 있으며 그 다음으로 건설부문을 지적하여, 이 3분야를 가장 부패한 분야로 인식하고 있다. 이 3분야는 모두 일반 국민들과 밀접한 관련을 맺고 있는 일선 민원행정기능을 수행하고 있을 뿐만 아니라, 강력한 규제권을 행사하고 있는 기능이라는 점에서 공통점을 지니고 있다. 이러한 유형의 설문조사에서 나타나는 결과에 대한 해석은 주의를 필요로 한다. 즉 이러한 응답 결과는 객관적 사실을 반영한다기보다는 응답자들이 생각하는 주관적 인식을 반영하는 것이기 때문이다. 따라서 응답자의 실질

<그림 2> 건축 과정

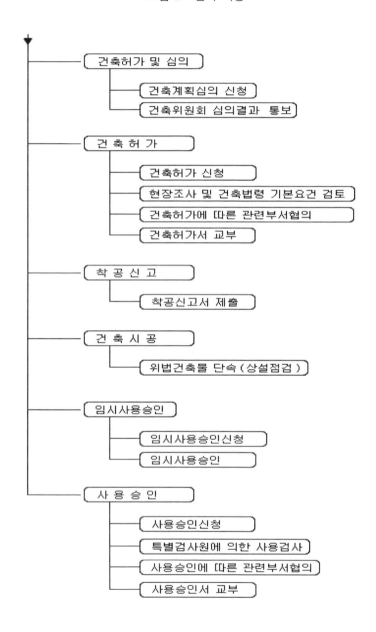

- 건축허가 및 심의
    - 건축계획심의 신청
    - 건축위원회 심의결과 통보
- 건 축 허 가
    - 건축허가 신청
    - 현장조사 및 건축법령 기본요건 검토
    - 건축허가에 따른 관련부서협의
    - 건축허가서 교부
- 착 공 신 고
    - 착공신고서 제출
- 건 축 시 공
    - 위법건축물 단속(상설점검)
- 임시사용승인
    - 임시사용승인신청
    - 임시사용승인
- 사 용 승 인
    - 사용승인신청
    - 특별검사원에 의한 사용검사
    - 사용승인에 따른 관련부서협의
    - 사용승인서 교부

적인 경험이나 객관적 자료에 근거하였다기보다는 응답자의 주관이나 일반의 인식을 간접적으로 표현하는 것이다.15)

<표 1> 부패가 가장 심각한 행정기능에 대한 국민의식

분야	계	경찰	세무	건설공사	법조	건축	병무	교육	기타
비율	200.0	52.2	47.0	22.6	20.2	14.2	10.0	7.0	26.8

자료: 제2건국위원회 설문조사 자료(1999).

그러나 건축분야만을 대상으로 부패의 정도에 대한 인식조사결과를 보면, 대다수의 국민들은 매우 부정적으로 생각하고 있음을 알 수 있다. <표 2>에서 보는 바와 같이 조사대상의 57%가 부패의 정도가 극심한 것으로 응답하고 있으며, 전체적으로 부정적인 인식의 비중이 80% 이상을 상회할 정도로 부정적인 인식이 강함을 알 수 있다.

<표 2> 건축분야의 부패 정도에 대한 인식

정도	매우 극심	극심	약간 극심	거의 없음	없음	전혀 없음
비율	23.6	33.4	25.8	11.2	3.6	2.4

자료: 제2건국위원회 설문조사 자료(1999).

그런데 이러한 건축부문에서의 부패의 정도에 대한 인식은 실제 발생한 부패사건의 내용을 보면, 다른 특성이 있음을 발견할 수 있다. 즉 <표 3>에서 보는 바와 같이 전체 단속인원으로 보면 공사 부문을 제외할 경우 건축부문은 인식과는 달리 많은 비중을 차지하지 않고 있다. 그러나 이 단속된 사람들 중에서 공무원이 차지하고 있는 비중을 보면, 오히려 상대적으로 많음을 알 수 있다. 이것은 적어도 사회 전체적으로는 건

---

15) 때문에 이러한 유형의 설문조사시 결과의 타당성 확보를 위하여 일정한 수준의 경험자들을 대상으로 제한하여 조사가 이루어지기도 한다. 그러나 이러한 방법을 활용하여도 동일한 한계도 존재한다.

<표 3> 기능 분야별 단속된 부패 공직자(1998)

분야	건축	토지	공사	보건환경	금융	법조주변	기타	계
총인원(A)	281 (5.4)	146 (2.8)	540 (10.4)	263 (5.1)	349 (6.7)	566 (10.9)	3061 (58.8)	5206 (100.0)
공무원(B)	110 (10.6)	51 (4.9)	244 (23.6)	58 (5.6)	25 (2.4)	34 (3.3)	513 (49.6)	1035 (100.0)
공무원비중 (A/B)	39.1	34.9	45.3	22.1	7.2	6.0	16.8	19.9

자료: 대검찰청, 검찰연감. 각년도 주택산업연구원(1999) 자료에서 재인용.

축 분야에서의 부패의 정도가 적지만, 이 중 부패사례에서 공무원이 전체 공직사회에서 차지하는 비중은 오히려 높다는 것을 의미한다. 뿐만 아니라, 단속된 사람들 중에서 공무원이 차지하는 비중을 보면, 마찬가지로 건축부문이 상대적으로 높은 것으로 나타나고 있어서, 건축부문에서의 부패에 있어서 공무원의 개입비중이나 심각성 정도가 높다는 것을 의미한다.[16] 이러한 조사결과는 결국 건축부문의 부패를 억제하기 위해서는 무엇보다도 행정기관 내부에 대한 대응방안이 필요함을 의미하는 것이라고 할 수 있다.

2) 건축심의와 관련된 부패

건축심의[17]는 도시의 미관과 공익성을 제고하는 전문적인 장치로서

---

16) 물론 이러한 해석에 대해서 건축부문의 특성과 구조를 충분히 고려하지 못한 결과라는 반론도 있다. 즉 건축부문에서의 부패의 정도가 심한 것은 공무원 개인 탓이라기보다는 건축부문의 구조 특성 탓이라는 것이다. 그런데 이와 같은 부패 만연의 이유의 타당성을 떠나서, 부패에 대한 개인윤리적 접근과 더불어 구조적 접근의 필요성은 충분히 우리가 수용할 필요가 있다. 특히 이러한 입장은 부패의 방지를 위한 정책방안의 마련에 도움을 주기 때문이다.

17) 건축법 제4조에 의하여 건축관련 중요사항을 심의하기 위하여 건축위원회를 설치하여야 하며, 건축법시행령 제5조에 의하여 건축관련 심의를 위하여 특별시·광역시·도·시·군 및 구(자치구를 말한다. 이하 같다)에 지방건축위원회를 두도록 하였다.

그 필요성이 인정되고 있다.[18] 그러나 심의과정이 지나치게 복잡할 뿐만 아니라 과다하며, 또한 일관성이 결여되는 등의 문제를 지니고 있으며, 이에 따라서 심의를 용이하고 신속하게 통과하기 위하여 금품의 수수가 오가는 부조리가 발생하고 있다. 즉 자문역할인 심의제도가 건축주의 (정당 혹은 부당한) 의욕을 제한함에 따라 발생하는 건축주들의 불만과 불편을 해소하기 위해서 부패가 발생할 수 있다.

일반적으로 부패는 선택적 여과(filter)가 이루어지는 "통로"나 "문"에서 빈번히 발생한다는 점에서, 부패 혹은 부적정한 건축을 억제하기 위하여 마련된 심의단계도 선택적 여과장치의 성격을 지니고 있다고 할 수 있으며, 따라서 심의단계는 부패방지의 수단이면서 동시에 부패의 가능성을 지니고 있다. 이러한 점에서 부패의 억제를 위한 추가적 여과장치의 구축은 또 다른 부패의 가능성을 만들 수 있는 악순환의 의미를 지니고 있기도 하다. 이런 점에서 결국 부패의 방지를 위한 종극적인 수단은 당사자의 윤리일 수밖에 없다는 결론의 도출도 가능하다. 이러한 심의와 관련하여 제기되고 있는 부패를 야기할 수 있는 주요 문제들은 다음과 같다.[19]

· 심의의 주관성과 기준 미비로 인한 일관성 결여 및 부담발생에 대한 불만
· 복수조직에서 동일한 종류의 도면으로 심사
· 사업추진일정의 예측 어려움에 따른 경제적 손실 등

---

18) 건축법 시행령 제5조의 7.
19) 감사원 부정방지대책위원회(1994: 83-85)에서는 심의과정과 관련된 문제점으로서 ①복잡한 절차 ②과다한 심의 종류 ③심의도서의 비구별성 ④심의시간 부족 ⑤심사위원의 잦은 교체 ⑥명확한 심의규정의 부재 ⑦심의위원의 위상 문제 ⑧심의의 개별화 ⑨심의의 구속력 불확실 등을 제시하였다.

3) 인·허가와 관련된 부패[20]

어느 분야이든 인·허가는 곧 일정한 추가적 수익이나 혹은 이와 관련
된 권한을 부여하는 것으로서, 인·허가권자와 신청자간에는 부패의 유인
가능성이 항상 존재한다. 건축부문의 경우에도 건축물 인·허가와 관련된
행정절차가 불투명하고 행정운용과정이 불합리하여 부조리의 가능성을
지니고 있다는 평가를 받고 있다(주택산업연구원, 1999: 45). 예를 들어
건축허가 관련 법규나 지침이 매우 복잡하고 수시로 변경되기 때문에 인
·허가가 편파적으로 운영되어 동일한 내용에 대하여 특정인에게는 허가
되고, 또 다른 특정인에게는 허용되지 않는 부조리가 발생하고 있다. 또
한 허가신청 서류를 접수한 후 미비사항을 한꺼번에 보완요구하지 않고
수 차례에 걸쳐서 요구하거나 처리기한 종료일에 보완을 요구하는 등 허
가일정을 고의로 지연하여 금품을 수수하는 경우가 있다.[21]

근본적으로 주택건설사업 및 건축관련 제도와 법규가 복잡하고 행정
지침 및 훈령이 불분명하고 모호하여 해석이 곤란하며, 이를 해석함에
있어 일관성이 결여되는 등 운영상의 투명성이 결여되어 있다(부정방지
대책위원회, 1993b: 39-43). 이로 인해 담당 공무원은 질의 회신에 의존
하게 되며, 인사이동, 짧은 경력에 따라 공무원의 자질이 부족한 경우 문

---

20) 인·허가 자체가 복잡한 과정으로서, 단순히 부당한 인·허가가 아니라 인·허
가라는 복잡한 전과정에서 부패의 발생 가능성이 있기 때문에 일률적인 논의
가 어렵다. 인허가 단계에서 발생하는 부패는 ①부정확한 행정처리 ②불투명
한 행정절차 ③부당한 인허가 ④허가 지연 등 다양하다.

21) 인허가 과정 이외에도 착공신고와 관련하여 제출하여야 할 서류도 매우 과다
하게 요구되고 있다. 특히 이 착공과정에서 제출하여야 하는 서류 중에서 13가
지의 감리관련 서류는 사업승인권자가 감리자를 지정하므로 사실상 중복되는
서류라고 할 수 있다. 착공신고서 제출시 첨부하여야 하는 서류를 제시하면 다
음과 같다. 건축물 착공신고서, 현장조사서, 착공도서 작성내용 대비표, 건축공
사 감리자 및 시공자 선정 보고서, 상주 감리자 선정 보고서, 사업개요, 감리업
무 수행계획서, 감리의견서, 감수착수계, 감리원 경력확인서, 사업자등록증 사
본, 법인 등기부 등본, 건설업 면허수첩 사본, 안전관리 계획서, 토지사용 승낙
서, 사토처리 계획서, 특기 시방서, 시방서, 구조계산서, 착동도면 등(주택산업
연구원, 1999: 72).

제는 한층 심각해진다. 이 경우 허가일정의 지연을 초래하기 때문에 주택사업자와 건축주로서는 사업기간의 단축과 허가일정의 지연을 초래하기 때문에 주택사업자와 건축주로서는 사업기간의 단축과 허가와 승인을 위하여 공무원에게 뇌물을 전달하게 된다.[22]

아울러 많은 경우 법의 취지보다는 자구와 조문에 얽매인 소극적 운영에 따라 민원인이 사업계획 추진을 가로막을 경우에도 부패가 발생하게 되며, 허가권자의 재량권 남용 및 자의적 판단에 따라 인·허가시 결정될 경우 부패의 가능성은 커지게 된다. 인허가 관청의 공무원이 금품을 목적으로 민원인을 괴롭히는 경우와 함께, 추가부담이나 기부채납을 조건으로 달아 허가하는 과정에서 조건완화를 담보로 민원인으로부터 뇌물을 받는 경우도 있다. <표 4>에서 보는 바와 같이, 건축허가나 주택사업계획 승인단계에서 발생하는 부패가 전체의 42.6%로 가장 많은 비중을 차지하고 있음을 알 수 있다.

"공장 인허가 과정에서 금품을 받은 혐의(뇌물수수)로 K도청 직원 김모씨 등 공무원 6명과 K공사 직원 1명을 불구속 입건했다. 경찰은 이들에게 금품을 제공한 혐의(뇌물공여)로 업자 김모씨와 동업자인 K시 상수도 사업본부 직원 서모씨를 불구속 입건했다. 경찰에 따르면 김씨 등 공무원들은 1994년 K도 K시의 J가스㈜ 공장설립 과정에서 인허가 편의를 봐주는 대가로 업자 김씨 등으로부터 10만~130만 원을 받은 혐의다"(≪동아일보≫, 1998년 11월 20일).

"건설업체 대표에게서 뇌물을 받은 혐의로 P시 Y구청장을 구속했다. 검찰은 또 건축허가 등과 관련해 편의를 봐달라며 Y구청장에게 돈을 준 K주택 대표 박모씨를 뇌물공여 혐의로 불구속 입건했다. Y구청장은 1995년 10월부터 1997년 1월 사이 P시 아파트의 건축허가 및 연립주택 설계변경과 관련해 P씨

---

22) 사업자의 입장에서 가장 중요한 것은 적기에 사업을 실시하는 것으로서 시간이 중요한 자산의 의미를 지닌다고 할 수 있다. 따라서 행정기관에 의한 인·허가의 지연에 따른 시간의 소비는 곧 경제적 가치의 소비라고 할 수 있다. 이런 점에서 보면 전형적인 뇌물이 "급행료"라는 별명을 얻는 것은 단순히 시간과 일정을 단축시키는 것만 아니라 시간이라는 경제적 가치를 확보한다는 의미를 지니고 있는 것이다.

<표 4> 건축단계별 부패발생 빈도

건축단계	건수	비율
토지이용(형질변경 및 용도변경)	16	13.9
건축허가·주택건설사업계획승인	49	42.6
시공·감리	8	7.0
사용검사(승인)	16	13.9
기타	26	22.6
계	115	100.0

자료: 주택산업연구원(1999). 11개 주요일간신문 건축비리 관련기사분석 자료(198
    3～1998).

에게서 2천8백만 원을 받은 혐의다"(≪동아일보≫, 1998년 7월 6일).

4) 감리·감독과 관련된 부패

전반적인 감리 인력의 부족으로 인하여 많은 건축물의 감리과정에서
위장 감리가 이루어지고 있기도 하다. 즉 건설을 담당하는 시공회사의
기술자를 문서상으로만 설계 사무소의 직원으로 위장하여 대여하는 등
의 부조리가 발생하고 있다. 또한 시공회사 출신의 감리자는 시공에서의
부조리에 대하여 대개 눈감아주고 있으며, 행정편의 위주의 감리나 공법
및 자재의 선정에서 뇌물 수수 등의 부조리도 발생하고 있다.23)
공사현장의 상황과 건설공사 현장상황을 고려할 때 허가된 설계도에
완전히 부합하여 공사를 진행하는 데는 현실적인 제약이 따를 수밖에 없
다. 결국 설계 변경절차를 밟게되는데, 이 절차 역시 인·허가 단계만큼
어려움이 크기 때문에 부패 발생의 온상이 되기도 한다. 즉 설계변경 인

---

23) 현실적으로 감리회사는 시공사와의 관계에서 건축과정에 대한 감리의 역할을
    독립적으로 수행할 수 있는 관계에 있지 못한 것이 우리의 현실이다. 즉 감리
    회사는 시공회사와 대등한 관계에서 감리업무를 수행하기보다는, 시공사의 비
    위를 맞추는 감리가 이루어지고 있다. 이렇게 감리단계가 부실하게 이루어지는
    등 건축과정을 통제하는 행정기관 내외부의 시스템이 제대로 작동하지 못하게
    됨으로써, 건축 과정에서 부패를 통제할 수 있는 장치가 거의 작동하지 못하고
    있는 것이 우리의 현실이라고 할 수 있다.

정여부에 대한 담당 공무원의 재량권이 큰 반면, 무리하게 재시공 등을 요구함으로써 이를 해결하려는 과정에서 부패의 발생 가능성이 높을 수밖에 없다.

　"부실공사를 눈감아 주는 대가로 건축업자로부터 금품을 받은 S시 K구청 건축과장 S씨와 M구청 건축과 직원 G씨 등 2명을 뇌물수수 혐의로 구속했다. 검찰에 따르면 S씨 등 2명은 E구청 건축과에서 근무하던 지난해 10월초 노인 복지회관 공사를 맡은 D건설 대표로부터 부실공정 및 설계를 눈감아 주는 대가로 각각 1천 여 만원을 받은 혐의다"(≪동아일보≫, 1999년 10월 13일).

　"택지개발 및 아파트 공사 등과 관련 업자로부터 거액의 뇌물을 받은 혐의로 T시 도시개발공사 토목과장 K씨와 토목부장 L씨 등 도시개발공사 직원 4명과, 이들에게 뇌물을 준 혐의로 H건설 대표 H씨에 대해 각각 구속영장을 청구했다. 검찰은 또 C모씨 등 도시개발공사 직원 3명과 H건설 상무 H씨 등 건설업체 관계자 6명을 같은 혐의로 불구속 입건했다. C씨는 건축 및 토목 관련 업무를 담당하면서 지난 97년부터 99년 3월까지 공사가 발주한 T시 택지개발 조성공사와 관련, 공사금 지급 등의 편의를 제공하는 대가로 H건설 등 7개 시공 및 하청업체로부터 7천5백50만 원을 받는 등 도개공 직원들이 같은 명목으로 500만 원에서 7550만 원까지를 각각 받았다고 검찰은 밝혔다"(≪조선일보≫, 1999년 4월 28일).

　결국 감리·감독은 건축물의 부적절한 집행을 막기 위한 견제장치임에도 불구하고 추가적인 부패를 유발하는 원인으로 지적되고 있다. 특히 감리·감독은 건축부문에 대한 전문성을 기초로 수행되는 통제장치라는 점에서, 부패방지를 위한 법·제도와 함께 전문가적 윤리의 확립이 필요함을 의미한다.[24]

---

24) 최근에 논란이 되고 있는 대우그룹에서의 공인회계사에 의한 부적절한 회계 감사의 실시도 이와 유사한 예라고 할 수 있다. 즉 기업의 투명성을 감시하기 위하여 활용되어야 할 외부 공인회계사가 통제대상에 의하여 선임되고 있을 뿐만 아니라, 나아가서 기업과 외부 통제기관인 공인회계사가 유착됨으로써 부패를 막기보다는 오히려 부패를 조장하고 비호하는 역할을 수행한 것이다.

5) 준공검사 등과 관련된 부패

건축물에 대한 검사는 건축과정에서 이루어지는 중간검사에서부터 준공단계에서 이루어지는 준공검사, 그리고 준공 이후의 사후관리 단계에서의 검사에 이르기까지 다양하다. 먼저 시공과정 중 중간검사에 관련된 부조리로서, 기초 및 단열검사, 소방검사 등 현장조사시 시공자로부터 검사비 명목의 금품수수가 이루어지고 있으며, 공사장 안전관리 점검시 적발사항에 대한 묵인조의 금품수수가 보편적으로 이루어지고 있다. 그리고 경찰관, 동사무소 공무원 등이 건축자재 무단적치, 단속 등을 명목으로 수시로 공사현장을 방문하여 과잉 편파단속을 함으로써 금품제공을 유도하는 경향이 있으며 건축주는 공사를 계속 시행하기 위하여 모든 문제를 돈으로 해결하려는 관행이 팽배하여 있다.

건축단계에서 준공검사는 마지막 통제장치라고 할 수 있는데, 결국 준공검사를 통하여 건축물의 수익성이 확보된다는 점에서, 사업자나 건축업자는 인허가 단계보다 더욱 열세의 입장에 있을 수 있다. 즉 준공검사의 지연은 곧 사업자의 입장에서는 수익 회수의 연장을 의미하는 것이기 때문이다.

건물이 공사기간 중에 완공되더라도 사용승인이나 사용검사가 늦어지면 그 만큼 주택사업자와 건축주는 피해를 보게 된다. 근본적으로 공동주택건설의 경우 감리자의 준공 관련 보고서에 따라 사용승인이 이루어지도록 되어 있으나, 단순 확인되는 소방설비, 하수도, 전기안전, 에너지 관련 부서의 확인절차가 복잡하고 그 일자가 미지정되어 있어 지연요인이 발생하며, 이에 따라 이른바 "급행료"로 불리는 금품의 수수가 발생할 가능성이 높을 수밖에 없다.[25]

---

25) 이러한 "시간"과 관련하여, 건축관련 공무원이나 행정기관의 입장에서는 의미를 갖지 못하는 요소라고 할 수 있지만, 건축주의 입장에서는 금전과 동일한 의미를 지니고 있는 것으로서, 양자간에 서로 상이한 의미를 지니고 있다. 그런데 이러한 "시간"에 대한 통제권은 공무원만이 독점적으로 보유하고 있다는

"아파트 준공검사와 관련, 건설업체로부터 금품을 받은(뇌물수수) 혐의로 Y
시 중부출장소 건축담당 P씨에 대해 구속영장을 청구했다. 검찰은 또 P씨로부
터 돈을 받은 당시 주택과장 P씨를 같은 혐의로 불구속 입건했다. 검찰에 따
르면 P씨는 Y시 주택계장으로 근무하던 지난 95년 4월 모건설회사 Y시 현장
사무소장 Y씨로부터 아파트 일부가 설계도면과 달리 도로를 70㎝ 가량 침범
한 채 시공된 것을 눈감아 달라는 청탁과 함께 현금 8백만 원과 향응을 제공
받아 이 가운데 2백만 원을 과장인 P씨에게 건네준 혐의다"(≪동아일보≫,
1998년 11월 21일).

6) 민원처리 등과 관련된 부패

공사중에 발생하는 민원에 대해서 담당 공무원은 현장에 대한 정확한
확인을 통하여 민원인, 시공자, 건축사간의 중재를 해야 하지만, 책임 회
피식으로 공사중단을 강제하는 경우가 발생하고 있다. 그런데 결국 건축
사 혹은 시공자는 담당 공무원과의 관계에서 긍정적이든 부정적이든 약
자의 입장에 있기 때문에, 공사지연의 피해를 줄이기 위하여 담당 공무
원과 부당한 협상을 하는 경우가 발생한다.

즉 공사 진행단계에서 가장 어려움으로 지적되는 것이 공사진행과 관
련하여 인근 주민들이 제기하는 민원이다. 제기된 민원의 정당성 여부와
관계없이 인근 주민들이 제기하는 민원이다. 이때에는 제기된 민원의 합
당성 여부와 관계없이 공사중단 명령이 내려지는 경우가 발생하며 일반
적이고, 담당 공무원이 민원처리를 지연시킬 경우에 주택사업자와 건축
주들은 공무원에게 공사중단의 부담을 덜기 위해 금품을 제공하는 경우
가 발생한다.

물론 건축물과 관련되어 제기되고 있는 민원의 상당부분은 시공되는
건축물에 의하여 영향을 받고 있는 주변 건축물의 소유주나 이용자 등에
의하여 제기되는 것으로서, 이러한 민원이 제대로 해결되지 못할 경우
건축물의 원만한 완공은 현실적으로 어려운 것이 사실이다. 이것은 곧

점에서 문제를 지니고 있다.

건축물이 개인에 의하여 시공되지만, 사실상 완공된 건축물은 상당한 정도로 사적재가 아닌 공공재의 성격을 지닐 수밖에 없다는 것을 의미한다. 따라서 건축 관련 민원에 대한 처리도 이와 같은 건축물의 공공성과의 관계에서 접근되어야 할 것이다.

7) 하도급 관련 부패

건축에서 가장 큰 문제는 부실시공이라고 할 수 있는데, 이것은 원도급업자와 하도급업자와의 하청관계에서, 하도급업자는 수주가격의 범위 내에서 시공을 하여 부실공사를 하게 되기 때문이다.[26] 이와 같은 하도급 비리는 원도급업자의 우월적인 지위의 남용에 의하여 비롯되는 것으로서, 이러한 비정상적인 관계에서 건축과 관련된 많은 비리가 발생한다고 할 수 있다. 물론 이러한 하도급 관련 부패는 소형 건축물보다는 중대형 건축물과 관련하여 주로 발생하는 문제라고 할 수 있다.

건설공사는 원·하도급 구조 속에서 이루어지는데, 공사품질의 확보나 부실방지를 위해서는 하도급을 받아 직접 현장에서 시공을 하는 전문건설업의 역할이 대단히 중요함은 물론 건설 부패가 정치·사회적 부패의 실질적 연결고리(자금 공급원) 역할을 하는 경우가 많다는 점에서 문제를 지니고 있다. 그런데 원·하도급자간의 구조적인 불평등과 정부규제로 인하여 불법 하도급이 성행하고, 원도급자의 손실을 하도급자에게 전가하는 일이 비일비재하며, 그 결과 부실공사나 부정·부패를 초래하는 사례가 대단히 많다(김관보, 2000).

건설하도급 부패는 기본적으로 하도급자의 불평등한 지위 때문에 하

---

26) 예를 들어서 소위 "품떼기" 등의 전매행위로, 1단계 하도급부터 10~15% 이상의 삭감이 발생하며(반부패특별위원회, 2000: 12), 이것이 마지막 하청 단계까지 가게 되면 실제 공사에 투입되는 비용은 원래의 계약된 비용과 커다란 차이를 보일 수밖에 없다. 이러한 과정에서 뇌물수수 등 부패의 발생이 가능하며, 종국에는 부실공사로 이어질 수밖에 없다.

도급자 스스로가 원도급자에게 시정을 요구하기 어려운 분야이며, 정부가 적극적인 제도개선을 추진할 필요가 있다. 건설 하도급 부패는 건설제도 뿐만 아니라 우리 건설업계의 고질적인 관행과도 연계되어 있기 때문에 원도급과의 연계선상에서 종합적으로 접근해야 한다.

건설 부패의 경우 특히 시공과정에서 집중적으로 발생할 수 있는 요인이 있는 바, 발주자나 권력층 등에 대한 로비 자금을 마련하기 위하여 하도급 계약의 이행과정에서 각종 부패가 발생한다. 즉 건설공사는 장치·시설산업인 중화학·정보통신산업처럼 기본적인 생산체계가 필요한 것이 아니라, 수주산업이라는 특성으로 인하여 공사 참여 주체 또는 비전문가들도 수주에 기여한 후 리베이트나 향응을 요구할 수 있는 요인과 각종 법률의 다양하게 적용하는 법 규정에 따른 담당자의 재량범위가 넓어 부패발생의 가능성이 높다. 건설하도급 과정에서의 부패 유형을 정리하면 다음과 같다(반부패특별위원회, 2000: 10).

· 중앙 및 지방자치단체 고위층에 대한 권력형 청탁에 의하여 하도급 계약을 체결한 후 리베이트를 지급하는 경우
· 발주자(관급, 민간공사)의 청탁에 의한 하도급 계약을 체결한 후 리베이트를 제공하는 경우
· 감독자 및 감리자에게 유·무형의 반대급부를 목적으로 향응과 뇌물을 제공하는 경우
· 임직원, 현장소장 및 공무부서에 대한 정기적으로 상납하는 경우
· 공사현장 관할관공서(안전공단, 경찰서, 소방서 등), 언론사의 잦은 방문에 따른 접대 및 촌지 지급의 경우
· 이중계약에 의한 차액공사비를 기성대금으로 지급한 후 이를 다시 회수하는 경우
· 발주자의 온라인 현금 지급을 위하여 통장개설 후 원도급자가 발주자로부터 온라인으로 현금을 지급받기 위하여 계좌개설 통장과 도장

을 압수한 뒤 장기어음을 지급하면서 결제일까지의 금융비용을 챙기
는 경우

· 하도급 공사대금의 결재조건을 담보로 급행료나 사례금을 요구하는
경우

· 발주자로부터 물가변동이나 설계변경 또는 경제상황의 변동에 따라
공사금액을 증액하여 지급받은 후에 동일한 사유로 목적물의 준공에
추가되는 추가 공사비를 지급하지 아니하는 경우

· 하도급인에게 귀책사유가 없음에도 하도급대금을 부당 감액하는 경우

5. 건축부문 부패방지안 논의

부패방지는 다양한 방법으로 이루어질 수 있다. 여기에서는 행정기관
을 중심으로 건축부문의 부패방지를 위한 정책적 방안을 중심으로 방안
을 제시하고자 한다. 그런데 그 동안 건축부문의 부패방지를 위한 다양
한 연구보고서와 이를 통한 정책방안들이 제시되었기 때문에, 이 부문을
다시 논의하는 것은 비효율적이라는 점에서, 여기에서는 행정기관에 관
련된 업무를 중심으로 방지방안을 제시하고자 한다. 그리고 일반적인 부
패방지안에 대한 논의는 여기에서는 다루지 않고 있다. 예를 들어 건축
부문의 부패를 방지하는 데 있어서 부패방지법이나 관련 제도 등이 분명
히 의미있는 방지안이기는 하지만, 이 부분에 대한 논의도 다수 이루어
졌다는 점에서[27] 여기에서는 추가적으로 언급하지 않으며, 건축부문에
만 국한하여 방지안을 제시하였다.

---

27) 일반적인 부패방지안에 대해서는 이 글에 제시된 참고문헌을 참고할 수 있다.

1) 건축관련 업무의 정보화, 메뉴얼화28)

부패가 발생하기에 가장 좋은 조건의 하나는 행정기관 내부에서 이루어지는 업무가 정비되어 있지 않거나 혹은 정비되어 있더라도, 각 부서 관에 연계성이 적거나, 혹은 행정기관 외부에 알려지지 않는 경우이다. 부패 행위 혹은 관계는 부패행위에 직접적으로 관계되는 사람 이외에는 누구도 인지하지 못하는 상황을 선호할 수밖에 없다는 점에서, 이러한 조건은 부패 발생에 있어서 핵심적인 조건이라고 할 수 있다. 물론 이와 같은 조건이라고 해서 부패가 발생하는 것은 아니지만, 이러한 조건은 부패 발생의 기본적 요인이 되는 권력에 대한 통제력을 결과적으로 약화시키는 역할을 수행한다.

건축부문의 경우, 이러한 측면에서 건축관련 업무의 내용이나 처리과정이 외부에 제대로 드러나지 않고 있다는 측면에서 부패 발생의 여지가 상대적으로 높다고 할 수 있다. 뿐만 아니라, 앞서 언급한 바와 같이 건축 업무는 단일 부서에만 국한하여 최종 결과물(건축물의 준공과 사용 및 사후 검사 등)이 발생하는 것이 아니라, 단일 행정기관 내에서도 복수의 부서에 걸쳐 업무가 이루어지고 있으며 또한 독립적인 다수의 기관이 연계되어 있는 경우도 있어서, 사실상 행정기관 외부의 민원인이나 일반인 입장에서는 건축관련 업무에 대해서 정확히 알기 어려운 입장이다.29)

---

28) 부패방지를 위한 방안으로서 IT(Information Technology)의 활용이 지속적으로 제기되고 있지만, 아직 우리의 경우 구체화된 사례는 많지 않다. 그리고 이러한 IT의 활용은 IT 자체만으로는 의미있는 방지안으로서 한계가 있으며, 후술하는 제 방안과 병행하여 활용되어야만 부패방지의 수단으로서 의미를 가질 수 있다.

29) 건축을 위하여 민원인은 해당 지역 행정기관의 건축과나 주택과에 허가를 신청하게 되면, 관련 주무부서는 신청 내용이 건축법과 주촉법에 적합한지 여부를 확인하여 허가를 하게 된다. 그리고 건축 후에는 다시 허가사항에 따라서 건축되었는지를 확인한 후 사용승인, 검사를 내준다. 그런데 이러한 일련의 과정속에서 많은 기관과 다양한 법령이 관련되어 있다. 예를 들어서 건축을 위한 대지조성을 위해서는 토지의 형질변경, 전용, 용도변경 허가에 관한 관련법의 검토가 필요하며, 건축물 설계 검토를 위해서는 소방시설, 상하수도, 전기, 통

즉 건축관련 업무에 관한한 관련 기관(혹은 공무원)과 일반시민(혹은 관련 민원인)과의 관계에 있어서, "명확한 정보의 비대칭"이 존재하고 있으며, 나아가서 정확한 정보와 과정에 대한 접근이 어려운 실정이다.

따라서 건축부문에 있어서의 부패의 가능성을 최소화하고, 관련 공무원(행정기관)과 민원인 간에 정보의 대칭성, 투명성을 확보하는 것이 매우 중요하다. 이를 위해서는 건축관련 업무가 관련 행정기관의 분산 여부와 관련없이 일관되게 처리되고, 또 민원인이 건축관련 정보와 과정에 용이하게 접근할 수 있도록 하는 방안의 마련이 필요하다. 즉 건축행정의 전산화와 이를 위한 메뉴얼화가 우선시된다고 할 수 있다. 건축행정 업무와 과정의 전산화, 메뉴얼화는 건축행정 전반의 투명성과 신뢰성을 확보하기 위한 가장 기본적인 조건이라고 할 수 있다.

물론 건설교통부에서도 건축관련 업무의 전산화를 추진하고 있다. 지난 1996년 6월 "주택·건축행정전산화기본계획"을 국토개발연구원(현 국토연구원)에서 마련하고, 이를 바탕으로 '97.11월 정보통신부(한국전산원)에서 운용하는 정보화촉진기금 11억6천 만원을 지원 받아 건축행정관리시스템 개발에 착수하였다. 1998년12월 개발을 완료한 건축행정관리시스템은 1999년 4월 현재 서울의 은평구, 경기도의 고양시 및 충청북도 청주시에서 시범운용하고 있다. 현재 일부 지역에서 시범운영중인 건축행정관리시스템은 1999년 5월부터 2000년까지 전국 248개 지방자치단체에 보급을 완료하고, 2001년도에는 전국을 단일 통신망으로 연결하여 전국 어디서나 민원서비스가 가능하도록 구현할 계획이다. 그런데 이러한 전산화계획은 아직까지 건축관련 기본 데이터의 관리나 건축물의 인허가 단계의 전산화에 대한 것으로서, 아직까지 건축부문에서 발생하고 있는 부패를 방지하기 위한 시스템으로서는 한계를 지닐 수밖에 없다.

신 등과 관련된 법 검토가 필요하다. 그리고 이 과정에서 관련 부서와 협의하여야 한다(주택산업연구원, 1999: 87-90).

2) 건축관련 법체계의 정비와 명료화

공무원이 일반시민이나 민원인에 대하여 상대적인 우월성을 지닐 수 있는 것은 법을 제정, 집행할 수 있는 능력에 상당부분 근거하고 있다. 법적 능력을 갖추고 있다는 것은 곧 민간부문에 대한 규제권을 행사할 수 있다는 것이다. 따라서 일반시민이나 민원인이 자신이 수행하고자 하는 업무에 적용되는 법체계를 명확히 인지할 수 있다는 것은, 적어도 업무와 관련한 법규의 적용과 해석, 집행 등에 있어서 양자간의 관계가 일방적인 불평등 관계가 아니라 대등한 관계가 될 수 있음을 의미한다.

그런데 건축부문의 경우, 이와 같은 점에서 법체계의 복잡성과 모호함이 어느 영역보다도 높다는 점에서, 정비의 필요성이 매우 높다. 예를 들어 건축 관련 조항 중에서 "필요하다고 인정할 경우,"30) "현저한 영향을 미치는 경우,"31) "기타 부득이한 사유가 있는 경우,"32) "불가피한 경우33)" 등과 같은 모호한 규정들은 결과적으로 민원인과 행정기관이나 공무원간의 관계에서 부적절한 관계를 만들게 하는 요인이 된다. 따라서 이와 같은 모호한 규정과 내용들을 자의적 판단이 아닌 명확하고 객관적인 판단이 가능한 규정으로 개정하여야 할 것이다.

그리고 건축과 관련하여 운영되고 있는 많은 법규에 대한 정비가 필요하다.34) 물론 건축물의 안전이나 도시경관 등 수많은 상황 등을 고려하여 이러한 법규들이 제정, 운영되고 있지만, 현실적으로 이렇게 과도

---

30) 토지의 형질변경 등 행위허가기준 등에 관한 규칙 제5조의 내용 중에서.
31) 농지법 제39조(농지전용 허가 등의 제한) 중에서
32) 농지법 시행규칙 제8조(농지전용허가) 중에서.
33) 건축법 시행규칙 제7조(건축허가 사전승인) 중에서.
34) 건축관련 법은 대표적인 건축법, 주택건설촉진법, 도시계획법, 소방법 등 약 40여 개에 달하고 있다. 대표적인 법률들을 제시하면 다음과 같다. 건축법, 도시계획법, 소방법, 산림법, 농지법, 도로법, 하천법, 하수도법, 수도법, 자연공원법, 수도권 정비계획법, 택지개발촉진법, 도시공원법, 학교보건법, 주차장법, 자연환경보전법, 도시교통정비촉진법, 문화재보호법, 국토이용관리법, 사도법, 전기사업법, 주차장법, 지하수법, 측량법, 폐기물관리법, 하천법 등.

하고 복잡한 법체계가 안전한 건축물의 건축과 유지를 완전하게 보장하거나 혹은 부패를 억제하기보다는, 오히려 수많은 부실 건축물을 양산하고 또한 건축부문을 가장 부패한 영역으로 인식하게 하고 있다는 점에서, 법체계의 정비가 요구된다. 물론 이러한 논의가 건축관련 법규를 폐지하자는 것을 의미하는 것이 아니라, 건축관련 민원인이 적어도 어떠한 법규가 존재하며, 법규간의 관계가 어떠하고, 어떻게 운영되는지를 명료하게 인지할 수 있도록 정비되어야 한다는 것을 의미한다.35) 그리고 이러한 건축관련 법체계는 기본적으로 규제를 목적으로 하는 방식으로 운영되고 있다는 점에서, 이를 간접적이고 자율적인 규제방식(negative list)으로 전환할 필요가 있다.

3) 건축 담당 공무원의 재량권의 명확화

앞서 언급한 법규의 복잡성이나 혹은 규정의 모호성은 곧 법규의 적용과 해석에 있어서 재량적 판단이 개입됨을 의미하며, 이것은 곧 공무원에 의한 재량권이 행사됨을 의미한다. 물론 법규가 모든 행정활동과 업무에 대한 명확한 규정을 하는 것이 현실적으로 불가능하다는 점에서, 일정 부분 재량적 해석과 판단이 개입될 여지는 얼마든지 있다. 그러나 이와 같은 공무원에 의한 자의적 판단이 이루어질 수밖에 없는 재량권의 행사는 부패 발생의 가능성을 높일 수밖에 없다. 따라서 이와 같은 공무원의 재량권 행사에 대한 명확한 규정이나 최소화가 필요하다.

이러한 점에서, 건축부문은 어느 영역보다도 관련 공무원의 재량권이 상대적으로 많이 행사되는 영역이라고 할 수 있다. 물론 이와 같은 재량

---

35) 건축행정을 공무원의 입장이 아닌 민원인의 입장에서 보면 건축행정은 알 수 없는 미궁일 수밖에 없다. 건축 담당 공무원 스스로도 인정하듯이, 건축 담당 공무원이면서도 사실상 건축 관련 법규에 어느 것이 어떻게 적용되며, 또한 어떤 기관이 어떻게 관련되는지는 자신도 법규를 자세히 보지 않으면 알 수 없는 상황하에서, 민원인들은 어려움을 겪을 수밖에 없다.

권이 최소한으로 행사되도록 하기 위해서는 앞서 언급한 건축 관련 법규정의 명확화가 절대적으로 필요하다고 할 수 있다.

물론 이와 같은 공무원의 재량권 문제는 앞서 언급한 건축관련 법체계의 복잡성이나 규정의 모호함과 관계된다는 점에서, 이러한 법체계의 정비와 동시에 진행되어야 할 것이다. 그리고 이러한 재량권의 남용은 단순한 법규의 해석이나 적용에만 국한되는 것이 아니라, 업무의 신속한 처리를 저해하는 요인이 된다는 점에서도 정비의 필요성이 높다. 즉 법규의 모호성에 따른 공무원의 재량적 판단 개입과 이에 따른 업무 처리에 있어서 공무원에 의한 부당한 처리의 지연이 가능하다. 이러한 업무 처리의 지연은 민원인으로 하여금 관련 공무원에 대하여 열세적 지위를 부여하는 것으로서, 부패 발생의 가능성을 야기하는 것이라고 할 수 있다.

따라서 이와 같은 재량권의 남용과 관련된 부패를 억제하기 위해서는 관련 법규의 명확한 재규정과 더불어, 업무처리 소요기간이나 필요조건, 서류 등에 있어서 명확한 규정을 하여야 할 것이다. 이와 같은 작업이 원활하게 진행되기 위해서는 우선적으로 건축관련 민원서류의 간소화가 선행되어야 하며, 이와 함께 필수적인 조건과 서류, 기간등에 대한 정보화 작업이 이루어져야 할 것이다. 예를 들어 서울시의 경우 민원 온라인 제도를 시행하고 있는데, 이러한 정보화에 추가하여 보다 구체적인 내용을 담은 건축행정 메뉴얼이 세부 업무별로 마련되어 동시에 제공되어야 할 것이다. 즉 공무원의 재량권을 완전히 억제하는 것은 불가능하며 어느 정도는 인정될 수밖에 없는 것이 현실이라는 점에서, 어느 정도 재량권을 부여하는 가운데 재량권의 남용을 억제하기 위해서는 공무원이 행사하는 권한과 역할이 투명하게 노출되고, 처리과정이 외부에 노출되도록 하는 것이라고 할 수 있다. 이와 같은 점에서 건축행정의 메뉴얼화와 정보화의 구축은 부패방지의 필수적인 조건이라고 할 수 있다.

4) 하도급 체계의 개선[36]

하도급 관련 비리는 여러 측면에서 발생한다. 가장 대표적인 부분이 수주받은 공사를 전매하거나 일괄하도급하는 것이다. 물론 현재의 법에서는 이에 대한 규제를 하고 있지만,[37] 실제로 원도급자가 건설공사를 수주한 후 다른 일반건설업체에게 당해 공사를 전매하거나, 하도급자에게 하도급을 준 것으로 위장한 뒤 독립십장에게 이른바 "품떼기"로 넘기는 사례가 대단히 많다. 따라서 이러한 문제점을 해결하기 위해서는 원도급 공사의 의무시공비율제도를 강화해야 할 것이다. 물론 의무시공비율은 공사의 규모, 난이도, 특성 등에 따라 다를 수밖에 없기 때문에 '공사계약일반조건」에 최소한의 비율만 제시하고, 개별공사 입찰시 입찰안내서에 계약담당공무원이 공사의 규모, 난이도, 특성 등을 감안하여 결정할 수 있다.[38]

하도급과 관련하여 나타나는 또 다른 대표적 유형으로 이중계약 작성과 허위통지 관련 부패가 있다. 불공정 하도급 계약의 대표적인 유형인 이중계약은 대부분 다양한 청탁과 관련된 비자금 확보 차원이며, 또한 원도급자가 하도급자에게 저가하도급을 유도하여 원도급자의 이익을 극대화하고 덤핑수주에 대한 손실을 보전하며 각종 청탁에 소요되는 비자금을 확보하기 위한 것이다. 원·하도급관계의 불공정을 초래할 수밖에

---

36) 하도급 비리의 실태와 개선방안에 대한 최근 자료로서는 반부패특별위원회 (2000)에서의 발표자료를 이용할 수 있다. 여기에서도 하도급 비리와 관련해서는 이 자료를 활용하였다.

37) 건설산업기본법에서는 원칙적으로 원도급자가 공사수주 후 건설공사의 전부 또는 주요부분의 대부분을 다른 건설업자에게 하도급할 수 없도록 규정하고 있다(「건설산업기본법」 제29조 및 동법 시행령 제31조). 「건설산업기본법(건설공사의 하도급 제한)」 제29조: "건설업자는 그가 도급받은 건설공사의 전부 또는 대통령령이 정하는 주요 부분의 대부분을 다른 건설업자에게 하도급할 수 없다. 다만 건설업자가 도급받은 공사를 계획·관리 및 조정하는 경우로서 다음 각호의 1에 의하여 하도급하는 경우에는 그러하지 아니하다."

38) 참고로 미국의 경우, 주별로 차이는 있지만 대개 50% 이상의 하도급을 금지하고 있다.

없는 이중계약의 결과 원도급자는 보다 많은 이익을 추구할 수 있고, 하도급자는 감액된 하도급대금의 범위 내에서 수익성을 고려하여 부실 시공의 유혹을 받을 수밖에 없다. 이를 방지하기 위해서는 하도급 통보의무 관련 규정을 개선하여, 발주자에 대한 하도급 통보의무자를 현행 하도급한자(원도급자)에서 하도급 당사자(원·하도급자)로 변경하여야 할 것이다.[39)]

5) 건축관련 공무원의 직무체계의 개선[40)]

모든 영역의 공무원이 동일한 수준으로 부패하는 것도 아니며, 또한 동일한 정도로 부패 가능성이 있는 것도 아니다. 특정한 분야에서, 그리고 특정한 업무를 담당하는 공무원에게서 부패가 발생한다. 이것은 곧 부패에 취약할 수밖에 없는 영역이 있음을 의미한다. 여기에서 논의하고 있는 건축부문의 경우도 다른 어느 영역과 비교해서도 부패의 가능성이 높고 또한 실질적으로 부패 사례가 빈번히 발생하는 영역으로 평가되고 있다. 즉 앞서 언급한 바와 같이, 건축부문이 지니고 있는 특성상 부패의 가능성이 상대적으로 높다고 할 수 있다. 이렇게 부패 발생 가능성을 높게 하는 또 하나의 중요한 요인이 바로 건축관련 공무원이 수행하는 직무 특성이라고 할 수 있다. 따라서 건축관련 공무원이 수행하고 있는 직무 특성을 고려한 방안이 모색될 수 있어야 할 것이다.

건축 관련 공무원에 의하여 수행되는 직무 관련 부패의 유형은 크게 4가지로 유형화할 수 있다. 먼저 공무원 개인에 의하여 개별적 혹은 독

---

39) 통상적으로 원도급자가 발주자에게 하도급 통보는 실제 하도급자를 모두 신고하기보다는 의무하도급 비율인 20-30%만 신고하고 있는 실정이다.

40) 기존의 대부분의 부패방지안들은 통제 중심의 강한 전략이었다. 물론 강한 전략이 필요한 경우도 있지만, 이러한 강한 전략에는 또한 강한 반발과 갈등이 수반된다는 점에서 실패의 가능성도 또한 높다. 따라서 이러한 실패와 성공의 가능성을 고려한다면, 오히려 여기서 언급하고 있는 직무체계의 개선 등과 같은 간접적인 약한 전략도 부패방지의 효과적인 대안이 될 수 있다.

립적으로 수행되는 업무에서 발생하는 부패 유형을 들 수 있다. 즉 개인 수준에서 종결될 수 있는 업무와 관련된 부패로서 단절적 직무관련 부패 유형이라고 할 수 있는데, 예를 들어서 감독 업무 등과 관련된 부패 유형이 이에 해당한다. 건축물 시공과정에서의 위법하거나 혹은 부실시공에 대한 감독, 용도에 대한 감독 등과 관련된 부패행위이다.

이렇게 단절적 직무와 관련된 부패는 공무원 단독으로 의사결정이 이루어질 수 있는 경우에 발생한다. 즉 개인 수준에서 의사결정이 이루어지며, 여기서 부당한 재량을 발휘할 경우 부패가 발생하게 된다. 따라서 이와 같은 단절적 직무에서의 부패의 가능성을 억제하기 위해서는 업무의 전산화, 표준화를 통하여 재량권의 발생 가능성을 억제하며, 감독자의 직접적인 감독의 기회를 증가시키는 방법을 활용하여야 한다. 그러나 이와 같은 단절적 업무는 양적으로 매우 많은 비중을 차지하기 때문에, 결국 감독자에 의한 감독의 증가보다는 직무의 표준화를 통한 접근이 보다 유용하다.

단절적 직무유형과는 달리 수평적인 관계에서 복수의 부서와 개인을 통하여 연속적으로 직무가 수행되는 유형에서 발생하는 부패의 경우가 있다. 예를 들어서 건축심의 업무를 들 수 있다. 건축 인허가와 관련된 심의의 경우, 복수의 부서별로 진행되기도 하며, 준공검사 등의 업무의 경우에도 복수의 부서에 의하여 병렬적으로 수행되는데, 이러한 직무와 관련하여 부패가 발생하기도 한다. 민원인과의 유착으로 제대로 심의하지 않는 경우도 있으며, 준공검사(소방, 하수도, 전기, 에너지, 정화조 등) 과정에서 허위 검사가 이루어지는 경우도 발생한다. 이렇게 연속적 직무와 관련하여 나타나는 부패는 직무를 공무원 개인이 단독으로 처리해서는 일이 해결되지 않으며, 연속적으로 그리고 협력하여 처리함으로써 직무의 수행이 가능한 경우에 발생하는 부패이다. 따라서 이와 같은 직무에서의 부패를 억제하기 위해서는 서울시에서 현재 실시하고 있는 Open System과 같이 온라인상에서 직무의 진행상황을 공개하는 방법이 보다 유용하다. 즉 온라인상에서 직무의 진행상황을 공개할 경우, 부당한 업무의 연속적 처리가 공개되기 때문이다.

위에서 언급한 복수의 부서와 개인 간에 연속적인 처리가 필요한 경우에도, 병렬적인 관계만이 아니라 계층제적인 관계를 통하여 일이 처리되기도 한다. 앞서 예를 들었던 건축물 인허가의 경우 병렬적 특성과 계층제적 특성을 모두 지니고 있는 유형이라고 할 수 있다. 즉 건축 인허가 과정은 절차가 불투명하고, 행정기관 내부에서 사용되고 있는 지침에 대한 민원인의 접근이 어려운 실정이다. 이러한 계층제적 직무유형에서 상하간의 결탁이나 혹은 상급자의 자의적 해석으로 부당한 인허가가 이루어지는 경우도 발생한다. 이와 같은 계층제적 직무관련 부패는 행정조직 외부에서도 발행하지만 주로 행정조직 내부를 중심으로 발생한다. 특히 상하간의 권한의 위임과 감독을 중심으로 부패가 발생한다. 따라서 이와 같은 직무와 관련된 부패를 억제하기 위해서는 업무의 투명성을 확보함과 동시에, 해당 업무가 일반인에게 공개되고 일반인이 관여할 수 있도록 참여를 확대하는 방안을 고려해야 한다.

마지막으로 불특정하게 발생하는 직무와 관련된 부패 유형을 들 수 있다. 즉 불규칙적으로 발생하는 행정활동과 관련된 부패로서, 예를 들어서 건축주 등에 의하여 제기되는 각종 민원에 대한 처리, 지역주민에 의하여 제기되는 건축관련 민원의 처리 등과 관련하여 발생하는 부패가 이에 해당한다. 공무원 개인에 의하여 불규칙적으로 발생하기 때문에, 부패행위에 대한 엄격한 대응과 처벌, 그리고 규제의 재정비 등을 통하여 대응하여야 할 것이다.

6) 내부 윤리 시스템의 구축

부패방지를 위해서는 앞서 언급한 것과 같은 타율적인 통제방안이 분명히 필요하지만, 가장 궁극적인 부패방지안은 결국 당사자에 의하여 자

율적인 통제방안일 수밖에 없다. 물론 자율적인 통제방안으로서 그 동안
은 주로 관련 당사자 개개인의 윤리의식에 의존하였다. 그런데 이러한 윤
리의식에 대해서는 그 동안 당사자 개개인의 자율성에만 의존하였을 뿐
제도화에는 상대적으로 소홀하였다. 그러나 최근 OECD, TI 등을 비롯한
다양한 부패방지관련 국제조직에서는 부패방지를 위하여 이러한 자율적
윤리의식에 대한 제도화를 제시하고 있다. 이 중 가장 대표적인 것으로서
국제 투명성 기구(Transparency International)에 제시된 "Integrity Pact"
와 OECD에 의하여 제시된 "윤리기반"(Ethics Infra) 개념을 들 수 있다.
이러한 방안들은 부패통제를 직접적인 대상으로 하기보다는 부패 예방을
지향하고 있는 내부 윤리제고 지향적 방안이라고 할 수 있다.

따라서 이와 같은 측면에서 공공부문(건축 관련 부서나 공무원)이나
민간부문(건설회사, 건축사, 감리사 등)별로 부패방지를 위한 자체적인
내부 윤리강령을 제정하고, 이것의 준수를 제도화(통제와 유인수단화)하
는 방안의 마련이 필요하다. 예를 들어 건축의 각 단계에 대한 검사가
이루어지지만, 결국 이러한 감시장치들이 또 하나의 부패 가능성을 야기
하고 있는 실정이라는 점에서, 보다 근원적인 통제장치는 감시자 개개인
의 윤리성과 이것의 제도화라고 할 수 있다.

그러나 현재 대부분의 조직들이 이를 위한 조직 내부에 지원체제를
구축하지 못하고 있다는 점에서, 내부 윤리시스템의 구축과 운영을 위한
지원체제의 구축이 필요하다.

6. 결론

건축분야는 다른 분야에 비하여 상대적으로 부패가 심한 것으로 평가
되고 있다. 그러나 그것은 건축분야가 지니고 있는 부패에 취약할 수밖
에 없다는 상대적 취약점에 기인하는 바가 매우 크다고 할 수 있다. 예

를 들어 건축분야가 지니고 있는 대표적인 특성이라고 할 수 있는 규제권, 복잡성, 재량성, 전문성 등은 어느 영역보다도 건축분야가 부패의 가능성에 상대적으로 많이 노출되어 있을 수밖에 없음을 의미한다. 이에 따라서 이러한 건축부문에 종사하는 공무원이나 사적 부문의 종사자에게도 이와 유사한 경향이 나타날 수밖에 없다.

이러한 특성을 지니고 있는 건축부문을 대상으로, 여기에서는 건축부문이 지니고 있는 고유한 특성과 건축 업무를 담당하고 있는 관련 공무원의 직무특성을 중심으로 건축부패 문제를 분석하였다. 이 글의 논의를 토대로 할 때, 건축부문의 부패를 방지하기 위해서는 공무원 개인을 대상으로 하는 방안보다는 직무, 조직을 대상으로 하는 방지안이 보다 효과적임을 알 수 있다. 예를 들어 건축부문에서 부패발생의 가장 큰 원인으로 지적되고 있는 재량권의 문제를 해결하기 위해서는, 가급적 대면성을 억제하고 자동업무의 처리가 가능한 시스템으로 건축업무 시스템을 전환하는 것이 보다 효과적이라는 것이다.

물론 이 글의 논의는 건축부문만을 대상으로 한 것으로서 연구의 일반화에는 처음부터 한계가 있었음을 지적하지 않을 수 없다. 그러나 그동안 부패문제에 대한 접근이 이와 같은 각 분야의 특성을 충분히 고려하지 못한 채 상당히 획일적으로 이루어졌다는 점에서, 오히려 이와 같은 특정한 분야를 대상으로 하는 연구는 일반화 가능성에서는 한계를 지니고 있지만, 건축부문이 지니고 있는 독특성을 충분히 반영할 수 있다는 점에서는 긍정적인 평가를 할 수 있을 것이다.

【참고문헌】

● 국내문헌

국토연구원. 1999, 「건설분야 부패방지 대책」.

김관보. 2000, 「건설하도급 부패방지를 위한 제도정비 및 관리방안」, 반부패특별위원회 발표자료.

김해동. 1972, 「관료부패에 관한 연구」, 서울대학교, ≪행정논총≫ 10(1).

_____. 1992, 「관료부패통제의 논리」, 서울대학교, ≪행정논총≫ 30(1).

김해동·윤태범. 1994, 『관료부패와 통제』, 집문당.

민주당. 1991, 「수서지구택지특혜공급사건 진상백서」.

반부패특별위원회. 2000, 「건설하도급 부정방지를 위한 제도정비 및 관리방안」.

부정방지대책위원회. 1993, 「건축부조리 실태 및 방지대책」.

_____. 1993, 「건설부조리 실태 및 방지대책」.

윤태범. 1992, 「한국 관료부패의 유형과 구조의 변화에 관한 연구」, 서울대
학교, 박사학위논문.

_____. 1993, 「관료부패의 구조에 관한 연구」, ≪한국행정학보≫ 27(3).

_____. 1994, 「공무원부패와 통제」, ≪아산재단연구총서≫ 17집.

_____. 1996, 「부정부패의식의 개혁」, 감사원 부정방지대책위원회 설립 2
주년 토론회.

_____. 1997, 공무원 부패에 대한 법적 통제방안, ≪한국행정논집≫ 9(1).

_____. 1999, 「부패와 개혁: 체제적 접근」, 한국행정학회 계학술대회.

_____. 1999, 「지속가능한 부패방지와 윤리적 정부의 구축」, 한국행정학회,
한국행정연구원 공동 국제세미나.

_____. 2000, 「우리나라 정부의 반부패 정책의 평가: 지속성의 확보 관점
에서」, ≪한국행정학보≫ 33(4).

주택산업연구원. 1999, 「건축분야의 부패방지 대책」.

한국건설산업연구원. 1998a, 「공공공사 입찰담합에 관한 연구」.

_____. 1998b, 「부패 라운드 가입이 건설산업에 미치는 영향과 대응 방안」,
≪건설산업동향≫ 제36호.

_____. 1999, 「건설하도급 관련 정책의 평가 및 개선방안」.

한국정신문화연구원. 1999, 「공직자 윤리규범 및 국민의식 개선방안 연구」.

한국행정연구원. 1999, 「한국의 부패실태 및 요인분석」.

국내 일간지 건축부패 관련기사.

● 국외문헌

Ackerman, S. R. 1978, *Corruption: A Study in Political Economy*, N.Y.,

Academic Press.

Alfiler, M. C. 1985, "Corruption control measure," *PJPA*, Vol.29, No.2.

Benson, George C. S. & Maaranen, Steven A. 1978, *Political Corruption in America*, Lexington, Mass.: D.C. Heath and Company.

Caiden, G. E. and N. J. Caiden. 1977, "Administrative Corruption," *PAR*, Vol.37, No.2.

Caiden, G. E. 1981, "Public Maladministration and Bureaucratic Corruption," *Public Administration*, Vol.3, No.1.

Cartier-Bresson, Jean. 1997, "Corruption Networks, Transaction Security and Illegal Social Exchange," in Paul Heywood. ed., *Political Corruption*, Blackwell.

Clarke, Michael(ed.). 1983, *Corruption*, New York: St. Martin's Press.

_____. 1990, *Business Crime: Its Nature and Control*, N.Y., st. Martin's Press.

Elcock, Howard. 1991, *Change and Decay*, London, Longman.

Elliot, Kimberly Ann. ed. 1997, *Corruption and the Global Economy*, Washington, D.C., Institute of International Economies(IIE).

Etzioni, Amitai. 1984, *Capital Corruption*, N.Y., Harcourt Brace Jovanovich.

Hagan, John. 1987, *Modern Criminology*, N.Y., McGraw-Hill.

Heeks, Richard. 1999, Reinventing Government in the Information Age. N.Y., Routledge.

Heidenheimer, Arnold J.(ed.). 1990, *Political Corruption*, New Brunswick, Transaction.

Hickock, Eugene W. 1995, "Accountability of Public Officials," in S. M. Lipset. ed. *The Encyclopedia of Democracy*, London, Routledge.

Hogwood, B. W. & B. G. Peters. 1985, *The Pathology of Public Policy*, UK, Oxford.

Hope, K. R. 1985, "Politics, Bureaucratic Corruption, and Maladministration," *IRAS*, Vol.4, No.1.

Johnston, Michael. 1982, *Political Corruption and Public Policy in America*, Calif., Brooks/Cole.

Klitgaard, Robert. 1988, *Controlling Corruption*, Berkeley, Univ. of Calif.

Langseth, Petter, Rick Stapenhurst & Jeremy Pope. 1997, "The Role of a national Integrity System in Fighting Corruption," *EDI(Economic Development Institute of The World Bank) Working Papers*, 400/142.

Markovits, A. S. & Silverstein, M. 1988, *The Politics of Scandal*, N.Y., Holmes & Meier.

OECD. 1998a, "Improving Ethical Conduct in the Public Service-Recommendation of the OECD Council."

_____. 1998b, "Principles for Managing Ethics in the Public Service."

_____. 1998c, "Results of the Pilot General Participant Survey-Combating Corruption in Transition Economies-."

_____. 1996, "Ethics in the Public Service, Occational Papers, 14."

OECD & ADB. 1999, "Combating Corruption in Asian Pacific Economies," Workshop Program, Sep.29-Oct.1.

Palmier, Leslie. 1985, *The Control of Bureaucratic Corruption*, India, Allied Publishers.

Philp, Mark. 1997, "Defining Political Corruption," in Paul Heywood. ed.(1997), *Political Corruption*, Blackwell.

Pope, Jeremy. 1995, "Containing Corruption in International Transactions: The Challenge of the 1990's," in Commission on Global Governance. ed., *Issues in Global Governance*, London, Kluwer Law International.

Porta D. d. & Alberto Vannucci. 1999, *Corrupt Exchanges*, Aldine de Gruyter.

Rbinson, Mark. 1998, *Corruption and Development*, England, Frank Cass Publishers.

Rose-Ackerman, Susan. 1996, "The Political Economy of Corruption: Causes and Consequences," *Viewpoint*, 74.

Ward, P. M. 1980, *Corruption, Development and Inequality*, London, Routledge.

Weiss, C. H.& Barton, A. H. 1980, *Making Bureaucracies Work*, Beverly Hills, Calif., Sage.

Werner, Simcha B. 1983, "New Directions in the Study of Administrative Corruption," *PAR*.43(2).

Williams, Robert. 1987, *Political Corruption in Africa*, Brookfield, Vermont, Gower.

World Bank. 1992, *Governance and Development*, Washington, D.C., World Bank

환경분야 부패

권 해 수
(전 한성대학교 교수, 행정학과)

1. 서론

환경의 중요성은 최근 들어 점점 커지고 있고, 그에 따른 정부의 규제와 개입이 증대하면서 환경분야의 부패가 새로운 연구분야로 떠오르고 있다. 그러나 환경분야의 부패[1]는 일반적인 부패 연구와는 다른 접근방식이 요구되고 있다. 이는 환경문제에 대한 정부개입이 규제와 지원 등을 통해 복합적으로 이루어지기 때문이다. 정부는 사전적으로 환경을 보호하기 위해 환경영향평가를 실시하며 토지이용규제를 통해 오염원의 입지를 제한하는 정책수단을 사용한다. 뿐만 아니라 배출업소에 대해서 오염물질 배출허용기준을 정한 후 규제를 가하여 환경보전의 목적을 달성하기도 한다. 그리고 환경기초시설의 확충을 지원하여 오염물질을 처리 후 배출할 수 있는 여건을 마련해주기도 한다.

그러나 규제정책은 집행과정에서 항상 피규제자에게 비용을 부담시키기 때문에 피규제자는 이를 회피하고자 하는 유인을 받게 되고, 이 과정에서 규제자와 피규제자 사이에 부패의 고리가 생성될 수 있다. 특히 환경비용의 지출은 기업의 매출에 직접적으로 공헌하지 못하기 때문에 기업의 입장에서는 규제회피 유인(incentive)이 상존한다는 것은 잘 알려진

---

1) 환경분야의 부패와 환경부패는 동일 개념으로 사용하고자 한다.

사실이다. 또한 지방자치단체의 환경기초시설의 확충과정에서 대규모 공사가 이루어지는데, 입찰과정에서부터 유착의 비리가능성이 있으며 준공감독서류 작성과정에서도 위조 등 부정부패가 있을 수가 있다. 영세업체가 난립하고 있는 대기·수질·소음진동관련 환경산업체 등록과 지도단속과정에서도 비용절감노력이 부패의 연결고리를 제공하기도 한다.

특히 중앙정부의 예산보조를 받은 지방정부에 의한 환경기초시설 확충은 장기간에 걸친 대규모 공사인 경우가 많기 때문에 환경관련예산의 규모가 급증했으며, 전체 예산에서 차지하는 환경관련예산의 비중도 커졌다. 우리나라의 경우 예산 사용이 많으면 그만큼 부패가능성이 커진다고 알려져 있다. 민간부문에서는 배출허용기준을 준수하기 위해서 오염물질처리시설을 설치하고 운영해야 하기 때문에 환경관련 지출도 크게 증가하고 있는 실정이다. 더구나 배출업소가 영세업체로서 순응능력도 약하고 순응의욕도 낮은 경우 규제를 회피하려고 하고, 이때 상납고리가 형성되어 규제회피비용이 지불될 가능성도 있다. 즉, 장기적인 대규모 공사가 필요하고 규제가 반드시 뒤따르게 되는 환경분야에서는 부패가 불가피하게 나타나는 현상이 되었다. 그러나 세무비리나 건축비리 등은 오랜 동안 부패의 주된 관심사였지만 환경분야의 부패는 그다지 중시되지 않았으며, 이에 대한 연구도 치밀하게 이루어지지 않았다.

환경분야 부패에 대한 기존연구 역시 기존의 다른 분야의 부패 논의와 내용상 큰 차이가 없다. 정회성(1999)은 환경행정분야에서 부패의 발생원인을 규명하고 그 발생구조와 양태를 업무별로 분석한 후 정책방안을 체계적으로 제시한다. 이러한 연구경향은 환경분야 관련예산의 비중이 증가하는 데 따른 정책분야별, 부처별 논의차원에서 비롯된다고 할 수 있다. 그래서 환경부패의 원인과 해결방안에 대한 단편적인 논의에 집중되어 있다. 정책분야별로 부패규모를 추정하고, 이에 대한 대책을 다양한 차원에서 접근한다. 정부도 이러한 차원에 관심이 한정되어 있다.2) 물론 이러한 접근도 중요하게 다루어져야 한다. 다만 기존 부패연구와 논의의 차별성이 부각되지 않고, 다른 연구자의 논의를 답습할 수밖에 없으며, 이론적 기반이 취약해지는 문제점이 제기될 수 있다.

뿐만 아니라 우리나라의 부패대책도 새로운 기구 및 제도 설치로 가능하다는 것이 강조된다. 1999년 개최된 한국행정학회의 부패세미나에서도 새로운 종합사정기구의 필요성을 강조한 것도 같은 맥락인데, 그 기저에는 규제와 처벌의 강도를 높이자는 주장이 있다. 이것은 우리나라 부패문제의 해결이 기구의 문제이기보다 최고 통치자의 의지3) 및 부패문화의 광범위한 형성에서 많은 영향을 받는 점을 도외시하기 때문이다.

이에 대한 대안 연구 중 하나는 정책유형별 부패 양상의 발견(임재민, 1998)이다. 환경정책은 규제정책의 하나이며, 이에 따른 일정한 특성을 보인다. 이 연구는 환경부패의 원인을 밝히는 데 도움이 된다. 다만, 이러한 연구는 환경기초시설의 확충 등 배분정책이나 지원정책의 성격이 강한 환경정책과정에서의 부패는 설명하기 어려우며, 규제주체와 규제대상자, 환경분야 부패 감시자의 상호작용의 결과로 인한 환경부패의 사회적 결과에 초점을 두지 않는다는 한계가 있다. 또한 정부규제가 부패의 중요한 요인이 되는 점을 명확히 한 연구(최병선·사공영호, 1997)도 있다. 이 글은 불합리하고 비현실적인 정부규제(법·제도·정책)가 부정부패의 중요한 요인이 되는 점을 분명히 하면서, 부정부패의 소지를 최소화하기 위한 경제적·사회적 규제의 개혁방향을 각각 제시하고 있다. 그러나 그들의 연구는 정부규제 자체 이외에 규제주체와 규제대상자의 상호작용과 환경부패 감시자의 역할 등이 소홀히 취급되는 한계를 지닌다.

따라서 이 글은 환경분야 부패를 환경정의,4) 특히 계층간, 세대간 형

---

2) 정부기관의 감사결과보고서(환경부 감사관실, 1997; 1998)나 검찰의 환경범죄 실태조사(대검찰청,1996; 1999; 부정방지대책위원회, 1994; 한국형사정책 연구원, 1990; 1993) 등이 그러한 예이다.

3) 다만 최고 통치자가 이 부분으로부터 완전히 자유롭지 않기 때문에 의지 실행이 쉽지 않을 뿐이다.

4) 환경정의에서는 모든 생물(동식물)의 권리까지 논의하고 있다(권해수, 1997; 2000).

평성 측면에서 접근하고자 한다. 이는 환경부패의 사회적 결과를 강조했을 때 환경정의 논의와 연결될 수 있다는 측면에 초점을 두고자 한다. 특히 세대간 형평성의 경우 미래세대의 '발언권의 부재' 측면에도 관심을 가져야 하는데, 이는 환경분야 부패의 논의 확장에 도움이 되며, 문제를 재정의할 수 있는 이념적 토대를 제공한다(권해수, 2000). 그러나 이 글은 기본적으로 환경분야 부패에 대한 정치경제학적 접근을 바탕으로 한다. 따라서 환경규제와 환경부패의 정치경제학적 연구(Mitnick, 1980; Wilson, 1986; Sunstein, 1990)에 기초해 환경분야 부패가 이루어지는 환경정책 집행과정에 대한 체계적 분석이 필요하며, 환경정책내용의 부적정성으로 인한 환경부패는 환경법경제학적 접근(이상한, 1997)이 필요하다.

2. 환경정의와 환경부패

1) 문제의 재정의: 환경정의론

20세기 이후 인류의 자원(資源) 과소비구조로 환경은 급속히 악화되고 있으며, 환경 오염에 따른 피해는 기존의 사회 구조에 그대로 투영되어 나타나고 있다(최병두, 1999: 414-415). 환경 피해가 급속하게 기존의 불평등한 사회 구조를 통해 그대로 사회적 약자에게 전달되고 있는 것이다. 즉 환경적 약자와 사회적 약자는 거의 그대로 일치하고 있다. 이러한 사실은, 환경은 자유재(自由財)로서 모두가 자유롭게 소비할 수 있는 것으로 이해해 온 우리에게 충격을 주고 있으며, 우리의 문제 인식 체계에 대한 근본적인 변화 필요성을 제기해 주고 있다. 한 마디로 환경정의(environmental justice)는 환경적 위험(environmental risk)의 불평등한 배분(unequal distribution)에 관심을 갖는다(Ringquisk, 1997: 231-254).

이러한 환경부정의(環境不正義)는 다양한 형식으로 나타난다. 환경부정의는 환경이 가치재(價値財)로서의 성격을 갖는 순간부터 잉태되어 있는 것이다. 환경은 이미 다양한 형태로 시장 기제에 흡수되어 환경 재화의 성격을 지니며, 자본주의 제도하에서 이러한 시장 기제를 완전히 배제시키기는 현실적으로 어렵다. 동일한 환경 문제가 발생한다고 하더라도 개인의 경제적 부담 능력에 따라 대응 방법에 큰 차이가 있기 때문이다.

환경정의는 사회정의론을 환경 문제에 어떻게 접목시킬 것인가 하는 문제의식에서 비롯되었다. 여기에서는 형평성의 원리가 중요하며, 공평한 부담의 원칙이 강조되고 있다. 형평성은 지역간·사회 계층간·세대간 측면에서 논의되어야 할뿐만 아니라 생태학적 차원이 고려되어야 한다. 생태학적 문제는 이를 제대로 인식하지 않거나 방치할 때 결국 후세대에게 전가된다는 측면에서 세대간 형평성으로도 논의될 수 있다(권해수, 1997). 이러한 맥락에서 환경분야의 부패는 환경부패가 가져오는 사회적 결과를 중시한다는 측면에서 환경정의론과 연계되어 논의되어야 할 것이다.

2) 환경분야 부패의 특성

부패(corruption)는 범주별·행위별·접근방법별로도 정의될 수 있을 만큼 다양한 모습을 띠지만, 일반적으로 희소자원의 공급과 관련하여 공직자가 그에 준하는 대가를 받고 영향력을 행사하는 현상이라고 정의된다(이종원·김영세, 2000: 59). 이 글에서 환경분야의 부패(corruption in environmental areas)란 정책주체인 공직자의 위법적인 영향력 행사뿐만 아니라 이와 연계된 규제대상집단의 불법과 비리 및 이로 인한 사회적 결과를 포함하는 현상으로 이해하고자 한다.

한 연구(한국환경정책·평가연구원, 1999: 9-11)에 의하면 환경분야 부패의 특징은 첫째, 환경분야의 부패정도는 경찰, 건설, 보건위생 등 다른 행정분야보다 낮지만 지방자치단체 환경담당공무원을 포함하면 결코 낮지 않으며 둘째, 환경분야의 부패는 환경행정의 전문기술성으로 인해 다양한 양상을 보이며 셋째, 환경분야에서는 인·허가, 지도·단속, 업소관리 등 환경정책집행업무를 담당하는 일선환경행정 관련부서에서 부패가능성이 있으며,[5] 넷째, 환경행정분야 공직자 비리는 관련업체와의 접촉에서 일어난다는 것이다. 그러나 이러한 지적은 환경 외 다른 분야의부패에서 나타나는 특징과 뚜렷이 구별하기 어렵다. 이는 환경분야에서의 행정과 정책과정이 기본적으로 일반 행정 및 정책과정과 같은 맥락을가지기 때문이다. 또 다른 연구(이종원·김영세, 2000: 287)에 따르면 우리나라의 경우 환경분야에서 정책수립을 담당하는 중앙부처의 비리가능성과 사례는 상대적으로 적고 일선집행부서에서 많이 유발되며, 대기업보다는 중소기업 중심으로 빈번하게 부패가 발생했다고 지적한다.

다른 분야의 부패와 구별되는 환경분야의 부패는 크게 두 가지 요인및 특징에서 비롯되고 있다(정회성, 1999). 그것은 환경규제요인과 환경사업의 특성 때문이라고 할 수 있다. 환경규제요인은 뒤에서 자세히 다루겠지만 비용은 소수의 동질적 집단에 집중되어 있으나 편익은 대다수에 넓게 확산되어 있는 경우, 비용을 부담해야 할 기업들은 잘 조직되어막강한 영향력을 발휘하면서 부패의 연결고리를 제공할 가능성이 크다.

환경기초시설의 확충으로 대표되는 환경사업의 대규모성, 장기성(長期性), 종합성으로 인해 입찰에서 시작하여 준공과 운영과정에 이르기까지 단기적으로나 장기적으로 부정적 외부효과(negative externalities)가발생할 가능성이 높다. 특히 중장기적으로 부(-)의 외부효과가 크게 나타나지만 이에 대해서는 무관심한 편이다. 그 이유는 우리나라 행정이 갖

---

5) 지방자치단체의 환경행정 관련부서에는 상당한 부패개연성이 존재한다. 특히환경행정 집행업무의 지방이양 이후 지방자치단체를 중심으로 비리가 증가하는 경향이 이를 반증한다. 지방자치제 출범 직후인 1995년 지방공무원 비리는전년도 1,825건보다 211건 늘어난 2,036건이 발생했고, 환경위생분야는 134건이 발생하였다(《조선일보》, 1996. 5. 8). 그리고 배출시설 관리업무는1994년 낙동강과 영산강 수질오염사고를 계기로 공단 안은 환경관리청이 담당하고, 공단 밖은 지방자치단체가 담당하는 형태로 개편되어 유지되는데, 특히지방자치단체가 관리하는 배출시설은 중소기업 등 영세업체가 많고 지역연고를 바탕으로 하기 때문에 유착과 비리의 가능성이 높은 것으로 나타나고 있다.

는 단기적 편향과 불명확한 행정책임의 귀속문제에 기인되고 있으며, 이로 인해 환경분야에서 부패가 사회적으로 조장되기도 한다.

이러한 환경사업의 특징이 환경부패 논의를 환경정의와 연결시킬 수 있는 토대를 제공한다. 즉 중장기적인 부의 외부효과는 후세대에 많은 사회적 비용을 전가하며, 이러한 사회적 결과는 현세대의 타협의 산물로 나타나는 잘못된 제도6)의 채택에서 비롯되기 때문이다. 즉 환경의 중요성을 강조하면서 환경관련투자를 사회적 비용차원에서 접근하지만, 관련 기업은 과다한 비용부담으로 이를 회피하려는 성향을 보인다.

3. 환경부패 분석모형

1) 분석모형의 탐색

환경분야의 부패는 다양한 요인으로 발생한다. 환경부패의 원인을 단속정보를 거래하는 단속기관과 환경오염자 간 유착관계에서 찾는 부패의 먹이사슬구조라고 보기도 하고(정회성, 1999), 공무원이 고객집단의 입장을 적극적으로 옹호하기 위한 대응논리를 개발하는 포획이론(capture theory)에서 찾기도 한다(최병선, 1993: 200-206). 전영평(1994: 147-169)은 환경부패에 의한 정부규제의 실패에 대한 설명은 정부규제기관이라는 하나의 축을 대상으로 행해져서는 안 되며 규제자와 피규제자, 규제수혜자 삼자간 관계를 중심으로 고찰해야 한다고 강조한다.7) 여기에서는 환경분야 부패 발생원인을 구성하는 원인변수, 독립변수를 크

---

6) 이로 인해 폐수처리시설을 설치하고도 폐수를 무단 방류하는 행위가 나타나게 된다. 이는 폐수무단방류로 인한 제도적 제재행위가 취약하기 때문이다.
7) 대구염색공단 폐수규제사례의 경우 규제자의 포획, 피규제자의 불복종과 비협조, 규제수혜자 내지 피해자들의 저항 부족이 규제의 삼각형을 이루며 규제실패를 가져왔다고 할 수 있다.

<그림 1> 환경분야 부패 분석모형

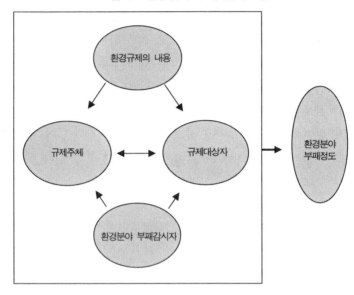

게 규제정책 내용의 문제점, 규제담당주체와 규제대상집단의 상호작용에서 나타나는 문제점, 사회감시체계의 결여로 나누어 고찰한다. 이러한 독립변수의 영향으로 환경분야 부패정도가 결정된다고 보는 것이다.

<그림 1>은 이 연구의 분석모형이다. 환경분야 부패정도를 의미하는 종속변수에는 다양한 독립변수가 영향을 미친다. 먼저 환경규제의 내용이 규제주체와 규제대상자의 행태에 많은 영향을 끼쳐서 환경부패 정도에 영향을 미칠 것이라고 가정한다. 규제주체와 규제대상집단이 상호 결탁해 환경부패가 형성되는데, 이때 부패통제를 위한 사회적 비판과 감시 메커니즘이 잘 작동하면 환경부패는 감소할 것이라고 가정한다.

2) 분석모형

(1) 환경분야의 부패 정도
이 연구에서 종속변수는 환경분야의 부패를 줄이고자 하는 다양한 방식의 정부개입에 의하여 환경분야의 부패가 줄어든 정도를 의미한다. 그러나 환경분야에서 부패정도를 양적으로 측정하는 일은 매우 힘든 작업이다. 뿐만 아니라 부분적으로 드러나는 사례도 빙산의 일각에 불과할수 있다. 한 연구결과(정회성, 1999: 2-3)에 의하면, 부패나 비리로 처벌되는 환경행정공무원의 비중은 다른 분야의 공무원에 비해 상대적으로낮지만, 환경부에 접수된 민원이 매년 1만여 건에 이르고 있기 때문에불합리한 환경규제에 의한 부정부패의 내재가능성을 시사해주고 있다. 환경관련공무원과 접촉이 있었던 업체를 대상으로 한 설문조사에 의하면, 업무와 관련하여 금품제공이나 향응성 접대를 한 사례가 있었다는답변이 설문응답자 246명 중 21.4%인 54명으로 나타났다. 업무별로는단속관련업무가 74%로 가장 많았고 인·허가관련 업무는 19%로 나타났다.[8] 따라서 기존의 연구가 부족하고 심각한 사회문제로 부각되지 않았을 뿐이지 환경분야의 부패 문제 역시 심각한 수준임을 알 수 있다.

(2) 환경부패의 결정요인
① 환경규제[9]의 내용
정책내용의 명확성과 일관성

정책목표와 정책수단의 명확성과 일관성은 법체계론적 형식요건의 성

---

8) 배출시설 및 환경산업의 지도·단속시 법규위반사항 또는 이 시설의 허가시 기준미달사항 등을 묵인해주고 금품을 주고받는 비리가 발생하는 것이다. 단속관련 업무는 금품제공이 정례적으로 이루어지는 보험성 뇌물이며, 허가업무는 신속한 업무처리를 위해 행해지는 급행료 성격의 뇌물이라고 할 수 있다(한국환경정책·평가연구원, 1999: 10).

9) 그동안 우리나라의 정부규제는 그 개선노력에도 불구하고, 다음과 같은 문제점이 지적되고 있다(권해수 외, 1999: 153). 첫째 다수의 핵심과제들에 대한 개선책이 미비하고, 둘째 규제수준의 실질적인 변화가 미흡하며, 셋째 신설규제가 증가할 뿐만 아니라 규제영향분석제도가 형식적으로 운영되고 있으며, 넷째 규제의 범위를 넓게 정의하여 행정부담이 증가하고 있다. 다섯째 기존 규제에 대한 심사 능력이 부족하며, 여섯째 미등록 규제가 아직 존재하며, 일곱째 기존 규제에 대한 일몰조치가 부족하며, 마지막으로 규제개혁추진기구 운영상의 문제점 등이 지적되고 있다.

격이 강하면서도 정책내용의 중요한 부분을 구성하는 요건이다. 정치경제학적 관점에서 볼 때 규제는 바람직한 경제사회 질서의 구현을 위해 정부가 시장에 개입하여 기업과 개인의 행위를 제약하는 것이다(최병선, 1993: 18-24). 그러나 환경행정분야는 환경기술의 급격한 변화 및 새로운 환경기준설정요구, 국민의 관심 증대 등으로 정책내용이 자주 변화되고 있다. 이로 인해 새로운 환경수요에 대응하기 위한 땜질식 법규 개정이 이루어지고 있을 뿐만 아니라 관련 시행령, 시행규칙 및 각종 고시나 지침도 수시로 개정되고 있다.

그리고 담당기관의 중복성과 다양성으로 인해 제도간의 상호중복과 모순이 발생하고 있다. 이로 인한 규제의 비일관성과 중복규제로 인해 효과적인 정책집행이 방해되고 있을 뿐만 아니라 규제대상집단이 불응하게 되는 중요한 이유가 된다. 환경부와 환경관리청뿐만 아니라 경찰·검찰, 지방자치단체 등 다양한 단속기관으로 인해 총비용을 증가시키고 있다. 더불어 단속에 있어서 시간적 비일관성도 문제가 되는데, 규제준수능력이 없는 영세업체의 경우 집중적인 합동단속기간만 피하고 보자는 식의 유인이 작동하면 부정부패의 소지가 끼여들게 된다.

정책내용의 비효율성과 불합리성

개별 규제의 비효율성과 불합리성으로 대표되는 결함에 의해 비리나 부조리가 발생할 수도 있다. 복잡한 전문기술적인 판단을 요구하는 법규를 제·개정하는 과정에서 불합리하거나 지키기 어려운 규제가 도입되는 경우도 적지 않다. 이러한 규제는 거의 예외 없이 규제의 집행과정에서 부정부패를 만연시킨다고 한다(최병선·사공영호, 1996: 60).

선스테인(Sunstein, 1990: 106-107)에 의하면, 엄격한 규제적 통제는 규제자가 최소한의 집행상 재량을 갖게 될 때 과소규제(under-regulation)를 산출하는 규제의 역설(逆說)이 나타난다고 한다. 자연스런 귀결로 법규상의 과다규제를 충족시키기 어려울 때 규제자의 입장에서나 규제대상자의 입장에서나 모두 부정부패의 소지를 남기게 되는 것이다. 국민이

따를 수 없는 많고 복잡한 규정들을 만들어 놓고, 집행단계에서는 집행
공무원의 편의에 따라 시간과 대상이 선별적으로 정해지기 때문에 억울
하게 단속에 걸린 업체를 대상으로 부패고리가 생성될 수 있는 것이다
(문정인·모종린, 1999: 41-42).

그리고 많은 기업인들은 아직도 환경관련비용지출을 기업의 매출에
직접적으로 공헌하지 못하는 소모적인 것이라고 생각하고 있으며(이종
원·김영세, 2000: 287), 그래서 이를 회피하려는 성향을 갖고 있다. 또한
환경의 중요성을 강조하면서 과다한 규제를 요구하고 있어 사회적 적정
지출수준을 판단하기 어렵게 하고 있다. 이로 인해 개별 기업 입장에서
는 끊임없는 부패유인구조에 깊이 개입하고 있는 것이다.

환경부에 접수된 민원을 분석한 결과(한국환경정책·평가연구원, 1999:
16)에 의하면, 불명확하거나 과도하고 불합리한 환경규제 건수가 상당부
분을 차지하고 있는 것으로 나타났다. 특히 규제대상기업들은 지도·점검
과정에서 불명확하고 과다·불합리한 규제가 많은 것으로 인식하고 있었
다. 이는 우리나라의 이상주의적 사회관과 연결되는데(최병선·사공영호,
1996: 59), 극소수 기업이나 국민의 이례적인 일탈행위를 대단한 문제로
비약시켜서 복잡하고 과도한 규제체계를 고안하고 강행하려는 데서 부
패의 원인을 찾을 수 있다는 것이다.

유인체계의 미흡

환경규제의 내용이 규제준수율을 높이도록 설계될 때 환경분야에서 부
패의 소지는 거의 남지 않게 될 것이다. 규제준수율을 높이기 위해서는
유인체계를 갖춘 환경규제가 필요하다(Anderson et al., 1977; FreemanⅢ,
1994; Hawkins, 1984).

규제대상집단이나 기업이 대부분 영세하고 환경의식이 취약하거나,
처벌의 강도가 미흡할 때에는 부패할 가능성이 있다. 오염배출원의 입장
에서 보면 환경규제는 많은 비용이 투입되어야 한다. 즉 환경규제의 준
수를 위해서는 막대한 비용투입이 필요하다. 때문에 기업들은 법규의 맹

점을 이용하거나 공무원의 재량권을 우호적으로 활용하여 자신의 비용을 줄이려고 노력하게 된다. 그런데 우리나라는 아직도 환경규제위반에 대한 처벌이 미약하고 규제위반으로 발생하는 이득을 회수할 수 있는 제도가 취약하다. 즉 규제대상집단에 대해 신상필벌(信賞必罰)에 바탕을 둔 유인체계(incentive system)가 미흡하면 규제에 순응하기보다 회피하려는 경향이 강화된다.

오염배출원의 입장에서 보면 막대한 경비가 소요되는 환경규제를 단순히 도덕적인 정당성만 가지고 준수하기는 힘들 것이다(김용건 외, 1997: 16-18). 따라서 오염배출행위에 대한 정부의 규제와 강제가 필요하다. 그런데, 규제당국이 규제준수여부를 완벽하게 감시하는 것은 매우 어렵다. 오염배출원의 규제준수여부는 적극적인 유인이나 소극적인 제재에 의해 촉진될 수 있다. 소극적인 제재일 경우에는 규제위반이 초래하는 비용(cost of noncompliance)에 적발확률(probability of detection)을 곱한 것에서 규제위반이 가져오는 이득(benefit of noncompliance)을 제한 값에 의해 결정된다. 적극적인 유인의 경우에는 환경규제를 준수함으로써 발생하는 편익(benefit of compliance)이 환경규제 위반시 초래되는 편익보다 클 경우에 환경규제를 준수할 것이다. 여기서 규제위반의 편익은 규제를 위반함으로써 절약되는 환경오염방지비용이 될 것이다. 따라서 규제준수율을 높이기 위해서는 규제위반행위에 대한 적발확률을 높이고 규제위반시 초래되는 비용을 높이거나, 규제준수의 편익을 높이고 규제위반의 편익을 적게 하여야 한다.

환경정책운영체계의 결함

거시적으로 환경정책의 운영체계와 관련하여 발생하는 부패도 있다. 새로운 환경정책을 도입하였으나 이의 운영기술(software)에 대한 개발이나 평가의 소홀 또는 관련 제도간의 상충에 대한 조정 미흡 등으로 혼란이 발생하는 경우가 있다. 즉 새로운 환경정책을 도입하는 과정에서 운영체계가 잘못 설계되어 부패의 간접적인 원인이 되는 경우가 있다.

예를 들어 환경영향평가제도는 인구, 교통, 경관, 재해 등 다수의 유사 영향평가제도가 난립하여 기업에게는 과도한 경비부담과 사업지체의 부담을 주면서 불필요한 행정규제로 작용하여 회피성향을 띠게 되고 부실과 부패를 초래하고 있다(이종원·김영세, 2000: 290). 배출시설의 인·허가제도도 종래 허가제도를 인가제도로 바꾸었지만 운영자체는 여전히 유사하다. 개별법에 의해 다수의 환경산업체를 허가하고 있는 환경산업체의 관리방식도 영세하고 부실한 환경산업체의 양산을 초래하고 있다고 할 수 있다. 무허가 환경산업체나 불법행위에 대해서도 이러한 행위로 취득한 경제적 이득을 박탈하는 체계의 미흡이 문제라고 할 수 있다.

② 규제담당주체와 규제대상집단의 상호작용

규제담당주체의 전문성으로 대표되는 능력의 부족과 취약한 유인구조 등의 요인이 복합적으로 작용하여 환경분야의 부패를 조장하고 있다. 특히 규제담당주체의 의욕부족과 규제대상집단이나 기업의 정책불응(noncompliance)이 맞물릴 경우 환경분야에서의 부패와 규제포획 현상은 심화될 가능성이 높다.

능력부족

환경관리청과 지방자치단체 등 집행담당부서는 전문인력이 부족한 상황에서 인·허가, 업소관리, 지도·단속 등의 많은 업무를 담당하고 있다. 지방자치단체의 1인당 대상업소 수나 단속업소 수는 환경관리청에 비해 많지 않은 편이지만(한국환경정책·평가연구원, 1999: 16), 단속업무에만 집중할 수가 없고 다른 집행업무와 병행하고 있다는데 어려움이 있는 것으로 나타났다.

그리고 환경행정업무의 특징 중의 하나는 정책수립은 물론 집행에도 고도의 전문지식이 필요하다는 점이다. 환경행정분야는 과학기술의 발전으로 끊임없이 전문성이 높아지고 있다. 그런데 담당공무원 중에는 타업무를 담당하다가 환경분야로 전직한 공무원이 적지 않아 업무의 전문성이 충분하지 않다(유재원 외, 1995: 17). 이처럼 규제기관이 전문성이 부족하게 되면 본래의 의도와는 달리 피규제산업이나 집단의 대리자로 전락하여 은연중에 피규제집단의 선호와 일치되는 방향으로 규제정책을 펴나가는 규제포획현상이 나타나기 쉽다.

의욕부족

지방자치단체의 지도·단속 담당 일선공무원은 전문지식이 부족할 뿐만 아니라 그나마 인력도 부족하고, 직책상의 대우도 낮은 상황이다. 따라서 일선의 환경규제 담당공무원들은 사기가 낮으며, 이에 따라 국가적

<그림 2> 규제포획으로 인한 환경분야 부패

		규제대상집단의 순응의욕	
		높음	낮음
규제담당주체의 집행의욕	높음	완전집행(A)	부분집행(C)
	낮음	부분집행(B)	규제포획(D)

이익을 도외시하는 경우가 발생하고 있다. 환경부를 정점으로 일선행정 기관에 이르기까지의 수직적인 관계에서 현장에 가까워질수록 그 규제력은 점점 약화되고 있으며(황혜신, 1999: 85), 이에 따른 환경분야 부패의 가능성을 안고 있다.[10]

<그림 2>에 나타난 바와 같이 규제담당주체와 규제대상집단의 상호

---

10) 특별대책지역 광주군의 경우 거의 전역이 공장폐수 무단방류와 폐기물 불법 매립, 토지용도 불법변경 등으로 수질오염을 가속시키고 있음에도 광주군청은 단속에 소극적이며 관계자들은 공장이 정확히 몇 개나 되는지조차 파악하지도 못하고 있다(서울신문, 1998. 9. 14). 또한 가평군은 수질에 미치는 영향을 전혀 고려하지 않고 96년 8월부터 97년 9월 사이의 1년 여의 짧은 기간 동안 이 지역에 건축이 가능하도록 형질변경 및 농지전용 허가를 무더기로 내줘 비리 의혹이 제기되고 있다(서울신문, 1998. 9. 3).

작용과정에서 양자 모두 규제를 집행하거나 순응할 의욕이 없는 경우 상호 결탁할 가능성이 매우 높다. 규제포획은 규제담당주체와 규제대상집단 모두가 집행의욕과 순응의욕을 상실한 데서 출발하는 것이다(김창수, 2000: 93-206).

규제행정기관은 당연히 공익목적을 위하여 규제업무를 효과적으로 수행하여야 할 것이나, 실제에 있어서는 당초의 공익목적으로부터 유리되거나 일탈하여 규제업무를 수행하는 규제실패(regulatory failure)가 나타난다. 그 이유는 세 가지 유형으로 설명이 가능한데, 첫째는 규제기관의 관료가 부패하여 규제권한을 개인의 금전적 목적을 위하여 불법적으로 사용하는 경우이고, 둘째는 규제기관이 전문성이 없는 등 무능한 경우이며, 셋째는 공익목적의 실현을 위해 존재하는 규제기관이 본래의 의도와는 달리 피규제산업이나 집단의 대리자로 전락하여 은연중에 피규제집단의 선호와 일치되는 방향으로 또는 이들에 동정적인 입장에 서서 피규제집단에 유리한 규제정책을 펴나가는 규제기관의 포획 현상(regulatory capture) 때문이다. 규제포획의 원인은 피규제집단이 제공하는 정보가 그들에게 유리하도록 침해된 것(information impactedness)이고, 자금력이나 인력 면에서 규제기관이 열세에 처해 있고, 피규제집단과의 갈등을 회피하려는 유인이 있으며, 그리고 환경규제기관이 경제부처의 정책방향 등 외부신호에 의존하는 성향 때문이라고 할 수 있다(최병선, 1993: 200-206).

포획이론(capture theory)에 의할 때 기업은 자신을 규제하기 위해 설립된 규제기관을 포획하여 규제행위를 회피할 능력이 있다고 전제한다. 규제포획이론은 기업지배이론의 바탕이 되는데(Williams & Matheney, 1984; 유재원 외, 1995: 13), 이 글에서는 규제기관과 규제대상집단 모두가 집행의욕과 순응의욕을 상실한 데서 환경분야에서의 부패가능성을 찾고자 하는 것이다.

③ 사회적 감시기능

선스테인(Sunstein, 1990)은 사회적 규제와 경제적 규제는 입법과 집행 단계에서 모두 집단행동 문제(collective action problems)의 영향을 받는다고 하면서, 규제정책은 4개의 범주로 유형화할 수 있다고 한다. 이는 윌슨(Wilson)의 논의(1980: 357-394; 1986: 430)와 크게 다르지 않다. <그림 3>은 윌슨의 규제정치이론을 간략하게 보여준다.

이 연구의 관심은 기업가적 정치 상황이다. 기업에 대한 환경오염규제의 예처럼 비용은 소수의 동질적 집단에 집중되어 있으나 편익은 대다수에 넓게 확산되어 있는 경우이다. 이러한 기업가적 정치상황에서는 비용

<그림 3> 윌슨의 규제정치이론

구　　　분		감지된 편익	
		넓게 분산	좁게 집중
감지된 비용	넓게 분산	대중정치 (음란물 규제)	고객정치 (자동차 수입규제)
	좁게 집중	기업가 정치 (환경오염규제)	이익집단정치 (한·약 분쟁)

출처: 최병선, 1993: 126; Wilson, 1986: 430.

을 부담해야 할 기업들은 잘 조직되어 막강한 영향력을 발휘할 수 있다. 그러나 편익을 기대할 수 있는 집단은 잘 조직되어 있지 못하고 정치적 활동도 미약한 집단행동의 딜레마(collective action dilemma)가 발생한다 (Mitnick, 1980: 88). 따라서 기업가적 정치가로서 비판 역할을 담당할 시민사회의 성장과 이를 바탕으로 하는 언론과 환경단체의 역할이 환경부패의 통제에 중요한 역할을 할 것이다.

산업집단에 비용이 집중된 경우 규제담당기관은 고객정치 상황에서처럼 피규제산업에 포획되는 것이 불가피한 것은 아니지만, 결과적으로 규제대상집단에 포획(capture)될 가능성을 안고 있다. 그리고 규제기관의 포획의 결과는 느슨한 정책집행으로 나타난다(최병선, 1993: 131-134). 즉, 대형 환경사건이 발생하면 환경단체와 언론 등의 강력한 규제요구로 엄격한 입법이 제정되지만 결국 예외규정을 삽입함으로써 시간의 경과와 함께 일반 국민의 관심이 줄어들면 정책내용은 변질되고 규제기관은 포획될 가능성이 높아진다. 이러한 상황에서 환경부패에 지속적인 관심을

가지고 감시할 기업가적 정치가로서 언론과 환경단체의 비판기능이 결여
되면 환경부패는 더욱 지속적이고 은밀하게 이루어질 가능성이 높다.

4. 환경부패 사례분석

환경분야의 부패는 환경행정분야별로 부패실태를 파악하면 그 원인과
대처방안을 체계적으로 모색할 수 있는 장점이 있다. 대기, 교통, 수질,
폐기물 등 주요 환경규제대상별로 실태를 분석하여도 환경부패의 특성
을 잘 파악할 수 있다. 이 글에서는 이러한 점들을 감안하면서 분석모형
에서 제시한 바와 같이 환경분야의 부패정도에 영향을 미치는 주요 영향
변수들을 중심으로 환경분야 부패의 구조를 파악하고 대처방안을 모색
하기로 한다.

1) 환경규제내용의 결함과 환경부패

(1) 과다규제와 환경분야 부패

우리나라는 초기에 의욕이 앞서 우리의 실정을 고려하지 않은 채 일
본의 환경기준을 그대로 도입하였고(환경부 관련인 면담, 1999. 10), 이
러한 과잉목표를 달성할 인과관계 있는 정책수단을 선택하지도 못하였
다. 행정편의적인 규제시스템과 과도하게 비현실적인 규제제도로 인해
집행공무원의 자의적인 지도단속을 초래하고 있으며, 이에 따라 기업체
는 규제기준을 충족하는 대신에 다른 대처방안을 개발하게 된다. 즉, 불
명확한 정책내용으로 인해 규제대상집단은 물론 일선행정담당자도 관련
법규를 잘 파악하지 못해 자의적인 법규 적용이 이루어지는 경우가 많아
부패의 단초를 제공하고 있다.

1995년 12월 환경부 고시 제95-143호에 의거 T-N, T-P 규제지역을 고시

한 후 1997년 1월부터 규제가 시작된 T-N, T-P 항목에 대한 배출허용기준 초과업소가 다수 발생하였다. 대다수 중소기업들이 T-N, T-P 처리방법에 대해서 배출허용기준 이내로 처리 가능한 기술을 적용하지 못하고 있다. 특히 T-N 유발인자를 많이 갖고 조업하는 중소기업들에게는 많은 경제적 부담과 처리에 애로를 겪고 있다. 일부 업소에서의 T-N, T-P 처리 노력에도 불구하고 뚜렷한 개선효과 없이 반복해서 기준 초과하고 있다. 따라서 이로 인한 행정처분을 받기 일쑤이며 이를 무마하기 위하여 단속공무원에게 금품을 제공할 잠재적 가능성이 내재해 있는 것이다(한국환경정책·평가연구원, 1999: 38).

환경부가 정한 건설공사장의 소음진동기준은 방음벽을 설치하더라도 근본적으로 이행하기 어려운데 관할 구청에서는 2, 3일이 멀다하고 점검을 나오니 돈봉투를 건네지 않을 수 없다(≪동아일보≫, 1999. 5. 26).

선스테인(Sunstein, 1990: 106-107)은 엄격한 규제적 통제는 과소규제 (under-regulation)를 산출한다고 경계한 바 있는데, 이는 환경규제내용이 과다하거나 불합리할 때 환경부패의 소지가 많음을 시사하는 것이다.

한강환경감시대 실무자들은 BOD 20ppm을 적용했을 때도 수변구역의 조사대상 400여 개 업체 중에서 80여 개 업체가 기준을 초과하여 방류하는 현실에서 2배로 강화된 10ppm을 준수하기는 어렵다고 보고 있다(<KBS 환경스페셜>, 2000. 7. 12).

이와 같이 민간이 불합리하고 비현실적인 것으로 인식하는 한 규제가 그대로 준수되지 않거나 이행되지 않는 것은 오히려 당연하다. 더구나 규제주체도 이를 인정하고 있다. 그럼에도 불구하고 규제집행의 책임을 지고 있는 규제기관이나 관료들이 규제자체의 불합리성과 비현실성을 이유로 규제의 불이행을 묵인해줄 수도 없는 것이 현실이다. 이로 인해 부정부패의 개연성은 커지게 되는 것이다. 나아가 관련 부처간 규제조정 체계가 미흡해 규제사슬이 발달해 있고, 이것이 부패의 고리역할을 하고 있다. 특히 한 부서의 노력으로는 부패의 먹이사슬을 쉽게 끊기 어려운 복잡한 규제사슬은 기업체로 하여금 공무원들에게 상납구조를 포기하기 어렵게 한다.

구청 환경과는 1년에 1회의 정기검사를 하도록 되어 있지만, 수시검사를
해 한 업체는 폐수처리로 공무원들에게 걸려 이를 무마하기 위해 뇌물을 주었
으며, 지하수 계량기를 검침하러 온 수도사업소 직원, 화재방지시설을 점검하
러 온 소방서 직원 등에게 뇌물을 상납해왔다(≪조선일보≫, 1999. 9. 19).

(2) 환경영향평가제도의 결함과 환경부패

현재 우리나라의 환경영향평가제도는 내재적 결함을 안고 있다.[11] 이
로 인한 제도자체의 내재적 결함은 집행과정에서 부패의 가능성을 매우
높여주고 있다.

우리나라에서는 개발사업에 대해 환경영향평가 이외에도 교통영향평
가 등 평가제도를 두고 있어 기업에는 과도한 경비부담과 사업지체 등
부담을 준다. 각종 영향평가의 평가서 작성 및 협의를 분리 시행함으로
써 통합 운영시보다 약 36%의 예산중복이 있을 뿐만 아니라, 주민의견
수렴이 분리 시행되어 신문공고 비용 및 인력낭비를 초래하고 4개 정부
기관을 각각 출입해야 하는 번거로움이 있다고 한다(한국환경정책·평가
연구원, 1999: 45). 이러한 복잡하고 긴 절차는 시간비용을 많이 초래하

---

11) 현행 환경영향평가 제도는 다음과 같은 문제점을 갖고 있다. 첫째, 광역 환경
영향평가가 이루어지지 않고 있다. 그래서 지역간 환경 갈등을 야기시키고 있
다. 둘째, 사업자가 직접 환경영향평가를 맡기고 있다. 개발 사업 내용을 잘 알
고 있다는 점에서 개발 당사자에게 평가 실시 권한을 부여했지만, 이로 인해
환경영향평가는 개발 사업을 정당화하는 데 그치고 있다. 또 이로 인해 심의자
와 평가기관간의 결탁 가능성이 많고 평가가 요식행위에 그치고 있다. 셋째,
개별 사업자는 이를 별개의 행정절차로 인식하여 사업에 대한 환경부의 인·허
가 또는 승인 행위로 생각하거나 환경영향평가를 거치면 모든 환경 문제가 해
결되는 것으로 오해하고 있다. 또한 평가 대행자간의 과당경쟁에 따른 덤핑 입
찰로 인해 평가서가 부실하게 작성되고 있으며, 해당 부처와의 협의 또는 승인
과정에서 평가서의 내용보다는 로비가 더 큰 영향을 미치기도 한다. 마지막으
로 평가 결과에 대한 보완 조치만을 취하고 있어 평가제도 자체가 형식화할 뿐
만 아니라 이마저도 사후 점검이 제대로 이루어지지 않고 있다(권해수, 2000:
119-120).

고 이 과정에서 환경분야 부패의 가능성이 있는 것이다. 실제로 환경, 교통 등의 영향평가에 6개월 이상 소요되고, 인구영향평가는 반기별로 심의를 하고 있다. 그런데 어느 하나의 영향평가라도 완료되지 않으면 사업 승인자체가 불가하여 사업시행이 지체되고 있다.12) 그리고 정부산하 기관, 지방자치단체 등이 환경영향평가 자체를 무시하고 착공한 다음 사후에 환경부나 지방자치단체로부터 편법 승인받은 경우도 있다. 환경영향평가 제도가 '개발의 면죄부'라는 비판을 받고 있는 사실도 이러한 맥락에서 이해할 수 있다.

정부산하기관, 지방자치단체, 민간기업 등이 최근 3년간 공사착공 전 반드시 환경영향평가 승인을 받도록 한 규정을 무시한 채로 도로, 택지개발 등 총 23건의 대형 공사를 강행하였는데 감독기관은 불법사실을 묵인하였고 사후에 편법 승인을 해주었다(≪중앙일보≫, 1998. 10. 20).

환경영향평가서를 작성하는 과정에서 녹지등급 등 관련자료를 환경영향평가대행업체 등 평가서 작성기관에서 조작하여 사업의 환경영향을 축소 평가하는 사례도 있다.

충북 영동군의 물한계곡 일대 대규모 휴양지 개발과정에서 녹지등급조정에 대한 대가로 영동군에 금품을 제공했다는 의혹이 발생했다. 덕유산 국립공원 내에 스키장, 골프장, 양수발전소를 건설하는 과정에서도 녹지자연도 등급조작의 의혹이 있었다(≪한겨레≫, 1999. 4. 3).

환경영향평가서 협의과정에서도 1997년 9월에 한국환경정책·평가연구원이 신설되어 협의를 전담하기 전에는 사업자와 검토자간의 유착이나 부실협의의 문제가 있었다. 또한 환경영향평가 협의완료 이전에 사업을 시행하거나 협의내용을 변조하고 무시하는 사례도 있다. 즉 환경영향

---

12) 성남 분당 등 3개 택지지구 사례분석 결과 환경 11.7월, 교통 12.9월, 인구 12.2월이 소요되었다(환경부 내부자료, 1997; 한국환경정책·평가연구원, 1999: 45).

평가제도의 결함을 악용하여 환경분야의 부패가 초래되고 있음을 알 수
있다.

> 1994년 감사원 감사결과에 의하면, 1993년 내무부가 속리산 국립공원 안
> 에 청소년심신수련장을 허가하면서 환경처의 협의조건을 무시하고 4배에 가
> 까운 92만 4천㎡를 인가하였다(≪한겨레≫, 1994. 3. 9).

(3) 환경부정의와 환경분야 부패

환경적 약자가 사회적 약자와 그대로 일치하는 환경부정의의 문제는
환경부패의 근원적인 원인을 제공하고 있다. 정부는 일반주민의 행위에
대해서는 엄격하게 단속하면서 불법 호화주택이나 음식점, 골프장 건설
등에 대해서는 매우 관대하게 대응해왔다. 특히 공공부문에 의한 그린벨
트 훼손이 95%에 이르는 등 주민민원해소에는 소극적인 정부가 공공기
관의 필요에 대해서는 적극적일 때(권해수, 2000: 117) 일반 주민들은
규제를 준수하려하기보다는 규제를 회피하려는 유인이 많이 작용하게
되고 이 과정에서 부패의 가능성은 증대하게 된다. 특히 공공부문에서
단기적 이익의 집착으로 장기적인 환경공익을 무시해 환경부정의적 환
경부패가 발생하고 있다.

> 경기도 내 지방자치단체들이 남한강 정비사업을 명목으로 무분별한 골재채
> 취를 하면서 골재판매에 주력해 남한강의 생태계를 파괴하고 팔당호 수질을
> 악화시키고 있다(≪한겨레≫, 2000. 9. 5).

> 새만금 간척사업이 중단되지 않고 계속되자 미래세대가 풍요로운 자연에서
> 생활할 권리의 침해라며, 초·중·고생 1백여 명이 소송을 제기했고(시민의 신
> 문, 2000. 3. 6), 녹색연합은 환경권을 공유하기 위한 청소년들의 토론회를 가
> 졌다(≪시민의 신문≫, 2000. 8. 28).

뿐만 아니라 국가적으로는 환경관련 종합대책을 발표하면서 규제대상
지역에서는 이와 상반되는 정책행위가 이루어지고 있다.

감사원이 팔당호 수질개선을 위해 팔당특별대책지역 6개 시·군에 대해 실시한 외지인 부동산 소유현황, 건축허가 적법 여부 등을 조사한 특별감사 결과 팔당특별대책지역에서 건축허가를 받은 사람의 66%가 위장전입자로 드러나는 등 팔당호 주변에서 외지인들에 의한 투기목적의 부동산 매입과 건축이 극성을 부리고 있는 것으로 밝혀졌다. 특히 1997년 10월1일부터 1999년 10월31일 사이 양평군에서 건축허가를 받은 225명 중 20명은 건축허가 뒤 50일을 전후해 다른 지역으로 이사한 것으로 조사돼 부동산 투기 의혹을 받고 있다(≪한겨레≫, 2000. 5. 24).

2) 규제주체와 규제대상자의 상호작용에 의한 환경부패

(1) 환경오염배출업소의 인·허가 및 단속과정에서의 부패

배출시설허가절차에서 환경부패의 소지가 많다. 이러한 환경오염배출시설의 허가과정에서 상납고리가 형성되는 것은 환경분야 부패의 고유한 특성은 아니고, 건축분야의 건축허가과정에서도 흔히 나타날 수 있는 부패현상이다.

서울지검 의정부지청은 허가업무 때 편의를 봐달라는 부탁과 함께 업체 대표로부터 뇌물을 받은 파주군 환경관리계장과 직원 등 공무원 4명과 뇌물을 준 업체대표 5명을 뇌물수수와 뇌물공여 등의 혐의로 구속하였다(≪한겨레≫, 1994. 11. 5).

서류검토와 현장실사과정에서도 환경부패의 가능성이 높다. 인·허가를 위한 서류검토나 현장실사과정에서도 타법에 저촉되어 입지가 불가능한 무허가시설이나 허가요건을 충족하지 못하는 업소를 허가한 사례도 매우 많다. 이러한 부패현상 역시 일반적인 부패현상과 그렇게 다르지 않다.

팔당특별대책지역은 건축물신축이 금지되어 있으나, 지역주민의 공공복리시설만 예외적으로 허용하는 규정을 악용하여 학교 및 연립주택 등 대형건축물 허가한 사례나(≪동아일보≫, 1995. 3. 30), 경기도 남양주시, 가평군 등은 팔당호 상수원 수질보전특별대책지역 내에 정화조 미설치를 묵인하고 불법행

위에 대한 행정처분도 유기한 사례(≪한국일보≫, 1995. 3. 22), 상수원수질
보전특별대책지역 내에 골프장, 러브호텔, 요식업소 등이 불법으로 건축되도
록 허가해주고 뇌물을 받은 경기도 남양주시, 가평군 등 7개 시·군 공무원 28
명이 적발된 사례(≪한국일보≫, 1995. 3. 22) 등 헤아릴 수 없을 정도로 많
은 사례가 있다.

　　1998년의 국정 감사에서도 지방자치단체들이 합법을 가장해 오염원의 유
입을 계속 허가하여 그 결과 특별대책지역의 총 4천4백13건, 2천4백37만㎡의
산림이 골프장, 스키장, 공장, 아파트, 체육시설 등으로 형질 변경되었다고 지
적되었다(≪조선일보≫, 1998. 10. 23).

　이러한 환경부패는 팔당 특별대책지역의 7개 시·군에서 많이 나타났
는데, 이들은 개발제한을 받으면서 낮은 재정자립도를 유지하고 있으면
서도 서울 인근에 위치하여 개발의 유인을 많이 받고 있어서 환경부패의
가능성이 높은 것으로 판단된다(김창수, 200: 201-218).

　한편 환경오염업소의 단속과정에서 나타나는 부패현상 역시 무시할
수 없다. 1990년대 초기까지는 대구 비산 염색공단의 폐수 무단배출사
건에서도 나타났듯이 규제기관과 규제대상집단의 유착으로 인한 환경부
패가 나타나는 경우가 많았다.

　　1991년 4월 17일 대구비산염색공단에서 1989년 1월부터 15개월간 비밀배
출구를 통해 1일 2~3만 톤씩 악성폐수를 방류하였으며, 이를 대구지방환경
청이 묵인해왔다는 사실이 비산염색공단 노조위원장의 기자회견을 통해 폭로
되었다. 1989년 12월 28일 노조측이 대구지방환경청에 단속을 요구했음에도
이를 묵살하였다는 것이다(≪한겨레≫, 1991. 4. 18).

　규제기관과 규제대상집단의 유착의 또다른 유형으로서 환경단속정보
를 사전에 알려주고 이에 대한 사례를 받는 환경부패행위가 있다.

　　서울지검 의정부지청 부패사범 특수반은 각종 인허가때 편의를 봐주고 공
해단속정보를 알려준 대가로 금품을 받은 공무원과 관련업체대표를 뇌물수수
와 공여혐의로 구속했다(≪국민일보≫, 1994. 11. 16).

김병완(1993: 321-352)은 이익집단에 대한 관료정치모형으로 대구염색공단 폐수규제사례를 설명하였고, 전영평(1994: 147-169)은 규제자의 포획, 피규제자의 불복종과 비협조, 규제수혜자 내지 피해자들의 저항 부족이 규제의 삼각형을 이루며 규제실패를 가져왔다고 한다. 최병선·사공영호(1996: 61)는 규제집행의 불공평성 문제가 이러한 부패구조의 근본 원인임을 지적하고 있다. 더구나 관련 공무원이 폐수배출업체의 수질분석결과를 조작해주면서 뇌물을 받는 등 부패의 고리가 형성될 가능성도 많다. 그리고 동일 지방자치단체 공무원과 업체들이 유착될 가능성은 규제포획이론(capture theory)이나 기업지배론[13]을 굳이 원용하지 않더라도 어느 정도 예측할 수 있는 현상이다.

부산지검 울산지청 부정부패사범 특별조사반은 폐수분석결과를 조작한 혐의로 경상남도 보건연구원 수질보전과 연구사를 구속하였다. 검찰에 따르면 울산시 여천동 동부화학의 폐수를 분석하면서 불소기준치 15ppm의 최고 3백배 이상을 검출하였는데도 미검출로 통보하였다(≪중앙일보≫, 1993. 3. 18).

따라서 검찰청을 중심으로 하는 합동단속 과정에서는 규제위반율(violation rate)이 높게 나타나고 부패의 소지도 없기 때문에, 규제순응을 높이고 부패가능성도 낮추기 위해서는 강력한 단속이 가장 실효성 있는 정책수단이라는 주장이 제기되기도 한다(환경부 관련인 면담, 1999. 7).

대검은 1994년 1월17일부터 3월 7일까지 팔당댐 등 수도권 한강유역의 폐수배출업체에 대한 특별단속을 실시하여 모두 2백29개 위반업체를 적발해 13명을 수질환경보전법 위반 등 혐의로 구속하고 2백16명은 불구속 입건했다(≪동아일보≫, 1994. 3. 10).

---

13) 기업지배론에 따를 때, 지방자치단체는 기업유치를 위해 규제의 강도를 약화시키고 기업의 경제적 중요성에 의해서 포획될 가능성도 높아진다(유재원 외, 1995: 12-13).

(2) 환경기초시설 확충과 환경산업체 등록·허가 및 관리과정에서의 부패

하수관거의 설치라든지 하수처리장의 설치 등 환경기초시설의 확충과 정에서 관련 공무원과 시공업체간의 유착이 있을 수 있다. 현재 우리나 라에서는 환경산업체가 20여 개 업종에 11,770개가 등록되어 있는데, 1997년 현재 자본금 5억 원 이하의 영세업체의 비중이 56%를 차지하는 등 영세업체가 난립하고 있으나 등록요건은 엄격하기 때문에 부패발생 의 개연성을 제공하고 있다(이종원·김영세, 2000: 289). 따라서 입찰과 정에서부터 업체와의 유착이 시작되어 준공감독서류 등의 작성과정에서 시공업체의 부실을 눈감아주고 뇌물을 챙기는 부패구조가 형성될 수도 있다. 이러한 부패는 환경의 중요성 증대에 따른 대규모 환경오염처리시 설의 확충과정에서 등장하는 부정부패로서, 일반적인 건설·건축관련부 패와 같은 맥락에서 이해할 수 있을 것이다.

경남 창원시가 597억 원의 하수종말처리장 공사를 위한 입찰공고를 2000 년 6월 29일 처음 한 후에 정정과 취소, 재공고를 통해 참가자격을 과도하게 제한하고 있는데 건설업계에서는 특정 업계를 밀어주기 위한 조치라며 의혹을 제기했다(≪동아일보≫, 2000. 9. 6).

하수관로 보수공사의 예산배정과 신공법 채택과정에서 하수관 보수 시공업 체로부터 1천3백여만원을 받은 전 서울시 하수국장을 특정범죄가중처벌법상 뇌물수수 혐의로 구속하였다(≪동아일보≫, 1996. 12. 23).

검찰은 오수처리장의 준공감독서류를 허위 작성해 준 양평군청 환경관리계장 등 공무원 2명을 허위공문서 작성 등 혐의로 구속하고 양평군청 진흥계장 등 2 명을 불구속 입건했다. 해당 공무원 4명은 지난 1992년 11월 양평군 3개 오수처 리장의 유량지시 기록계 등 8개 품목이 설계대로 설치되지 않은 사실을 알고도 준공감독 서류 2장을 허위로 작성해준 혐의였다(≪동아일보≫, 1994. 3. 10).

또한 폐기물매립업체인 환경산업체의 지도단속과정에서도 관련 공무 원과 업자 간에 뇌물고리가 형성을 될 가능성이 많다. 폐기물처리업 분 야는 영세업체들의 난립으로 경쟁이 가장 심한 분야일 뿐만 아니라 폭력

조직과 연계될 경우 부패고리가 형성되는 것은 불가피한 측면이 있다(이종원·김영세, 2000: 290). 이러한 부패 역시 건설 분야 등의 일반적인 부패현상과 같은 맥락에서 이해할 수 있는 부분이다.

경기도 고양지역을 중심으로 하는 수도권지역에서 조직폭력배들이 약 100여 만 평의 토지에 폐기물을 불법 매립하면서 단속공무원들에게 뇌물을 제공하기도 하고 단속공무원을 폭행하기도 하였다. … 이들은 서울 등지에서 반출되는 건축폐기물을 대량 매수하여 중간하치장에 적치하였다가 불법매립자들과 연계하여 처리하였다. 고양시청의 단속공무원들인 청원경찰, 전 고양경찰서 수사과장 등은 이들로부터 뇌물을 받고 불법매립사실을 묵인해주었다(대검수사사례집, 1999).

3) 사회적 감시기능의 부재와 환경부패

환경규제는 더욱 강력한 규제를 원하는 규제수혜자 집단과 규제의 완화 또는 철폐를 원하는 비용부담자 집단 간의 동태적 상호작용이라고 한다. 환경규제로 인한 비용부담은 집중되나 편익은 분산되는 특징 때문에 규제의 집행과정에서 비용부담집단의 저항이 심하고 자금력을 이용하여 규제주체를 포획할 가능성이 높기 때문에 공익집단과 언론의 기업가적 정치(entrepreneurial politics)가 필요한 것이다.

환경분야의 부패를 통제할 수 있는 요인으로서 일반국민의 환경의식의 성장을 들 수 있다. 우리나라도 예전의 성장일변도의 사고방식에서 벗어나 점차로 환경의 중요성을 인식하고 환경운동도 활발해지고 있다. 각종 환경단체들이 설립되고 있으며 언론도 대개는 환경보호를 지지하는 입장을 취하고 있다. 따라서 이제 환경단체와 언론의 역할은 환경분야 부패정도를 결정하는 데 중대한 영향을 미치게 되었다.

첫째, 환경규제의 수혜자집단(beneficiary group)은 불특정다수의 일반시민인데, 이들은 조직화된 소수의 피규제집단에 대항할 수 없기 때문에 언론이 이들의 의사를 어떻게 대변해주고 여론화하느냐는 환경분야 부패정도를 결정하는 중요한 요인이 될 수 있다(Rubin & Sachs, 1973: 248-254). 만약 언론이 정부나 기업의 입장만을 대변한다든지, 지역주민들간의 의견대립이 있을 때 한쪽 당사자의 입장에서만 보도하는 등 공정성을 잃으면 환경분야 부패방지대책은 성공하기가 어렵다.

　　언론에 의한 불법건축행위 등의 공개는 환경부패방지에 매우 긍정적인 기능을 수행하고 있다. 그러나 언론이 지엽적인 문제만을 편파 보도하는 경우 오히려 집행공무원들의 사기를 저하시키는 요인으로도 작용하였다(한강유역환경관리청 관련인 면담, 2000. 1).

그리고 언론은 환경문제를 여론화하여 국민적 관심을 제고시키는 역할(issue entrepreneur)을 수행하고 있다. 뿐만 아니라 환경단체와 연계하여 환경정책집행을 지속적으로 비판하는 역할을 수행하고 있다. 언론의 역할은 항상 환경단체와 밀접하게 연관되어 있다.

　　요즘은 주민들의 환경감시활동이 매우 활발하다. 그리고 환경문제가 발생하면 즉각 언론에 제보해버리기 때문에 담당 공무원이 징계를 받는 경우도 많다. 민간환경단체들 역시 중앙언론에 곧바로 제보해버리기 때문에 정책집행을 제대로 하지 않을 수 없다(경남 수질개선과 관련인 면담, 2000. 1).

둘째, 윌슨(Wilson, 1980: 357-394)이 말한 기업가적 정치상황에서는 비용을 부담해야 할 기업들은 잘 조직되어 정치적으로 막강한 영향력을 발휘하는 반면에, 편익을 기대할 수 있는 집단은 잘 조직되어 있지 못하고 정치적 활동도 미약한 집단행동의 딜레마(collective action dilemma)가 발생한다. 따라서 환경오염사건을 계기로 환경문제의 심각성을 폭로하고, 환경문제해결의 대안을 제시하며, 정책결정 및 집행과정에 참여하고, 환경오염유발 기업을 고발하는 등 환경단체의 기업가적 정치(entrepreneurial politics)가 필요하다. 만약 환경단체가 전문성, 자금, 정치적 지지 등에 문제가 있어 이러한 기업가적 정치의 역할을 제대로 수행하지 못하면 환경규제의 실패로 인해 부패가 만연해질 가능성이 높을 것이다. 최근 환경단체 한 간부의 고백은 이러한 가능성을 시사한다.

> 환경단체가 재정의 절반을 훨씬 넘는 부분을 정부나 기업, 특히 대기업에 이런 저런 형식으로 의존하고서야 정부나 기업에 대한 감시와 견제를 제대로 할 수 없습니다(≪중앙일보≫, 1999. 10. 18. 제7면).

환경법규들은 제정되어 있어도 상징성이 강해서 제대로 집행되거나 정책대상집단의 동의를 확보하기가 용이하지 않아서 법의 실효성이 낮은 것이 현실이다. 특히 오염자들이 다수이고 각각의 오염자가 환경문제에 어떠한 영향을 끼치는지를 감시하기 곤란한 상황에서는 환경규제의 효과적인 집행을 기대하기 곤란한 환경규제의 집행결함(Vollzugsdefizit) 문제가 등장한다(홍준영, 1994). 아이오와(Iowa)주(州)의 한 주민은 "우리 주의 10만 농부를 규제하려면 군대를 동원해야 할 판"이라고 이야기한다(홍준형, 1996: 356; John, 1994: 10). 따라서 공무원들은 환경규제의 실효성을 높여서 환경분야에서의 부패를 방지하고자 한다면 시민과 언론 및 환경단체의 협조를 필요로 하는 것이다.

5. 결론 및 정책방안

환경분야에 일반적인 부패연구결과를 적용할 수 있는 부분은 환경기초시설의 확충과 환경산업체 등록 및 단속과정에서는 나타나는 부패였다. 그러나 토지이용규제나 배출규제 등 규제정책과 관련된 부분은 다른 접근방식을 필요로 하였다. 즉, 규제정책의 성격이 강하기 때문에 환경규제내용의 문제점, 규제주체와 규제대상집단의 상호작용, 그리고 기업가적 정치상황에서 언론과 환경단체의 역할 등을 분석하는 접근이 필요하다는 결론을 내릴 수 있었다.

이를 바탕으로 환경 부패 방지를 위한 정책방안을 제안하면 다음과 같다. 환경규제 내용과 절차 개선, 규제담당자의 변화, 규제대상집단의 변화를 큰 테두리로 한다. 사회적 감시기능 강화를 위해 정보공개제의 강화, 언론과 환경단체의 적극적인 역할도 요구된다. 정보공개제도의 강화를 통해 지역사회의 알권리(community right to know)를 보장하고 시민사회의 감시기능을 활성화함으로써 지역공동체 형성에도 기여한다.

첫째, 환경규제의 내용서는 사업자에게 최소의 부담을 주면서 최대의 환경개선효과를 가져올 수 있는 환경규제의 합리화 방안에 초점을 둔 정책이 요구된다. 환경관련 비리나 부조리가 있다고 해서 행정권한을 축소하거나 환경규제를 단순히 완화하거나 폐지하는 것은 득보다 실이 많을 수 있다. 따라서 환경분야의 부패방지 대책은 환경분야의 이러한 특수성을 감안해 환경규제의 합리화나 개혁(environmental regulatory reform)이라는 관점에서 접근하는 것이 필요하다. 예를 들면, 기존의 농도규제가 비효율적이고 부패의 소지를 많이 제공한다면 총량규제를 과감히 도입해 적극적으로 순응하고자 하는 태도변화를 유도할 수 있다. 또한 비현실적이고 과도한 규제는 실현가능한 수준으로 낮추는 방안이 마련되어야 한다. 그리고 실현가능한 수준의 규제를 위반할 때에는 강력한 처벌이 뒤따라야 부패의 가능성을 낮출 수 있을 것이다. 부패행위가 적발된다고 하더라도 그 행위자에 대한 처벌이 미약하다면 부패행위는 반복적으로 나타날 가능성이 높기 때문이다(문정인·모종린, 1999: 41). 따라서 실현가능한 수준의 규제를 설정하고 적발가능성과 처벌강도를 높인다면 매우 효율적이고 합리적인 환경규제의 내용을 구성할 수 있을 것이다.

이러한 맥락에서 규제일몰제의 도입이 필요하다. 우리나라에서 규제일몰제가 성공하려면 먼저 규제일몰 심사기준이 일몰 목표를 명확히 하고, 일몰적용의 객관적 정당화 근거뿐 아니라 일몰제도 적용 방향을 분명히 제시해야 한다. 이에 따른 규제일몰심사기준의 원칙으로는 수요자우선, 객관성, 통합성, 대응성, 최소성 등을 제시할 수 있다. 기존규제에 대한 일몰심사기준으로는 규제에 따른 비용과 편익 평가(efficiency), 규제의 효과성(effectiveness), 형평성(fairness), 일관성(consistency) 등을 들 수 있다.

둘째, 규제주체를 누구로 할 것인가가 문제가 된다. 유재원 등(1995: 3-21)은 1992년 7월 1일자로 지방환경청과 지방자치단체로 분할되었던 환경규제권이 자치단체로 일원화되면서 규제활동이 대폭 완화되었음을 발견하고, 규제권의 이관 전에 강한 규제활동을 전개한 지역일수록 이관 후 규제활동이 약화되었음을 실증적으로 밝혀내 규제수렴론을 지지한다.14) 이러한 실증적인 연구결과에 따르면 지역 이익에 좀 더 초연할 수 있는 검찰과 환경부 등 중앙부처들이 적극적으로 단속하는 것이 더 효율적이다. 한편, 이러한 강력한 단속은 부패의 소지는 적지만 일정기간 예고된 단속이기 때문에 배출업소의 입장에서는 이 기간만 피하고 보자는 식의 대응이 나오면서 부패고리를 형성할 가능성이 많다. 따라서 장기적으로는 규제대상집단이 규제에 순응할 능력과 순응하고자 하는 의욕을 갖도록 규제체계를 다듬어 가는 것이 중요할 것이다.

이러한 맥락에서 고객지향적 규제개혁을 위해 "피규제자 중심 시각"에서 문제로 인식되는 쟁점을 "통합적으로 체계화"해 분석·제시하고 사회적·경제적으로 기대되는 "최적 수준의 규제활동을 식별"할 수 있게 하기 위한 규제지형도(regulation map) 작성이 필요하다. 이에 기초해 다중규제와 중복규제를 개선할 필요가 있다. 또한 복잡한 인허가과정을 획기적으로 감축하기 위한 원스탑 서비스(One-Stop Service) 제도와 인허가과정을 완전히 공개해 부패의 고리를 사전에 차단하는 효과를 거둘 수 있다.

셋째, 규제담당자와 규제대상자는 항상 결탁과 부패의 소지가 있기 때문에 사회적 감시자의 역할이 중요하다. 환경정책이 결정되고 집행이 이루어지는 절차와 과정, 참여자와 역할을 기록하고 이를 공개하는 것은 부패 제거의 기본이다. 특히 언론과 환경단체의 비판과 감시 역할은 기

---

14) 물론 1994년 이후로는 각각의 배출업소들을 공단지역과 공단 외 지역으로 나누어 환경관리청과 지방자치단체가 분담하여 관리하고 있다.

업등 규제대상집단에게 비용부담이 집중되어 강력하게 반발하는 현상이 나타나는 환경규제의 성공을 위해서는 불가결한 요소이다. 시민은 환경오염의 피해자이고 환경규제의 수혜자이면서도 그들이 이해관계를 결집시킬 정도로 집중되어 있지 못하고 분산되어 있기 때문이다. 그러나 이러한 언론과 환경단체의 기업가적 정치가 역할을 떠받치고 있는 것은 역시 환경의식이 성장한 일반 시민들이기 때문에 이들의 협조와 지지를 받는 것 역시 환경분야에서 부패를 줄이는 데 매우 중요한 요소로 작용한다. 이를 위해 환경행정분야에 주민참여기회를 크게 확대해야 할 것이다. 대표적으로 단속과정에서의 부패를 줄이기 위해 지역주민이 단속과정에 직접 참여하도록 하는 제도적 장치를 강구해야 할 것이다.

넷째, 무엇보다 환경정의의 관점에서 제도운영이나 자원배분에서 형평성이 확보되면 환경분야에서 부패의 소지는 매우 협소해짐을 인식하는 것이 중요하다. 환경정의에서는 형평성의 원리가 중요하며, 공평한 부담의 원칙이 강조되고 있다. 예를 들어, 수질오염규제정책에서 4대강 수계 상류지역에 환경 부패가 많이 발생하는데, 이들은 규제는 평균 이상으로 과도하게 받으면서 혜택은 빈약했기 때문에 규제에 순응하고자 하는 의욕이 약했다. 또한 이들을 규제하는 지방자치단체 역시 지역발전을 의식하여 형식적인 단속에 머물게 되는 것이다.

마지막으로 생태적 지속가능성 확보를 위한 근본적인 문제해결을 위해서는 현 세대의 책임을 강화할 필요가 있다. 즉 현 세대의 책임과 비용 부담이 강화되어야 할 것이다. 이는 현세대의 타협의 산물로 나타나는 제도의 사회적 비용을 부담하게 될 후세대의 권리보호를 위해 필요하다. 뿐만 아니라 환경비용은 사전예방비용이 사후처리비용보다 저렴한 경우가 대부분이므로 사전예방위주의 환경정책을 강화함은 물론 환경오염에 대한 위반행위에 대한 제재를 강화해야 할 것이다. 이러한 맥락에서 환경정의적 관점은 단순히 환경정책에만 한정하지 않고, 모든 공공정책에 적용될 수 있는 제도적 장치가 구축되어야 할 것이다.

【참고문헌】

● 국내문헌

권해수. 1997, 「한국의 환경 갈등, 환경 운동 그리고 환경 정의」, ≪계간 환경과 생명≫ 통권 14호, 서울: 환경과생명사.

＿＿＿. 2000, 「환경정의 관점에서의 환경정책 평가와 과제」, ≪계간 환경과 생명≫ 통권 23호, 서울: 환경과생명사.

권해수 외. 1999, 『규제일몰제의 성과확보를 위한 실천수단 개발』, 국무조정실

김병완. 1995, 「환경정책 결정에 있어서 정·경·관의 삼각관계」, ≪한국행정연구≫ 4(3), 서울: 한국행정연구원.

김영종. 1993, 『부패학: 원인과 대책』, 서울: 숭실대학교 출판부.

김용건 외. 1997, 『배출규제 위반행위에 대한 감시·감독제도 개선방안』, 서울: 한국환경정책·평가연구원.

김창수. 2000, 「환경정책 집행영향요인의 분석」, 서울대학교 대학원 행정학박사학위논문.

김해동. 1991, 「체제부패와 공공정책의 관계에 관한 연구」, ≪행정논총≫ 29(1), 서울대학교 행정대학원.

김해동. 1992, 「관료부패 통제의 논리」, ≪행정논총≫ 30(1), 서울대학교 행정대학원.

김해동·윤태범. 1994, 『관료부패와 통제』, 서울: 집문당.

김제덕. 1995, 『목탁의 속은 왜 비어있는가』, 서울: 새벽소리.

대검찰청. 1996, 『환경사범 수사사례집』.

＿＿＿. 1999, 『환경사범 수사사례집』.

문정인·모종린 편. 1999, 『한국의 부정부패: 그 비용과 실태』, 서울: 도서출판 오름.

박상건. 1995, 『일류공무원 삼류행정』, 서울: 창공사.

박재완. 1993, 「사회적 함정과 도덕적 배임」, ≪사회과학논평≫ 11, 사회과학연구협의회.

박재완. 1998, 「현입관료의 부패모형과 정책시사점」, 『21세기 한국사회를 위한

부정부패방지의 종합적 처방』, 제4회 한국부패학회 학술대회 논문집.

부산지방검찰청. 1997, 『환경범죄백서』.

부정방지대책위원회. 1994, 『환경부조리 실태 및 방지대책』.

부정방지대책위원회. 1995, 『국제 반부패활동의 동향』.

부정방지대책위원회. 1998, 『공직자비리의 처벌실태 및 방지대책』.

사공영호. 1998, 「정부규제관료의 포획에 관한 연구」, 서울대학교 박사학위 논문.

아마티아 센, 이상호·이덕재 옮김. 1999, 『불평등의 재검토』, 서울: 한울.

양진철 편. 1995, 『렌트추구행위의 사회적 비용』, 성남: 세종연구소.

유재원 외 4인. 1995, 「환경규제권의 분권화효과」, ≪한국행정학보≫ 29(1), 한국행정학회.

이상한. 1997, 『환경법의 경제학적 분석』, 서울: 한국경제연구원.

이은영 외. 1997, 『부정부패의 사회학』, 서울: 나남.

이종원·김영세. 2000, 『부패의 경제』, 서울: 도서출판 해남.

임재민. 1998, 「정책유형별 부패양상에 관한 연구」, 서울대 행정대학원 행정학석사학위논문.

임종철 외. 1994, 『한국사회의 비리』, 서울: 서울대학교 출판부.

전영평. 1994, 「환경규제 실패의 모형구성과 그 적용」, ≪한국정책학회지≫ 3(2), 한국정책학회.

정회성. 1999, 「환경분야 부패방지 대책 연구」, 한국행정학회 특별세미나 발표논문, 한국행정학회.

_____. 2000, 「오염자 부담의 원칙과 환경적 공평성에 관한 소고」, 환경정의시민연대 환경정의포럼 발표논문

최병두. 1999, 『환경갈등과 불평등』, 서울: 한울.

최병선. 1993, 『정부규제론: 규제와 규제완화의 정치경제』, 서울: 법문사.

최병선·사공영호. 1997, 「부정부패와 정부규제」, ≪한국행정연구≫ 5(4), 한국행정연구원.

토다 기요시, 김원식 옮김. 1996, 『환경 정의를 위하여』, 서울: 창작과비평사.

하혜수 외. 1999, 「일몰방식의 행정제도에 관한 비교연구: 미국·프랑스·독일·일본을 중심으로」, ≪한국행정학보≫ 33(2), 한국행정학회.

한국형사정책연구원. 1990, 『환경범죄의 현황과 대책』.

_____. 1993a, 『환경범죄의 실태와 규제방안』.

_____. 1993b, 『현행 환경범죄 처벌법규의 문제점과 대책』.

_____. 1996, 『환경형법의 이론적 문제점에 관한 연구』.

_____. 1998, 『공무원 부정부패의 실태 및 대책』.

한국환경정책·평가연구원. 1999, 『환경분야 부패방지 대책』.

환경부. 1998a, 『지방환경행정의 기능 및 조직체계 정비방안』.

_____. 1998b, 『환경범죄수사실무편람』.

환경부 감사관실. 1997, 『종합감사결과보고서』.

_____. 1998, 『종합감사결과보고서』.

환경부 법무담당관실. 1999, 『환경법령연혁』.

홍준형. 1994, 『환경법』, 서울: 한울.

_____. 1996, 「시민환경주의(Civic Environmentalism)와 그 환경법정책적 의미」, 《환경법연구》 제18권.

황혜신. 1999, 「광역상수원 수질보전정책의 집행에 관한 연구」, 서울대학교 행정대학원 행정학 석사학위논문.

● 국외문헌

Anderson, Frederick R. et al. 1977, *Environmental Improvement Through Economic Incentives*, Baltimore and London: The Johns Hopkins University Press.

Camacho, David E.(ed.). 1998, *Environmental Injustice and Political Struggles*, Durham & London: Duke University Press.

Dobson, Andrew. 1998, *Justice and The Environment*, New York: Oxford University Press.

FreemanⅢ, A. Myrick. 1994, "Economics, Incentives, and Environmental Regulation," in *Environmental Policy In The 1990s: Toward A New Agenda*, 2nd ed., Vig, Norman J. and Michael E. Kraft, A Division of Congressional Quarterly Inc., Washington D. C.

Hawkins, Keith. 1984, *Environment and Enforcement: Regulation and the Social*

Definition of Pollution, Clarendon Press: Oxford.

John, DeWit. 1994, *Civic Environmentalism, Alternatives to Regulation in States and Communities*, CQ Press.

Levi, Michael and David Nelken, *The Corruption of Politics and the Politics of Corruption*, Oxford, UK; Blackwell Publishers Ltd.

Mitnick, Barry M. 1980, *The Political Economy of Regulation*, New York: Columbia University Press.

Newton, David E. 1996, *Environmental Justice: A Reference Handbook*, ABC-CLIO: Santa Barbara.

Richter, William L. 1990, *Combating Corruption*, Washington D.C.

Ringquist, Evan J. 1997, "Environmental Justice: Normative Concerns and Empirical Evidence," in *Environmental Policy In The 1990s: Reform or Reaction?*, 3rd ed., Vig, Norman J. and Kraft, Michael E., A Division of Congressional Quarterly Inc., Washington D. C.

Rubin, David M. & David P. Sachs. 1973, *Mass Media and the Environment*, New York: Praeger.

Sunstein, Cass R. 1990, *After the Rights Revolution: Reconceiving the Regulatory State*, Harvard University Press.

Williams, Bruce A. & Albert A. Matheny. 1984, "Testing Theories of Social Regulation: Hazardous Waste Regulation in the American State," *Journal of Politics*, 46(May).

Wilson, James Q. 1980, *The Politics of Regulation*, New York: Basic Books, Inc.

_____. 1986, *American Government*, 3rd ed., Lexington, MA.: D.C. Health and Company.

부패방지법과 시민운동

이 은 영
(한국외국어대학교 교수, 법학과)

1. 서론

각국에서 최근 십년간 새로운 부패추방의 운동을 주도해온 주체는 시민단체(NGO)였다.[1] 과거에 정부나 몇몇 출중한 정치인이 부패척결의 정책을 펼쳤던 것과는 대조적이라고 할 수 있다. 건전한 시민의 존재와 시민단체의 조직적 활동이 부패를 방지하는데 필수적이라는 점에 대해서는 의심의 여지가 없다.[2] 시민단체의 부패추방운동은 초기의 법제정 운동의 단계를 넘어 부패방지정책의 형성과 수행에 직접 참여하는 단계에 이르고 있다. 부패를 고발한 시민에 대한 포상, 민간부패고발센터의 운영, 부패추방행사의 주최, 시민감사관제도, 시민감사청구제도 등 여러 방면에서 행정적 참여가 전개되고 있다. 이러한 시민단체의 부패방지활동 활성화를 위해서는 그 전제조건으로 행정정보의 공개를 통해 시민단

---

1) 박원순, 『NGO: 시민의 힘이 세상을 바꾼다』, 예담출판, 1999.
2) 이러한 시민단체의 역할은 OECD에 의해서도 상당히 강조되고 있다. OECD의 1998년 조사에 의하면, OECD 회원국가 내에서 성실성(integrity)이 가장 높은 분야(기관)로서 NGO가 최고의 평가를 받았다. 부패방지를 위한 개혁방안에서도 권한이양, 정치자금개혁, 금융개혁과 함께 NGO의 발전을 제시하고 있어서, NGO가 반부패에 상당한 기여를 할 수 있음을 제시하였다(OECD, *Results of the Pilot General Participant Survey —Combating Corruption in Transition Economies*, 1998).

체가 행정기관과 행정활동에 대해 충분한 정보를 보유할 수 있게 될 것, 이를 바탕으로 행정기관의 활동에 대한 감시가 가능할 것이 요구된다.

이 글에서는 부패방지법을 중심으로 시민운동과의 관계를 살펴보려고 한다. 시민단체가 부패추방운동을 벌이면서 특히 「부패방지기본법(안)」의 제정을 향한 입법운동에 역점을 둔 이유는 법치주의에 충실하게 시민의식과 입법을 연결시키겠다는 의지가 있는 것이라고 해석할 수 있다. 시민단체가 부패추방에 관한 법률을 정비하자는 의견을 제안한 것은 1990년대 중반이었고 시민단체는 이 입법운동을 꾸준히 벌여왔지만 2000년 초반에 이르기까지 그 입법은 이루어지지 못하고 있다. 부패추방운동에는 누구도 부패추방이라는 당위명제를 표면적으로 거부하기 힘든 것처럼 보이지만, 자세히 보면 입법을 할 것인가 어떤 내용의 입법을 할 것인가를 놓고 논쟁의 여지는 얼마든지 있다.

2. 규범과 시민운동

사회가 변화하면서 시민들의 규범의식도 빠르게 변화하고 있다. 그 변화의 양상을 단적으로 나타내 주는 현상들 중 대표적인 것은 「시민단체들의 법불복종운동」과 「시민단체에 의한 입법운동」이라고 여겨진다. 전자는 실정법에의 복종을 거부하겠다는 의지를 전면에 내세우고 있는 반면에 후자는 실정법의 공백을 보충하려는 의지를 전면에 내세우고 있다. 그렇지만 조금만 더 깊이 관찰해 보면 양자에 공통된 법의식이 상당부분 존재함을 알 수 있다. 먼저 시민의식의 발전이 있고 이에 따라 실정법을 초월한 규범의식이 형성되고 그 규범의식을 실정법화시키려고 한다는 점에서는 양자가 공통된다. 다만 실정법에 그 규범의식에 충돌하는 규정이 있는가 아닌가에 따라 운동의 양상이 달라질 뿐이다. 실정법에 충돌규정이 있는 경우에 시민들은 법불복종운동을 벌이고, 그 충돌규정이 없는 경우에는 입법운동을 벌인다. 경우에 따라서는 법불복종운동에서 하려는 현행규정에 대한 거부는 새로운 입법에 대한 요구와 병행되기도 한다.

시민단체의 규범의식은 어떤 경로로 형성되는 것인가. 그 규범의식은 과연 정당성을 갖는 것일까. 근래 시민단체가 주도하고 있는 새로운 규범의식의 형성은 법철학적인 측면에서도 여러 가지의 문제점을 시사해 주고 있다. 시민단체에 관여하지 않는 시민들은 어느 날 갑자기 신문보도나 방송뉴스 등을 통해 시민단체들이 새로운 운동을 벌이기 시작했음을 알게 된다. 이 뉴스를 접한 시민들은 동료·친구·가족 등과의 비공식적인 자리에서 그 운동에 대해 찬성이나 반대의 의견을 나눈다. 정부나 국회의 관련자들은 시민들의 반응에 깊은 관심을 갖고 그 추이를 주시한다. 시민들의 반응을 청취하는 수단이 되는 것은 일차적으로 언론이 행하는 시민인터뷰이고, 좀 더 과학적인 방법을 동원하는 경우에는 갤럽 등 여론조사기관에 위탁하여 행해지는 여론조사결과가 참여자들의 지지율을 정확히 퍼센트로서 나타내 준다. 근래 시민단체가 벌이는 규범관련 운동들은 대개의 경우 시민의 지지도가 과반수를 훨씬 넘고 있다. 시민인터뷰나 여론조사를 통해 시민의 지지도가 과반수를 넘는다는 것이 드러나면 그 시민운동은 권위를 부여받게 되고 사실상의 실행력을 갖게 되어 전국으로 그 지지가 확산된다. 그 새로운 규범에 대해 반대의 이익을 가지는 집단은 그 시민운동을 비난하고 불법임을 강변하려 든다. 이익단체는 정부나 국회의 실력자에 대해 로비를 시작하기도 한다. 정부나 국회는 일정기간 동안 그 시민운동에 대해 곤혹스러워하는 태도를 견지하다가, 어느 순간부터 슬그머니 그 운동을 방관하거나 측면에서 지원하는 경우가 많다. 이 단계에 이르게 되면 법률에 관한 한 입법작업이 착수되어야 하겠지만, 반대의 이익단체가 있는 경우에는 그 착수가 그리 쉽지만은 않다. 시민단체가 제안한 일부 법안은 국회를 통과하고 어떤 법안은 국회의 문턱을 넘지 못한 채 시민운동의 과제로 계속 남기도 한다.[3]

---

3) 한국법제연구원 간, 「입법이론연구(1): 입법기초이론과 입법기술」, 연구보고

3. 외국의 예

1) 부패방지의 입법

외국에서 부패 방지에 관한 입법을 어떻게 했는가 살펴보면, 많은 나라들이 20세기 초에 부패방지에 관한 중요법률들을 제정했다는 것을 알 수 있다. 영국에서는 1889년에서 1916년에 걸쳐 세 차례 「부패방지법」의 입법이 있었다. 미국에서는 부패방지를 위한 종합법을 두기보다는 개별적인 사안별로 「정부윤리법의 특별검사규정」, 「공직개혁법 중 내부고발자보호조항」, 「세금개혁법 중 정보공개조항」등 세부적인 법률을 통해 치밀하게 규제하고 있다.

미국의 해외부패관행법(Foreign Corrupt Practices Act)은 1934년 제정된 증권거래법을 1977년 공개기업의 변칙적인 회계처리 및 기록관리를 금지하기 위한 목적으로 개정하면서 그 개정조항에 대하여 붙인 별칭이다. 이 법은 미국기업이 해외에서 외국공무원에게 뇌물을 제공하는 행위를 처벌할 수 있는 근거규정이 된다. 캐나다, 스웨덴, 스위스, 터키, 헝가리, 뉴질랜드, 노르웨이 등의 국가들도 이와 유사한 법률을 가지고 있다. 이 법은 미국기업이 외국정부의 공무원, 정치인 등에게 금전, 선물 등을 주는 것을 금지한다. 뇌물제공은 해당기업의 영업활동의 유지 또는 획득을 목적으로 하는 것이다. 이 금지규정을 통해 뇌물수령자의 직무상 권한 범위내에서의 행동과 결정에 영향을 미치게 하거나, 수령자의 영향력이 미치는 기관이나 정부의 행위와 결정에 영향을 미치게 하는 것을 방

91-13, 114쪽에서는 "법이 실현해야 할 가치가 있다면 법정책은 당연히 그것을 지향하여 수립되지 않으면 안된다. 그러한 법의 가치목적으로서 가장 먼저 지적할 수 있는 것은 정의의 이념이다. … (중략) …또한 이러한 정의성과 아울러 효율성을 지적할 수 있다. 법제도는 될 수 있는 한 무모하게 사용되지 않도록 설계되어야 한다는 의미에서 효율성의 원칙은 확실히 입법정책의 평가기준이 되지 않으면 안된다. 이것은 또한 입법정책의 유효성과도 관련되는 것이다"라고 하였다.

지한다. 이 금지규정에 위반하는 행위를 한 기업은 2백만 달러 이하의 벌금형에 처해진다. 법무부장관은 특정기업(또는 개인)의 행위가 이 금지행위에 해당하는 때에는 영구적 제재나 임시적 제한명령을 받기 위해 민사소송을 제기할 수 있다. 이 민사소송에 의해서는 1만 달러 이하의 과태료가 부과된다. 미국은 OECD의 반부패활동과 별도로 다른 나라들도 기업이 외국공무원에게 뇌물을 준 경우 처벌할 수 있는 법규정을 제정할 것을 요구하고 있다. 또한 미국은 미국중앙정보국(CIA)등 정보기구를 통해 미국기업이 참가하는 해외입찰과정에서 뇌물을 주고 받는 행위를 조사하겠다는 방침을 발표하였다.

독일에서는 동서독통일 이후 다량의 상품수요와 외환부족이 발생하고 그에 수반해 부패를 동반하는 불법 거래가 생겼다. 이에 따라 부패와 관련된 불법적인 돈의 흐름과 같은 범죄행위는 더욱 쉽게 이루어 질 수 있는 환경이 조성되었다. 독일 형법에는 부패에 관련된 공무원 뿐 아니라 민간기업이나 외국기업 등도 처벌의 대상이 되도록 규정되어 있으며 실제로 법집행에서 공직자의 부정부패는 엄중히 처벌되고 있다. 그럼에도 불구하고 독일에서는 부패를 척결하기 위하여 좀 더 강력한 법적 장치를 만들어야 한다는 의견이 강해지자 1997년 부패방지법을 제정하였다.

최근 주목을 끌고 있는 독일의 부패방지법(Gesetz zur Bekämpfung der Korruption, 1997. 8. 13)의 주요내용을 소개하면 다음과 같다.

첫째, 형법과 관련해 새로운 부패 유형을 범죄행위에 추가하고 부정자금의 환수를 꾀하는 등 새로운 내용을 규정한다. 특히 "민간기업의 영업행위와 관련된 불법담합·뇌물수수" 등 부정부패행위를 엄중 처벌하며, "조직적 범죄의 경우에 재산형과 부정한 재산의 환수"를 명할 수 있도록 한다. "물건 또는 영업상 급부에 관한 공고(Ausschreibung)에 있어서 발주자가 특정한 공급의 수령을 승인하도록 야기할 것을 목적으로 한 불법적 담합에 근거하여 공급을 제안한 자는 최고 5년의 자유형 또는 벌금형에 처한다"고 규정한다(독일형법 제298조 추가). 영업관계에서 중(重)수뢰와 중(重)뇌물공여에 관해서는 "영업상의 관계에서 종업원 또는 영업상 기업의 대리인으로서 자신 또는 제3자를 위하여 불법적인 방법에 의한 경쟁에서 물건의 구입이나 영업상 급부에 의해 다른 사람에게 특권을 부여한 것에 대한 대가로서 이익을 요구, 약속 또는 수수한 자는 최고 3년의 자유형 또는 벌금형으로 처벌된다"고 규정한다(독일형법 제299조 추가). 영업관계에서의 중(重)수뢰와 중(重)뇌물공여가 특히 심한 경우 최저 3개월에서 최고 5년까지의 자유형으로 처벌된다. 이러한 범죄행위의 경우에, 그 행위자가 영업상 또는 그러한 행위가 계속된 범행으로 결부되는 단체의 일원으로서 행위한 때에 재산형과 확장된 재산환수(Vermögensstrafe und erweiterer Verfall)가 행해진다(독일형법 제302조 추가).

둘째, 근무기간 만료 후 부정행위를 규제하기 위해 부패방지법에 의해 독일연방 공무원법을 부분적으로 개정했다. 즉 "공무원자격이 끝난 후의 공무원은 공무와 관련하여 보상이나 선물을 받아서는 안된다. 예외의 경우, 상부 관청 또는 전직 상부 관청의 동의가 필요하다. 동의의 권한은 다른 관청에 위임할 수 있다"고 규정한다(연방공무원법 제70조의 추가).

셋째, 내부비리제보자에 대한 보호 및 예우 규정을 위해 독일연방 공무원징계규정도 개정했다. "직무로부터 면직된 경우에 보상이나 선물의 수령금지에 위반한 전직 공무원이 만약 그가 분명하게 사실에 대해 알고 있고 특히 형법전의 제331조 내지 335조에 따라 범행을 저지하거나 또는 자신의 유일한 행위의 기여에 대해 해명하였다면, 전직 상부 직무관청은 전직 공무원에게 매달 생계이행의 승인을 약속할 수 있다"고 규정한다(공무원징계규정 제11a조 추가). 그밖에 보험, 연금 혜택도 받는다.

넷째, 군인의 부정행위를 방지하기 위해 군인법을 개정한다. 즉 "군인은, 병역에서 제외된 후에도, 자신의 직무관계에서 어떤 보상이나 선물을 수령해서는 안 된다. 예외로 연방국방장관의 동의가 필요하다. 동의의 권한은 다른 관청에 위임될 수 있다"고 규정한다. 내부비리제보자를 보호하기 위해 "직무관계에서 면직된 보상이나 선물의 수령금지에 위반

한 전직 직업군인이 분명하게 사실에 대해 알고 있고 특히 형법전의 제
331조 내지 335조에 따라 범행을 저지하거나 또는 자신의 유일한 행위
의 기여에 대해 해명하였다면, 연방국방장관은 전직 공무원에게 매달 생
계이행의 승인을 약속할 수 있다"는 등으로 군징계규정을 개정하였다.

아시아에서도 여러 나라가 종합적 부패방지법을 제정, 시행한다. 동남
아국가는 경제발전과 더불어 생기는 부패문제 해결을 위해 강력한 법적
제재수단을 동원했다. 싱가포르는 「부패방지법」(Prevention of Corruption
Act, 1993)을 제정했으며, 정부가 투명한 사회를 만들기 위해 집중적인
노력을 기울여왔다. 이밖에 「부정축재 몰수법」 등 부패관련법률을 대대
적으로 정비했다. 이와 더불어 "부패행위조사국"이라는 대통령 직속의
사정기관을 검찰과 별도로 두어 부패사건을 처리하게 한다. 대만, 말레
이시아, 홍콩, 태국, 필리핀에도 부패방지를 위한 법률이 제정되어 있다.

이상에서 보듯이 많은 국가가 20세기 초 뇌물수수행위를 처벌하는 규
정을 형법 또는 특별법에 설치했으며, 20세기 후반 들어 그것만으로 거
래에 수반하는 여러 가지의 부패 유형을 규율할 수 없자 광범위한 부패
추방정책을 수행하기 위한 특별법과 특별기관을 설치하는 추세에 있다.

국제적 부패추방운동이 활발해지면서 부패추방관련 국제규범도 증가
하게 되었다. 경제협력 개발기구(OECD)는 국제거래에서 부정행위를 없
애기 위한 첫 움직임으로써 1976년 「국제투자 및 다국적기업위원회」
(Committee on International Investment and Multinational Enterprises)를
결성하였고, 이 위원회는 "다국적기업의 행동기준에 관한 OECD지
침"(OECD Guidelines for Multinational Enterprises)을 발표하였다. 이 지
침에서는 다국적 기업의 행동지침으로서 주재국 공무원에 대해 뇌물이
나 부정한 이권을 제공하지 말 것 등을 정하였다. 그러나 이 지침은 처
벌규정의 미비로 구속력을 갖지 못했고 그 결과 부패방지의 효과를 거두
지 못하였다. 1994년에 "국제투자 및 다국적기업위원회"는 "국제적 영
업거래에서 뇌물방지에 관한 OECD각료 이사회의 권고"(Recommen-

dation of the Council of the OECD on Bribery in International Business Transaction)의 안을 만들었다. 이 권고의 주요내용은 회원국들이 국제거래에서의 뇌물제공을 방지하고 처벌하기 위한 법규와 제도를 정비할 것, 부정부패사건을 조사하고 처벌하기 위한 국가간 협력조치를 마련할 것 등이다. 이에 따라 회원국은 자국기업이 국제거래에서 타국 공무원에게 뇌물제공 등의 부정행위를 하지 않도록 입법조치등을 취해야 할 의무를 진다. 즉 회원국은 외국공무원에 대한 뇌물공여를 금지하기 위하여 형법, 민법, 상법, 행정법, 조세법, 기업회계기준, 기타 관계법령에 명백한 규정을 설치해야 한다. 이 권고에서는 실효성을 확보하기 위하여 「국제투자 및 다국적기업위원회」로 하여금 작업반(working group)을 구성하여 각국의 추진상황을 점검하고 평가를 실시하도록 한다.

2) 부패추방의 기구 및 시민운동

외국의 부패추방운동 유형은 통상 다음과 같이 분류된다. 첫째, 정부기관의 주도로 부패추방의 시민운동이 활성화된 경우로, 그 대표적인 예가 홍콩의 "염정공서"가 추진한 기업윤리 캠페인과 독일의 "부패추방범국민기구"이다. 둘째, 특정사건을 계기로 일시적으로 시민의 부패추방운동이 확산된 경우로, 이탈리아의 "마니폴리테 운동"이 이에 해당한다. 마지막으로 시민들의 자발적인 단체결성과 그를 바탕으로 하여 부패추방운동이 전개된 경우로서, 미국의 "코먼코즈운동"이 대표적인 예이다.[4] 이러한 부패추방운동은 각국에서 입법의 결실을 보게 되었는데, 그 대표적인 예가 1997년 독일의 부패방지법(Gesetz zur Bekämpfung der Korruption)이다.

홍콩의 염정공서(廉政公署, Independent Commission Against Corruption)는 부패추방 전문기구로서 세계적으로 유명하다.[5] 1970년대 이래 홍콩은

---

4) 국무조정실 의뢰 연구용역보고서 10, "공직자 윤리규범 및 국민의식 개선 연구" 한국정신문화연구원 1999년 5월, 225쪽 참조.
5) 감사원 부정방지대책위원회 역, 『1995 廉政公署(ICAC)年報』, 감사원, 1996 참조.

염정공서령(廉政公署令)을 제정해 부정부패추방을 위한 지속적인 노력을 전개했고 1990년대에는 상당한 성과를 거두었다고 평가받는다.[6] 홍콩의 부패추방캠페인의 특징은 정부최고책임자였던 홍콩총독(Governor)이 부패추방의 강력한 의지를 가지고 법령을 제정하고 염정공서라는 국가기구를 설립했다는 점에 있다. 총독이 임명한 염정공서장(廉政公署長)은 부패추방과 관련된 업무에 관해서 정치적 독립성을 갖는데, 오직 총독에 대해서만 책임을 지고 전 직원의 임면권을 가짐으로써 인사의 자율성을 갖는다. 업무의 독립성은 염정공서에 고발된 왕립경찰기구 관련사건을 포함한 모든 부패사건에 대한 조사활동의 중립성을 엄격하게 보장하는 효과를 갖는다. 이로써 염정공서는 어떠한 요인에 의해서도 간섭 받지 않고 부패사건에 대한 조사활동을 벌일 수 있다. 특히 내부비리제보자의 보호제도를 채택해 부패고발자의 신원과 비밀을 철저하게 보장하고 고발내용에 대한 자료의 보안을 철저하게 관리했다. 시민이 염정공서에 고발한 부패사건은 아무리 사소한 것이더라도 철저하게 조사되어 고발자에게 그 경과를 통지하도록 되어 있다. 염정공서의 설치법률에는 세 가지 부패추방과제로서 '조사 및 처벌', '예방' '교육'이 규정되어 있는데, 이 중 예방과 교육은 장기적 부패추방정책으로서 지속적으로 수행될 수 있는 것이다.

독일에서는 1996년 정부주도 아래 정치인·기업가·시민단체 회원들이 참여한 「부패추방범국민기구」가 발족됐다.[7] 이 국민기구는 정부, 지방

---

6) 이 부패추방노력은 홍콩이 국제교역과 투자 및 금융의 중심시로 부각되는 경제발전과정과 동시에 전개되어 성과를 거두었다는 점에서 특히 인정받고 있다. 홍콩은 부패추방을 위한 중·장기적을 계속적으로 전개하였고, 단기적 즉흥적인 정책의 실패로 국민들을 냉소적으로 만들지 않으려고 노력하였다. 정부부패에 관한 인식조사에서도 1977년도의 조사에서는 38%가 정부에 부패가 만연하여 있다고 응답했으나 1994년에는 단지 7.8%가 같은 응답을 함으로써 그간의 변화를 보여주었다. 1974년 홍콩의 염정공서가 경찰과 일반정부부처 및 정치적 영향에서 독립된 부패방지 전담기구로서 발족하였다. 이 염정공서를 중심으로 벌인 부패추방노력은 홍콩의 국제적 성장의 밑거름이 되었고 홍콩인들의 생활수준과 삶의 질을 높이는 데에 기여했다.

7) Transparency International, "The Corruption Perception Index," 1998 참고.

자치단체, 다국적기업 등을 철저히 감시해 위법사항이 나타나면 검찰에 고발하는 활동을 하고 있다. 정부는 이에 보조를 맞추어 뇌물을 제공한 기업에 대해서는 영업허가를 취소하는 등 강력한 조치를 취하기로 결정하였다. 베를린 시정부는 시청에 행정부패방지위원회를 설치하였는데, 이 위원회는 내무부·공정거래청·세무서 등의 부처에서 파견된 공무원과 검사를 포함해 모두 17명의 부패전문위원으로 구성됐다. 이 위원회는 시민단체의 협조를 받아 시중에 떠도는 비리관련 정보를 수집한 뒤 정식 수사의뢰를 하거나 해당 부처에 통보해 관이 개입한 유착비리를 사전에 방지하는 것을 주임무로 하고 있다. 이에 힘입어 독일 연방범죄조사국에 따르면 공무원 범죄 적발 건수가 1994년의 1천3백20건에서 1995년에는 8천4백50건으로 7배나 늘었다. 이 위원회에서는 활동결과를 바탕으로 부패방지 지침을 만들어서 공무원들의 선물수수를 금지시켰고, 20만 마르크 이상의 공공건축공사 발주는 반드시 공개입찰을 거치도록 했다.[8]

이탈리아에서는 요람에서 무덤까지 검은 돈이 따라간다는 얘기가 나돌 정도로 각 도시들이 '탄젠토폴리'(뇌물도시)로서 부패로 인한 부조리에 시달렸으나, 1992년부터 전국적으로 "마니 폴리테(깨끗한 손)"라는 구호아래 검찰의 부패사범 수사가 펼쳐졌다. 전직 총리를 포함해 정치인, 기업인 등 모두 1천9백11명이 부패혐의로 기소됐고, 이 가운데 5백76명은 형이 확정되었다. 시민들은 마니폴리테운동에 대하여 적극적인 지지를 보내면서 부패척결을 요구하는 시위를 벌이기도 했다. 1993년 당시 베를루스코니 총리가 구속후 수사할 수 있도록 되어 있던 예비구금제를 폐지하기로 결정하자, 로마와 밀라노 등 이탈리아의 주요 도시에서는 수

---

8) 독일은 시민단체의 천국이라고까지 불리운다. 독일 전국에 약20만 개의 크고 작은 단체가 각 부분에서 활동하고 있고, 시민단체들은 실증적 연구를 바탕으로 대안제시까지 하고 있어 정책전반에 대한 영향력이 크다. 과거에는 시민단체에 이름에 부패(코룹치온)라는 단어가 들어가는 곳은 없었지만, 여러 영역에서 감시·비판활동을 통해 부패추방의 효과를 거두고 있었다. 그러나 1990년대에 접어들면서 공직자 비리의 문제가 빈번하게 드러났고, 이에 따라 전문적인 부패추방운동의 필요성이 인식되었다.

십만명의 시민들이 관공서에 달걀을 던지며 "마니 폴리테를 방해하지
말라"고 외쳤다. 그리고 시민들은 의회가 부패혐의를 받고 있는 의원들
의 면책특권을 박탈하자는 건의안을 부결시킨 때에도 시위를 하였다. 그
러나, 이탈리아의 부패추방 시민운동은 그것을 주도한 피에트로 검사가
정부와의 갈등으로 인해 사표를 내고 뇌물수수의 혐의를 받게 된 이후에
쇠퇴하게 되었다. 피에트로검사는 사임한 뒤 뇌물수수 등의 혐의로 검찰
에 의해 기소되었으나 1심에서 무죄로 판명돼 명예를 회복했다. 그러나
부패추방 시민운동은 예전의 기세를 되살리지 못하였고, 마니폴리테운동
을 지지하던 시민단체들 중 몇몇은 해체되었다. 마니폴리테운동이 지속
적인 성과를 거두지 못하고 수그러든 이유는 시민들은 양심적인 검사들
의 거사로 출발한 부패추방에 협력하였을 뿐 스스로 주체가 되어 시민운
동을 전개할 수 있는 조직화작업을 하지 못했기 때문으로 분석되었다.

미국에서의 대표적인 부패추방 시민운동 중 하나로서 "코먼코즈운동"
이 거론된다. 1970년에 결성되어 미국의 모든 주에 걸친 지역본부를 둔
"코먼 코즈"(Common Cause)라는 정치감시 시민운동단체는 '공공의 대
의'라는 이름에 걸맞게 "정직하고, 열려 있고 투명하게 헤아릴 수 있는
정부를 만들자"는 표어를 유명신문에 광고하여 약25만 명의 회원을 모
았다. 이 단체는 "우리는 특정 이익집단의 이해가 아닌 시민 전체의 이
익을 위해 존재한다. 시민들은 어느 정당에도 속하지 않는 중립성과 정
확한 정보의 위력을 신뢰한다. 이것이 우리와 다른 로비단체를 구별짓는
핵심요소다"라고 강조하였다. 미국 정치인들에게 코먼 코즈는 공포의 대
상이 되어 왔다. 자신들의 돈 씀씀이와 관련한 행적을 하나하나 감시해
비리사실을 낱낱이 집어내기 때문이다. 1995년 이 단체는 미국하원의장
인 깅그리치의 방송규제완화에 관여된 로비추문이 드러난 뒤 그 관련회
사인 하퍼콜린스사와의 계약철회를 요구하였고 특별검사의 조사결정을
이끌어냈다. 이 단체는 의원들과 보좌관들이 가족과 절친한 친구를 뺀
누구한테서든 식사 대접은 물론 선물용 티셔츠나 운동모자까지 받지 못

하도록 하는 엄격한 「로비규제법」이 제정되는데 큰 기여를 하였다. 그리고 대기업이 정당에 주는 정치자금인 '소프트 머니'를 제한하는 제도 마련을 위해 운동하고 있다. 특정 이익집단이 의원 개인에게 정치자금을 제공하는 통로인 정치행동위원회의 기부금은 5천 달러로 제한되어 있지만 기업의 소프트 머니는 한도가 없기 때문에, 소프트머니에 부정부패의 소지가 개입할 수 있기 때문이다.[9]

4. 시민단체의 부패방지법제정운동

우리나라의 부패방지법제정운동은 1990대 후반에 본격화하기 시작한 시민단체의 입법운동의 일환이라고 볼 수 있다. 1980년대에 이르기까지 반체제운동이 지배적이었고 시민운동은 한 귀퉁이에서 관청주도의 비주체적인 성격을 가지면서 명맥을 유지해 왔었다. 이와 대조적으로 1987년의 정치민주화 이후에 시민운동이 활성화되면서 합법적인 시민운동이 전개되었고, "부패추방"은 그 운동의 한 내용으로서 자리잡게 되었다. 참여연대, 경실련, 반부패국민연대 등의 시민단체가 부패추방을 위해 적극적인 활동을 전개해 왔다.

우리나라에서 근래 부패추방시민운동이 일어나게 된 동기가 된 것은 "우리나라의 총체적 부정부패가 사회공동체의 존립마저 위태롭게 하고 있다"고 생각한 시민들의 위기감이었다. 종전에는 우리 사회의 부패를 아주 부분적인 것으로 축소하거나 그 현상을 외면하려는 태도가 만연되어 있었고, 부패문제를 뇌물을 주고받는 공무원과 기업인의 개인 차원의 부도덕한 행위로서 인식하여 개인의 도덕성만을 강조하려는 태도를 취했다. 그러나 시민운동은 돈세탁행위의 방지, 행정정보의 사적 이용가능

---

9) Michael Johnson, *Political Corruption and Public Policy in America*, Brooks and Cole, 1982; Carol W. Lewis, *The Ethics Challenge in Public Service: A Problem Solving Guide*, San Francisco, Jossey-Bass, 1991.

성, 내부고발자에 대한 보복관행 등 부패요인이 방치되고 있는 상황 아래에서는 사회구조적으로 부정행위가 행해지게 된다는 점에 착안했다. 부정부패의 사회적 요인을 제거하기 위해서는 종합적 부패방지정책이 필요하고 그 정책의 효과적인 수행을 위해서 「부패방지법」이라는 종합법이 제정되어야 한다고 보았다. 종합법을 요구하는 이유는 여러 형태의 부정행위가 하나의 법률로써 함께 규제될 때에 다각적이고 일관성있는 법집행이 가능하게 되기 때문이라고 강변했다. 부패를 규제하기 위한 규정이 여러 법률에 흩어져 있으면 부패추방정책이 통일적으로 추진되기 어려우며, 어떤 부정행위가 어떤 법률에 의해 규제되어야 할지 하는 등의 법적용상의 복잡성을 초래할 우려가 있다는 것이었다.

1990년대 중반이래 활발한 활동을 벌여왔던 「참여연대」는 합법적인 시민운동을 지향하면서 입법운동에 상당한 비중을 두었다. 참여연대는 정치, 경제, 민생 등 분야별로 시민들이 참여하는 시민입법위원회를 만들어 공청회와 여론조사, 전문가의 검토를 거쳐 법률안을 만들기로 장기적 계획을 세우고, 매년 주요 입법과제에 대한 법률안을 마련해 그 입법을 청원하기로 하였다. 당시 국회의 입법기능은 정책능력의 미비, 불충분한 국민의사의 수렴 등으로 인해 뒤떨어졌고, 입법은 정보를 독점하고 있는 행정부의 의도에 의해 좌우되는 현상이 뚜렷했다. 국회의 입법기능이 뒤떨어졌다는 것은 곧 시민들의 의사가 충분히 수렴·반영되지 못했다는 것을 의미하기도 했다. 시민들은 헌법에 보장된 국민참정권과 대의민주주의라는 의회기능을 활성화하기 위해 입법청원운동을 시작했다. 참여연대는 "법, 이제 우리 시민이 만듭시다"라는 주제로 거리 캠페인을 벌이는 등 활발한 입법활동을 벌였는데, 국회의 기능약화에 대한 불만으로 인해 시민단체의 입법활동은 많은 시민들의 지지를 얻었다.

참여연대는 시민들의 의견이 취합된 「부패방지법(안)」을 가지고 시민과 국회의원들을 상대로 "부패방지법 제정을 향한 서명운동"을 벌였다. 이 시민단체는 부패추방운동을 전담하는 "맑은 사회 만들기 본부"를 설치하고 이 본부의 주최로 1996년 1월 "부정부패방지 입법과제에 관한 대토론회"를 가졌으며, 이 토론회에서 부패방지기본법 제정의 필요성과 입법방향에 관한 시민들의 의견을 취합하였다. 1996년 4월의 총선 전에 출마자를 상대로 "법제정을 위한 서약"을 받았고 총선 이후에는 계속해서 국회의원 당선자들로부터 서약을 받았다. 1997년에는 현역국회위원 과반수의 서명을 얻기에 이르렀다. 그리고 1996년 6월부터 서울역광장, 명동의 상업은행 앞 등에서 정기적으로 가두서명운동을 벌렸던 결과, 1999년까지 약 3만명의 법제정 촉구서명을 얻어냈다. 부패방지법의 제정과 관련하여 「사정기관의 개혁방안」, 「기업 불법비자금 근절방안」, 「공직자 윤리위원회 개혁방안」 등을 주제로 하여 여러 차례 정책토론회를 벌여 시민과 전문가의 의견을 계속적으로 청취했다. 1999년에는 여러 시민단체들이 연합하여 "부패추방을 위한 시민연대"를 결성하고 본격적인 부패추방을 운동을 전개하면서 부패방지법의 제정을 강력히 촉구하였다. 이에 대하여는 다음과 같은 논평이 있다.

"그 동안 시민운동 차원의 부패추방운동은 매우 선구적 활동이었고, 국민들에게 반부패의 가능성을 보여주는 하나의 중요한 자극제가 되어 왔으며, 공직윤리 관련 정부정책에도 상당한 영향을 미치는 압력을 행사해 오기도 했다. 그러나, 참여 범위에 있어서 소수 전문가 집단의 활동에 국한되었을 뿐 범국민적 국민운동의 전개에 도달하지 못하였다는 한계를 지니고 있으며, 반 부패시민운동 단체들간의 연대활동 및 정부·시민단체간의 공동활동, 반 부패시민교육·홍보, 그리고 개별부문에서 추진된 다양한 형태의 반 부패 또는 부정거부의 운동들을 지원·강화하는 것에서도 한계를 지닌 것이었다."[10]

이 부패방지법 제정운동에서 특이한 점은 언론사가 시민단체의 입법운동에 적극적인 자세로 동참했다는 점이다. 한겨레신문사는 일년간 참

---

10) 국무조정실 의뢰 연구용역보고서 10, 「공직자 윤리규범 및 국민의식 개선 연구」, 한국정신문화연구원 1999. 5월, 18쪽.

여연대와 공동캠페인을 전개했으며 "부패방지법을 만들자"를 주제로 글들을 계속적으로 게재하였다. 이후에 중앙일보, 동아일보 등이 부패추방을 위한 지상캠페인을 전개하면서 부패방지법의 제정필요성을 역설하였다. 언론사들이 입법운동에 가담한 의도는 부패방지법 자체의 입법필요성이었지만 그 배경에는 다음의 요인들이 자리잡고 있었다. 첫째, 언론기관들은 국회의 입법기능 부진에 대하여 비판적인 입장을 견지하고 있었다. 세기말의 현격한 시대변화에 상응하여 여러 가지 입법조치가 필요함에도 불구하고 국회는 정치적인 역학관계에 관심을 집중시킬 뿐 입법이라는 본연의 임무는 소홀히 하고 있다는 비난을 듣고 있었다. 둘째, 부패방지법의 입법운동은 현행법의 체계에 대한 부정이 아니라 보충이라는 점에서 불법의 소지가 없었다. 합법적인 시민운동이므로 언론기관들이 이에 동참하는 데에 아무런 도덕적인 부담이 없었다.

시민과 언론기관의 적극적인 입법촉구에도 불구하고 국회에 상정된 법안은 상임위원회조차 통과하지 못하고 그 입법이 좌절되었다. 국회에 상정된 법안은 1996년 참여연대가 시민청원을 통해 제출한 법안, 1996년 야당이었던 국민회의가 제출한 법안이 계류 중이었고, 1999년 입법요구가 강해지자 여당으로 자리잡은 국민회의가 낸 수정안, 그리고 야당이었던 한나라당이 제출한 특별검사제 포함의 수정의견이 있었다. 그러나 국회의원들은 여당이건 야당이건 관계없이 부패방지법의 제정을 기피하였다. 그 이유는 정치인이라면 누구나 부패와 다소간의 관련이 있기 때문에 이 법의 제정으로 자신의 입지가 불편하게 되는 것을 꺼려했기 때문이었다. 그러나 국회의원의 행동에서 특이한 것은 절대 표면적으로는 부패방지법의 입법이 불필요하다는 얘기는 하지 않고 슬그머니 이 법안의 처리를 뒤로 미룸으로서 그 입법을 사실상 방해하는 작전을 썼다는 점이다. 결국 부패방지법안은 2000년 4월 국회의원임기가 끝날 때까지 제정되지 못하게 되었다. 이러한 국회의원들의 기피현상을 보면서, 시민들은 "국회의원들의 입법회피에 대한 방지조치"가 필요하다는 점을 인

식하게 되었다. 아울러 입법자는 자신의 이해관계와 밀접한 사안에 관해
서는 국민의 대표자로서 행동하지 않고 자기의 개인적 이익을 주장하는
위치에 있는 경우가 많다는 점도 인식하게 되었다.

2000년 9월 6일 38개의 시민단체는 "부패방지입법 시민연대"를 결성
하고 16대 국회에서 조속히 부패방지법과 자금세탁방지법을 제정하게
하기 위한 시민운동을 전개했다. 이 시민연대는 부패방지법(안)과 자금
세탁방지법(안)을 국회에 입법청원해, 통과여부가 주목의 대상이 되었다.

5. 시민들이 입법청원한 부패방지법(안)의 취지

시민단체들은 정부 여당의 반부패기본법이 가진 한계와 문제점을 극
복하고 바람직한 부패방지법을 제정하기 위해 「부패방지법 시민사회단
체공동안」을 성안하였다. 2000년 9월 6일 부패방지입법 시민연대가 국
회에 입법청원한 부패방지법(안)의 주요한 골자는 다음과 같다.

첫째, 종합적 기본법이다. 즉 당시까지 존재하던 개별법으로는 효과적
인 부패추방장치가 될 수 없다는 전제 아래 최대한 단일법으로 개별법들
을 통합하고 새로운 부패방지제도들을 포함시킨다는 방향에 충실하되
돈세탁방지법, 공무원범죄에관한몰수특례법 등은 입법취지가 반드시 부
패행위에만 해당되는 것이 아니라는 점에서 법체계 상 별도로 제정하는
것이 더욱 충실을 기할 수 있다고 판단하여 통합법에서 제외, 패키지화
하기로 하였다.

둘째, 공직자윤리법을 부패방지법에 포함시키고 그 맹점을 극복하였
다. 공직자 재산등록제를 포함한 현행 공직자윤리법은 김영삼대통령 시
대에 집권 초의 사정개혁과 함께 큰 폭으로 개정되었다. 그러나 공직자
재산등록제도의 경우 등록된 공직자 재산의 진위 여부를 실사할 충분한
인력이 부족한 것은 물론, 심사의 공정성과 투명성을 담보할 만한 외부

검증수단이 거의 없다는 것이 문제로 지적되었다. 더불어 세무공무원 등 비리취약분야에 있는 공무원에 대해서는 하위직까지 재산등록제도를 확대·실시해야 한다는 의견이 지배적이다. 공직자 재산등록제의 조항들은 그나마 비교적 치밀한 편에 속한다. 기타 공직자 윤리규정을 보면 청렴의무규정, 외국인으로부터의 선물신고, 취업제한에 관한 규정 등을 두었으나 선물, 향응, 촌지, 기타 금품수수등을 규율할 세세한 법규정이 거의 없는 추상적인 공문구들로 가득했다. 미국의 공직자 윤리법은 공무원이 현금을 받는 것을 금지하는 것은 물론, 20달러 이상의 선물금지를 비롯해 부정한 선물의 종류와 그 반환절차까지 세세하게 규정한다. 우리나라 공직자윤리법이 국민들을 대상으로 하는 '경범죄'만큼만 치밀하다면 공직자 범죄의 상당수는 방지할 수 있을 것이다.

정부여당의 반부패기본법안은 공직자윤리법을 포함시키지 않고 있을 뿐만 아니라 추가적인 개정도 고려하지 않고 있다. 정부여당은 다만 공직자윤리 강령을 대통령령으로 제정하는 것으로 대체하려 하고 있으나 알맹이 없는 공직자윤리법을 그대로 둔 채 추상적인 기본법과 제재수단도 불투명한 행정명령으로 공직 기장을 확립한다는 것은 어불성설이다. 최근 각국의 입법례를 보더라도 공직자윤리에 관한 규정을 세세하게 입법화하는 추세하는 점에서 공직자 윤리규정은 엄격하고 세세하게 법으로 규정되어야 한다. 시민단체들의 부패방지법(안)에는 실효성있는 공직자재산등록 및 공개제도, 공직자의 업무외소득 제한, 이해관계직무로부터의 제척, 금지되는 선물의 내용과 처리절차, 부정공직자의 취업제한 등 보다 구체적인 조항들을 추가하였다.

셋째, 공익정보제공자보호제도를 도입하고 정부안의 맹점을 극복하였다. 대부분의 비리는 은밀한 유착관계를 통해 이루어지기 때문에 외부에서의 통제에는 한계가 있다. 그래서 호주, 미국, 대만 등 많은 나라에서 도입하고 있는 것이 내부고발자에 대한 보호와 인센티브 제도이다. 미국의 내부고발자 보호법 제 2조에는 "정부의 불법, 낭비, 부패를 폭로한 공무원을 보호하는 일은 보다 효과적인 행정으로 나아가는 가장 근본적인 조치이다"라고 명시하여 반부패법제 중 핵심적인 지위를 부여하고 있다.[11] 또한 미국에서는 부정행위로 인해 예산이 낭비되고 있다는 사실을 공무원 및 민간인이 고발하여 그 남용액이 국가로 환수되었을 경우, 그 총액의 10~15%까지를 보상하는 부정주장법(예산부정방지제도의 일종)이 내부고발자보호법과 함께 제정되어 시행되고 있다.

그러나 내부고발자에 관한 한 우리나라만큼 냉혹한 나라도 드물다. 내부고발을 배신행위로 매도하는 것은 물론, 제보자를 해임시키거나 범법자로 옥에 가두는 일이 일상화되어 있다. "내부고발자보호는 인륜을 강조하는 동양권의 문화와 거리가 멀다"는 반론도 있으나 이는 편견이다. 우리 전통 속에서도 공과 사를 엄격히 구분하는 규범이 있다. 같은 동양문화권인 중국-동남아 등지의 나라들은 다른 서구의 나라들보다 일찍 이제도를 채택하여 시행하고 있다는 점에서도 동양문화권 등은 논란거리가 될 수 없음을 알 수 있다.

정부여당의 반부패기본법이 공익정보제보자 보호에 관한 조항들을 포함하고 있는 것은 환영할 만한 일이다. 그러나 이미 정부안에 대한 평가 과정에서 지적했듯이 공익제보의 접수와 처리 절차나 이에 대한 책임소재가 불명료한 맹점을 해결하기 위해 공익제보는 반부패특별위원회가 접수 처리토록 하였다. 또한 공익정보제공자를 보호하지 않을 경우 처벌하는 조항을 두어 제보자 보호의 실효성을 담보하도록 하였다.

넷째, 특별검사제를 신설하였다. 부정부패 추방은 윗물 맑게 하기로부터 시작해야 한다. 공직남용의 폐해가 큰 고위공직자일수록 법 위에 군림하는 것 역시 쉽기 때문에 독립적인 사정기관이 필수적이다. 다른 나

---

11) 내부고발자보호제는 특히 일선공무원들이 가장 효과적인 부패예방책으로 꼽고 있는 제도이기도 하다. 1999년 3월~4월, 이지문 전 서울시 의원이 내부고발자보호제도와 관련하여 서울시 공직자 588명과 시민 514명을 대상으로 실시한 설문조사 결과를 보면, 서울시 공직자의 68.3%가, 시민의 90.1%가 내부고발자보호제도의 법제화에 찬성하였다.

라의 경우, 고위공직자들에 대한 사정기관의 독립성 유지를 위해 검사 개개인을 독립적인 판단 능력을 가진 헌법기관으로 인정하는 법제를 취하기도 하고(이태리), 차관급 이상 최고위층을 대상으로 하는 독립적인 비리조사처를 상설기구화 하는 방식(싱가포르, 호주 등), 정치적으로 미묘한 사안에 대해 한시적인 특별검사제를 임명하여 국회관할하에 두는 방식(미국) 등을 취하고 있다.

우리나라 검찰의 경우 검찰외에는 공소권이 없는 '기소독점주의'(혹은 편의주의), 법무부 장관과 검찰총장의 지시에 따라 일사분란하게 움직이는 이른바 '검사동일체'의 원칙 등을 취하고 있다. 이에 따라 검찰이 가진 강력한 권한에 비해 정치적으로 예속될 가능성은 매우 크다는 취약점을 가지고 있다. 이는 검찰 50년의 역사가 잘 웅변하고 있다. 실제로도 검찰총장이나 법무부 장관은 지연·학연에 따라 최측근을 임명하는 것이 당연시되어 왔다.

지난해 고급옷 로비 사건, 조폐창 파업유도 사건 등을 계기로 특별검사제가 한시적으로 도입된 바 있고 부족한 시간과 예산, 수사범위 등 여러 한계에도 불구하고 독립적인 특별검사 임용에 의한 고위직 수사의 가능성을 일부나마 보여주었으나 이에 대한 치밀한 평가 없이 특별검사제 도입 논의는 슬그머니 사라지고 말았다. 특히 뒤이은 사법개혁안 논의에서도 검찰의 강력하고도 조직적 반발로 인해 시민단체가 주장한 특별검사제 도입안이 좌절됨으로써 제도로서의 특별검사제 도입 가능성은 차단당하고 말았다.

이에 시민사회단체 부패방지법 공동안에 특별검사제를 포함시켜 고위공직자 비리를 독립적으로 수사하도록 하였다. 특별검사 임명 요청은 국회본회의 결의를 거치도록 하였고 특별검사는 변협의 복수 추천을 거쳐 대통령이 임명하도록 하였다. 특별검사 임명에 대한 발의는 본회의나 상임위원회, 국정감사위원회, 국정조사위원회에서 할 수 있도록 했으며 반부패특별위원회 역시 특별검사 임명을 발의할 수 있도록 한 점 역시 주목할만한 점이다.

다섯째, 부패방지특별위원회를 독립적 국가기구로 설치하고자 하였다. 부정부패 근절을 위한 교육·홍보, 부패예방을 위한 제도개선, 부패행위 신고의 접수·조사를 총괄할 반부패대책기구로서 부패방지위원회를 신설하도록 하였다. 반부패특별위원회는 직무에 관하여 독립된 지위를 가진다는 점을 명시하였고 9인 이내의 위원들을 대통령이 임명하도록 하되 국회동의를 거치도록 하였다. 위원들은 직무상의 독립과 신분보장을 위해 탄핵 또는 금고이상의 형을 받기 전에는 파면되지 아니하도록 규정하였다.

반부패특별위원회는 ①모든 공직자가 범한 부패행위에 대한 신고의 접수, 조사활동 및 수사의뢰 ②부정부패예방을 위한 시책마련, 조사 및 제도개선 수립·권고활동 ③공공기관의 부정부패방지시책의 점검, 평가활동 ④부정부패방지를 위한 예방교육, 홍보활동 ⑤부패추방활동 지원 및 부패방지 관련 국제협력 ⑥제25조 제7항 및 제8항에 규정한 재산허위등록 혐의자에 대한 조사 및 처리 ⑦기타 부정부패방지를 위하여 필요한 제반 사항의 처리 등의 업무를 수행하도록 하였으며 특히 부패신고 및 처리와 관련하여, 정부여당의 반부패특별위원회 신설안이 검찰의 수사를 강제할 수 있는 아무런 수단도 가지지 못했다는 맹점을 극복하기 위해 검찰에 수사를 요구할 권한과 검찰이 수사에 착수하지 않거나 범죄에 대한 수사 또는 그 결과에 대한 검사의 처분이 부당한 때에는 수사촉구서를 첨부하여 국회에 특별검사임명요청을 발의할 수 있도록 하였다.

여섯째, 부정부패행위에 대한 처벌을 강화하였다. 대형 부패사건이 일어날 때마다 다른 나라에서는 찾아보기 힘든 진귀한 풍경이 펼쳐지곤 하는데 "떡값을 얼마까지 인정할 것이냐" 하는 논쟁이 그것이다. 현행 법제의 경우 형법상 뇌물관련 규정, 특별범죄가중처벌법상 금품수수 및 직권남용 규정, 정치자금법상 해당규정 등을 여기저기서 끌어다가 꿰어 맞추듯 적용하고 있다. 그러나 뇌물규정 자체가 불분명하여 번번이 '떡값

시비를 낳을 뿐만 아니라, 뇌물 받은 자는 처벌하되 뇌물제공자는 크게 문제삼지 않는' 괴이한 규정과 관행을 가지고 있다. 실제로 대형비리 사건에 연루되었던 30대 재벌총수 중 그룹 자체가 무너진 한보, 기아 등을 제외하고는 한 명도 실형을 산 적이 없다. 게다가 대형 정경유착 사건 관련자일수록 '국민화합'등의 말도 안되는 명목으로 쉽게 사면 복권되는 한편, 범죄수익은 제대로 몰수되지 않아 출감 후 버젓이 범죄수익을 밑천으로 저명인사 행세를 하고 있다.

이에 부패방지법 시민사회단체 공동안은 부패행위에 대해 형법 상 뇌물죄 외에도 국유재산 절취죄, 공금유용죄, 직무유기죄 등을 적용하여 강력하게 처벌할 수 있도록 하는 한편, 사정담당 공직자가 부패행위를 하는 경우 가중처벌, 공직자에 대한 증뢰자의 경우도 공직자와 동일하게 처벌, 공공기관의 장이 부정을 묵인·비호하는 경우 처벌하도록 했고 공익정보제공자 보호의무 위반에 대해서도 처벌할 수 있도록 명시하였다. 또한 부정공직자의 경우 가석방을 배제함으로써 신상필벌의 원칙을 엄격하게 적용하도록 하였다.

일곱째, 돈세탁 방지제도를 도입하고 별도 입법안으로 성안하였다. 부정부패의 대부분이 지하 음성자금과 연결되어 있다. 돈세탁이란 음성적으로 조성된 범죄수익을 합법적인 자금으로 전환하는 모든 과정을 말한다. 우리나라의 경우 장물 등에 관한 규정은 다른 나라 못지않게 까다롭지만 돈세탁에 대한 금지규정은 없다. 최근에는 미국과 중남미의 마약업자들이 국내에 들어와 돈세탁을 하는 실정이다. 미국의 경우는 10,000달러 이상의 금융거래는 반드시 국세청에 신고하도록 의무화하였고 돈세탁 수익 자체도 몰수하고 있다.

종래 도입된 금융실명제는 실명만 확인되면 돈의 출처 자체는 묻지 않고 개인비밀을 철저히 보장하는 등 돈세탁 행위 자체를 막지는 못했을 뿐 아니라 차명거래마저 인정함으로써 금융실명제 자체의 실효성도 별반 거두지 못하고 있었다. 이에 따라 돈세탁 방지제도의 도입을 통한 음성자금의 양성화가 더욱 절박한 과제로 대두되고 있다. 외국의 경우는 우리나라처럼 금융비밀보장및금융실명제에관한법 같은 단일법으로 시행하는 사례보다 은행비밀보장법과 돈세탁방지법을 각각 독자적인 법으로 운용하는 사례가 더 흔하다.

돈세탁방지규정의 핵심내용은 금융기관은 2천만 원 이상의 현금거래가 이루어질 경우 이를 30일 이내에 국세청에 통보해야 한다는 것이다. 그런데 국민회의는 1996년에 발의한 법안에는 이를 똑같이 규정하였다가 1998년 12월에 제출한 수정법안에서는 금융기관이 고액현금거래에 대한 관련기록을 5년간 보존하는 것으로 후퇴하였다. 돈세탁방지규정이 효력을 갖기 위해서는 고액금융거래에 대한 국세청 통보의무조항이 꼭 포함되어야 한다. 한편 돈세탁방지법은 부정부패와 관련된 음성자금 외에도 마약, 범죄수익 등과 관련된 음성자금을 통제하는 내용도 담고 있는 만큼 부패방지법에 포함시키기보다는 별도 입법으로 제정하는 편이 적절하다고 판단하여 별도입법화 하기로 하였다.

6. 부패방지법에 관한 논쟁

1) 법적 규제의 필요성에 관한 논의

부패방지 수단으로서의 제도와 법에 대한 신뢰에 있어서는 종래 찬반 양론이 있었다.[12] 아무리 법을 만들어도 사람이 제대로 운용하지 않으면

---

12) 부패방지의 수단은 부패원인의 파악과 밀접한 관련을 가지는데, 부패요인 규명을 위한 접근 방식은 학자에 따라 매우 다양하다. 개인적 접근·행정체제적 접근·환경적 접근으로 분류하는 방법도 있고(Nice, Klitgaard), 개인적 접근·제도적 접근·체제적 접근으로 분류하고는 방법도 있고(김해동·윤태범), 도덕적 (공익적)접근·권력관계적 접근·시장교환적 접근·제도적 접근·사회문화적 접근·정치경제적 접근 등으로 세분하는 입장도 있다(이재은). Nice, David C, "Political Corruption in the American States," *American Politics Quarterly,*

소용이 없다는 문제점을 지적하면서 법과 제도보다 사람의 중요성을 먼저 강조하는 주장이 있었다. 이러한 "개인적 접근"은 부패의 사회현상을 부패공무원의 개인적 차원의 문제로 접근하여, 부패행위자 개인의 도덕적·윤리적 측면에서의 가치관과 심리적인 특성에 중점을 두고 부패의 원인과 처방을 구성해 가는 접근방법이다.13) 종래 공직자의 청렴의식 및 윤리의식에 대한 연구에서는 부패란 근본적으로 관료개인의 비윤리성이나 비도덕성에서 기인한다고 보는 입장에서 출발하였다. 그밖에 공무원의 보수수준과 부패 가능성과의 상관관계를 분석하는 접근방법도 개인적인 접근에 바탕을 두었다. 부패란 기본적으로 개인의 여건과 특성에서 비롯되는데, 개인의 규범적 가치관보다는 낮은 보수 등 경제적인 압박에서 부패성향이 생긴다고 보는 것이다.14)

근래에는 법과 제도의 정비가 부패추방에 가져오는 지속적인 효과를 강조하는 입장이 지지를 확대해 가고 있다. 「법·제도적 접근」에서는 부패가 조직 및 국가를 지탱하고 있는 제도적 측면에서의 한계와 역기능에서 비롯되고 있다고 파악하고, 부패에 대한 대처방안으로서 법과 제도의 정비를 주장한다.15) 부패는 정부가 업무수행의 근거로서 마련한 제도와

1983; Klitgaard, Robert, *Controlling Corruption California*, Univ of California Press, 1988; 김해동·윤태범, 『관료부패와 통제』, 집문당, 1994; 이재은, 「한국 공무원 부패발생 배경에 관한 연구: 정치경제적 맥락을 중심으로」, 1998; 국무조정실 의뢰 연구용역보고서 7, 「한국의 부패실태 및 요인분석」, 한국행정연구원 1999, 113-117쪽 참조.

13) Banfield, Edward C., Corruption as a Feature of Governmental Organization, *Journal of Law and Economy*, 18(1975) 587-615; Johnston, Michael, Corruption and Political Culture in America: An Empirical Perspective, *The Journal of Federalism*, 1982; 전수일, 『관료부패론』, 선학사,1996.

14) Heidenheimer, Anold J. ed, *Political Corruption: Readings in Comparative Analysis*, New York: Holt, Rinehart & Winston, 1970; 우리나라 공직부패는 상당부분 생계유지형 부패로 규정되고 있기도 하다. 김영종, 『부패학: 원인과 대책』, 숭실대학교 출판부, 1992; 김해동, 「관료부패통제의 윤리」, ≪서울대학교 행정논총≫ 30권 1호(1992).

15) Myrdal, Gunnar, *Corruption: Its Causes and Effects*, New York Holt, Rinehart & Winston, 1968; 이은영 외 12인, 『부정부패의 사회학 – 문민 5년 반부패 정

업무를 수행하는 절차상의 제도의 한계에서 유발되는 것인 만큼 제도 및 절차의 개선을 통해 척결될 수 있다는 것이다. 예를 들어 정부가 민간분야의 경제활동에 대한 개입·규제를 할 때, 그 규제가 비현실적이고 불명확한 기준을 담고 있는 경우 또는 업무수행의 절차가 불분명하거나 비공개적일 경우에 비리와 부정이 생길 소지가 크다는 것이다. 그러므로 인허가기준 및 절차의 명확화, 행정정보의 공개, 행정절차의 투명성에 관한 법과 제도를 정비함으로써 부패를 줄일 수 있다고 본다. 이밖에 선거제도가 부적절하거나 그 운영이 파행적으로 될 경우에도 부패가 생기므로, 이를 막기 위해 공정한 선거제도, 정치자금을 투명하게 하기 위한 제도 등이 정비되어야 한다고 본다. 부패방지의 대책에 관한 「법·제도적 접근」은 부패원인에 관한 접근방법의 분류와 반드시 일치하지는 않는다. 부패원인에 관한 「정치·경제적 접근」은 정치·경제적 여건, 특히 정치 및 경제발전 수준과의 연계성이나 사회전반에 걸친 구조적인 측면에서 찾고자 하는데 이는 경우에 따라서 법적 해결방안으로 연결될 수 있다.16) 그밖에 부패란 기본적으로 그 조직과 사회를 둘러싼 문화와 매우 밀접히 연계된 것으로 사회문화적 산물이라고 보는 「사회·문화적 접근」에 바탕을 두는 경우에도, 관습을 바꾸기 위하여 법적 조치를 활용할 여지는 있다. 사회·문화적 접근론자들은 부패행위는 개개인의 가치관과 특성에 의해 비롯되는 개인적인 문제라기보다 조직과 사회의 구성원으로

책 평가보고서』, 나남, 1997, 305쪽 이하.

16) 이윤호, 「'검은 돈'을 낳는 경제부패 - 그 구조와 대책」, 『부정부패의 사회학』, 1997, 249쪽 이하, Leff, Nathaniel H., "Economic Development through Bureaucratic Corruption," *American Behavioral Scientist* 8(1964)에서는 근대화등 정치적·경제적으로 급속한 변화를 경험하는 국가일수록 정치·경제적으로 안정되고 발전된 국가들에 비해 상대적으로 많은 부패가 발생하고 있으며, 심지어는 이들 국가에 있어 부정부패가 오히려 정치 및 경제발전에 긍정적인 효과를 미치고 있다고 주장하였다. 정치 및 경제발전이 활발한 국가일수록 가치의 혼돈과 갈등이 심하고, 정부의 기능 및 역할증대와 함께 중앙집권적인 국정운영으로 인한 공직자의 막강한 권력 및 권한과 민간분야에서의 부의 증대에 따른 상호거래 가능성과 필요성이 커지기 때문이라고 하였다.

서 어쩔 수 없이 자행할 수밖에 없는 것으로 보고 이를 해소하기 위해서
부패를 둘러싼 조직과 사회의 인식과 문화를 바꾸는 것이 선행되어야 한
다고 본다.17)

　법·제도적 접근에서는 우리의 정치사에서 보듯이 부패문제를 최고관
리자의 의지에 의존하는 방법은 바람직하지 못하다는 비판을 제기한
다.18) 특정한 사람에 대한 지나친 의존은 그 사람이 힘을 가지고 있는
일정한 기간 동안은 의미 있을지 모르지만 한 세대를 넘을 수 없다는 점
에서 한계가 있다고 지적되었다.19) 부패의 자기 강화성, 자기 확산성 측
면에서 보면 부패 개혁은 어느 한 순간 혹은 한 정권에 끝나는 일시적
업무가 아니라 정권과 세대를 넘어서 지속적으로 전개되어야 할 업무라
고 보았다. 부패는 사람과 제도의 부산물로서 "사람은 가도 부패는 남는
다"는 말과 같이 사람과 제도가 지속되는 한 부패행위는 그 양태를 달리
하면서 계속 발생하게 된다고 하면서, 법을 통해 부패방지책에 대한 지
속성을 확보하는 것이 중요하다고 주장했다. 훌륭한 정치가가 지배하는
기간 동안 좋은 제도를 구축해두는 편이 그 정치가가 개인적인 정치력에
의존하여 구체적인 부패사례를 적발·처벌하는 것보다 부패추방에 더 효
과적이라고 보았다. 다만 법과 제도를 마련하였으니 부패가 통제될 것이

---

17) Alam, M.S, *A Theory of Limits on Corruption and Some Applications*, *Kyklos*,
　　48(1995), 432; Benaissa, H, *Corruption and Socio-cultural Context: Coping with*
　　Corruption in a Bordreless World, Boston, MA: Kluwer Law and Taxation
　　Publishers, 1993; 장일순, 「한국사회의 뇌물행위에 대한 사회학적 원인분석」.
　　≪사회과학논총≫(경희대학교), 10(1992), 213-237쪽. "사회·문화적 접근"은
　　특히 아시아적 가치관과 문화적 성격이 강한 한국을 비롯한 아시아권 국가의
　　부패원인을 설명하는 것으로 널리 활용되고 있다.
18) 윤태범, "효율적인 반부패를 위한 윤리적 정부의 구축방안: 신뢰 시스템의 형
　　성을 중심으로," 「투명한 사회건설을 위한 부패추방 방안」, 반부패행정시스템
　　연구소(서울시립대학교), 36-37쪽.
19) 종래에는 대통령이나 정치인등과 같은 국정운영과 관련된 최고 관리자들의
　　청렴한 의지에 의존하여 부패추방의 효과를 거두기를 기대하는 경향을 보여왔
　　다. 이은영 외 12인, 앞의 책, 28쪽 이하에서는 역대정권의 반부패 정책에 관
　　하여 논평하고 있다(김명수 집필부분).

라는 투입·결과의 단선적 기대는 곤란하며, 그 법의 집행과 제도의 활성화를 위한 부단한 노력이 수반되어야 한다고 설명했다.

이러한 법과 제도의 정비에 대한 요청은 특히 외국에서 1990년 전후해서 일어난 새로운 입법추세에서 영향받은 받은 바 크다. 뇌물의 수수를 금지하는 법률은 이미 우리 형법 속에 있어 왔지만, 이러한 형법규정만으로 후기산업사회에 만연한 부패문제를 해결할 수 없다는 한계가 우리나라에서도 시민들과 법률전문가 사이에 점차 공감을 넓혀 나가게 되었다.[20] 공무원의 부정행위를 구체적으로 열거하고 엄벌할 필요가 있다든지, 내부비리제보를 장려하고 그 제보자를 보호하는 제도를 신설할 필요가 있다는지, 부정한 자금을 정당한 돈인 양 위장하기 위해 하는 돈세탁행위를 처벌한다든지 하는 새로운 부패규제장치가 각국에서 법제화되기 시작하자 우리나라에서도 이러한 적극적 규제수단을 도입해야 한다는 목소리가 커지게 된 것이었다. 이 사실은 시민단체가 1996년 국회에 청원한 법안이 미국의 부패방지관련 법률들과 싱가포르의 부패방지법을 참고로 하여 만들어졌다는 점에서 잘 드러난다.

2) 관용주의와 엄벌주의에 관한 논의

부패가 사회의 각 부문에 만연되어 있는 현실을 감안하여 부패추방의 효과를 높이기 위하여 전략적으로 법적 제제를 유보하고 "관용주의』를 취해야 한다는 주장도 있었다. 이를 "낮은 길 전략"이라고 부르기도 하는데, 부패관행에 젖어 있는 공무원이나 그를 매수하려는 민원인들에게 약속과 믿을 수 있는 위협을 가한다는 전략이다. 낮은 길 전략의 주장자

---

20) 국무조정실 의뢰 연구용역보고서 10, 「공직자 윤리규범 및 국민의식 개선 연구」, 한국정신문화연구원 1999, 215쪽에서는 "국가간 경쟁시대에 돌입하여 세계 여러 나라에서도 부패추방을 위한 법과 제도적 장치들을 강화해 나가는 추세이다. 우리나라도 이런 추세에 발맞추어 종합적 부패방지법을 제정하고 중립적인 부패방지기구를 설치하는 등 강력한 반부패대책을 수립해야 한다는 인식이 확산되고 있다"고 서술하였다.

는 다음과 같이 설명하며, 이밖에 부패관행을 일소하고 깨끗한 사회로의 개혁을 위해서는 일정한 기점을 잡아 과거의 부패행위를 면책해 줌으로써 부패관련자들이 참회하고 새로운 인간으로 재탄생할 수 있는 계기를 마련해 주어야 한다고 주장하기도 한다.

"사회함정은 본질적으로 상대방이 전략을 바꾸지 않는 한 누구도 먼저 전략을 바꾸지 않는 '나시(Nash) 균형'이다. 나시(Nash) 균형에서는 추상적인 가치와 규범의 자발적 준수를 기대하는 '높은 길'보다는, 구체적인 규칙과 절차의 강제적 이행을 담보하는 '낮은 길'이 효과적이다. … (중략) … 사회함정에서는 '인지의 불화(認知의 不和, cognitive dissonance)에 따른 규범 중성화(norm neutralization)로 인해 부패에 대한 심리적 불안과 죄의식이 이완되는 경향이 있다. 따라서 충성심을 기대하거나 공동체의식에 호소하는 것보다 구성원이 스스로를 기속할 수 있는 행동의 준거를 구체적으로 제시하는 것이 더 절실하다. … (중략) … '낮은 길' 전략의 핵심은 추상적으로 설정되고 느슨하게 집행되는 각종 규칙과 준거, 절차와 제도의 구체화·내실화이다."[21]

관용주의와 결과적으로 동조하는 입장중에 "처벌대상의 제한성"과 "처벌의 우연성"을 지적하는 입장도 있다. 우리나라의 공무원부패는 업무수행을 둘러싼 외부환경과 조직내부의 분위기가 부패친화적이고 행정제도 자체도 현실적 충족가능성이 낮은 경우가 많아 부패가 집단적·구조적으로 행해진다는 특성을 갖는다. 현실적으로 부패가 발생되고 있는 실태에 대한 인식과 사정활동을 통해 적발되거나 포착된 사례간에는 상당한 괴리가 있다. 구조적 부패의 경우에는 부패관련자들이 모두 처벌을 받는다는 일은 불가능하고, 우연히 적발되어 처벌받게 되는 공무원은 자신만이 억울하게 당한다는 의식을 갖게 된다. 처벌의 대상이 부패를 직접 행한 하급공무원에 한정되어 상급자나 동료가 제외되는 경우, 또는

---

21) 박재완, 「반부패의 국제적 동향과 대응전략」, 『투명한 사회건설을 위한 부패추방방안』, 반부패행정시스템연구소(서울시립대학교), 17쪽.

뇌물제공자가 그 제보로 감형되는 경우 처벌로 인한 부패억제효과는 미약하다고 한다.[22] 부패사례가 사건화되는 것도 문제이지만, 부패행위의 사실이 인정된 공직자라도 기소유예, 불구속 또는 집행유예 등을 통해 석방되는 경우가 많아 실제 처벌을 받게 되는 부패행위자는 억울하다는 의식을 갖게 되고, 이러한 현상은 부패억제효과를 감소시킨다고 한다.

반면 부패행위를 한 공직자에 가중처벌을 하는 등 "엄벌주의"를 취해야 부패가 근절된다고 보는 입장이 더 우세하다. 공무원의 부패행위 적발하여 처벌하는 것을 주요한 전략으로 삼아 법·제도적 방안을 마련하는 경우를 "처벌 중심의 신뢰시스템"이라고 한다. 처벌 중심의 시스템은 공무원부패 자체를 통제대상으로 하며 '적발'과 '처벌'이라는 부패통제의 기본원리에 충실한 전략이다. 법과 제도를 활용한다는 점에서 공무원들에게 가시적 효과와 더불어 행동의 명확한 기준을 제시해줄 수 있는 장점을 지니고 있다. 이 전략은 다른 시스템에 비하여 상대적으로 강도가 높고 강제력을 사용한다는 점에서 직접적이고 즉각적 효과를 기대할 수 있는 전략이다. 처벌 중심의 시스템은 부패가 매우 극심하고 충격요법으로서 강도 높은 처방이 필요한 경우에 효율적으로 운용될 수 있다. 반면에 처벌 중심의 시스템은 공무원의 자발성보다는 피동성에 기반을 둔다는 점에서 한계를 지니게 된다. 피동성에 기반을 둔 정책은 일시적 효과를 기대할 수 있을 뿐 장기적인 부패방지효과는 얻기 어렵다. 이 전략의 효율성을 지속적으로 유지하기 위해서는 다른 전략과 병행하여 동시적으로 추진되어야 한다. 엄벌주의자들은 사소한 부패에 대하여도 관용보다는 엄벌의 정책을 취하여야 부패를 척결할 수 있다고 본다.

"사소한 부패(또는 pretty corruption)에 대한 관용 분위기를 일신할 필

---

22) 실제로 자체감사등 조직내 부패통제장치는 실효성 있는 역할을 수행하지 못하고 있다고 지적되었다. 그 원인으로는 조직내에서 발생하는 부정부패에 대한 동조적인 조직 분위기에서 찾을 수 있는데, 공직자들 가운데 상당수는 아직까지 조직내 구성원들이 행하는 부정부패에 대해 동조적인 시각을 나타내고 있는 것으로 나타났다. 연성진, 「공무원 부정부패의 실태 및 대책」, 한국형사정책연구원, 1998.

요가 있다. 형법상으로는 중요한 부패와 그렇지 않은 부패를 구분할 수 있지만, 근본적으로 선한 부패와 악한 부패의 구분은 없다. 처벌의 차별성이 있다 해도 기본적 문제인식에 있어서는 양자간에 차별이 없어야 할 것이다. 그 동안 우리는 커다란 부패(소위 권력형 부패 등) 뿐만 아니라 소규모 부패에 대해서도 상당히 관용적인 태도를 취하여 왔다고 할 수 있다. 특히 소규모의 사소한 부패에 대한 관용의 대응은 결국 보다 위협적이고 대규모적인 부패에 대하여 관용적인 입장을 취하도록 한다."[23]

형사정책과 관련이 있는 억제이론(Deterrence theory)에서는 범죄행위는 범죄행위자에 대하여 강한 벌칙을 신속하고 확실하게 부과함으로써 범죄자는 물론 일반인들로 하여금 범죄행위를 저지르는 의지를 위축시켜 결국 범죄를 억제할 수 있다고 본다.[24] 범죄행위는 처벌의 확실성·엄격성·신속성의 세 요소에 대한 인식정도에 따라 억제효과가 좌우된다고 본다. 처벌의 확실성은 범법자에 대한 체포, 기소, 유죄확증 및 벌칙부과의 확률을 높이는 것을 의미하며, 처벌의 엄격성은 범죄에 따른 대가로 엄한 벌칙을 부과시키는 것을 의미하며, 처벌의 신속성은 범죄행위 후 빠른 시간 내에 벌칙을 부과시키는 것을 의미한다.

외국에서뿐 아니라 우리나라에서도 근래 처벌 중심의 시스템이 높은 지지를 얻고 있다.[25] 부패행위자에 대한 색출과 처벌의 확실성을 높이기 위해서는 먼저 모든 부패행위자는 지위고하와 정권과의 연계성을 막론하고 사정활동을 통해 수사되고 처벌로 이어진다는 인식이 들도록 해야 한다는 주장이 행해지고 있고,[26] 이를 위해서 감사원, 검찰 및 경찰 등

---

23) 윤태범, 「효율적인 반부패를 위한 윤리적 정부의 구축방안: 신뢰 시스템의 형성을 중심으로」, 『투명한 사회건설을 위한 부패추방 방안』, 서울시립대학교 반부패행정시스템연구소, 36-39쪽.

24) Grasmick and Green, Legal Punishment, "Social Disapproval and Internalization as Inhibiters of Illegal Behavior," *Journal of Criminal Law and Criminology*, 1980, pp.325-335.

25) 63개국 고위공무원을 대상으로 한 조사에서도, 부패방지를 위해서는 강력한 처벌이 가장 우선적으로 고려되어야 한다고 지적하고 있다(Kaufmann, Daniel, *Corruption: The Facts, Foreign Policy*, 1997, 107).

사정기관들이 정권과는 무관하게 지속적·일상적·보편적 색출과 수사활동을 해야 한다고 주장된다. 그리고 이 과정에서 정부는 부패행위자에 대한 사정활동은 정치나 정권과는 무관하며, 결코 선별적으로 이루어지는 것이 아니라는 점이 분명히 입증되어야 한다.

독일의 부패방지법을 비롯한 각국의 부패방지법에는 부패행위자에 대한 가중처벌조항이 들어 있고, 우리나라의 부패방지기본법안에서도 부정부패의 적발과 필벌을 규정하고 있다. 참여연대가 입법청원한 부패방지법의 제안취지에서도 다음과 같이 밝힌 바 있다.

"기존의 처벌법규만으로도 이를 엄정하게 지킨다면 어느 정도 부패척결은 가능하리라고 본다. 그러나 기존의 법을 종이호랑이로 만든 여러 가지 요인이 있다. 이를 타개하기 위해서는 부패행위에 대한 엄중한 처벌과 부패공직자에 대한 단호한 사회복귀 배제와 범죄수익의 철저한 몰수가 요구된다. 이에 부패방지법(안)은 부패행위를 세분, 구체화하고 새로운 부패범죄를 규정하였으며, 부정을 알면서 이를 묵인하는 상관을 처벌하는 규정과 사정을 담당하는 공직자범죄의 가중처벌, 뇌물을 주어 부패를 유혹한 증뢰자와 수뢰자 사이의 동일한 처벌규정 등을 두었다."

엄벌주의자들은 관용주의들이 주장하는 "과거의 부패행위에 대한 면책조치"에 대하여 맹렬히 비판한다. 그러지 않아도 우리나라에서는 대통령의 사면권 남용, 집행유예의 남발 등으로 유죄판결의 정확한 집행이 사실상 기대되기 어려운 실정인데 여기에 더하여 부패행위의 면책까지 행해지면 법질서에 대한 경시풍조가 현재보다 더욱 심해져서 사회질서가 교란될 것이라고 우려한다.[27] 그리고 면책조치가 있게되면 부패공직

---

26) 국무조정실 의뢰 연구용역보고서 7, "「국의 부패실태 및 요인분석」, 한국행정연구원, 1999, 155-157쪽. 이 보고서에서는 반부패활동의 내실화는 부패행위 적발을 위한 "내부고발제도, 조직 내적인 통제장치의 활성화 또는 사정체계의 재정비" 등 통제장치에 초점을 두기보다는 부패행위자에 대한 색출과 처벌에 대한 확실성을 높임으로써 처벌의 실질적인 효과를 강화할 것을 요구하였다.

27) 우리나라의 경우 예를 들어 1993년 이후 서울지법 본원에서 처리된 뇌물, 알선수뢰 등 구속기소된 공직자 438명 중 84.7%인 371명이 집행유예 또는 벌금

자는 어떠한 부패행위라도 일정 시간 지나면 면책될 것이라는 기대를 갖게 되기 때문에 부패범죄에 대한 예방효과가 떨어지게 된다는 점, 사람들은 누구나 자기 잘못으로 인하여 호되게 처벌을 받아 보아야 다시는 그런 범죄를 저지르지 않겠다는 각성을 하게 되며 관용으로 처벌을 면한 범죄행위는 습성적으로 반복하게 된다는 점 등을 그 근거로서 든다. 실제로 1999년 대통령이 관용주의자들의 조언을 받아 "앞으로는 과거의 부패행위에 대해서는 문제삼지 않겠으니 심기일전하여 청렴한 공무원으로서 거듭 태어나자"라는 약속을 하였다가 언론의 비판을 받고 이러한 면책약속을 없었던 것으로 만든 적이 있다. 그리고 2천년 맞이 대통령 특별사면의 대상에 부패범죄로 복역중인 공직자를 포함시켜서는 안 된다는 시민단체의 건의를 받아 그들은 사면대상에서 제외된 적이 있다.

3) 내부비리제보자의 법적보호와 관련된 논의

내부비리제보자를 보호하기 위하여 법과 제도를 설치할 필요가 있는가에 관하여 종래 미국에서는 찬반 양론이 대립한 적이 있었다.[28] 근래 법학자들은 대개 찬성론을 지지하며, 내부고발의 범위를 넓게 규정하고 피용인 개인의 권리침해에 대하여 구제해 줄 것을 강조하였다.[29] 우리나라에서는 아직 내부비리제보의 찬반론은 본격화하지 않았고, 부패방지법

형으로 석방되었다. 특히 본원 항소심의 경우 피고인 52명 중 1명만이 실형이 선고되었으며, 서울지법 동부지원 및 의정부지원은 93년 이후 구속 기소된 20명 전원이 석방되는 등 처벌의 확실성이 낮아 부정부패의 만연화에 기여하고 있다는 것이다(이재은, 앞의 책, 1998).

28) 박흥식, 『내부고발의 논리』, 나남, 1999; 「내부고발자보호의 논리와 실제」, ≪중앙행정논집≫ 6권, 195쪽 이하.

29) Lindauer, M. J., "Goverment employee discloures of agency wrongdoing: Protecting the right to blow the whistle," *University of Chicago Law Review*, 42(1975), pp.530-561; Malin, M. H., "Protecting the wistleblower from retaliatory discharge," *Journal of Law Reform*, 16(1983), pp.277-318; Vaughn, R. G., "Statutory protection of whistleblowers in the federal executive branch," *University of Illinois Law Review*, 3(1982), pp.615-667.

으로서 내부비리제보자의 보호제도를 도입하며, 예산부정방지의 제보자에 대하여 포상금을 지급하는 제도를 도입하는 것에 대한 지지의견만이 표명되어 있는 상태이다.30)

　내부비리제보자의 보호문제가 본격적으로 거론되자 반대론자는 대개 기업의 이익을 대변하는 자들로서 내부비리제보자의 보호입법은 다음과 같은 폐단을 낳는다고 주장하였다. 첫째, 피용자가 자신의 능력부족을 감추기 위한 구실로서 내부비리보호제도를 이용하게 될 것이므로, 오히려 사용자가 능력부족을 은폐하려는 저질 피용인, 그리고 부당한 주문을 남발하는 상습적 분란자 등으로부터 보호받아야 한다고 주장하였다. 둘째, 조직내부에 제보자 기풍(informer ethos)을 만들어 놓을 것이라고 하였다. 기업의 운영에서 사용자와 피용자 사이의 신뢰구조는 필수적인데, 내부고발은 의심과 불화를 조장하여 조직의 사기를 떨어뜨리게 된다고 주장하였다. 셋째, 기업활동의 자율성을 저하시킬 것이라고 하였다. 사용자가 피용인을 임의로 해고·징계·전직시키는 것은 계약자유의 원칙으로부터 생기는 당연한 권리인데 내부비리제보자에게 이러한 조치를 취하지 못하게 한다면 그 권리가 박탈된다는 것이다. 사용자로부터 보수를 받고 일하는 피용자는 조직의 규범에 따라 복종·충성·비밀유지의 의무를 지므로, 사용자에 대한 고발은 정당화될 수 없다고 주장하였다.31)

　찬성론자는 내부비리제보자의 법적 보호의 필요성에 대하여 대개 다

---

30) 공직부패의 특성상 불법에 대한 묵인들을 통해 거래되는 만큼 피해자가 없는 공직부패의 경우 내부적으로 사정이 밝은 내부구성원에 의한 고발, 즉 내부고발제도가 요구되고 있는데 우리의 경우 내부고발자에 대한 철저한 보호가 담보되지 않고 오히려 이들을 배척하는 분위기 하에서 내부고발제도는 실효성을 전혀 발휘하지 못하고 있다고 지적되었다(국무조정실 의뢰 연구용역보고서 7, 「한국의 부패실태 및 요인분석」, 한국행정연구원, 1999. 121쪽). 국무조정실 의뢰 연구용역보고서 9, 「부패유발 사회문화 환경개선」, 한국행정학회, 1999. 201쪽에서는 고발자에 대해서는 보상금을 지불하고(예: 예산부정 신고에 대한 보상제도), 그들의 신분을 보호해주는(예:내부고발자 보호제도 등 부정에 대한 고발을 장려하기 위한 제도적인 장치)도 마련할 것을 제안하였다.

31) James, G. G., "Wistleblowing: It's Nature and Justification," *Philosophy In Context*, 10(1980), pp.99-117에 반대론자의 논리가 소개되어 있음.

음의 두 입장으로 나뉘었다. 첫째, 내부고발은 개인의 양심과 표현의 자유에 속하므로 보호되어야 한다는 입장이 있었다.[32] 개인의 양심과 배치되는 복종을 요구하는 것은 인간의 존엄성을 파괴하는 것이 될 수 있다고 했다. 내부고발은 본질적으로 "피용인의 양심을 둘러싼 개인의 이익과 사용자의 이익간의 균형"에 관한 문제라고 보았다. 반대론에 대한 반박으로 내부고발을 표현의 자유의 한 형태라고 보더라도 어떤 경우에나 정당화될 수 있는 것은 아니고, 고발자는 "내부비리가 존재했다고 믿을 만한 정당한 이유가 있었다"는 것을 증명해야 하고 이를 증명하지 못한 경우 처벌이나 손해배상을 감수해야 한다는 한계가 있다고 반박했다.

둘째, 내부고발은 공익을 추구하고자 하는 이타적 노력이므로 보호받아야 한다는 입장이 있어 왔다.[33] 이는 내부비리제보를 하나의 '공익적 사회현상'으로 파악하고 공동체사회의 보호라는 공익적 측면에서 접근하는 입장이다. 민주국가에서 국민은 자신을 위험에 빠뜨리는 실체에 관하여 '알권리'를 갖고 있다는 전제 아래, 모든 조직원은 조직의 구성원이기 이전에 공동체사회의 구성원으로서 공익보호에 참여할 의무를 진다고 보았다. 조직의 존립은 공익과 양립할 수 있는 활동을 전제로 허가된 것으로서 그 전제를 벗어나는 활동은 금지되고 처벌되어야 한다는 것이 민주사회에서의 일반적인 기대이며, 조직원들이 상관의 명령과 지시에 복종하고 충성할 의무를 지는 것은 이러한 일반적 기대의 범위 내에 국한된다고 하였다. 공익적 차원에서 내부비리제보를 보는 입장에서는 내부비리제보는 결국 "공동체사회의 이익과 조직의 이익 사이의 균형"에 관한 문제로 파악되었다. 공익을 추구하는 시민정신의 실천은 민주사회의 보호를 위하여 매우 중요하므로, 내부비리제보자의 보호제도는 바로

---

32) Malin, ibid, 1983, 228.

33) Bowman, J. S., "Whistleblowing in the public service: An overview of the issues," *Review of Public Personnel Administration* 1(1980), pp.15-28 ; Walters, K. D., "Your enployees' right to blow the whistle," *Harvard Business Review*, 53,4(1975) pp.26-34.

공동체이익의 확보차원에서 접근해야 한다고 주장하였다.

그리고 반대론자에 대하여 다음과 같은 반론을 전개하였다. 첫째 논거에 관해서는, 비리제보자가 우수한 근무성적을 가지고 있고 해고나 처벌을 받기 전에 제보를 한 경우에는 그 논거는 무의미하다고 비판하였다. 둘째 논거에 대하여는, 내부비리제보자의 보호제도는 부당한 보복으로부터 제보자를 보호하는 데에 주목적이 있으며 언제나 제보자에게 금전적 보수를 지급하는 것은 아니므로 이기적 목적의 고발을 부추기는 효과를 가져오지는 않을 것이라고 비판하였다. 셋째 논거에 관한 반론으로서는, 피용자의 복종의무 등은 개인의 양심이나 복무윤리에 대해 하위규범으로 작용하기 때문에, 사용자의 활동이 불법이거나 범죄요건을 충족하는 경우에는 피용자에게 복종·성실의무가 부과되지 않는다고 비판하였다.

7. 결론

이 글에서는 1990년대에 활발해진 시민단체의 입법활동 중에서 특히 부패방지법 제정운동과 관련하여 외국의 입법례, 시민입법운동의 경과, 부패방지법제정을 둘러싼 찬반양론을 법적인 측면에서 고찰하여 보고 시민단체법안의 내용을 간략히 소개하였다. 전문가나 공무원에 의해 작성되고 정부안으로서 국회의 심의를 거치는 일반적 입법경과와는 달리 부패방지법은 시민들에 의해 문제가 제기되었고 법안이 청원되었다는 점에서 특성을 갖는다. 그렇다고 해서 이 입법운동이 기존의 법체계에 대한 저항의 성격을 갖는 것은 아니고, 기존의 법률이 갖고 있는 공백을 지적하고 법체계의 완성을 향하여 노력해가는 입법운동의 성격을 갖는다. 1980년대 후반부터 각국에서 새로운 부패방지법이 제정되어 왔고, 특히 1997년 독일에서도 부패방지법이 제정된 이래 부패방지법은 고유의 법영역으로 성장해 가고 있다.

외국에서는 부패방지법제정과 같이 그 입법필요성이 커서 반대의견이 없을 것 같이 보이는 법률에 관해서도 찬반양론이 팽팽히 대립해 왔다. 우리나라에서는 어떤 법제도의 신설에 관하여 그 찬반논의를 표면화시키지 않고 그저 시기상조라고 하는 식으로 논쟁을 억누르려는 분위기가 팽배해 왔다. 법제정을 반대하는 집단은 정면으로 논쟁을 벌이기보다는 음성적인 로비를 통하여 자신의 입장을 관철하려는 경향을 보여 왔다. 필자는 어떤 법제도를 신설하기 이전에 이에 관해 논의될 수 있는 쟁점들을 사전에 검토해보고 그 제도가 갖는 순기능과 역기능을 음미해 보는 편이 필수적이라고 생각한다. 이 글에서 부패방지법제정을 둘러싸고 "법적 규제의 필요성에 관한 논의," "관용주의와 엄벌주의에 관한 논의," "내부비리제보자의 법적보호와 관련된 논의"를 소개한 것은 부패방지제도에 관한 논의를 활성화시키는 계기가 될 수 있을 것이다.

【참고문헌】

● 국내문헌

감사원 부정방지대책위원회 역. 1996, 「1995 廉政公署(ICAC)年報」, 감사원.

박원순. 1999, 『NGO: 시민의 힘이 세상을 바꾼다』, 예담출판

박재완. 「반부패의 국제적 동향과 대응전략」, 『투명한 사회건설을 위한 부패추방방안』, 반부패행정시스템연구소(서울시립대학교)심포지움 자료집.

박흥식. 1999, 『내부고발의 논리』, 나남, 「내부고발자보호의 논리와 실제」, 《중앙행정논집》 6권

변종필. 2000, 「법감정의 일반화를 위한 제언」, 《법철학연구》 3권1호, 세창출판사, 235쪽 이하.

서규환. 2000, 「현단계 한국시민사회운동의 과제와 전망」, 『시민과 정치적 권리』(한국법철학회 2000.6), 학술대회 자료집.

연성진. 1998, 「공무원 부정부패의 실태 및 대책」, 한국형사정책연구원.

윤태범. 「효율적인 반부패를 위한 윤리적 정부의 구축방안: 신뢰 시스템의

형성을 중심으로」, 『투명한 사회건설을 위한 부패추방 방안』, 반부패
행정시스템연구소(서울시립대학교).

이은영 외 12인. 1997, 『부정부패의 사회학―문민5년 반부패 정책 평가보
고서』, 나남.

장일순. 1992, 「한국사회의 뇌물행위에 대한 사회학적 원인분석」, ≪사회과
학논총(경희대학교)≫ 10.

전수일, 1996, 『관료부패론』, 선학사.

정대화. 2000, 「시민단체의 감시활동 어떻게 평가할 것인가」, 제2차 부패방
지 대토론회(반부패특위, 2000.5) 심포지움 자료집.

한국법제연구원 간. 「입법이론연구(1) : 입법기초이론과 입법기술」, ≪연구
보고서≫ 91-13, 1991.

한국정신문화연구원. 1999, 「공직자 윤리규범 및 국민의식 개선 연구」, ≪
국무조정실 의뢰 연구용역보고서≫ 10.

● 국외문헌

Alam, M. S. 1995, *A Theory of Limits on Corruption and Some Applications*,
Kyklos, 48.

Bbalola, Afe. 1994, "Legal and Judical System and Corruption," in Ayodele
Aderinwale(Hersg): *Corruption, Democracy and Human Rights in West
Africa*, New York, pp.93-121.

Buscaglia, Edgardo. 1996, "Corruption and Judicial Reform in Latin
America," *Policy Studies* vol.17, No.4, pp.273-285.

Devine, Tom. 1997, *The Whistleblower's Survival Guide*, Goverment
Accountablility Oroject.

Diets, Markus. 1998, *Korruption-Eine institutionenoekonomische Analyse*, Berlin
Verl.

Elliott, Kimberly Ann. 1997, *Corruption and the Global Economy*, Institute for
International Economics, Washington DC.

Findeisen, Michael. 2000, "Outsourcing der funktion des Geldwaesche-
gesetzes," WM Heft 25/2000, 1234.

Grasmick and Green. 1980, "Legal Punishment, Social Disapproval and Internalization as Inhibiters of Illegal Behavior," *Journal of Criminal Law and Criminology*.

Homann, Karl. 1997, "Unternehmensethik und Korruption," *Schmalenbachs Zeitschrift fuer betriebswirtschaftliche Forschung*, Heft3, Maerz 1997, pp.187-209.

Johnson, Michael. 1982, *Political Corruption and Public Policy in America*, Brooks and Cole.

Lewis, Carol W. 1991, *The Ethics Challenge in Public Service: A Problem Solving Guide*, San Francisco, Jossey-Bass.

Lindauer, M. J. 1975, "Goverment Employee Discloures of Agency Wrongdoing: Protecting the Right to Blow the Whistle," *University of Chicago Law Review* 42(1975), pp.530-561.

Mau, Steffen. "Zwischen Moralitaet und Eigeninteresse, Einstellung zum Wohlfahrtstaat in Internationaler Perspektive," *Aus Plitik und Zeitgeschichte* 34-35.

Malin, M. H. 1983, "Protecting the Wistleblower From Retaliatory Discharge," *Journal of Law Reform* 16(1983), pp.277-318.

OECD. 1998, *Results of the Pilot General Participant Survey-Combating Corruption in Transition Economies*.

Transparency International. 1998, "The Corruption Perception Index."

Vaughn, R. G. 1982, "Statutory Protection of Whistleblowers in the Federal Executive Branch," *University of Illinois Law Review* 3(1982), pp.615-667.

■ 지은이

정성진

서울대학교 경제학박사
현 경상대학교 경제학과 교수
논문: 「한국경제에서의 마르크스비율의 분석」

신봉호

워싱턴대학교 경제학박사
현 서울시립대학교 경제학부 교수
저서: 『미시경제학』

장상환

연세대학교 경제학박사
현 경상대학교 경제학과 교수
저서: 『진보정당을 말한다』

김홍범

뉴욕주립대학교 경제학박사
현 경상대학교 경제학과 교수
논문: 「은행감독과 중앙은행의 역할」

전태영

고려대학교 경영학박사
현 경상대학교 회계학과 교수
저서: 『세무회계』

윤태범

서울대학교 행정학박사
현 한국방송통신대학교 행정학과 교수
저서: 『관료부패와 통제』(공저)

권해수

서울대학교 행정학박사
전 한성대학교 행정학과 교수
논문: 「환경정의와 NGO 운동」

이은영

튀빙겐대학교 법학박사
현 한국외국어대학교 법학과 교수
저서: 『부정부패의 사회학』(공저)

한울아카데미 364
한국의 부패와 반부패 정책

ⓒ 경상대학교 사회과학연구소, 2000

엮은이 ｜ 경상대학교 사회과학연구소
펴낸이 ｜ 김종수
펴낸곳 ｜ 한울엠플러스(주)

초판 1쇄 발행 ｜ 2000년 12월 1일
초판 3쇄 발행 ｜ 2016년 2월 22일

주소 ｜ 10881 경기도 파주시 광인사길 153(문발동 507-14) 한울시소빌딩 3층
전화 ｜ 031-955-0655
팩스 ｜ 031-955-0656
홈페이지 ｜ www.hanulmplus.kr
등록번호 ｜ 제406-2015-000143호

Printed in Korea.
ISBN 978-89-460-6126-2 94330

* 가격은 겉표지에 표시되어 있습니다.